Gesamtherausgeber des Zürcher Kommentars ist

Dr. Jörg Schmid
Professor an der Universität Luzern

Begründet von A. Egger, A. Escher, R. Haab, H. Oser

Eine Liste der Autorinnen und Autoren der bisher zum Zivilgesetzbuch erschienen Bände des Zürcher Kommentars findet sich im Anhang.

Hinweis zur Blindprägung auf dem Umschlag

Der lateinische Text auf dem Buchumschlag lautet:

«Non dubium est in legem committere eum, qui verba legis amplexus contra legis nititur voluntatem: nec poenas insertas legibus evitabit, qui se contra iuris sententiam scaeva praerogativa verborum fraudulenter excusat. […]» C. 1.14.5.pr.

Deutsche Übersetzung:

«Ohne Zweifel vergeht sich gegen das Gesetz, wer gestützt auf den Gesetzeswortlaut gegen den Willen des Gesetzes handelt; und es wird nicht der Strafe des Gesetzes entgehen, wer sich gegen den Sinn des Rechts betrügerisch mit hinterlistigem Vorrecht der Worte verteidigt. […]»

(Deutsche Übersetzung nach HANSJÖRG PETER, Texte zum römischen und schweizerischen Obligationenrecht, mit Verweisen auf einige ausländische Rechte, 4. Auflage, Genf/Zürich/Basel 2017, S. 16)

Zürcher Kommentar

Zivilgesetzbuch

Art. 8 ZGB

Beweislast

3., völlig neu bearbeitete Auflage

Bearbeitet von

Dr. Alexandra Jungo
Professorin an der Universität Freiburg i.Ue.

Schulthess § 2018

Zitiervorschlag: ZK-Jungo, Art. 8 ZGB N …

Stand von Literatur und Rechtsprechung: 30. Mai 2018

Bibliografische Information der Deutschen Nationalbibliothek
Die Deutsche Nationalbibliothek verzeichnet diese Publikation in der Deutschen Nationalbibliografie; detaillierte bibliografische Daten sind im Internet über http://dnb.d-nb.de abrufbar.

Alle Rechte, auch die des Nachdrucks von Auszügen, vorbehalten. Jede Verwertung ist ohne Zustimmung des Verlages unzulässig. Dies gilt insbesondere für Vervielfältigungen, Übersetzungen, Mikroverfilmungen und die Einspeicherung und Verarbeitung in elektronische Systeme.

© Schulthess Juristische Medien AG, Zürich · Basel · Genf 2018
ISBN 978-3-7255-7272-4

www.schulthess.com

Vorwort

Dieser Kommentar befasst sich mit Art. 8 ZGB, einer zentralen Bestimmung des schweizerischen Rechts, deren Bedeutung weit über das ZGB und das OR hinausreicht und die auch im öffentlichen Recht Anwendung findet.

Begonnen hat die Arbeit an diesem Kommentar mit einer Ermunterung von Professor Peter Gauch an die noch junge Professorin, die ich damals war. Die Beendigung des Kommentars erforderte einige Jahre, sodass nicht nur die Gedanken reiften. Nun liegt der Kommentar vor. Er begründet die Theorie der vertrauensbasierten Beweislastverteilung. Diese Theorie geht davon aus, dass bei Beweislosigkeit das gelten muss, was Vertrauen verdient, das Erwartungsgemässe, Redliche, Korrekte, Vernünftige, und nicht das davon Abweichende. In zahlreichen Beweislastfragen führt sie im Ergebnis zu derselben Antwort wie die klassische Normentheorie. Andere Beweislastfragen erfahren eine Klärung oder gar eine abweichende Beantwortung.

Erörtert werden – unter Berücksichtigung der bundesgerichtlichen Rechtsprechung – Beweislastfragen zu allgemeinen Rechtsgrundsätzen, zum Personenrecht sowie zu Rechtsgeschäften und Delikten, wo zahlreiche Fragen des allgemeinen Teils des OR mit Bezug auf die Beweislast behandelt werden, namentlich Vertragsabschluss und Vertragsinhalt, Entstehung, Umfang und Erlöschen einer Obligation, Leistungsstörungen, Verjährung und Verwirkung. Ferner wird die Verteilung der Beweislast bei ausgewählten Schuldverträgen, im Familienschuldrecht, im Erbrecht und im Sachenrecht analysiert. Schliesslich werden auch ausgewählte Beweislastthemen des öffentlichen Rechts untersucht.

Ein Kommentar kann nicht ohne die Mitwirkung anderer entstehen. Daher gilt mein Dank zuerst Professor Peter Gauch für sein frühes Vertrauen und seine Ermunterung, aber auch für zahlreiche Gespräche und wertvolle Anregungen. Danken möchte ich auch Professor Jörg Schmid, der als Herausgeber die Entstehung des Kommentars mit Geduld begleitet und das Manuskript sehr rasch gelesen sowie mit wertvollen Hinweisen und Anregungen kommentiert hat. Sodann konnte ich sachenrechtliche Beweislastfragen mit Professorin Bettina Hürlimann-Kaup, obligationenrechtliche mit Professor Hubert Stöckli und prozessuale mit Professor Tarkan Göksu besprechen. Ihnen allen danke ich für kritische Fragen, lange Diskussionen und wichtige Hinweise. Schliesslich danke ich MLaw Lena Rutishauser und MLaw Franziska Raaflaub, wissenschaftliche Mitarbeiterinnen, für zahlreiche Recherchen, Bibliotheksgänge und Vereinheitlichungen. Das formelle Lektorat haben Margrit Folly-Raemy und Lena Rutishauser übernommen. Letztere hat auch einen ersten Entwurf des Sachregisters erstellt. Für das Schlusslektorat des Textes, die Kontrolle der internen Verweise sowie das Sachregister konnte ich auf die Erfahrungen von Dr. Sybille Gassner, ehemals wissenschaftliche Mitarbeiterin, zählen. Die Abschlussarbeiten am Sachregister ha-

Vorwort

ben Lena Rutishauser und MLaw Tanja Hermann, wissenschaftliche Mitarbeiterin, übernommen. Sie alle haben wichtige Beiträge zur Entstehung des Kommentars geleistet. Für ihre Unterstützung danke ich ferner der Stiftung für schweizerisches Baurecht. In meinen Dank schliesse ich auch MLaw Öznur Üzmez ein, welche die Drucklegung umsichtig begleitet hat.

Freiburg, im September 2018   Alexandra Jungo

> Dass die Dinge so aussehen, wie sie aussehen,
> ist kein Beweis dafür, dass sie so sind.
>
> *Rudolf Lichtsteiner*

Inhaltsübersicht

Vorwort	V
Inhaltsverzeichnis	XI
Abkürzungsverzeichnis	XIX
Literaturverzeichnis	XXV
Materialienverzeichnis	LIX

1. Teil:
Entstehung, Anwendungsbereich und Abgrenzungen 3

2. Teil:
Beweis, Recht auf Beweis, formelles Beweisrecht 31

3. Teil:
Beweislastverteilung 69

4. Teil:
Vertrauensbasierte Beweislastverteilung:
Anwendung auf typische Beweislastfragen 131

Sachregister 251

Inhaltsverzeichnis

Vorwort	V
Inhaltsübersicht	IX
Abkürzungsverzeichnis	XIX
Literaturverzeichnis	XXV
Materialienverzeichnis	LIX

1. Teil: *Note*
Entstehung, Anwendungsbereich und Abgrenzungen 1

I.	Entstehung		1
II.	Anwendungsbereich		5
	1.	Anwendungsbereich von Art. 8 ZGB	7
	2.	Anwendungsbereich von Art. 9 ZGB	12
III.	Materielles Privatrecht und Zivilprozessrecht		14
	1.	Kompetenzverteilung zwischen Bund und Kantonen	14
	2.	Rechtslage nach der Schweizerischen ZPO	15
	3.	Rechtsnatur der Beweislastregel	18
	4.	Materiellrechtliche Einflüsse auf das Beweisverfahrensrecht	20
		a. Aus Art. 8 ZGB abgeleitete Beweisvorschriften	21
		b. Einflüsse des materiellen Rechts auf das formelle Beweisrecht	24
		aa. Behauptungs- und Substantiierungslast	25
		bb. Beweismittel	28
		cc. Freie Beweiswürdigung	31
		dd. Beweismass	37
		ee. Verfahrensmaximen	43
		ff. Fazit	46
		c. Rechtsmittel	47
IV.	Rechtsvergleichung		53
	1.	Deutschland	53
	2.	Frankreich/Belgien	55
	3.	England	63
	4.	Internationales Privatrecht	65
	5.	UN-Kaufrecht	67

2. Teil:
Beweis, Recht auf Beweis, formelles Beweisrecht 68

- I. Regelungsgegenstand von Art. 8 ZGB 68
- II. Beweis 74
  1. Begriff 74
  2. Gegenstand 77
     - a. Tatsachen 77
     - b. Ausländisches Recht 82
     - c. Gewohnheitsrecht, Erfahrungssätze mit Normcharakter 83
     - d. SIA-Normen und andere private Normen 86
     - e. Sitte, Verkehrsübung, Geschäfts- und Ortsgebrauch 87
  3. Arten 91
     - a. Hauptbeweis 91
     - b. Gegenbeweis 94
  4. Voraussetzungen 96
     - a. Streitige Tatsachen 97
     - b. Rechtserhebliche Tatsachen 98
     - c. Ausreichend behauptete und substantiierte Tatsachen 99
- III. Recht auf Beweis 102
  1. Inhalt und Rechtsnatur 102
  2. Teilgehalte 110
  3. Voraussetzungen 112
  4. Antizipierte Beweiswürdigung und andere Einschränkungen 113
- IV. Formelles Beweisrecht 120
  1. Beweisverfahren 121
     - a. Beweisofferte 122
     - b. Beweisverfügung 123
     - c. Beweisführung 125
  2. Beweismittel 129
  3. Beweismass 141
  4. Beweiswürdigung 149
     - a. Begriff 149
     - b. Bedeutung 154
     - c. Subjekt und Objekt 155
     - d. Reichweite 165
     - e. Abgrenzungen 166
       - aa. Beweiswürdigung und Sachverhaltsermittlung 166
       - bb. Beweiswürdigung und Beweisführung 167
       - cc. Beweiswürdigung und Beweisabnahme 168
       - dd. Beweiswürdigung und Beweislastverteilung 170

		f. Fazit	173
	5.	Beweisergebnis	176

3. Teil:
Beweislastverteilung 179

I.	Begriff, Bedeutung und Grundsätze der Beweislastverteilung	179
	1. Begriff und Bedeutung der Beweislast	180
	2. Bedeutung von Art. 8 ZGB für die Beweislastverteilung	183
	3. Grundsätze der Beweislastverteilung	190
	a. Generell-abstrakte Regeln über die Beweislastverteilung	191
	b. Beweislastverteilung nach Ermessen	203
	c. Beweislastverteilung nach Prinzipien	204
	d. Fazit: Beweislastverteilung nach generell-abstrakten Regeln mit Offenlegung der Wertung	205
II.	Theorie der vertrauensbasierten Beweislastverteilung	208
	1. Beweislast und Wertungen	208
	2. Vertrauensschutz als grundlegendes Wertungsprinzip in der Rechtsordnung	215
	a. Vertrauensschutz im Rechtsalltag	216
	b. Vertrauensschutz im Privatrecht	218
	c. Vertrauensschutz im öffentlichen Recht	223
	d. Vertrauensschutz im Bereich der Rechtsvereinheitlichung	227
	3. Anwendungsfälle des Vertrauensschutzes	228
	a. Rechtssetzung und Rechtsanwendung	229
	b. Hoheitliches Handeln	231
	c. Auslegung von Willenserklärungen und Verträgen	234
	d. Treu und Glauben als Grundlage von Verhaltenspflichten	243
	aa. Vor- und nachvertragliche Verhaltenspflichten sowie vertragliche Nebenpflichten	243
	bb. Ausservertragliche Sorgfalts- und Sicherungspflichten	249
	cc. Verbot des Rechtsmissbrauchs	252
	4. Vertrauensschutz als Wertungsprinzip bei der Beweislastverteilung	253
	5. Ergebnis	262
III.	Sonderregeln zur Beweislastverteilung	267
	1. Gesetzliche Sonderregeln im Allgemeinen	267
	2. Vermutungen und Fiktionen im Besonderen	268
	a. Gesetzliche Vermutungen	269
	aa. Begriffe	269
	bb. Tatsachenvermutung	272
	cc. Rechtsvermutung	274
	dd. Entkräftung einer gesetzlichen Vermutung	276

		b. Tatsächliche Vermutungen	278
		aa. Tatsächliche Vermutungen mit normativer Bedeutung	280
		bb. Tatsächliche Vermutungen im Einzelfall	282
		cc. Entkräftung einer tatsächlichen Vermutung	284
		c. Fiktionen	286
	3.	Einzelne Beweislastregeln	289
		a. Gesetzliche Beweislastregeln nach Vertrauenskriterien	290
		b. Gesetzliche Beweislastregeln ohne Vertrauenskriterien	292
	4.	Sonderregel bei Beweisnot?	294
		a. Beweisnot mit Bezug auf die Beweismittel	295
		aa. Keine Beweislastumkehr	295
		bb. Prozessuale und materiellrechtliche Instrumente zur Überwindung der Beweisnot	296
		cc. Mitwirkungspflicht der Gegenpartei zur Überwindung der Beweisnot	299
		b. Beweisnot mit Bezug auf den Beweisgegenstand	303
	5.	Sonderregel im summarischen Verfahren?	310
	6.	Beweisverträge	311
		a. Beweislastvertrag	312
		b. Beweisführungsvertrag	322

4. Teil:
Vertrauensbasierte Beweislastverteilung: Anwendung auf typische Beweislastfragen 328

I.	Allgemeine Rechtsgrundsätze		328
	1.	Gebot von Treu und Glauben	328
	2.	Verbot des Rechtsmissbrauchs	330
	3.	Schutz des guten Glaubens	331
II.	Personenrecht		333
	1.	Handlungs- und Deliktsfähigkeit	333
		a. Urteilsfähigkeit	334
		b. Volljährigkeit	338
	2.	Persönlichkeitsrechte	341
	3.	Leben und Tod	345
III.	Rechtsgeschäfte und Delikte		348
	1.	Verschulden	348
	2.	Schaden	352
	3.	Kausalzusammenhang	357

4. Vertragsabschluss und Vertragsinhalt	360
a. Vertragsabschluss	361
b. Vertragsinhalt	367
aa. Subjektive und objektivierte Auslegung	367
bb. Auslegungsmittel und Auslegungsregeln	372
aaa. Auslegungsmittel	373
bbb. Auslegungsregeln	379
ccc. Beispiel	382
cc. Vertragsergänzung	385
c. Willensmängel	386
5. Entstehung und Umfang einer Obligation (Forderung)	387
a. Entstehung	387
aa. Entstehung aus Vertrag	388
aaa. Beweisthemen	388
bbb. Vergütungsanspruch als Beispiel	390
ccc. Qualifikation des Vertrags und Beweis der Entgeltlichkeit	395
bb. Entstehung aus unerlaubter Handlung	401
cc. Entstehung aus Geschäftsführung ohne Auftrag	407
dd. Entstehung aus ungerechtfertigter Bereicherung	411
ee. Entstehung aus Gesetz (Familien- und Erbrecht)	421
b. Umfang	423
aa. Im Allgemeinen	423
bb. Dispositive Regeln zur Bestimmung des Umfangs	425
aaa. Im Allgemeinen	425
bbb. Kaufpreis	429
ccc. Darlehenszins	432
ddd. Vergütung im Werkvertrag	440
cc. Vereinbarte Berechnungsfaktoren	442
dd. Herabsetzung des Forderungsumfangs	443
6. Leistungsstörung	445
a. Leistungsunmöglichkeit	446
b. Schlechterfüllung als positive Vertragsverletzung	449
aa. Beweislast im Allgemeinen	449
bb. Schadenersatzforderung	458
cc. Mängelrechte im Allgemeinen	459
dd. Wandelung im Besonderen	467
ee. Minderung im Besonderen	468
c. Weitere Fälle positiver Vertragsverletzung	471
d. Schuldnerverzug	475
7. Verjährung und Verwirkung	483

Inhaltsverzeichnis

	8.	Erlöschen der Obligation	489
		a. Erfüllung	490
		b. Aufhebung durch vertragliche Vereinbarung	492
		aa. Verzicht	492
		bb. Schulderlass	494
		cc. Neuerung	495
		c. Kündigung	496
	9.	Bedingung und Befristung	501
		a. Bedingung	501
		aa. Vereinbarung	502
		bb. Art und Eintritt	504
		b. Befristung	505
	10.	Stellvertretung	506
IV.	Ausgewählte Schuldverträge		510
	1.	Mietvertrag	510
		a. Mietzins	510
		aa. Meldeformular betreffend Anfangsmietzins	511
		bb. Missbräuchlicher Mietzins	513
		cc. Erhöhung des Mietzinses	515
		b. Mängel an der Mietsache	516
		aa. Mängel während der Mietdauer	516
		bb. Meldepflicht des Mieters	517
		cc. Mängel bei der Rückgabe der Mietsache	518
		c. Untermiete	519
		d. Übertragung der Miete auf eine Drittperson	520
		e. Kündigung	521
		aa. Kündigung einer Familienwohnung	521
		bb. Ausserordentliche Kündigung	523
		cc. Vorzeitige Kündigung wegen dringenden Eigenbedarfs	524
		dd. Gegen Treu und Glauben verstossende Kündigung	525
		f. Erstreckung des Mietverhältnisses	526
	2.	Arbeitsvertrag	527
		a. Lohn	527
		b. 13. Monatslohn, Gratifikation und Bonus	529
		c. Ferien	531
		d. Krankheit	533
		e. Auslagenersatz	534
		f. Überstunden und Überzeit	535
		g. Arbeitszeugnis	537

			h. Kündigung	538

				aa. Ordentliche Kündigung	538
				bb. Fristlose Kündigung	542
			i. Geheimhaltungspflicht und Konkurrenzverbot	544
		3.	Arztvertrag	546
			a. Haftung für Verletzung der Aufklärungspflicht	547
			b. Vertragliche Haftung des Arztes	549
			aa. Beweis des Schadens, der Vertragsverletzung und der Kausalität	549
			bb. Beweis des fehlenden Verschuldens	554
V.	Familienschuldrecht	555
	1.	Güterrecht	555
	2.	Familienrechtlicher Unterhalt	559
		a. Ehelicher Unterhalt	560
		b. Kindesunterhalt	565
		c. Nachehelicher Unterhalt	566
		aa. Beweisthemen	566
		aaa. Gebührender Unterhalt	568
		bbb. Eigenversorgungskapazität der Unterhaltsgläubigerin	572
		ccc. Leistungsfähigkeit des Unterhaltsschuldners	573
		bb. Berechnungsmethoden als Beweismassvorschriften	574
	3.	Verwandtenunterstützung	577
VI.	Erbrecht	578
	1.	Verfügungsfähigkeit	578
	2.	Widerruf von letztwilligen Verfügungen	579
	3.	Enterbung	580
	4.	Erbunwürdigkeit	584
	5.	Ausschlagung und Einmischung	585
	6.	Schädigungsabsicht des Erblassers	586
	7.	Auflösung der Erbengemeinschaft	587
	8.	Schenkungen und ihr Widerruf	588
VII.	Sachenrecht	590
	1.	Besitz und Eigentumsvermutung	590
		a. Selbständiger und unzweideutiger Besitz als Vermutungsbasis	590
		b. Ausschluss der Eigentumsvermutung gegenüber dem früheren selbständigen Besitzer bei umstrittenem Rechtsgrund	594
		c. Eigentumsvermutung gegenüber Drittpersonen	597
	2.	Vertikale Ausdehnung des Grundeigentums	603
	3.	Nachbarrecht	606
		a. Rechtsbehelfe des Nachbarn	606
		b. Verjährung oder Verwirkung des Beseitigungsanspruchs	608

VIII. Öffentliches Recht 611
    1. Anwendung von Art. 8 ZGB im öffentlichen Recht 611
    2. Rechtzeitigkeit und Verspätung: Einhaltung von Fristen 612
    3. Öffentlichkeitsgesetz 617
    4. Öffentliches Beschaffungswesen 618
    5. Erleichterte Einbürgerung 622
    6. Verwaltungsverfahren 623
    7. Abgaberecht 624
    8. Rentenanspruch aus Invalidität 625

Sachregister . . . . Seite 251

Abkürzungsverzeichnis

a.a.O.	am angegebenen Ort
a.M.	am Main
a.M.	anderer Meinung
ABGB	Allgemeines bürgerliches Gesetzbuch für die gesammten Deutschen Erbländer der Oesterreichischen Monarchie (JGS Nr. 946/1811)
Abs.	Absatz
AC	Appeal Cases
AcP	Archiv für die civilistische Praxis (Tübingen)
AGB	Allgemeine Geschäftsbedingungen
AHV	Alters- und Hinterlassenenversicherung
AHVG	Bundesgesetz über die Alters- und Hinterlassenenversicherung vom 20. Dezember 1964 (SR 831.10)
AISUF	Arbeiten aus dem Iuristischen Seminar der Universität Freiburg (Zürich)
AJP	Allgemeine Juristische Praxis (Lachen)
Anwaltsrevue	Zeitschrift des Schweizerischen Anwaltsverbands (Bern)
ArG	Bundesgesetz über die Arbeit in Industrie, Gewerbe und Handel (Arbeitsgesetz) vom 13. März 1964 (SR 822.11)
Art.	Artikel
ARV	Zeitschrift für Arbeitsrecht und Arbeitslosenversicherung (Zürich)
AS	Amtliche Sammlung des Bundesrechts
ASR	Abhandlungen zum Schweizerischen Recht (Bern)
ATSG	Bundesgesetz über den Allgemeinen Teil des Sozialversicherungsrechts vom 6. Oktober 2000 (SR 830.1)
Aufl.	Auflage
AuG	Bundesgesetz über die Ausländerinnen und Ausländer vom 16. Dezember 2005 (SR 142.20)
aZGB	ZGB in ausser Kraft getretener Fassung
BBl	Bundesblatt
Bd.	Band
BGB	Deutsches Bürgerliches Gesetzbuch vom 18. August 1896
BGE	amtliche Sammlung der Entscheidungen des Schweizerischen Bundesgerichts
BGer	unpublizierte Entscheide des Schweizerischen Bundesgerichts
BGG	Bundesgesetz über das Bundesgericht (Bundesgerichtsgesetz) vom 17. Juni 2005 (SR 173.110)

Abkürzungsverzeichnis

BGH	Bundesgerichtshof der Bundesrepublik Deutschland
BGÖ	Bundesgesetz über das Öffentlichkeitsprinzip der Verwaltung (Öffentlichkeitsgesetz) vom 17. Dezember 2004 (SR 152.3)
BJM	Basler Juristische Mitteilungen (Basel)
BöB	Bundesgesetz über das öffentliche Beschaffungswesen vom 16. Dezember 1994 (SR 172.056.1)
BR/DC	Baurecht/Droit de la Construction (Zürich)
BüG	Bundesgesetz über das Schweizer Bürgerrecht (Bürgerrechtsgesetz) vom 20. Juni 2014 (SR 141.0)
BV	Bundesverfassung der Schweizerischen Eidgenossenschaft vom 18. April 1999 (SR 101)
BVerfG	Bundesverfassungsgericht der Bundesrepublik Deutschland
BVerwGer	Bundesverwaltungsgericht
bzw.	beziehungsweise
CC bel.	Belgischer Code civil
CC fr.	Französischer Code civil
CHF	Schweizer Franken
CISG	Übereinkommen der Vereinten Nationen vom 11. April 1980 über Verträge über den internationalen Warenkauf (SR 0.221.211.1)
d.h.	das heisst
ders.	derselbe
DesG	Bundesgesetz über den Schutz von Design (Designgesetz) vom 5. Oktober 2001 (SR 232.12)
dies.	dieselbe/n
Diss.	Dissertation
DSG	Bundesgesetz über den Datenschutz vom 19. Juni 1992 (SR 235.1)
E.	Erwägung
E-Banking	Electronic Banking
ECU	European Currency Unit
E-DSG	Entwurf zum Bundesgesetz über die Totalrevision des Bundesgesetzes über den Datenschutz und die Änderung weiterer Erlasse zum Datenschutz vom 15. September 2017 (BBl 2017, 7193)
EG	Europäische Gemeinschaft
EJPD	Eidgenössiches Justiz- und Polizeidepartement
EMRK	Konvention zum Schutze der Menschenrechte und Grundfreiheiten, abgeschlossen in Rom am 4. November 1950 (SR 0.101)
ER	All England Law Reports Reprint (London)
etc.	et cetera

f./ff.	folgende
FamPra	Praxis des Familienrechts (Bern)
Fn	Fussnote
FR	Kanton Freiburg
FS	Festschrift
FZA	Abkommen zwischen der Schweizerischen Eidgenossenschaft einerseits und der Europäischen Gemeinschaft und ihren Mitgliedstaaten andererseits über die Freizügigkeit, abgeschlossen am 21. Juni 1999 (SR 0.142.112.681)
FZG	Bundesgesetz über die Freizügigkeit in der beruflichen Alters-, Hinterlassenen- und Invalidenvorsorge (Freizügigkeitsgesetz) vom 17. Dezember 1993 (SR 831.42)
FZR	Freiburger Zeitschrift für Rechtsprechung (Freiburg)
GeBüV	Verordnung über die Führung und Aufbewahrung der Geschäftsbücher (Geschäftsbücherverordnung) vom 24. April 2002 (SR 221.431)
GlG	Bundesgesetz über die Gleichstellung von Frau und Mann (Gleichstellungsgesetz) vom 24. März 1995 (SR 151.1)
GoA	Geschäftsführung ohne Auftrag
GR	Kanton Graubünden
Habil.	Habilitation
Hrsg.	Herausgeber/Herausgeberin
i.S.	im Sinn
i.V.m.	in Verbindung mit
IGE	Eidgenössisches Institut für Geistiges Eigentum
inkl.	inklusive
insb.	insbesondere
IPRG	Bundesgesetz über das Internationale Privatrecht vom 18. Dezember 1987 (SR 291)
JURA	Juristische Ausbildung (Berlin)
JZ	Juristenzeitung (Tübingen)
KGer	Kantonsgericht
KKG	Bundesgesetz über den Konsumkredit vom 23. März 2001 (SR 221.214.1)
Libor	London Interbank Offered Rate
lit.	litera
Ltd	Private Company Limited by Shares
m.w.H.	mit weiteren Hinweisen
MVG	Bundesgesetz über die Militärversicherung vom 19. Juni 1992 (SR 833.1)
MwSt	Mehrwertsteuer

Abkürzungsverzeichnis

N	Randnote
NJW	Neue Juristische Wochenschrift (München/Frankfurt a.M.)
NR	Nationalrat
OGer	Obergericht
OR	Bundesgesetz betreffend die Ergänzung des Schweizerischen Zivilgesetzbuches (Fünfter Teil: Obligationenrecht) vom 30. März 1911 (SR 220)
PartG	Bundesgesetz über die eingetragene Partnerschaft gleichgeschlechtlicher Paare (Partnerschaftsgesetz) vom 18. Juni 2004 (SR 211.231)
PauRG	Bundesgesetz über Pauschalreisen vom 18. Juni 1993 (SR 944.3)
Pra	Die Praxis des Schweizerischen Bundesgerichts (Basel)
PrHG	Bundesgesetz über die Produktehaftpflicht (Produktehaftpflichtgesetz) vom 18. Juni 1993 (SR 221.112.944)
PrSG	Bundesgesetz über die Produktesicherheit vom 12. Juni 2009 (SR 930.11)
recht	Zeitschrift für die juristische Ausbildung und Praxis (Bern)
s.	siehe
SAKE	Schweizerische Arbeitskräfteerhebung des Bundesamts für Statistik
SchKG	Bundesgesetz über Schuldbetreibung und Konkurs vom 11. April 1889 (SR 281.1)
SchlT	Schlusstitel
SGHVR	Schweizerische Gesellschaft für Haftpflicht- und Versicherungsrecht
SIA	Schweizerischer Ingenieur- und Architektenverein
sic	sic erat scriptum; so
sic!	Zeitschrift für Immaterialgüter-, Informations- und Wettbewerbsrecht (Zürich)
SJZ	Schweizerische Juristen-Zeitung (Zürich)
sog.	sogenannt
SPR	Schweizerisches Privatrecht (Basel/Frankfurt a.M.)
SR	Ständerat
SR	Systematische Sammlung des Bundesrechts
Sten. Bull.	Stenographisches Bulletin
StGB	Schweizerisches Strafgesetzbuch vom 21. Dezember 1937 (SR 311.0)
StPO	Schweizerische Strafprozessordnung vom 5. Oktober 2007 (SR 312.0)
successio	Zeitschrift für Erbrecht (Zürich)
SVG	Strassenverkehrsgesetz vom 19. Dezember 1958 (SR 741.01)
SWR	Schriften der Stiftung für die Weiterbildung schweizerischer Richterinnen und Richter (Bern)

TR-RESISCAN	Richtlinie 03 138 des deutschen Bundsamts für Sicherheit in der Informationstechnik «Rechtssicheres und ersetzendes Scannen»
u.Ä.	und Ähnliches
u.U.	unter Umständen
USA	United States of America; Vereinigte Staaten von Amerika
usw.	und so weiter
UVV	Verordnung über die Unfallversicherung vom 20. Dezember 1982 (SR 832.202)
UWG	Bundesgesetz gegen den unlauteren Wettbewerb vom 19. Dezember 1986 (SR 241)
v	versus
VE	Vorentwurf
VGer	Verwaltungsgericht
vgl.	vergleiche
VöB	Verordnung über das öffentliche Beschaffungswesen vom 11. Dezember 1995 (SR 172.056.11)
Vorbem.	Vorbemerkung/en
VVG	Bundesgesetz über den Versicherungsvertrag (Versicherungsvertragsgesetz) vom 2. April 1908 (SR 221.229.1)
WIR	Währung der WIR Bank Genossenschaft
z.B.	zum Beispiel
ZBGR	Zeitschrift für Beurkundungs- und Grundbuchrecht (Wädenswil)
ZBJV	Zeitschrift des Berner Juristenvereins (Bern)
ZGB	Schweizerisches Zivilgesetzbuch vom 10. Dezember 1907 (SR 210)
Ziff.	Ziffer
zit.	zitiert
ZPO	Schweizerische Zivilprozessordnung vom 19. Dezember 2008 (SR 272)
ZSR	Zeitschrift für Schweizerisches Recht (Basel)
ZZZ	Schweizerische Zeitschrift für Zivilprozess- und Zwangsvollstreckungsrecht (Zürich/St. Gallen)

Literaturverzeichnis

Aebi-Müller Regina E.	Die Dokumentationspflicht des Arztes, in: Fellmann Walter/Weber Stephan (Hrsg.), Haftpflichtprozess 2016, Zürich 2016, 13 ff. (zit.: Aebi-Müller, Dokumentationspflicht).
Aebi-Müller Regina E./ Fellmann Walter/ Gächter Thomas/ Rütsche Bernhard/ Tag Brigitte	Arztrecht, Bern 2016.
Aebi-Müller Regina E./ Jetzer Laura	Beweislast und Beweismass im Ehegüterrecht, AJP 20 (2011), 287 ff. (zit.: Aebi-Müller/Jetzer, AJP 2011).
Aepli Viktor	Zürcher Kommentar zum Schweizerischen Zivilgesetzbuch, V. Band, Obligationenrecht, Teilband V/1h, Das Erlöschen der Obligation, Art. 114–126 OR, 3. Aufl., Zürich 1991 (zit.: Aepli, ZüKomm).
Ahrens Hans-Jürgen	Die Verteilung der Beweislast, in: Lorenz Egon (Hrsg.), Karlsruher Forum 2008: Beweislast, Schriftenreihe Versicherungsrecht, Band 42, Karlsruhe 2009, 7 ff.
Amrani Mekki Soraya/ Strickler Yves	Procédure civile, Paris 2014.
Arndt Christine	Noven im familienrechtlichen Zivilprozess, in: Jungo Alexandra/Fountoulakis Christiana, Elterliche Sorge, Betreuungsunterhalt, Vorsorgeausgleich und weitere Herausforderungen, Symposium Familienrecht 2017, Zürich 2018, 125 ff.
Aubert Gabriel	Kommentar zu Art. 319–362 OR, in: Thévenoz Luc/Werro Franz (Hrsg.), Commentaire romand, Code des obligations I, Art. 1–529 CO, 2. Aufl., Basel 2012 (zit.: Aubert, CommR).
Aubry Charles/ Rau Charles/ Bartin Etienne	Cours de droit civil français d'après la méthode de Zachariae, 5. Aufl., Band 12, Paris 1922.
Aubry Charles/ Rau Charles/ Esmein Paul	Cours de droit civil français d'après la méthode de Zachariae, 6. Aufl., Band 12, Paris 1958.

Literaturverzeichnis

AUER CHRISTOPH/ MARTI MICHÈLE	Kommentar zu Art. 443–449c ZGB, in: Honsell Heinrich/Vogt Nedim Peter/Geiser Thomas (Hrsg.), Basler Kommentar, Zivilgesetzbuch I, Art. 1–456 ZGB, 5. Aufl., Basel 2014 (zit.: AUER/MARTI, BaKomm).
BAUMANN MAX	Zürcher Kommentar zum Schweizerischen Zivilgesetzbuch, I. Band, Einleitung – Personenrecht, 1. Teilband, Einleitung, Art. 1–7 ZGB, 3. Aufl., Zürich 1998 (zit.: BAUMANN, ZüKomm, Art. 2 ZGB).
BAUMGÄRTEL GOTTFRIED	Beweislastpraxis im Privatrecht. Die Schwierigkeiten der Beweislastverteilung und die Möglichkeiten ihrer Überwindung, Köln/Berlin/Bonn/München 1996 (zit.: BAUMGÄRTEL, Beweislastpraxis).
DERSELBE	Die Befundsicherungspflicht – ein Weg zur Behebung der Beweisnot im Zivilprozess?, in: Meier Isaak/Riemer Hans Michael/Weimar Peter (Hrsg.), Festschrift für Hans Ulrich Walder zum 65. Geburtstag, Zürich 1994, 143 ff. (zit.: BAUMGÄRTEL, FS Walder).
BAUMGÄRTEL GOTTFRIED/ LAUMEN HANS-WILLI	Bearbeiter von §§ 1–4, 7, 10–15, 17–18, 20, in: Baumgärtel Gottfried/Laumen Hans-Willi/Prütting Hanns (Hrsg.), Handbuch der Beweislast, Grundlagen, 2. Aufl., Köln/Berlin/Bonn/München 2009 (zit.: BAUMGÄRTEL/LAUMEN, Grundlagen).
DIESELBEN	Kommentar zu §§ 123–193 BGB, in: Baumgärtel Gottfried/Laumen Hans-Willi/Kessen Martin (Hrsg.), Handbuch der Beweislast, Bürgerliches Gesetzbuch, Allgemeiner Teil, §§ 1–240, 3. Aufl., Köln/Berlin/Bonn/München 2007 (zit.: BAUMGÄRTEL/LAUMEN, Handbuch).
BAUMGÄRTEL GOTTFRIED/ PRÜTTING HANNS	Bearbeiter von §§ 5–6, 8–9, 16, 19, in: Baumgärtel Gottfried/Laumen Hans-Willi/Prütting Hanns (Hrsg.), Handbuch der Beweislast, Grundlagen, 2. Aufl., Köln/Berlin/Bonn/München 2009 (zit.: BAUMGÄRTEL/PRÜTTING, Grundlagen).
BAUMGÄRTEL GOTTFRIED/ REPGEN TILLMAN	Kommentar zu §§ 241–248, 275–304, 311–326 BGB, in: Baumgärtel Gottfried/Laumen Hans-Willi/Prütting Hanns (Hrsg.), Handbuch der Beweislast, Bürgerliches Gesetzbuch, Schuldrecht, Allgemeiner Teil, §§ 241–432 BGB, 3. Aufl., Köln/Berlin/Bonn/München 2008 (zit.: BAUMGÄRTEL/REPGEN, Handbuch).

Baumgärtel Gottfried/ Schuschke Winfried	Kommentar zu §§ 854–1296 BGB, in: Baumgärtel Gottfried/Laumen Hans-Willi (Hrsg.), Handbuch der Beweislast, Band 2, Bürgerliches Gesetzbuch, Sachen-, Familien- und Erbrecht, Recht der EG, UN-Kaufrecht, 2. Aufl., Köln/Berlin/Bonn/München 1999 (zit.: Baumgärtel, Handbuch).
Becker Hermann	Berner Kommentar zum Schweizerischen Privatrecht, Band VI, Obligationenrecht, 1. Abteilung, Allgemeine Bestimmungen, Art. 1–183 OR, Bern 1945 (zit.: Becker, BeKomm).
Beglinger Michael	Beweislast und Beweisvereitelung im Zivilprozess, ZSR 115 (1996), 469 ff. (zit.: Beglinger, ZSR 1996).
Berger-Steiner Isabelle	Das Beweismass im Privatrecht. Eine dogmatische Untersuchung mit Erkenntniswert für die Praxis und die Rechtsfigur der Wahrscheinlichkeitshaftung, ASR 745, Diss. Bern 2008.
Dieselbe	Der Kausalitätsbeweis, in: Weber Stephan (Hrsg.), Personen-Schaden-Forum 2009, Tagungsbeiträge, Zürich/Basel/Genf 2009, 13 ff. (zit.: Berger-Steiner, Kausalitätsbeweis).
Bessenich Balthasar	Kommentar zu Art. 477–480 und 487–492a ZGB, in: Honsell Heinrich/Vogt Nedim Peter/Geiser Thomas (Hrsg.), Basler Kommentar, Zivilgesetzbuch II, Art. 457–977 ZGB, Art. 1–61 SchlT ZGB, 5. Aufl., Basel 2015 (zit.: Bessenich, BaKomm).
Beyeler Martin	Öffentliche Beschaffung, Vergaberecht und Schadenersatz. Ein Beitrag zur Dogmatik der Marktteilnahme des Gemeinwesens, AISUF 233, Diss. Freiburg, Zürich 2004.
Bichsel Martin	Erbrechtliche Verfügungsfähigkeit – Beweisrecht und Rolle der Urkundsperson, successio 11 (2017), 284 ff. (zit.: Bichsel, successio 2017).
Bieger Alain	Die Mängelrüge im Vertragsrecht, AISUF 283, Diss. Freiburg, Zürich 2009.
Bieri Reto	Die Gerichtsnotorietät – ein «unbeschriebenes Blatt im Blätterwald», ZZZ 2006, 185 ff.
Boente Walter	Zürcher Kommentar zum Schweizerischen Zivilgesetzbuch, Der Erwachsenenschutz, Die eigene Vorsorge und Massnahmen von Gesetzes wegen, Art. 360–387 ZGB, Zürich 2015 (zit.: Boente, ZüKomm).
Bohnet François	Bemerkungen zu Urteil 4P.48/2006 vom 22. Mai 2006, SZZP 2006, 378 ff.

BOHNET FRANÇOIS/ JEANNIN PASCAL	Le fardeau de la preuve en droit du bail, in: Bohnet François/Carron Blaise (Hrsg.), 19ᵉ séminaire sur le droit du bail, Basel 2016, 1 ff. (zit.: BOHNET/JEANNIN).
BOULANGER FRANCOIS	Réflexions sur le problème de la charge de la preuve, Revue trimestrielle de droit civil, 1966, 736 ff.
BRÄNDLI BEAT	Digitale Revolution und die einhergehende prozessuale Beweisproblematik, in: Gschwend Lukas/Hettich Peter/Müller-Chen Markus/Schindler Benjamin/Wildhaber Isabelle (Hrsg.), Recht im digitalen Zeitalter, Festgabe Schweizerischer Juristentag 2015 in St. Gallen, Zürich/St. Gallen 2015, 685 ff.
BREHM ROLAND	Berner Kommentar zum Schweizerischen Privatrecht, Band VI, Obligationenrecht, 1. Abteilung, Allgemeine Bestimmungen, 3. Teilband, 1. Unterteilband, Die Entstehung durch unerlaubte Handlungen, Art. 41–61 OR, 4. Aufl., Bern 2013 (zit.: BREHM, BeKomm).
BREITSCHMID PETER	Kommentar zu Art. 505–511 ZGB, in: Honsell Heinrich/Vogt Nedim Peter/Geiser Thomas (Hrsg.), Basler Kommentar, Zivilgesetzbuch II, Art. 457–977 ZGB, Art. 1–61 SchlT ZGB, 5. Aufl., Basel 2015 (zit.: BREITSCHMID, BaKomm).
BRÖNNIMANN JÜRGEN	Berner Kommentar zum Schweizerischen Privatrecht, Schweizerische Zivilprozessordnung, Band II, Art. 150–352 ZPO, Bern 2012 (zit.: BRÖNNIMANN, BeKomm, Art. 150–159 ZPO).
DERSELBE	Beweisanspruch und antizipierte Beweiswürdigung, in: Schwander Ivo/Stoffel Walter A. (Hrsg.), Beiträge zum schweizerischen und internationalen Zivilprozessrecht, Festschrift für Oscar Vogel, Freiburg 1991, 161 ff. (zit.: BRÖNNIMANN, FS Vogel).
DERSELBE	Die Behauptungslast, in: Leuenberger Christoph (Hrsg.), Der Beweis im Zivilprozess, SWR Band 1, Bern 2000, 47 ff. (zit.: BRÖNNIMANN, Behauptungslast).
DERSELBE	Die Behauptungs- und Substanzierungslast im schweizerischen Zivilprozessrecht, ASR 522, Diss. Bern 1989 (zit.: BRÖNNIMANN, Diss.).
BRÜHWILER JÜRG	Einzelarbeitsvertrag, Kommentar zu den Art. 319–343 OR, 3. Aufl., Basel 2014 (zit.: BRÜHWILER, OR-Komm).

BRUNNER CHRISTOPH/ VISCHER MARKUS	Die Rechtsprechung des Bundesgerichts zum Kaufvertragsrecht im Jahr 2015 – «unpublizierte» und «publizierte» Entscheide, Jusletter vom 17. Oktober 2016 (zit.: BRUNNER/VISCHER, Jusletter 2016).
BUCHER EUGEN	100 Jahre schweizerisches Obligationenrecht: Wo stehen wir heute im Vertragsrecht?, ZSR 102 (1983), 251 ff. (zit.: BUCHER, ZSR 1983).
DERSELBE	Obligationenrecht, Allgemeiner Teil ohne Deliktsrecht, 2. Aufl., Zürich 1988 (zit.: BUCHER, OR AT).
BUCHER EUGEN/ AEBI-MÜLLER REGINA E.	Berner Kommentar zum Schweizerischen Privatrecht, Die natürlichen Personen, Art. 11–19d ZGB, Rechts- und Handlungsfähigkeit, Bern 2017 (zit.: BUCHER/AEBI-MÜLLER, BeKomm).
BÜHLER ALFRED	Von der Beweislast im Bauprozess, in: Koller Alfred (Hrsg.), Aktuelle Probleme des privaten und öffentlichen Baurechts, St. Gallen 1994, 289 ff. (zit.: BÜHLER, Bauprozess).
DERSELBE	Beweiswürdigung, in: Leuenberger Christoph (Hrsg.), Der Beweis im Zivilprozess, SWR Band 1, Bern 2000, 71 ff. (zit.: BÜHLER, Beweiswürdigung).
DERSELBE	Gerichts- und Privatgutachten im Immaterialgüterrechtsprozess, Vortrag vom 8. März 2007 an der 10. Zürcher Tagung zum schweizerischen Immaterialgüter- und Wettbewerbsrecht, sic! 2007, 607 ff. (zit.: BÜHLER, sic! 2007).
DERSELBE	Beweismass und Beweiswürdigung bei Gerichtsgutachten – unter Berücksichtigung der jüngsten Lehre und Rechtsprechung, Jusletter vom 21. Juni 2010 (zit.: BÜHLER, Jusletter 2010).
BÜHLER THEODOR	Zürcher Kommentar zum Schweizerischen Zivilgesetzbuch, V. Band, Obligationenrecht, Teilband V/2d, Der Werkvertrag, Art. 363–379 OR, 3. Aufl., Zürich 1998 (zit.: BÜHLER, ZüKomm).
BÜRGI-WYSS ALEXANDER CHRISTOPH	Der unrechtmässig erworbene Vorteil im schweizerischen Privatrecht. Zugleich ein Beitrag zur Dogmatik der ungerechtfertigten Bereicherung und der Geschäftsführung ohne Auftrag, Diss. Zürich 2005.
CANARIS CLAUS-WILHELM	Ansprüche wegen «positiver Vertragsverletzung» und «Schutzwirkung für Dritte» bei nichtigen Verträgen: Zugleich ein Beitrag zur Vereinheitlichung der Regeln über die Schutzpflichtverletzungen, JuristenZeitung 20 (1965), 475 ff. (zit.: CANARIS, JZ 1965).

Literaturverzeichnis

DERSELBE	Schutzgesetze – Verkehrspflichten – Schutzpflichten, in: Canaris Claus-Wilhelm/Diederichsen Uwe (Hrsg.), Festschrift für Karl Larenz zum 80. Geburtstag, München 1983 (zit.: CANARIS, FS Larenz).
CHAPPUIS BENOÎT	Kommentar zu Art. 62–67 OR, in: Thévenoz Luc/Werro Franz (Hrsg.), Commentaire romand, Code des obligations I, Art. 1–529 CO, 2. Aufl., Basel 2012 (zit.: CHAPPUIS, CommR).
CHAPPUIS CHRISTINE/ WERRO FRANZ	La preuve en droit de la responsabilité civile: panorama de la jurisprudence récente du Tribunal fédéral et questions choisies, in: Chappuis Christine/Winiger Bénédict (Hrsg.), La preuve en droit de la responsabilité civile, Genf/Zürich/Basel 2011, 13 ff.
CICORIA KATIA	Beweislastverteilung und Beweiserleichterung im Arzthaftungsprozess, Jusletter vom 12. April 2010 (zit.: CICORIA, Jusletter 2010).
CROSS RUPERT/ TAPPER COLIN	Cross and Tapper on Evidence, 12. Aufl., Oxford 2010.
DAÏNA ISABELLE SALOMÉ	Le caractère abusif du loyer initial: qui doit prouver quoi?, Cahiers du Bail 2009, 97 ff.
DAVID LUCAS/ JACOBS RETO	Schweizerisches Wettbewerbsrecht. Eine systematische Darstellung des Gesetzes gegen den unlauteren Wettbewerb und des Kartellgesetzes sowie der wettbewerbsrechtlichen Nebengesetze und der Grundsätze der Schweizerischen Kommission für die Lauterkeit in der Werbung, 5. Aufl., Bern 2012.
DESCHENAUX HENRI	Der Einleitungstitel, SPR, Band II, Basel 1967 (zit.: DESCHENAUX, SPR II).
DEVÈZE JEAN	Contribution à l'étude de la charge de la preuve en matière civile, Diss. Toulouse, Grenoble 1980.
DOLGE ANNETTE	Kommentar zu Art. 177–189 ZPO, in: Spühler Karl/Tenchio Luca/Infanger Dominik (Hrsg.), Basler Kommentar, Schweizerische Zivilprozessordnung, 3. Aufl., Basel 2017 (zit.: DOLGE, BaKomm).
DORJEE-GOOD ANDREA	Kommentar zu Art. 498–511 ZGB, in: Breitschmid Peter/Jungo Alexandra (Hrsg.), Handkommentar zum Schweizer Privatrecht, Erbrecht, 3. Aufl., Zürich 2016 (zit.: DORJEE-GOOD, HandKomm).
DRUEY JEAN NICOLAS	Bundesgericht, II. Zivilkammer, 16.12.1997, i.S. Rosa X. c. Reto R. (5C.212/1997, BGE 124 III 5), AJP 7 (1998), 730 ff. (zit.: DRUEY, AJP 1998).

Dürr David	Zürcher Kommentar zum Schweizerischen Zivilgesetzbuch, I. Band, Einleitung – Personenrecht, Einleitung, 1. Teilband, Art. 1–7 ZGB, 3. Aufl., Zürich 1998 (zit.: Dürr, ZüKomm, Art. 1 und Art. 4 ZGB).
Egger August	Zürcher Kommentar zum Schweizerischen Zivilgesetzbuch, I. Band, Einleitung – Personenrecht, Einleitung Art. 1–10 ZGB, Das Personenrecht, Art. 11–89 ZGB, Zürich 1930 (zit.: Egger, ZüKomm, Art. 8 ZGB).
Ehrat Felix R./ Widmer Markus	Kommentar zu Art. 151–163 OR, in: Honsell Heinrich/Vogt Nedim Peter/Wiegand Wolfgang (Hrsg.), Basler Kommentar, Obligationenrecht I, Art. 1–529 OR, 6. Aufl., Basel 2015 (zit.: Ehrat/Widmer, BaKomm).
Eitel Paul	Erbrecht, in: Fellmann Walter/Poledna Tomas (Hrsg.), Aktuelle Anwaltspraxis 2009, Bern 2009, 169 ff.
Emmel Frank	Kommentar zu Art. 319–362 OR, in: Huguenin Claire/Müller-Chen Markus (Hrsg.), Handkommentar zum Schweizer Privatrecht, Vertragsverhältnisse Teil 2: Arbeitsvertrag, Werkvertrag, Auftrag, GoA, Bürgschaft, 3. Aufl., Zürich 2016 (zit.: Emmel, HandKomm).
Emmenegger Susan/ Tschentscher Axel	Berner Kommentar zum Schweizerischen Privatrecht, Band I, Einleitung und Personenrecht, 1. Abteilung, Einleitung, Art. 1–9 ZGB, Bern 2012 (zit.: Emmenegger/ Tschentscher, BeKomm, Art. 1 ZGB).
Esser Josef	Vorverständnis und Methodenwahl in der Rechtsfindung. Rationalitätsgrundlagen richterlicher Entscheidpraxis, Königstein im Taunus 1972.
Fanger Reto	Digitale Dokumente als Beweismittel, Jusletter vom 27. März 2006 (zit.: Fanger, Jusletter 2006).
Fankhauser Roland	Kommentar zu Art. 477–480 ZGB, in: Abt Daniel/Weibel Thomas (Hrsg.), Praxiskommentar Erbrecht, 3. Aufl., Basel 2015 (zit.: Fankhauser, PraxKomm).
Derselbe	Kommentar zu Art. 527 ZGB, in: Breitschmid Peter/Jungo Alexandra (Hrsg.), Handkommentar zum Schweizer Privatrecht, Erbrecht, 3. Aufl., Zürich/Basel/Genf 2016 (zit.: Fankhauser, HandKomm).
Fässler Lukas	Durchklick: Elektronische Aktenführung – Beweisführung mit eingescannten Dokumenten, Anwaltsrevue 2014, 380 ff.
Fellmann Walter	Arzt und Rechtsverhältnis zum Patienten, in: Kuhn Moritz W./Poledna Tomas (Hrsg.), Arztrecht in der Praxis, 2. Aufl., Zürich 2007, 103 ff. (zit.: Fellmann, Arztrecht).

Literaturverzeichnis

Derselbe	Berner Kommentar zum Schweizerischen Privatrecht, Band VI, Obligationenrecht, 2. Abteilung, Die einzelnen Vertragsverhältnisse, 4. Teilband, Der einfache Auftrag, Art. 394–406 OR, Bern 1992 (zit.: Fellmann, BeKomm).
Derselbe	Kommentar zu Art. 158 ZPO, in: Sutter-Somm Thomas/Hasenböhler Franz/Leuenberger Christoph (Hrsg.), Kommentar zur Schweizerischen Zivilprozessordnung (ZPO), 3. Aufl., Zürich/Basel/Genf 2016 (zit.: Fellmann, ZPO-Komm).
Derselbe	Substanziierung und Beweis unter besonderer Berücksichtigung von Art. 42 Abs. 1 und 2 OR, in: Fellmann Walter/Weber Stephan (Hrsg.), Haftpflichtprozess 2007, Zürich 2007, 35 ff. (zit.: Fellmann, Substantiierung I).
Derselbe	Substanziierungspflicht nach der schweizerischen Zivilprozessordnung, in: Fellmann Walter/Weber Stephan (Hrsg.), Haftpflichtprozess 2011, Zürich 2011, 13 ff. (zit.: Fellmann, Substantiierung II).
Fellmann Walter/ Kottmann Andrea	Schweizerisches Haftpflichtrecht, Band I: Allgemeiner Teil sowie Haftung aus Verschulden und Persönlichkeitsverletzung, gewöhnliche Kausalhaftungen des OR, ZGB und PrHG, Bern 2012.
Fellmann Walter/ Müller Karin	Die Vertretungsmacht des Geschäftsführers in der einfachen Gesellschaft – eine kritische Auseinandersetzung mit BGE 124 III 355 ff., AJP 9 (2000), 637 ff. (zit.: Fellmann/Müller, AJP 2000).
Ferrari Franco	Kommentar zu Art. 1–7 CISG, in: Schlechtriem Peter/Schwenzer Ingeborg (Hrsg.), Kommentar zum Einheitlichen UN-Kaufrecht (CISG), 6. Aufl., München/Basel 2013 (zit.: Ferrari, CISG-Komm).
Fetzer Rhona	Kommentar zu § 362–386 BGB, in: Krüger Wolfgang (Hrsg.), Münchener Kommentar zum Bürgerlichen Gesetzbuch, Band 2, Schuldrecht – Allgemeiner Teil, §§ 241–432, 7. Aufl., München 2016 (zit.: Fetzer, MünchKomm).
Fountoulakis Christiana	Bürgschaftsrecht – von den Hoffnungen des Gesetzgebers und was davon übrig bleibt, AJP 19 (2010), 423 ff. (zit.: Fountoulakis, AJP 2010).
Gasser Dominik/ Rickli Brigitte	Schweizerische Zivilprozessordnung, Kurzkommentar, 2. Aufl., Zürich/St.Gallen 2014 (zit.: Gasser/Rickli, ZPO-Kurzkomm).
Gattiker Monika	Die Widerrechtlichkeit des ärztlichen Eingriffs nach schweizerischem Zivilrecht, Diss. Zürich 1999.

GAUCH PETER	Auslegung, Ergänzung und Anpassung schuldrechtlicher Verträge, in: Gauch Peter/Schmid Jörg (Hrsg.), Die Rechtsentwicklung an der Schwelle zum 21. Jahrhundert, Symposium zum Schweizerischen Privatrecht, Zürich 2001, 209 ff. (zit.: GAUCH, Auslegung).
DERSELBE	Der Werkvertrag, 5. Aufl., Zürich 2011 (zit.: GAUCH, Werkvertrag).
DERSELBE	Grundstückkauf mit Bauleistungspflicht und zahlreichen Fragen zur Mängelhaftung BGE 118 II 142 ff., BR/DC 1993, 38 ff. (zit.: GAUCH, BR/DC 1993).
DERSELBE	Zum Stand der Lehre und Rechtsprechung. Geschichten und Einsichten eines privaten Schuldrechtlers, ZSR 118 (2000), 1 ff. (zit.: GAUCH, ZSR 2000).
GAUCH PETER/ SCHLUEP WALTER R./ EMMENEGGER SUSAN	Schweizerisches Obligationenrecht Allgemeiner Teil ohne ausservertragliches Haftpflichtrecht, Band 2, 10. Aufl., Zürich 2014.
GAUCH PETER/ SCHLUEP WALTER R./ SCHMID JÖRG	Schweizerisches Obligationenrecht Allgemeiner Teil ohne ausservertragliches Haftpflichtrecht, Band 1, 10. Aufl., Zürich 2014.
GAUCH PETER/ STÖCKLI HUBERT	Kommentar zu Art. 172–177 SIA-Norm 118, in: Gauch Peter/Stöckli Hubert (Hrsg.), Kommentar zur SIA-Norm 118, Allgemeine Bedingungen für Bauarbeiten (Ausgabe 2013), 2. Aufl., Zürich 2017 (zit.: GAUCH/STÖCKLI, SIA-Komm).
GAUTSCHI GEORG	Berner Kommentar zum Schweizerischen Privatrecht, Band VI, Obligationenrecht, 2. Abteilung, Die einzelnen Vertragsverhältnisse, 5. Teilband, Kreditbrief und Kreditauftrag, Mäklervertrag, Agenturvertrag, Geschäftsführung ohne Auftrag, Art. 407–424 OR, Bern 1964 (zit.: GAUTSCHI, BeKomm).
GAUTSCHI WALTER	Beweislast und Beweiswürdigung bei freiem richterlichem Ermessen, Zürich 1913.
GEHRER CORDEY CAROLE/ GIGER GION	Kommentar zu Art. 394–406 OR, in: Huguenin Claire/Müller-Chen Markus (Hrsg.), Handkommentar zum Schweizer Privatrecht, Vertragsverhältnisse Teil 2: Arbeitsvertrag, Werkvertrag, Auftrag, GoA, Bürgschaft, 3. Aufl., Zürich 2016 (zit.: GEHRER CORDEY/GIGER, HandKomm).
GEHRI MYRIAM A.	Kommentar zu Art. 52–61 ZPO, in: Spühler Karl/Tenchio Luca/Infanger Dominik (Hrsg.), Basler Kommentar, Schweizerische Zivilprozessordnung, 3. Aufl., Basel 2017 (zit.: GEHRI, BaKomm).

Genna Gian Sandro	LegalTech – Sind die Schweizer Anwälte bereit?, Jusletter vom 12. Juni 2017 (zit.: Genna, Jusletter 2017).
Giger Hans	Berner Kommentar zum Schweizerischen Privatrecht, Band VI, Obligationenrecht, 2. Abteilung, Die einzelnen Vertragsverhältnisse, 1. Teilband, Kauf und Tausch – Die Schenkung, 1. Abschnitt, Allgemeine Bestimmungen – Der Fahrniskauf, Art. 184–215 OR, 2. unveränderte Aufl., Bern 1980 (zit.: Giger, BeKomm).
Glasl Daniel	Kommentar zu Art. 55–58 ZPO, in: Brunner Alexander/Gasser Dominik/Schwander Ivo (Hrsg.), Schweizerische Zivilprozessordnung (ZPO), Kommentar, 2. Aufl., Zürich/St. Gallen 2016 (zit.: Glasl, ZPO-Komm).
Göksu Tarkan	Die Beschwerden ans Bundesgericht, Zürich/St. Gallen 2007 (zit.: Göksu, Beschwerden).
Derselbe	Kommentar zu Art. 8 ZGB, in: Breitschmid Peter/Jungo Alexandra (Hrsg.), Handkommentar zum Schweizer Privatrecht, Personen- und Familienrecht, Partnerschaftsgesetz, 3. Aufl., Zürich 2016 (zit.: Göksu, HandKomm).
Derselbe	Kommentar zu Art. 257 ZPO, in: Brunner Alexander/Gasser Dominik/Schwander Ivo (Hrsg.), Schweizerische Zivilprozessordnung (ZPO), Kommentar, 2. Aufl., Zürich/St. Gallen 2016 (zit.: Göksu, ZPO-Komm).
Gottwald Peter	Grundprobleme der Beweislastverteilung, Juristische Ausbildung 2 (1980), 225 ff. (zit.: Gottwald, Grundprobleme).
Grolimund Pascal	Einzelfragen des Internationalen Beweisrechts, in: Fuhrer Stephan/Chappuis Christine (Hrsg.), Haftpflicht- und Versicherungsrecht, Liber amicorum Roland Brehm, Bern 2012, 167 ff.
Groner Roger	Beweisrecht, Beweise und Beweisverfahren im Zivil- und Strafrecht, Bern 2011.
Guével Didier	Contrats et obligations. Preuve: Charge de la preuve et règles générales, in: Jurisclasseur Civil Code, Art. 1315, Einzelheft, Stand: März 2016 (zit.: Guével, Jurisclasseur).
Guggenbühl Markus	Die gesetzlichen Vermutungen des Privatrechts und ihre Wirkungen im Zivilprozess, Diss. Zürich 1990.
Guldener Max	Beweiswürdigung und Beweislast nach schweizerischem Zivilprozessrecht, Zürich 1955 (zit.: Guldener, Beweiswürdigung).

DERSELBE	Schweizerisches Zivilprozessrecht, 3. Aufl., Zürich 1979 (zit.: GULDENER, Zivilprozessrecht).
GÜNGERICH ANDREAS	Kommentar zu Art. 96 BGG, in: Seiler Hansjörg/von Werdt Nicolas/Güngerich Andreas/Oberholzer Niklaus (Hrsg.), Stämpflis Handkommentar, Bundesgerichtsgesetz (BGG), 2. Aufl., Bern 2015 (zit.: GÜNGERICH, BGG-Komm).
GUTZWILLER CHRISTOPH	Der Beweis der Verletzung von Sorgfaltspflichten, insbesondere der Aufklärungspflicht, im Anlagegeschäft der Banken, AJP 13 (2004), 411 ff. (zit.: GUTZWILLER, AJP 2004).
GUYAN PETER	Kommentar zu Art. 150–159 ZPO, in: Spühler Karl/Tenchio Luca/Infanger Dominik (Hrsg.), Basler Kommentar, Schweizerische Zivilprozessordnung, 3. Aufl., Basel 2017 (zit.: GUYAN, BaKomm).
HAAB ROBERT/ SIMONIUS AUGUST/ SCHERRER WERNER/ ZOBL DIETER	Zürcher Kommentar zum Schweizerischen Zivilgesetzbuch, IV. Band, Das Sachenrecht, 1. Abteilung, Das Eigentum, Art. 641–729 ZGB, Zürich 1977 (zit.: HAAB/SIMONIUS/SCHERRER/ZOBL, ZüKomm 1977).
HABERBECK PHILIPP	Abgrenzung der zulässigen antizipierten Beweiswürdigung von der Verletzung des Rechts auf Beweis im Zivilprozess, Jusletter vom 3. Februar 2014 (zit.: HABERBECK, Jusletter 2014).
HABSCHEID WALTER J.	Beweislast und Beweismass. Ein kontinentaleuropäischer Rechtsvergleich, in: Prütting Hanns (Hrsg.), Festschrift für Gottfried Baumgärtel zum 70. Geburtstag, Köln/Berlin/Bonn/München 1990, 105 ff.
HÄFELIN ULRICH/ MÜLLER GEORG/ UHLMANN FELIX	Allgemeines Verwaltungsrecht, 7. Aufl., Zürich/St. Gallen 2016.
HAFNER PETER	Kommentar zu Art. 168 ZPO, in: Spühler Karl/Tenchio Luca/Infanger Dominik (Hrsg.), Basler Kommentar, Schweizerische Zivilprozessordnung, 3. Aufl., Basel 2017 (zit.: HAFNER, BaKomm).
HARTMANN MARTIN	Die Praxis des Vertrauens, Berlin 2011 (zit.: HARTMANN, Praxis des Vertrauens).
HARTMANN STEPHAN	Der Abbruch der Vertragsverhandlungen als Enttäuschung von Vertrauen – Bemerkungen im Anschluss an das Bundesgerichtsurteil 4C.152/2001 vom 29. Oktober 2001, ZBJV 139 (2003), 516 ff. (zit.: HARTMANN, ZBJV 2003).

Literaturverzeichnis

Hasenböhler Franz	Das Beweisrecht der ZPO, Band 1, Allgemeine Bestimmungen, Mitwirkungspflichten und Verweigerungsrechte, Zürich/Basel/Genf 2015 (zit.: Hasenböhler, Beweisrecht).
Derselbe	Das Gericht im Spannungsfeld von Beweisanspruch und antizipierter Beweiswürdigung, in: Noll Daniel/Olano Oscar (Hrsg.), «Im Namen des Obergerichts», Festschrift zur Pensionierung von Magdalena Rutz, Liestal 2004, 105 ff. (zit.: Hasenböhler, Spannungsfeld).
Derselbe	Kommentar zu Art. 150–159 ZPO, in: Sutter-Somm Thomas/Hasenböhler Franz/Leuenberger Christoph (Hrsg.), Kommentar zur Schweizerischen Zivilprozessordnung (ZPO), 3. Aufl., Zürich/Basel/Genf 2016 (zit.: Hasenböhler, ZPO-Komm).
Hausheer Heinz/ Aebi-Müller Regina	Berner Kommentar zum Schweizerischen Privatrecht, Band I, Einleitung und Personenrecht, 1. Abteilung, Einleitung, Art. 1–9 ZGB, Bern 2012 (zit.: Hausheer/Aebi-Müller, BeKomm, Art. 2 ZGB).
Dieselben	Das Personenrecht des Schweizerischen Zivilgesetzbuches, 4. Aufl., Bern 2016 (zit.: Hausheer/Aebi-Müller, Personenrecht).
Dieselben	Kommentar zu Art. 200 ZGB, in: Honsell Heinrich/Vogt Nedim Peter/Geiser Thomas (Hrsg.), Basler Kommentar, Zivilgesetzbuch I, Art. 1–456 ZGB, 5. Aufl., Basel 2014 (zit.: Hausheer/Aebi-Müller, BaKomm).
Hausheer Heinz/ Brunner Rolf	Familienunterhalt, Kapitel 3, in: Hausheer Heinz/Spycher Annette (Hrsg.), Handbuch des Unterhaltsrechts, 2. Aufl., Bern 2010 (zit.: Hausheer/Brunner, Unterhaltsrecht).
Hausheer Heinz/ Jaun Manuel	Das Nachbarrecht als Prüfstein für den bundesrechtlichen Begriff des Beweismasses, in: Honsell Heinrich/Portmann Wolfgang/Zäch Roger/Zobl Dieter (Hrsg.), Aktuelle Aspekte des Schuld- und Sachenrechts, Festschrift für Heinz Rey zum 60. Geburtstag, Zürich 2003, 33 ff. (zit.: Hausheer/Jaun, FS Rey).
Dieselben	Stämpflis Handkommentar, Die Einleitungsartikel des ZGB, Art. 1–10 ZGB, Bern 2003 (zit.: Hausheer/Jaun, ZGB-Komm).
Dieselben	Unsorgfältige ärztliche Behandlung – Arzthaftung, in: Weber Stephan/Münch Peter (Hrsg.), Haftung und Versicherung, 2. Aufl., Bern 2015, 895 ff. (zit.: Hausheer/Jaun, Arzthaftung).

Hausheer Heinz/ Spycher Annette	Unterhalt zwischen geschiedenen Ehegatten, Kapitel 5, in: Hausheer Heinz/Spycher Annette (Hrsg.), Handbuch des Unterhaltsrechts, 2. Aufl., Bern 2010 (zit.: Hausheer/Spycher, Unterhaltsrecht).
Heinrich Christian	Beweislast bei Rechtsgeschäften, Köln 1996.
Héritier Lachat Anne	Kommentar zu Art. 419–424 OR, in: Thévenoz Luc/Werro Franz (Hrsg.), Commentaire romand, Code des obligations I, Art. 1–529 CO, 2. Aufl., Basel 2012 (zit.: Héritier Lachat, CommR).
Higi Peter	Zürcher Kommentar zum Schweizerischen Zivilgesetzbuch, V. Band, Obligationenrecht, Teilband V/2b, Die Leihe, Art. 305–318 OR, 3. Aufl., Zürich 2003 (zit.: Higi, ZüKomm).
Derselbe	Zürcher Kommentar zum Schweizerischen Zivilgesetzbuch, V. Band, Obligationenrecht, Teilband V/2b/1, Die Miete, Art. 253–365 OR, 4. Aufl., Zürich 1994 (zit.: Higi, ZüKomm).
Hofer Sibylle	Berner Kommentar zum Schweizerischen Privatrecht, Band I, Einleitung und Personenrecht, 1. Abteilung, Einleitung, Art. 1–9 ZGB, Bern 2012 (zit.: Hofer, BeKomm, Art. 3 ZGB).
Hofmann Dieter	Kommentar zu Art. 257 ZPO, in: Spühler Karl/Tenchio Luca/Infanger Dominik (Hrsg.), Basler Kommentar, Schweizerische Zivilprozessordnung, 3. Aufl., Basel 2017 (zit.: Hofmann, BaKomm).
Hohl Fabienne	Kommentar zu Art. 68–83 OR, in: Thévenoz Luc/Werro Franz (Hrsg.), Commentaire romand, Code des obligations I, Art. 1–529 CO, 2. Aufl., Basel 2012 (zit.: Hohl, CommR).
Dieselbe	L'avis des défauts de l'ouvrage: Fardeau de la preuve et fardeau de l'allégation, FZR 1994, 235 ff. (zit.: Hohl, FZR 1994).
Dieselbe	Le degré de la preuve, in: Schwander Ivo/Stoffel Walter A. (Hrsg.), Beiträge zum schweizerischen und internationalen Zivilprozessrecht, Festschrift für Oscar Vogel, Freiburg 1991, 125 ff. (zit.: Hohl, FS Vogel).
Dieselbe	Le degré de la preuve dans les procès au fond, in: Leuenberger Christoph (Hrsg.), Der Beweis im Zivilprozess, SWR Band 1, Bern 2000, 127 ff. (zit.: Hohl, Degré).
Dieselbe	Procédure civile, Band 1, Introduction et théorie générale, 2. Aufl., Bern 2016 (zit.: Hohl, Procédure I).

Literaturverzeichnis

HONSELL HEINRICH	Kommentar zu Art. 192–210 OR, in: Honsell Heinrich/Vogt Nedim Peter/Wiegand Wolfgang (Hrsg.), Basler Kommentar, Obligationenrecht I, Art. 1–529 OR, 6. Aufl., Basel 2015 (zit.: HONSELL, BaKomm).
HONSELL HEINRICH/ISENRING BERNHARD/KESSLER MARTIN A.	Schweizerisches Haftpflichtrecht, 5. Aufl., Zürich 2013.
HRUBESCH-MILLAUER STEPHANIE	Kommentar zu Art. 211–215 OR, in: Huguenin Claire/Müller-Chen Markus (Hrsg.), Handkommentar zum Schweizer Privatrecht, Vertragsverhältnisse Teil 1: Innominatkontrakte, Kauf, Tausch, Schenkung, Miete, Leihe, 3. Aufl., Zürich 2016 (zit.: HRUBESCH-MILLAUER, HandKomm).
HUGUENIN-DUMITTAN GEORGES	Behauptungslast, Substantiierungspflicht und Beweislast, Diss. Zürich 1980.
HULLIGER URBAN/HEINRICH PETER	Kommentar zu Art. 253–274g OR, in: Huguenin Claire/Müller-Chen Markus (Hrsg.), Handkommentar zum Schweizer Privatrecht, Vertragsverhältnisse Teil 1: Innominatkontrakte, Kauf, Tausch, Schenkung, Miete, Leihe, 3. Aufl., Zürich 2016 (zit.: HULLIGER/HEINRICH, HandKomm).
HÜRLIMANN-KAUP BETTINA	Die privatrechtliche Gefälligkeit und ihre Rechtsfolgen, AISUF 179, Diss. Freiburg 1998, Freiburg 1999 (zit.: HÜRLIMANN-KAUP, Diss.).
DIESELBE	Die sachenrechtliche Rechtsprechung des Bundesgerichts im Jahr 2015, ZBJV 153 (2017), 624 ff. (zit.: HÜRLIMANN-KAUP, ZBJV 2017).
HÜRLIMANN-KAUP BETTINA/SCHMID JÖRG	Einleitungsartikel des ZGB und Personenrecht, 3. Aufl., Zürich/Basel/Genf 2016.
HÜRLIMANN ROLAND/SIEGENTHALER THOMAS	Kommentar zu Art. 363–379 OR, in: Huguenin Claire/Müller-Chen Markus (Hrsg.), Handkommentar zum Schweizer Privatrecht, Vertragsverhältnisse Teil 2: Arbeitsvertrag, Werkvertrag, Auftrag, GoA, Bürgschaft, 3. Aufl., Zürich 2016 (zit.: HÜRLIMANN/SIEGENTHALER, HandKomm).
HUWILER BRUNO	Zur Anspruchsgrundlage der Obligation aus ungerechtfertigter Bereicherung im Schweizerischen Obligationenrecht, in: Vogt Nedim Peter/Zobl Dieter (Hrsg.), Der Allgemeine Teil und das Ganze, Liber Amicorum für Hermann Schulin, Basel 2002, 41 ff.

Jäggi Peter	Berner Kommentar zum schweizerischen Privatrecht, Band I, Einleitung und Personenrecht, 1. Abteilung, Einleitung, Art. 1–10 ZGB, Bern 1966 (zit.: Jäggi, BeKomm, Art. 3 ZGB).
Derselbe	Vertrauensprinzip und Gesetz, in: Gauch Peter/Schnyder Bernhard (Hrsg.), Peter Jäggi, Privatrecht und Staat, Gesammelte Aufsätze, Zürich 1976, 149 ff. (zit.: Jäggi, Vertrauensprinzip). Originalpublikation in: Juristische Fakultät Basel (Hrsg.), Aequitas und bona fides, Festgabe zum 70. Geburtstag von August Simonius, Basel 1955, 145 ff.
Jäggi Peter/ Gauch Peter	Zürcher Kommentar zum Schweizerischen Zivilgesetzbuch, V. Band, Obligationenrecht, Teilband V/1b, Kommentar zu Art. 18 OR, 3. Aufl., Zürich 1980 (zit.: Jäggi/Gauch, ZüKomm).
Jäggi Peter/ Gauch Peter/ Hartmann Stephan	Zürcher Kommentar zum Schweizerischen Zivilgesetzbuch, Auslegung, Ergänzung und Anpassung der Verträge; Simulation, Art. 18 OR, 4. Aufl., Zürich 2015 (zit.: Jäggi/Gauch/Hartmann, ZüKomm).
Jetzer Laura	Die ärztliche Dokumentationspflicht und der Beweis des Behandlungsfehlers, ZBJV 148 (2012), 309 ff. (zit.: Jetzer, ZBJV 2012).
Jungo Alexandra	Kommentar zu Art. 181–251 ZGB, in: Breitschmid Peter/Jungo Alexandra (Hrsg.), Handkommentar zum Schweizer Privatrecht, Personen- und Familienrecht, Partnerschaftsgesetz, 3. Aufl., Zürich 2016 (zit.: Jungo, HandKomm).
Kälin Oliver	Entlastung und Exkulpation nach Art. 97 Abs. 1 OR, AJP 16 (2007), 1339 ff.
Kaufmann Martin	Beweisen? Gedanken zu Beweislast – Beweismass – Beweiswürdigung, AJP 14 (2003), 1199 ff. (zit.: Kaufmann, AJP 2003).
Derselbe	Beweisführung und Beweiswürdigung. Tatsachenfeststellung im schweizerischen Zivil-, Straf- und Verwaltungsprozess, Zürich/St. Gallen 2009 (zit.: Kaufmann, Beweisführung).
Kaufmann Urs	Freie Beweiswürdigung im Bundesprivatrecht und in ausgewählten Zivilprozessordnungen. Eine Untersuchung zu Begriff, Wesen und Bedeutung der freien richterlichen Überzeugung, Diss. Zürich 1986 (zit.: Kaufmann, Freie Beweiswürdigung).

Literaturverzeichnis

Kegel Gerhard	Der Individualanscheinsbeweis und die Verteilung der Beweislast nach überwiegender Wahrscheinlichkeit, in: Biedenkopf Kurt H./Coing Helmut/Mestmäcker Ernst-Joachim (Hrsg.), Das Unternehmen in der Rechtsordnung, Festgabe für Heinrich Kronstein aus Anlass seines 70. Geburtstages am 12. September 1967, Karlsruhe 1967, 321 ff.
Kiener Regina/ Rütsche Bernhard/ Kuhn Mathias	Öffentliches Verfahrensrecht, 2. Aufl., Zürich/St. Gallen 2015.
Kofmel Sabine	Das Recht auf Beweis im Zivilverfahren, ASR 538, Diss. Bern 1992.
Kofmel Ehrenzeller Sabine	Das Recht auf Beweis im Zivilverfahren – ein Überblick unter besonderer Berücksichtigung der neuen Bundesverfassung, in: Leuenberger Christoph (Hrsg.), Der Beweis im Zivilprozess, SWR Band 1, Bern 2000, 139 ff. (zit.: Kofmel Ehrenzeller, Überblick).
Dieselbe	Art. 8 ZGB – Aktuelles zu einer vertrauten Beweisregel in nationalen und internationalen Fällen, ZBJV 137 (2001), 813 ff. (zit.: Kofmel Ehrenzeller, ZBJV 2001).
Koller Alfred	Berner Kommentar zum Schweizerischen Privatrecht, Band VI, Obligationenrecht, 2. Abteilung, Die einzelnen Vertragsverhältnisse, 3. Teilband, Art. 363–366 OR, Bern 1998 (zit.: Koller, BeKomm).
Derselbe	Kommentar zu Art. 211–215 OR, in: Honsell Heinrich/ Vogt Nedim Peter/Wiegand Wolfgang (Hrsg.), Basler Kommentar, Obligationenrecht I, Art. 1–529 OR, 6. Aufl., Basel 2015 (zit.: Koller, BaKomm).
Koller-Tumler Marlis	Einführung in die Grundlagen des privatrechtlichen Konsumentenschutzes, in: Kramer Ernst A. (Hrsg.), SPR X, Konsumentenschutz im Privatrecht, Basel 2008, 1 ff.
Kramer Ernst A.	Berner Kommentar zum Schweizerischen Privatrecht, Band VI, Obligationenrecht, 1. Abteilung, Allgemeine Bestimmungen, 1. Teilband, Einleitung in das schweizerische Obligationenrecht und Kommentar zu Art. 1–18 OR, Bern 1986 (zit.: Kramer, BeKomm).
Derselbe	Berner Kommentar zum Schweizerischen Privatrecht, Band VI, Obligationenrecht, 1. Abteilung, Allgemeine Bestimmungen, 1. Teilband, Unterteilband 1a, Inhalt des Vertrages, Art. 19–22 OR, Bern 1991 (zit.: Kramer, BeKomm).
Derselbe	Juristische Methodenlehre, 5. Aufl., Bern 2016.

KRAUSKOPF FRÉDÉRIC	Die Schuldanerkennung im schweizerischen Obligationenrecht, AISUF 222, Diss. Freiburg 2003.
KUHN HANS	Die Beweislast insbesondere im Schweizerischen Zivilgesetzbuch, Diss. Bern 1912.
KUHN MORITZ	Ärztliche Kunst- bzw. Behandlungsfehler – Beweislastverteilung gemäss Haftungsgesetz des Kantons Zürich, in: Meier Isaak/Riemer Hans Michael/Weimar Peter (Hrsg.), Recht und Rechtsdurchsetzung, Festschrift für Hans Ulrich Walder zum 65. Geburtstag, Zürich 1994, 49 ff. (zit.: KUHN, FS Walder).
KUMMER MAX	Berner Kommentar zum Schweizerischen Privatrecht, Band I, Einleitung und Personenrecht, 1. Abteilung, Einleitung, Art. 1–10 ZGB, Bern 1966 (zit.: KUMMER, BeKomm, Art. 8 ZGB).
KUT AHMET	Kommentar zu Art. 40a–40g OR, in: Furrer Andreas/Schnyder Anton K. (Hrsg.), Handkommentar zum Schweizer Privatrecht, Obligationenrecht, 3. Aufl., Zürich 2016 (zit.: KUT, HandKomm).
LACHAT DAVID	Kommentar zu Art. 253–273c OR, in: Thévenoz Luc/Werro Franz (Hrsg.), Commentaire romand, Code des obligations I, Art. 1–529 CO, 2. Aufl., Basel 2012 (zit.: LACHAT, CommR).
LAGARDE XAVIER	Réflexion critique sur le droit de la preuve, Paris 1994.
LAMBELET MÉLANIE	Kommentar zu Art. 177–182 ZPO, in: Baker & McKenzie (Hrsg.), Schweizerische Zivilprozessordnung (ZPO), Bern 2010 (zit.: LAMBELET, ZPO-Komm).
LANDOLT HARDY	Beweiserleichterungen und Beweislastumkehr im Arzthaftungsprozess, in: Fellmann Walter/Weber Stephan (Hrsg.), Haftpflichtprozess 2011, Zürich 2011, 81 ff.
LANDOLT HARDY/ HERZOG-ZWITTER IRIS	Arzthaftungsrecht, Zürich/St. Gallen 2015.
LARDELLI FLAVIO	Kommentar zu Art. 5–9 ZGB, in: Honsell Heinrich/Vogt Nedim Peter/Geiser Thomas (Hrsg.), Basler Kommentar, Zivilgesetzbuch I, Art. 1–456 ZGB, 5. Aufl., Basel 2014 (LARDELLI, BaKomm).
LEEMANN HANS	Berner Kommentar zum Schweizerischen Zivilgesetzbuch, Band IV, Sachenrecht, 1. Abteilung, Art. 641–729 ZGB, Bern 1911 (zit.: LEEMANN, BeKomm 1911).

Literaturverzeichnis

Derselbe	Berner Kommentar zum Schweizerischen Zivilgesetzbuch, Band IV, Sachenrecht, 1. Abteilung, Art. 641–729 ZGB, 2. Aufl., Bern 1920 (zit.: Leemann, BeKomm 1920).
Leipold Dieter	Beweislastregeln und gesetzliche Vermutungen, insbesondere bei Verweisungen zwischen verschiedenen Rechtsgebieten, Berlin 1966 (zit.: Leipold, Beweislastregeln).
Derselbe	Beweismass und Beweislast im Zivilprozess, Vortrag gehalten vor der Juristischen Gesellschaft zu Berlin am 27. Juni 1984, Berlin/New York 1985 (zit.: Leipold, Beweismass).
Derselbe	Grundlagen des einstweiligen Rechtsschutzes im zivil-, verfassungs- und verwaltungsgerichtlichen Verfahren, München 1971 (zit.: Leipold, Einstweiliger Rechtsschutz).
Lenz Martin	Kommentar zu Art. 498–511 ZGB, in: Abt Daniel/Weibel Thomas (Hrsg.), Praxiskommentar Erbrecht, 3. Aufl., Basel 2015 (zit.: Lenz, PraxKomm).
Leu Christian	Kommentar zu Art. 150–159 ZPO, in: Brunner Alexander/Gasser Dominik/Schwander Ivo (Hrsg.), Schweizerische Zivilprozessordnung (ZPO), Kommentar, 2. Aufl., Zürich/St. Gallen 2016 (zit.: Leu, ZPO-Komm).
Leuenberger Christoph	Die Rechtsprechung des Bundesgerichts zum Zivilprozessrecht im Jahr 2008 – Veröffentlicht im Band 134 – sowie ausgewählte amtlich nicht publizierte, elektronisch abrufbare Entscheide – 1. Teil: Zivilprozessrecht im internen Verhältnis, ZBJV 146 (2010), 194 ff. (zit.: Leuenberger, ZBJV 2010).
Derselbe	Glaubhaftmachen, in: Leuenberger Christoph (Hrsg.), Der Beweis im Zivilprozess, SWR Band 1, Bern 2000, 107 ff. (zit.: Leuenberger, Glaubhaftmachen).
Loser Peter	Die Vertrauenshaftung im schweizerischen Schuldrecht. Grundlagen, Erscheinungsformen und Ausgestaltung im geltenden Recht vor dem Hintergrund europäischer Rechtsentwicklung, Habil. Basel, Bern 2006.
Luhmann Niklas	Vertrauen. Ein Mechanismus der Reduktion sozialer Komplexität, 5. Aufl., Konstanz/München 2014.
Markus Alexander R./Huber-Lehmann Melanie	Zivilprozessuale Grundsätze der Sachverhaltsermittlung – Substantiierung und richterliche Fragepflicht, ZBJV 154 (2018), 269 ff. (zit.: Markus/Huber-Lehmann, ZBJV 2018).

MARTI ARNOLD	Zürcher Kommentar zum Schweizerischen Zivilgesetzbuch, I. Band, Einleitung – Personenrecht, Einleitung, 1. Teilband, Art. 1–7 ZGB, 3. Aufl., Zürich 1998 (zit.: MARTI, ZüKomm, Art. 5 ZGB).
MARTIN ALFRED HENRI	Observations sur les pouvoirs attribués au juge par le Code civil suisse, Genf 1909.
MEIER ISAAK	Zum Problem der Beweislastverteilung im schweizerischen Recht, ZSR 106 (1987), 705 ff. (zit.: MEIER, ZSR 1987).
MEIER ISAAK/ MÜRNER DIANA	Stolpersteine in der neuen Schweizerischen Zivilprozessordnung, SJZ 99 (2003), 597 ff. (zit.: MEIER/MÜRNER, SJZ 2003).
MEIER PHILIPPE	Droit de la protection de l'adulte, Articles 360–456 CC, Genf/Zürich/Basel 2016 (zit.: MEIER, Protection de l'adulte).
MEIER-HAYOZ ARTHUR	Berner Kommentar zum Schweizerischen Privatrecht, Band IV, Sachenrecht, 1. Abteilung, Eigentum, 2. Teilband, Grundeigentum I, Art. 655–679 ZGB, 3. Aufl., Bern 1965 (zit.: MEIER-HAYOZ, BeKomm).
MEILI FRIEDRICH	Die Kodifikation des Schweizerischen Privat- und Strafrechts, Zürich 1901.
MERZ HANS	Berner Kommentar zum Schweizerischen Privatrecht, Band I, Einleitung und Personenrecht, 1. Abteilung, Einleitung, Art. 1–10 ZGB, Bern 1966 (zit.: MERZ, BeKomm, Art. 2 ZGB).
MEYERHOFER ERNST	Zur Lehre von der Beweislast, insbesondere bei bedingten und befristeten Verträgen, ZSR 22 (1903), 313 ff.
MIDDENDORF PATRICK	Nachwirkende Vertragspflichten, AISUF 209, Diss. Freiburg 2001, Zürich 2002.
MOTULSKY HENRI	Principes d'une réalisation méthodique du droit privé. La théorie des éléments générateurs des droits subjectifs, Paris 2002 (Neudruck der Fassung von 1948).
MOUGENOT DOMINIQUE	La preuve, 4. Aufl., Brüssel 2012.
MOURALIS JEAN-LOUIS	Répertoire de droit civil. Preuve, Band 1, Règles de preuve, Paris 2017.
MÜLLER HEINRICH ANDREAS	Kommentar zu Art. 168–193 ZPO, in: Brunner Alexander/Gasser Dominik/Schwander Ivo (Hrsg.), Schweizerische Zivilprozessordnung (ZPO), Kommentar, 2. Aufl., Zürich/St. Gallen 2016 (zit.: MÜLLER, ZPO-Komm).

Literaturverzeichnis

MÜLLER JÖRG P.	Urteil des Bundesgerichts 4C.11/2007 vom 21. März 2007, MietRecht Aktuell 2007, 129 ff. (zit.: MÜLLER, MRA 2007).
MÜLLER-CHEN MARKUS	Kommentar zu Art. 197–210 OR, in: Huguenin Claire/Müller-Chen Markus (Hrsg.), Handkommentar zum Schweizer Privatrecht, Vertragsverhältnisse Teil 1: Innominatkontrakte, Kauf, Tausch, Schenkung, Miete, Leihe, 3. Aufl., Zürich 2016 (zit.: MÜLLER-CHEN, HandKomm).
MUSIELAK HANS-JOACHIM	Die Grundlagen der Beweislast im Zivilprozess, Berlin/New York 1975.
MUSIELAK HANS-JOACHIM/ VOIT WOLFGANG	Grundkurs ZPO, 13. Aufl., München 2016.
NEF JÜRG	Kommentar zu Art. 39 VVG, in: Honsell Heinrich/Vogt Nedim Peter/Schnyder Anton K. (Hrsg.), Basler Kommentar, Versicherungsvertragsgesetz, Basel 2001 (zit.: NEF, BaKomm).
NIERWETBERG RÜDIGER	Das System der Beweislast im Zivilprozess – insbesondere für Sachmängel bei Kauf, Miete und Werkvertrag, JURA 2010, 911 ff.
NIGG GABY	Das Beweisrecht bei internationalen Privatrechtsstreitigkeiten, Diss. St. Gallen, St. Gallen/Lachen 1999 (zit.: NIGG, Diss).
DIESELBE	Das Beweisrecht bei internationalen Privatrechtsstreitigkeiten: ein Überblick, in: Leuenberger Christoph (Hrsg.), Der Beweis im Zivilprozess, SWR Band 1, Bern 2000, 35 ff. (zit.: NIGG, Überblick).
NONN MICHAEL	Die Beweiswürdigung im Zivilprozess, unter besonderer Berücksichtigung des Kantons Basel-Landschaft, Diss. Basel, Basel/Frankfurt a.M. 1996.
OFTINGER KARL/ STARK EMIL	Schweizerisches Haftpflichtrecht, Band I, Allgemeiner Teil, 5. Aufl., Zürich 1995 (zit.: OFTINGER/STARK, Band I).
OSER HUGO/ SCHÖNENBERGER WILHELM	Zürcher Kommentar zum Schweizerischen Zivilgesetzbuch, V. Band, Obligationenrecht, Teilband V/1, Kommentar zu Art. 1–183 OR, 2. Aufl., Zürich 1929 (zit.: OSER/SCHÖNENBERGER, ZüKomm).
DIESELBEN	Zürcher Kommentar zum Schweizerischen Zivilgesetzbuch, V. Band, Obligationenrecht, Teilband V/2, Kommentar zu Art. 184–418 OR, 2. Aufl., Zürich 1936 (zit.: OSER/SCHÖNENBERGER, ZüKomm).

OTT WALTER	Wertgefühl und Wertobjektivismus, in: Jakob Raimund/Usteri Martin/Weimar Robert (Hrsg.), Psyche – Recht – Gesellschaft, Widmungsschrift für Manfred Rehbinder, Bern 1995, 107 ff.
PASQUIER BRUNO	Die Schätzung nach gerichtlichem Ermessen – unmittelbare und sinngemässe Anwendung des Art. 42 Abs. 2 OR, AISUF 339, Diss. Freiburg, Zürich 2014.
PELLI OLIVIA	Beweisverträge im Zivilprozessrecht, SSZR 14, Diss. Zürich 2012, Zürich/St. Gallen 2012.
PESTALOZZI CHRISTOPH M.	Kommentar zu Art. 492–512 OR, in: Honsell Heinrich/Vogt Nedim Peter/Wiegand Wolfgang (Hrsg.), Basler Kommentar, Obligationenrecht I, Art. 1–529 OR, 6. Aufl., Basel 2015 (zit.: PESTALOZZI, BaKomm).
PICHONNAZ PASCAL	Kommentar zu Art. 930 ZGB, in: Pichonnaz Pascal/Foëx Bénédict/Piotet Denis (Hrsg.), Commentaire romand, Code civil II, Art. 457–977 CC, Art. 1–61 Tit. Fin. CC, Basel 2016 (zit.: PICHONNAZ, CommR).
DERSELBE	Kommentar zu Art. 151–157 OR, in: Thévenoz Luc/Werro Franz (Hrsg.), Commentaire romand, Code des obligations I, Art. 1–529 CO, 2. Aufl., Basel 2012 (zit.: PICHONNAZ, CommR).
DERSELBE	Le fardeau de la preuve dans l'avis des défauts, BR/DC 2013, 123 f. (zit.: PICHONNAZ, BR/DC 2013).
PIOTET DENIS	Kommentar zu Art. 8 ZGB, in: Pichonnaz Pascal/Foëx Bénédict (Hrsg.), Commentaire romand, Code civil I, Art. 1–359 CC, Basel 2010 (zit.: PIOTET, CommR).
POHLE RUDOLF	Besprechung von Leo Rosenberg, Die Beweislast auf der Grundlage des Bürgerlichen Gesetzbuchs und der Zivilprozessordnung, 3. Aufl., München/Berlin 1953, AcP 155 (1956), 165 ff.
PORTMANN WOLFGANG/RUDOLPH ROGER	Kommentar zu Art. 319–362 OR, in: Honsell Heinrich/Vogt Nedim Peter/Wiegand Wolfgang (Hrsg.), Basler Kommentar, Obligationenrecht I, Art. 1–529 OR, 6. Aufl., Basel 2015 (zit.: PORTMANN/RUDOLPH, BaKomm).
PRÜTTING HANNS	Gegenwartsprobleme der Beweislast, Eine Untersuchung moderner Beweislasttheorien und ihrer Anwendung insbesondere im Arbeitsrecht, Schriften des Instituts für Arbeits- und Wirtschaftsrecht der Universität zu Köln, Band 46, München 1983 (zit.: PRÜTTING, Beweislast).

Literaturverzeichnis

DERSELBE	Kommentar zu §§ 279–299a ZPO, in: Rauscher Thomas/ Krüger Wolfgang (Hrsg.), Münchener Kommentar zur Zivilprozessordnung mit Gerichtsverfassungsgesetz und Nebengesetzen, Band I, 5. Aufl., München 2016 (zit.: PRÜTTING, MünchKomm).
QUENDOZ ROGER	Modell einer Haftung bei alternativer Kausalität, Diss. Zürich 1991.
REBER MARKUS/ HURNI CHRISTOPH	Berner Kommentar zum Schweizerischen Privatrecht, Band II, Materialien zum Zivilgesetzbuch, Die Erläuterungen von Eugen Huber, Text des Vorentwurfs von 1900, Bern 2007 (zit.: REBER/HURNI, BeKomm, Materialien).
REETZ PETER	Der Bauprozess: er steht und fällt mit dem Beweis, in: Institut für Schweizerisches und Internationales Baurecht (Hrsg.), Baurechtstagung 2009, Freiburg 2009, 119 ff.
REHBINDER MANFRED/ STÖCKLI JEAN-FRITZ	Berner Kommentar zum Schweizerischen Privatrecht, Band VI, Obligationenrecht, 2. Abteilung, Die einzelnen Vertragsverhältnisse, 2. Teilband, Der Arbeitsvertrag, Art. 319–362, 1. Abschnitt, Einleitung und Kommentar zu den Art. 319–330b OR, Bern 2010 (zit.: REHBINDER/ STÖCKLI, BeKomm).
DIESELBEN	Berner Kommentar zum Schweizerischen Privatrecht, Obligationenrecht, Der Arbeitsvertrag, Art. 331–355 und Art. 361–362 OR, 2. Aufl., Bern 2014 (zit.: REHBINDER/ STÖCKLI, BeKomm).
REINECKE GERHARD	Die Beweislastverteilung im Bürgerlichen Recht und im Arbeitsrecht als rechtspolitische Regelungsaufgabe, Berlin 1976.
REINERT PETER	Kommentar zu Art. 168–176 ZPO, in: Baker & McKenzie (Hrsg.), Schweizerische Zivilprozessordnung (ZPO), Bern 2010 (zit.: REINERT, ZPO-Komm).
REY HEINZ/ STREBEL LORENZ	Kommentar zu Art. 664–712 ZGB, in: Honsell Heinrich/ Vogt Nedim Peter/Geiser Thomas (Hrsg.), Basler Kommentar, Zivilgesetzbuch II, Art. 457–977 ZGB, Art. 1–61 SchlT ZGB, 5. Aufl., Basel 2015 (REY/STREBEL, BaKomm).
RIEMER HANS MICHAEL	Die Einleitungsartikel des Schweizerischen Zivilgesetzbuches, Art. 1–10 ZGB, Eine Einführung, 2. Aufl., Bern 2003.
ROBERTO VITO	Schweizerisches Haftpflichtrecht, Zürich 2002.

Roggo Antoine	Urteil des Bundesgerichts vom 9.2.2007, I. Zivilrechtliche Abteilung (4C.366/2006), BGE 133 III 121 (Rechtsprechung zur hypothetischen Einwilligung wird mit Urteil vom 9.1.2008 [4C.66/2007] erneut bestätigt), AJP 17 (2008), 913 ff.
Roos Lukas	Pflanzen im Nachbarrecht, Diss. Zürich 2004.
Rosenberg Leo	Die Beweislast. Auf der Grundlage des Bürgerlichen Gesetzbuchs und der Zivilprozessordnung, 5. Aufl., München 1965.
Rosenberg Leo/ Schwab Karl Heinz/ Gottwald Peter	Zivilprozessrecht, 18. Aufl., München 2018.
Rüedi Yves	Berner Kommentar zum Schweizerischen Privatrecht, Band VI, Obligationenrecht, 1. Abteilung, Allgemeine Bestimmungen, 3. Teilband, 2. Unterteilband, Die Entstehung aus ungerechtfertigter Bereicherung, Art. 62–67 OR, Ausschluss der Rückforderung, Art. 66 OR, Bern 2011 (zit.: Rüedi, BeKomm).
Rüetschi David	Berner Kommentar zum Schweizerischen Privatrecht, Schweizerische Zivilprozessordnung, Band II, Art. 150–352 ZPO, Bern 2012 (zit.: Rüetschi, BeKomm, Art. 168–177 ZPO).
Rumo-Jungo Alexandra	Beweislast bei der Mängelrüge, in: Tercier Pierre/Amstutz Marc/Koller Alfred/Schmid Jörg/Stöckli Hubert (Hrsg.), Gauchs Welt, Recht, Vertragsrecht und Baurecht, Festschrift für Peter Gauch zum 65. Geburtstag, Zürich 2004, 575 ff. (zit.: Rumo-Jungo, FS Gauch).
Dieselbe	Entwicklungen zu Art. 8 ZGB, in: Gauch Peter/Schmid Jörg (Hrsg.), Die Rechtsentwicklung an der Schwelle zum 21. Jahrhundert, Symposium zum Schweizerischen Privatrecht, Zürich 2001, 39 ff. (zit.: Rumo-Jungo, Entwicklungen).
Rumo-Jungo Alexandra/ Fankhauser Roland	Prozessrechtliche Fragen des Güterrechts, in: Schwenzer Ingeborg/Büchler Andrea/Cottier Michelle (Hrsg.), Sechste Schweizer Familienrecht§Tage, Bern 2012, 141 ff.
Rusch Arnold	Rechtsscheinlehre in der Schweiz, Habil. Zürich, Zürich/ St. Gallen 2010.
Rusch Arnold/ Bornhauser Philip	Schenkung und Beweis, AJP 22 (2013), 1135 ff. (zit.: Rusch/Bornhauser, AJP 2013).

Literaturverzeichnis

DIESELBEN	Schenkung und Eigentumsvermutung, Urteilsanmerkung zum Urteil des Bundesgerichts 4A_262/2014 vom 2. Dezember 2014 (zur Publikation vorgesehen), Jusletter 23. März 2015 (zit.: RUSCH/BORNHAUSER, Jusletter 2015).
RÜSSMANN HELMUT	Beweisführung mit elektronischen Dokumenten, Referat an der Tagung für Informatik und Recht, Bern, 26. Oktober 2004, Jusletter 8. November 2004 (zit.: RÜSSMANN, Jusletter 2004).
DERSELBE	Vorbemerkung zu §§ 284–294, in: Ankermann Ernst/Wassermann Rudolf (Hrsg.), Alternativkommentar zur Zivilprozessordnung, Neuwied/Darmstadt 1987 (zit.: RÜSSMANN, ZPO-Komm).
SAVAUX ÉRIC	Répertoire de droit civil, Band VII, Preuve, Paris 1998 (zit.: SAVAUX, Répertoire de droit civil).
SCHÄR DANIEL	Grundsätze der Beweislastverteilung im Steuerrecht, unter besonderer Berücksichtigung des gemischten Veranlagungsverfahrens sowie des Steuerjustizverfahrens, Diss. St. Gallen 1997, Bamberg 1998 (zit.: SCHÄR, Diss.).
DERSELBE	Normentheorie und mitwirkungsorientierte Beweislastverteilung in gemischten Steuerveranlagungsverfahren, Archiv für schweizerisches Abgaberecht 67 (1998/99), 433 ff. (zit.: SCHÄR, ASA 1998/99).
SCHENKER URS	Kommentar zu Art. 55 ZPO, in: Baker & McKenzie (Hrsg.), Schweizerische Zivilprozessordnung (ZPO), Bern 2010 (zit.: SCHENKER, ZPO-Komm).
SCHINDLER BENJAMIN	Kommentar zu Art. 5 Abs. 3 BV, in: Ehrenzeller Bernhard/Schindler Benjamin/Schweizer Rainer J./Vallender Klaus A. (Hrsg.), Die schweizerische Bundesverfassung, St. Galler Kommentar, 3. Aufl., Zürich/St. Gallen 2014 (zit.: SCHINDLER, BV-Komm).
SCHLUEP WALTER R.	Über Eingriffskondiktionen, in: Sturm Fritz (Hrsg.), Mélanges Paul Piotet, Recueil de travaux offerts à M. Paul Piotet, Professeur à l'Université de Lausanne, Bern 1990, 173 ff. (zit.: SCHLUEP, FS Piotet).
SCHMID HANS	Art. 8 ZGB, Überblick und Beweislast, in: Leuenberger Christoph (Hrsg.), Der Beweis im Zivilprozess, SWR Band 1, Bern 2000, 11 ff. (zit.: SCHMID, Beweislast).
DERSELBE	Zum Beweislastvertrag, SJZ 100 (2004), 477 ff. (zit.: SCHMID, SJZ 2004).

SCHMID JÖRG	Inhaltskontrolle Allgemeiner Geschäftsbedingungen: Überlegungen zum neuen Art. 8 UWG, ZBJV 148 (2012), 1 ff. (zit.: SCHMID, ZBJV 2012).
DERSELBE	Die Geschäftsführung ohne Auftrag, Habil. Freiburg, AISUF 116, Freiburg 1992.
DERSELBE	Zürcher Kommentar zum Schweizerischen Zivilgesetzbuch, V. Band, Obligationenrecht, Teilband V 3a, Die Geschäftsführung ohne Auftrag, Art. 419–424 OR, 3. Aufl., Zürich 1993 (zit.: SCHMID, ZüKomm).
SCHMID JÖRG/ HÜRLIMANN-KAUP BETTINA	Sachenrecht, 5. Aufl., Zürich 2017.
SCHMID JÖRG/ RÜEGG JONAS	Leistungsunmöglichkeit und Vollstreckung. Das Verhältnis der Art. 97 ff. OR zur Taxation nach Art. 345 ZPO, in: Bommer Felix/Berti Stephen V., Verfahrensrecht am Beginn einer neuen Epoche, Festgabe zum Schweizerischen Juristentag 2011 – 150 Jahre Schweizerischer Juristenverein, LBR 53, Zürich 2011, 345 ff.
SCHMIDLIN BRUNO	Berner Kommentar zum Schweizerischen Privatrecht, Band VI, Obligationenrecht, 1. Abteilung, Allgemeine Bestimmungen, 1. Teilband, Allgemeine Einleitung in das schweizerische Obligationenrecht und Kommentar zu Art. 1–18 OR, Bern 1986 (zit.: SCHMIDLIN, BeKomm, Art. 17 OR).
SCHNYDER ANTON K./ STRAUB RALF M.	Kommentar zu Art. 45 CISG, in: Honsell Heinrich (Hrsg.), Kommentar zum UN-Kaufrecht. Übereinkommen der Vereinten Nationen über Verträge über den Internationalen Warenkauf (CISG), 2. Aufl., Berlin 2009 (zit.: SCHNYDER/STRAUB, CISG-Komm).
SCHNYDER BERNHARD	Zürcher Kommentar zum Schweizerischen Zivilgesetzbuch, I. Band, Einleitung – Personenrecht, Einleitung, 1. Teilband, Art. 1–7 ZGB, Mit einer allgemeinen Einleitung zu den Art. 1–10, 3. Aufl., Zürich 1998 (zit.: SCHNYDER, ZüKomm, Allg. Einleitung Art. 1–10 ZGB).
SCHÖNENBERGER WILHELM/ JÄGGI PETER	Zürcher Kommentar zum Schweizerischen Zivilgesetzbuch, V. Band, Obligationenrecht, Teilband V/1a, Kommentar zu Art. 1–7 OR, Zürich 1961 (zit.: SCHÖNENBERGER/JÄGGI, ZüKomm).
SCHÖNLE HERBERT/ HIGI PETER	Zürcher Kommentar zum Schweizerischen Zivilgesetzbuch, V. Band, Obligationenrecht, Teilband V/2a, Kauf und Schenkung, 2. Lieferung, Art. 192–204 OR, 3. Aufl., Zürich 2005 (zit.: SCHÖNLE/HIGI, ZüKomm).

Literaturverzeichnis

SCHOTT MARKUS	Kommentar zu Art. 95–98 BGG, in: Niggli Marcel A./Uebersax Peter/Wiprächtiger Hans/Kneubühler Lorenz (Hrsg.), Basler Kommentar, Bundesgerichtsgesetz, 3. Aufl., Basel 2018 (zit.: SCHOTT, BaKomm).
SCHRANER MARIUS	Zürcher Kommentar zum Schweizerischen Zivilgesetzbuch, V. Band, Obligationenrecht, Teilband V/1e, Die Erfüllung der Obligationen, Art. 68–96 OR, 3. Aufl., Zürich 2000 (zit.: SCHRANER, ZüKomm).
SCHUBARTH MARTIN	Berufung und staatsrechtliche Beschwerde (Am 29. Januar 1985 vor der Advokatenkammer Basel gehaltener Vortrag), BJM 20 (1985), 57 ff.
SCHULIN HERRMANN	Kommentar zu Art. 62–66 OR, in: Honsell Heinrich/Vogt Nedim Peter/Wiegand Wolfgang (Hrsg.), Basler Kommentar, Obligationenrecht I, Art. 1–529 OR, 6. Aufl., Basel 2015 (zit.: SCHULIN, BaKomm).
SCHUMACHER RAINER	Beweisprobleme im Bauprozess, in: Aargauischer Juristenverein (Hrsg.), Festschrift für Kurt Eichenberger, Aarau/Frankfurt a.M. 1990, 157 ff. (zit.: SCHUMACHER, FS Eichenberger).
SCHWAB KARL HEINZ	Zur Abkehr moderner Beweislastlehren von der Normentheorie, in: Frisch Wolfgang/Schmid Werner (Hrsg.), Festschrift für Hans-Jürgen Bruns zum 70. Geburtstag, Köln/Berlin 1978, 505 ff.
SCHWANDER IVO	Einführung in das internationale Privatrecht, Erster Band, Allgemeiner Teil, 3. Aufl., St. Gallen 2000.
DERSELBE	Kommentar zu Art. 169–177 ZGB, in: Honsell Heinrich/Vogt Nedim Peter/Geiser Thomas (Hrsg.), Basler Kommentar, Zivilgesetzbuch I, Art. 1–456 ZGB, 5. Aufl., Basel 2014 (zit.: SCHWANDER, BaKomm).
SCHWEIZER MARK	Beweiswürdigung und Beweismass, Rationalität und Intuition, Habil. St. Gallen 2013, Tübingen 2015.
SCHWEIZER PHILIPPE	Kommentar zu Art. 151–159 ZPO, in: Bohnet François/Haldy Jacques/Jeandin Nicolas/Schweizer Philippe/Tappy Denis (Hrsg.), Code de procédure civile commenté, Basel 2011 (zit.: SCHWEIZER, CPC-Comm).
SCHWENZER INGEBORG	Kommentar zu Art. 17 OR, in: Honsell Heinrich/Vogt Nedim Peter/Wiegand Wolfgang (Hrsg.), Basler Kommentar, Obligationenrecht I, Art. 1–529 OR, 6. Aufl., Basel 2015 (zit.: SCHWENZER, BaKomm).
DIESELBE	Schweizerisches Obligationenrecht Allgemeiner Teil, 7. Aufl., Bern 2016.

SCHWENZER INGEBORG/ COTTIER MICHELLE	Kommentar zu Art. 252–359 ZGB, in: Honsell Heinrich/ Vogt Nedim Peter/Geiser Thomas (Hrsg.), Basler Kommentar, Zivilgesetzbuch I, Art. 1–456 ZGB, 5. Aufl., Basel 2014 (zit.: SCHWENZER/COTTIER, BaKomm).
SEILER HANSJÖRG	Kommentar zu Art. 95 und 97 BGG, in: Seiler Hansjörg/ von Werdt Nicolas/Güngerich Andreas/Oberholzer Niklaus (Hrsg.), Stämpflis Handkommentar, Bundesgerichtsgesetz (BGG), 2. Aufl., Bern 2015 (zit.: SEILER, BGG-Komm).
SPESCHA MARC	Die familienbezogene Rechtsprechung im Migrationsrecht (FZA/AuG/EMRK) ab Oktober 2015 bis Ende Oktober 2016, FamPra.ch 18 (2017), 493 ff. (zit.: SPESCHA, FamPra 2017).
DERSELBE	Zwischen Hoffen und Bangen: Ehen und Familien in grenzüberschreitenden Spannungsverhältnissen, in: Rumo-Jungo Alexandra/Fountoulakis Christiana (Hrsg.), Familien in Zeiten grenzüberschreitender Beziehungen, Symposium Familienrecht 2013, Zürich 2014 (zit.: SPESCHA, Symposium).
SPIRO KARL	Die Begrenzung privater Rechte durch Verjährungs-, Verwirkungs- und Fatalfristen, Band I: Die Verjährung der Forderungen, Bern 1975 (zit.: SPIRO, Band I).
DERSELBE	Die Begrenzung privater Rechte durch Verjährungs-, Verwirkungs- und Fatalfristen, Band II: Andere Befristungen und Rechte, Bern 1975 (zit.: SPIRO, Band II).
SPÜHLER KARL/ DOLGE ANNETTE/ GEHRI MYRIAM	Schweizerisches Zivilprozessrecht und Grundzüge des internationalen Zivilprozessrechts, 9. Aufl., Bern 2010.
STAEHELIN ADRIAN	Zürcher Kommentar zum Schweizerischen Zivilgesetzbuch, V. Band, Obligationenrecht, Teilband V/2c, Der Arbeitsvertrag, Art. 319–330a OR, 4. Aufl., Zürich 2006 (zit.: STAEHELIN, ZüKomm).
DERSELBE	Zürcher Kommentar zum Schweizerischen Zivilgesetzbuch, V. Band, Obligationenrecht, Teilband V/2c, Der Arbeitsvertrag, Art. 330b–335, Art. 361–362 OR, 4. Aufl., Zürich 2013 (zit.: STAEHELIN, ZüKomm).
STAEHELIN ADRIAN/ STAEHELIN DANIEL/ GROLIMUND PASCAL	Zivilprozessrecht, Unter Einbezug des Anwaltsrechts und des internationalen Zivilprozessrechts, 2. Aufl., Zürich 2013.

Literaturverzeichnis

STAEHELIN ERNST/ SCHWEIZER SILVIA	Kommentar zu Art. 66–77 ZPO, in: Sutter-Somm Thomas/Hasenböhler Franz/Leuenberger Christoph (Hrsg.), Kommentar zur Schweizerischen Zivilprozessordnung (ZPO), 3. Aufl., Zürich/Basel/Genf 2016 (zit.: STAEHELIN/SCHWEIZER, ZPO-Komm).
STALDER MICHAEL	Die Beweislast und wichtige Rügemodalitäten bei vertragswidriger Warenlieferung nach UN-Kaufrecht (CISG), AJP 13 (2004), 1472 ff. (zit.: STALDER, AJP 2004).
STARCK BORIS/ ROLAND HENRI/ BOYER LAURENT	Introduction au droit, 5. Aufl., Paris 2000.
STAUDINGER JULIUS VON/ MAGNUS ULRICH	Kommentar zu Art. 4 CISG, in: Kaiser Dagmar (Hrsg.), Kommentar zum Bürgerlichen Gesetzbuch mit Einführungsgesetz und Nebengesetzen, Buch 2, Recht der Schuldverhältnisse, Wiener UN-Kaufrecht (CISG), Neubearbeitung 2018, Berlin 2018 (zit.: STAUDINGER/MAGNUS, CISG-Komm).
STAUDINGER JULIUS VON/ OLZEN DIRK	Kommentar zu § 363 BGB, in: Löwisch Manfred/Olzen Dirk/Gursky Karl-Heinz (Hrsg.), Kommentar zum Bürgerlichen Gesetzbuch mit Einführungsgesetz und Nebengesetzen, Buch 2, Recht der Schuldverhältnisse, §§ 362–396 BGB, Erfüllung, Hinterlegung, Aufrechnung, Neubearbeitung 2016, Berlin 2016 (zit.: STAUDINGER/OLZEN, BGB-Komm).
STECK DANIEL	Kommentar zu Art. 196–200 ZGB, in: Schwenzer Ingeborg/Fankhauser Roland (Hrsg.), FamKommentar Scheidung, Band I, ZGB, 3. Aufl., Bern 2017 (zit.: STECK, FamKomm).
STEIGER-SACKMANN SABINE	Der Beweis in Gleichstellungsprozessen, in: Schwander Ivo/Schaffhauser René (Hrsg.), Das Bundesgesetz über die Gleichstellung von Frau und Mann, Referate der Tagung des Schweizerischen Instituts für Verwaltungskurse vom 29. Mai 1995 in Luzern, St. Gallen 1996, 81 ff. (zit.: STEIGER-SACKMANN, Beweis).
DIESELBE	Kommentar zu Art. 6 GlG, in: Kaufmann Claudia/Steiger-Sackmann Sabine (Hrsg.), Kommentar zum Gleichstellungsgesetz, 2. Aufl., Basel 2009 (zit.: STEIGER-SACKMANN, GlG-Komm).
STEIN FRIEDRICH/ JONAS MARTIN/ LEIPOLD DIETER	Kommentar zu §§ 271–299a, in: Stein Friedrich/Jonas Martin (Hrsg.), Kommentar zur Zivilprozessordnung, Band 4: §§ 253–299a, 21. Aufl., Tübingen 1997 (zit.: STEIN/JONAS/LEIPOLD, ZPO-Komm).

STEIN FRIEDRICH/ JONAS MARTIN/ THOLE CHRISTOPH	Kommentar zu § 286 ZPO, in: Bork Reinhard/Roth Herbert (Hrsg.), Kommentar zur Zivilprozessordnung, Band 4: §§ 271–327, 23. Aufl., Tübingen 2018 (zit.: STEIN/JONAS/THOLE, ZPO-Komm).
STEINAUER PAUL-HENRI	Le droit des successions, 2. Aufl., Bern 2015 (zit.: STEINAUER, Successions).
DERSELBE	Les droits réels, Band I, 5. Aufl., Bern 2012 (zit.: STEINAUER, Droits réels I).
DERSELBE	Les droits réels, Band II, 4. Aufl., Bern 2012 (zit.: STEINAUER, Droits réels II).
DERSELBE	Traité de Droit Privé Suisse, Le Titre préliminaire du Code civil, SPR II/1, Basel 2009 (zit.: STEINAUER, SPR II/1).
STEINAUER PAUL-HENRI/ FOUNTOULAKIS CHRISTIANA	Droit des personnes physiques et de la protection de l'adulte, Bern 2014.
STEINMANN GEROLD	Kommentar zu Art. 29 BV, in: Ehrenzeller Bernhard/Schindler Benjamin/Schweizer Rainer J./Vallender Klaus A. (Hrsg.), Die schweizerische Bundesverfassung, St. Galler Kommentar, 3. Aufl., Zürich/St. Gallen 2014 (zit.: STEINMANN, BV-Komm).
STÖCKLI HUBERT	Das Synallagma im Vertragsrecht, Begründung – Abwicklung – Störungen, AISUF 271, Habil. Freiburg, Zürich 2008 (zit.: STÖCKLI, Synallagma).
DERSELBE	Der neue Art. 8 UWG – offene Inhaltskontrolle, aber nicht für alle, BR/DC 2011, 184 ff. (zit.: STÖCKLI, BR/DC 2011).
STREIFF ULLIN/ VON KAENEL ADRIAN/ RUDOLPH ROGER	Arbeitsvertrag, Praxiskommentar zu Art. 319–362 OR, 7. Aufl., Zürich 2012 (zit.: STREIFF/VON KAENEL/RUDOLPH, PraxKomm).
SUTER BENNO/ GSCHWEND MATTHIAS	Prozessnachweis löst Einzelnachweis als wichtigste MWST-Beweiswürdigung ab, Expert Focus (EF) 2018, 99 ff. (zit.: SUTER/GSCHWEND, EF 2018).
SUTTER-SOMM THOMAS/ HASENBÖHLER FRANZ	Die künftige schweizerische Zivilprozessordnung, Mitglieder der Expertenkommission erläutern den Vorentwurf, Zürich 2003.
SUTTER-SOMM THOMAS/ LÖTSCHER CORDULA	Kommentar zu Art. 257 ZPO, in: Sutter-Somm Thomas/Hasenböhler Franz/Leuenberger Christoph (Hrsg.), Kommentar zur Schweizerischen Zivilprozessordnung (ZPO), 3. Aufl., Zürich/Basel/Genf 2016 (zit.: SUTTER-SOMM/LÖTSCHER, ZPO-Komm).

Literaturverzeichnis

Sutter-Somm Thomas/ Schrank Claude	Kommentar zu Art. 55 ZPO, in: Sutter-Somm Thomas/Hasenböhler Franz/Leuenberger Christoph (Hrsg.), Kommentar zur Schweizerischen Zivilprozessordnung (ZPO), 3. Aufl., Zürich/Basel/Genf 2016 (zit.: Sutter-Somm/Schrank, ZPO-Komm).
Sutter-Somm Thomas/ Spitz Brigitte	Beweisfragen im Arzthaftungsprozess, in: Fellmann Walter/Poledna Thomas (Hrsg.), Die Haftung des Arztes und des Spitals, Fragen und Entwicklungen im Recht der Arzt- und Spitalhaftung, Referate der Tagung vom 26. November 2002 in Luzern, Forum Gesundheitsrecht Band 7, Zürich 2003, 143 ff.
Tanner Martin	Antizipierte Beweiswürdigung nach der Schweizerischen Zivilprozessordnung, AJP 24 (2015), 735 ff. (zit.: Tanner, AJP 2015).
Tarnutzer-Münch Andrea	Kündigungsschutz, in: Metz Markus/Münch Peter (Hrsg.), Stellenwechsel und Entlassung, Handbücher für die Anwaltspraxis, Band 2, 2. Aufl., Basel 2012, 53 ff.
Tercier Pierre/ Bieri Laurent/ Carron Blaise	Les contrats spéciaux, 5. Aufl., Zürich 2016.
Terré Francois	Introduction générale au droit, 10. Aufl., Paris 2015.
Thévenoz Luc	Kommentar zu Art. 97–109 OR, in: Thévenoz Luc/Werro Franz (Hrsg.), Commentaire romand, Code des obligations I, Art. 1–529 CO, 2. Aufl., Basel 2012 (zit.: Thévenoz, CommR).
Trezzini Francesco	Nota FT – «caso del trimestre», Bemerkungen zu BGer 4C.378/1999 vom 23. November 2004, SZZP 2005, 167 ff.
Trüeb Hans Rudolf	Kommentar zu Art. 11 BöB, in: Oesch Matthias/Weber Rolf H./Zäch Roger (Hrsg.), Wettbewerbsrecht II, Kommentar, Zürich 2011 (zit.: Trüeb, WettbewerbsKomm).
Tuor Peter	Berner Kommentar zum Schweizerischen Privatrecht, Band III, Erbrecht, 1. Abteilung, Die Erben, Art. 457–536 ZGB, 2. Aufl., Bern 1964 (unveränderter Nachdruck der 2. Aufl. von 1952) (zit.: Tuor, BeKomm).
Derselbe	Das neue Recht, Eine Einführung in das Schweizerische Zivilgesetzbuch, Zürich 1912.
Tuor Peter/ Schnyder Bernhard/ Jungo Alexandra	Bearbeiterin von §§ 18–87, in: Das Schweizerische Zivilgesetzbuch, 14. Aufl., Zürich/Basel/Genf 2015 (zit.: Tuor/Schnyder/Jungo).

Tuor Peter/ Schnyder Bernhard/ Schmid Jörg	Bearbeiter von §§ 1–17 und 88–121, in: Das Schweizerische Zivilgesetzbuch, 14. Aufl., Zürich/Basel/Genf 2015 (zit.: Tuor/Schnyder/Schmid).
van Ommeslaghe Pierre	Traité de droit civil belge – Tome II: Les obligations, Vol. 1–3, Brüssel 2013.
Venturi Silvio	La réduction du prix de vente en cas de défaut ou de non-conformité de la chose, Le Code suisse des obligations et la Convention des Nations Unies sur les contrats de vente internationale de marchandises, AISUF 131, Diss. Freiburg 1994.
Vogel Oscar	Das Recht auf den Beweis, recht 9 (1991), 38 ff. (zit.: Vogel, recht 1991).
Derselbe	Die Rechtsprechung des Bundesgerichts zum Zivilprozessrecht im Jahre 1998, ZBJV 135 (1999), 419 ff. (zit.: Vogel, ZBJV 1999).
von Greyerz Christoph	Der Beweis negativer Tatsachen, Diss. Bern 1963.
von Savigny Friedrich Karl	System des heutigen römischen Rechts, Band 5, Berlin 1841.
Wacke Andreas	Donatio non praesumitur, AcP 1991, 1 ff. (zit.: Wacke, AcP 1991).
Wahrendorf Volker	Die Prinzipien der Beweislast im Haftungsrecht, Köln/Berlin/Bonn/München 1976.
Walter Gerhard	Das Recht auf Beweis im Lichte der europäischen Menschenrechtskonvention (EMRK) und der schweizerischen Bundesverfassung, ZBJV 127 (1991), 309 ff. (zit.: Walter, ZBJV 1991).
Walter Hans Peter	Auf dem Weg zur schweizerischen Zivilprozessordnung, SJZ 100 (2004), 313 ff. (zit.: Walter, SJZ 2004).
Derselbe	Berner Kommentar zum Schweizerischen Privatrecht, Band I, Einleitung und Personenrecht, 1. Abteilung, Einleitung, Art. 1–9 ZGB, Bern 2012 (zit.: Walter, BeKomm, Art. 8 ZGB).
Derselbe	Beweis und Beweislast im Haftpflichtprozess, in: Fellmann Walter/Weber Stephan (Hrsg.), Haftpflichtprozess 2009, Zürich 2009 (zit.: Walter, Beweis und Beweislast).
Derselbe	Beweislastverteilung bei Leistungsstörungen, in: Koller Alfred (Hrsg.), Leistungsstörungen, Nicht- und Schlechterfüllung von Verträgen, St. Gallen 2008, 61 ff. (zit.: Walter, Leistungsstörungen).

Literaturverzeichnis

DERSELBE	Der Methodenpluralismus des Bundesgerichts bei der Gesetzesauslegung, recht 17 (1999), 157 ff. (zit.: WALTER, recht 1999).
DERSELBE	Tat- und Rechtsfragen, in: Fellmann Walter/Weber Stephan (Hrsg.), Der Haftpflichtprozess, Tücken der gerichtlichen Schadenerledigung, Beiträge zur Tagung vom 19. Mai 2006, Zürich 2006, 15 ff. (zit.: WALTER, Tat- und Rechtsfragen).
DERSELBE	Zur Rechtsnatur des Ermessensbegriffs in Art. 42 Abs. 2 OR, in: Fuhrer Stephan (Hrsg.), Festschrift Schweizerische Gesellschaft für Haftpflicht- und Versicherungsrecht (SGHVR), Zürich 2010, 677 ff. (zit.: WALTER, Rechtsnatur).
WEBER FRANZ XAVER	Das Grundeigentum im Wandel, ZBGR 79 (1998), 353 ff. (zit.: WEBER, ZBGR 1998).
WEBER ROGER	Kommentar zu Art. 253–274g OR, in: Honsell Heinrich/Vogt Nedim Peter/Wiegand Wolfgang (Hrsg.), Basler Kommentar, Obligationenrecht I, Art. 1–529 OR, 6. Aufl., Basel 2015 (zit.: WEBER, BaKomm).
WEBER ROLF H.	Berner Kommentar zum Schweizerischen Privatrecht, Band VI, Obligationenrecht, 1. Abteilung, Allgemeine Bestimmungen, 4. Teilband, Die Erfüllung der Obligationen, Art. 68–96 OR, Bern 2004 (zit.: WEBER, BeKomm).
DERSELBE	Berner Kommentar zum Schweizerischen Privatrecht, Band VI, Obligationenrecht, 1. Abteilung, Allgemeine Bestimmungen, 5. Teilband, Die Folgen der Nichterfüllung, Art. 97–109 OR, Bern 2000 (zit.: WEBER, BeKomm).
DERSELBE	Kommentar zu Art. 394–406 OR, in: Honsell Heinrich/Vogt Nedim Peter/Wiegand Wolfgang (Hrsg.), Basler Kommentar, Obligationenrecht I, Art. 1–529 OR, 6. Aufl., Basel 2015 (zit.: WEBER, BaKomm).
WEIBEL THOMAS	Kommentar zu Art. 177–189 ZPO, in: Sutter-Somm Thomas/Hasenböhler Franz/Leuenberger Christoph (Hrsg.), Kommentar zur Schweizerischen Zivilprozessordnung (ZPO), 3. Aufl., Zürich/Basel/Genf 2016 (zit.: WEIBEL, ZPO-Komm).
WEIBEL THOMAS/ WALZ CLAUDIA	Kommentar zu Art. 168–176 ZPO, in: Sutter-Somm Thomas/Hasenböhler Franz/Leuenberger Christoph (Hrsg.), Kommentar zur Schweizerischen Zivilprozessordnung (ZPO), 3. Aufl., Zürich/Basel/Genf 2016 (zit.: WEIBEL/WALZ, ZPO-Komm).

Weimar Peter	Berner Kommentar zum Schweizerischen Privatrecht, Band III, Das Erbrecht, 1. Abteilung, Die Erben, 1. Teilband, Die gesetzlichen Erben, Die Verfügungen von Todes wegen, 1. Teil, Die Verfügungsfähigkeit, Die Verfügungsfreiheit, Die Verfügungsarten, Die Verfügungsformen, Art. 457–516 ZGB, Bern 2009 (zit.: Weimar, BeKomm).
Werro Franz	Le mandat et ses effets, Une étude sur le contrat d'activité indépendante selon le Code suisse des obligations, Analyse critique et comparative, AISUF 128, Habil. Freiburg 1993.
Derselbe	Kommentar zu Art. 42 OR, in: Thévenoz Luc/Werro Franz (Hrsg.), Commentaire romand, Code des obligations I, Art. 1–529 CO, 2. Aufl., Basel 2012 (zit.: Werro, CommR).
Werro Franz/ Schmidlin Irène	Kommentar zu Art. 16–19 ZGB, in: Pichonnaz Pascal/ Foëx Bénédict (Hrsg.), Commentaire romand, Code civil I, Art. 1–359 CC, Basel 2010 (zit.: Werro/Schmidlin, CommR).
Widmer Pierre	Die Vereinheitlichung des schweizerischen Haftpflichtrechts – Brennpunkte eines Projekts, ZBJV 130 (1994), 385 ff. (zit.: Widmer, ZBJV 1994).
Widmer Pierre/ Wessner Pierre-André	Revision und Vereinheitlichung des Haftpflichtrechts, Erläuternder Bericht, Bern 1999.
Wiederkehr René/ Richli Paul	Praxis des allgemeinen Verwaltungsrechts – Eine systematische Analyse der Rechtsprechung, Band I, Bern 2012.
Wiegand Wolfgang	Der Arztvertrag, insbesondere die Haftung des Arztes, in: Wiegand Wolfgang (Hrsg.), Arzt und Recht, Bern 1985, 81 ff. (zit.: Wiegand, Arztvertrag).
Derselbe	Die Aufklärungspflicht und die Folgen ihrer Verletzung, in: Honsell Heinrich (Hrsg.), Handbuch des Arztrechts, Zürich 1994, 119 ff. (zit.: Wiegand, Aufklärungspflicht).
Derselbe	Kommentar zu Art. 97–109 OR, in: Honsell Heinrich/Vogt Nedim Peter/Wiegand Wolfgang (Hrsg.), Basler Kommentar, Obligationenrecht I, Art. 1–529 OR, 6. Aufl., Basel 2015 (zit.: Wiegand, BaKomm).
Wiegand Wolfgang/ Hurni Christoph	Die Vermutung kehrt zurück!, recht 23 (2005), 205 ff. (zit.: Wiegand/Hurni, recht 2005).
Wittgenstein Ludwig	Über Gewissheit, Berlin 1971.
Wohlfahrt Corinne	Die Umkehr der Beweislast, Diss. St. Gallen, Bamberg 1992.

Literaturverzeichnis

WOLF STEPHAN	Berner Kommentar zum Schweizerischen Privatrecht, Band I, Einleitung und Personenrecht, 1. Abteilung, Einleitung, Art. 1–9 ZGB, Bern 2012 (zit.: WOLF, BeKomm, Art. 9 ZGB).
WOLF STEPHAN/ GENNA GIAN SANDRO	Erbrecht, Band 1, SPR IV/1, Basel 2012 (zit.: WOLF/ GENNA, SPR IV/1).
WYLER RÉMY/ HEINZER BORIS	Droit du travail, 3. Aufl., Bern 2014.
ZINDEL GAUDENZ G./ PULVER URS/ SCHOTT BERTRAND G.	Kommentar zu Art. 363–379 OR, in: Honsell Heinrich/ Vogt Nedim Peter/Wiegand Wolfgang (Hrsg.), Basler Kommentar, Obligationenrecht I, Art. 1–529 OR, 6. Aufl., Basel 2015 (zit.: ZINDEL/PULVER/SCHOTT, BaKomm).
ZÜRCHER ALEXANDER	Kommentar zu Art. 59–60 ZPO, in: Sutter-Somm Thomas/ Hasenböhler Franz/Leuenberger Christoph (Hrsg.), Kommentar zur Schweizerischen Zivilprozessordnung (ZPO), 3. Aufl., Zürich/Basel/Genf 2016 (zit.: ZÜRCHER, ZPO-Komm).

Materialienverzeichnis

Bericht der Redaktionskommission des ZGB	Bericht der Redaktionskommission des Zivilgesetzbuches an die Bundesversammlung vom 20. November 1907, BBl 1907 VI, 367 ff.
Botschaft UWG	Botschaft zur Änderung des Bundesgesetzes gegen den unlauteren Wettbewerb (UWG) vom 2. September 2009, BBl 2009, 6151 ff.
Botschaft ZGB	Botschaft des Bundesrates an die Bundesversammlung zu einem Gesetzesentwurf enthaltend das Schweizerische Zivilgesetzbuch vom 28. Mai 1904, BBl 1904 IV, 1 ff.
Botschaft ZPO	Botschaft zu einer Schweizerischen Zivilprozessordung (ZPO) vom 28. Juni 2006, BBl 2006, 7221 ff.
Entwurf ZPO	Entwurf zu einer Schweizerischen Zivilprozessordnung (ZPO) vom 28. Juni 2006, BBl 2006, 7413 ff.
HUBER, Erläuterungen	Erläuterungen zum Vorentwurf des Eidgenössischen Justiz- und Polizeidepartements, zit. nach REBER MARKUS/HURNI CHRISTOPH, Berner Kommentar, Band II, Materialien zum Zivilgesetzbuch, Bern 2007.
Sten. Bull. NR 1906	Amtliches stenographisches Bulletin der Schweizerischen Bundesversammlung; Nationalrat, Sitzung vom 16. November 1906, 1031 f.
Sten. Bull. SR 1907	Amtliches stenographisches Bulletin der Schweizerischen Bundesversammlung; Ständerat, Sitzung vom 9. April 1907, 111 ff.
Vorentwurf ZGB	Schweizerisches Civilgesetzbuch. Vorentwurf des Eidgenössischen Justiz- und Polizeidepartements vom 15. November 1900, Bern 1900, zit. nach REBER MARKUS/HURNI CHRISTOPH, Berner Kommentar, Band II, Materialien zum Zivilgesetzbuch, Bern 2007.
Vorentwurf ZPO	Vorentwurf der Expertenkommission zu einer Schweizerischen Zivilprozessordnung (ZPO) vom Juni 2003. <https://www.bj.admin.ch/dam/data/bj/staat/gesetzgebung/archiv/zivilprozessrecht/entw-zpo-d.pdf>

Art. 8 ZGB

Wo das Gesetz es nicht anders bestimmt, hat derjenige das Vorhandensein einer behaupteten Tatsache zu beweisen, der aus ihr Rechte ableitet.

E. Beweisregeln
I. Beweislast

Chaque partie doit, si la loi ne prescrit le contraire, prouver les faits qu'elle allègue pour en déduire son droit.

E. De la preuve
I. Fardeau de la preuve

Ove la legge non disponga altrimenti, chi vuol dedurre il suo diritto da una circostanza di fatto da lui asserita, deve fornirne la prova.

E. Prove
I. Onere della prova

1. Teil:
Entstehung, Anwendungsbereich und Abgrenzungen

I. Entstehung

Die Aufnahme von Regeln zum Beweisrecht in das auf Bundesebene vereinheitlichte ZGB war zu Beginn der Gesetzgebungsarbeiten nicht vorgesehen: Während EUGEN HUBER anfänglich ganz auf einen allgemeinen Teil zum ZGB verzichten wollte, gelangte er später zur Überzeugung, dass im Rahmen eines Einleitungstitels wichtige allgemeine Vorschriften zusammengestellt werden sollten, die allen besonderen Teilen des neuen ZGB als Ergänzung oder Erläuterung zu dienen hatten.[1] Der Vorentwurf zum Civilrecht aus dem Jahr 1900 umfasste in einem Einleitungstitel aber nur gerade fünf Bestimmungen, wovon keine dem Beweisrecht gewidmet war.[2] Die Beweisvorschriften waren erstmals in einer von mehreren Versionen des Einleitungstitels enthalten, die zeitlich zwischen dem Vorentwurf und der Botschaft des Bundesrates aus dem Jahr 1904 entstanden. Die letzte Version wurde von einer kleinen Kommission am 26./27. Januar 1904 beraten. Das entsprechende Ergebnis fand, abgesehen von kleinen Änderungen, in die Botschaft des Bundesrates Eingang.[3] In seiner Botschaft betonte der Bundesrat, die in den Entwurf aufgenommenen Beweisregeln würden nicht von den bisherigen kantonalrechtlichen Vorschriften abweichen.[4]

Die einschlägigen Artikel im bundesrätlichen Entwurf haben folgenden Wortlaut:[5]

F. Beweisregeln

I. Beweislast

Art. 10

Wo das Gesetz es nicht anders bestimmt, hat derjenige die Richtigkeit einer behaupteten Sachlage zu beweisen, der aus dieser Rechte ableitet.

II. Beweis mit öffentlicher Urkunde

Art. 11

Eine öffentliche Urkunde ist für die Tatsache, der sie Ausdruck oder Rechtsgültigkeit zu geben bestimmt ist, beweiskräftig, solange nicht ihre Unrichtigkeit dargetan wird.

Der Nachweis der Unrichtigkeit ist an keine besondere Form gebunden.

---

[1] HUBER, Erläuterungen, 31 ff., zit. in: REBER/HURNI, BeKomm, Materialien, N 74 ff.
[2] Vorentwurf ZGB, 505, zit. in: REBER/HURNI, BeKomm, Materialien, N 953 f.; MEILI, 27; SCHNYDER, ZüKomm, Allg. Einleitung Art. 1–10 ZGB N 70.
[3] SCHNYDER, ZüKomm, Allg. Einleitung Art. 1–10 ZGB N 75 f.
[4] Botschaft ZGB, 15.
[5] Botschaft ZGB, 102.

III. Prozessuale Beweisvorschriften

Art. 12

Die von kantonalen Prozessgesetzen aufgestellten Beweisformen können auf Rechtsverhältnisse, die nach Bundesrecht gültig begründet sind und vor dem Gericht des Ortes ihrer Entstehung ohne weiteres beweisbar wären, nicht angewendet werden, es sei denn, dass alle Beteiligten im Zeitpunkte der Entstehung dem Gerichtsstande des die Beweisformen vorschreibenden Kantons unterstellt wären.

3   In den parlamentarischen Beratungen überwog die Auffassung, das Bundeszivilrecht müsse einheitliche Beweisregeln enthalten.[6] Das ZGB ist diesbezüglich im Vergleich zu anderen Ländern seinen eigenen Weg gegangen, fehlen doch in den dortigen Privatrechtskodifikationen vorangestellte allgemeine Bestimmungen.[7] Dies gilt etwa für das deutsche BGB, das österreichische ABGB, den französischen CC, den belgischen CC und das niederländische Burgerlijk Wetboek[8].

4   Am 20. November 1907 erstattete die Redaktionskommission des Zivilgesetzbuches der Bundesversammlung Bericht und fasste gleichzeitig den aus den Beratungen in den beiden Räten hervorgegangenen Text des ZGB zusammen.[9] Dieser Text gelangte bekanntlich am 10. Dezember 1907 zur Schlussabstimmung. Inhaltlich unterscheiden sich die Einleitungsartikel nur wenig vom bundesrätlichen Entwurf von 1904.[10] Namentlich die Art. 8 ZGB und Art. 9 ZGB entsprechen fast wörtlich ihren Vorgängern im Entwurf.

II. Anwendungsbereich

5   1. Die Art. 8 und 9 ZGB sind Teil des Bundesprivatrechts und somit primär auf dieses zugeschnitten und anwendbar. Für das **ZGB** und das **OR** sowie ihre Ausführungserlasse gilt dies aus systematischen Gründen. Für das **übrige Bundesprivatrecht** (z.B. VVG, GlG, PrHG usw.) ist die unmittelbare Anwendbarkeit dieser Bestimmungen allgemein anerkannt.[11] Ihre Anwendung ergibt sich aus der Überlegung, die Einleitungs-

---

6   Sten. Bull. NR 1906, 1031 ff., 1038; Sten. Bull. SR 1907, 111 ff., 115.
7   KUHN, 63 f.
8   <http://www.dutchcivillaw.com/civilcodebook066.htm>, zuletzt besucht am 27. November 2017.
9   Bericht der Redaktionskommission des ZGB, BBl 1907 VI, 367 ff.
10   SCHNYDER, ZüKomm, Allg. Einleitung Art. 1–10 ZGB N 83.
11   KUMMER, BeKomm, Art. 8 ZGB N 50; LARDELLI, BaKomm, Art. 8 ZGB N 24; GÖKSU, HandKomm, Art. 8 ZGB N 2; HAUSHEER/JAUN, ZGB-Komm, Vorbem. zu Art. 1–10 ZGB N 17; RIEMER, § 3 N 3; BGE 130 III 321 (323), E. 3.1 (für den Versicherungsvertrag); BGE 134 III 224 (231), E. 5.1.

artikel enthielten eine Art allgemeinen Teil einer Privatrechtskodifikation.[12] Als solcher ist er auf das Bundesprivatrecht gemeinhin anwendbar.

2. Für die Anwendbarkeit auf **weitere Rechtsgebiete** ist zwischen Art. 8 ZGB einerseits und Art. 9 ZGB (und Art. 10 aZGB) andererseits **zu unterscheiden:** Während Art. 8 ZGB regelmässig analog anwendbar ist (N 7 ff.), gilt dies für Art. 9 ZGB (N 12 ff.) nicht in gleichem Mass:

1. Anwendungsbereich von Art. 8 ZGB

1. Die Kantone können im Rahmen ihres kantonalen Privat- und öffentlichen Rechts eigene Beweislastregeln erlassen, entweder in Abweichung oder in Bestätigung von Art. 8 ZGB. Soweit sie nichts Abweichendes regeln, erstreckt sich Art. 8 ZGB auch auf das **kantonale Privat- und öffentliche Recht.**[13] Wenden die Kantone mangels eigener Bestimmung Art. 8 ZGB an, verweisen sie selber auf Art. 8 ZGB oder erlassen sie eine Art. 8 ZGB entsprechende Regel der Beweislastverteilung, handelt es sich um eine Bestimmung kantonalrechtlicher Natur.[14] Deren Verletzung ist folglich mit Beschwerde nur unter Berufung auf die Verletzung von Verfassungsrecht geltend zu machen, es sei denn, es handle sich um die Anwendung von interkantonalem Recht oder von Bestimmungen über das Stimmrecht (Art. 95 BGG).[15]

2. Wo im **SchKG** bundesprivatrechtliche Ansprüche zu vollstrecken sind, ist Art. 8 ZGB direkt anwendbar. Für das Betreibungsverfahren als solches ist Art. 8 ZGB nicht direkt anwendbar. Wo jedoch nichts anderes angeordnet ist, drängt sich – wie im Verfahrensrecht allgemein – die analoge Übernahme der Beweislastregeln von Art. 8 ZGB auf.[16]

3. Schliesslich wird die Beweislastregel in Art. 8 ZGB mitunter auch im übrigen **öffentlichen Recht** herangezogen.[17] Vorausgesetzt ist allerdings, dass das öffentliche Recht keine eigene – anderslautende – Regel kennt. Die zivilrechtliche Regel dient gegebenenfalls zur Lückenfüllung im öffentlichen Recht. Durch die gerichtliche Lückenfüllung wird die (zunächst privatrechtliche) Regel in das öffentliche Recht überführt und so zu einer Regel des öffentlichen Rechts. Gemäss der Praxis des Bundesgerichts

---

[12] SCHNYDER, ZüKomm, Allg. Einleitung Art. 1–10 ZGB N 80.
[13] LARDELLI, BaKomm, Art. 8 ZGB N 25; GÖKSU, HandKomm, Art. 8 ZGB N 2.
[14] KUMMER, BeKomm, Art. 8 ZGB N 56; HAUSHEER/JAUN, ZGB-Komm, Vorbem. zu Art. 1–10 ZGB N 18 ff.; MARTI, ZüKomm, Art. 5 ZGB N 153; STEINAUER, SPR II/1, N 635; WALTER, BeKomm, Art. 8 ZGB N 54 f.
[15] WALTER, BeKomm, Art. 8 ZGB N 55.
[16] WALTER, BeKomm, Art. 8 ZGB N 51.
[17] KUMMER, BeKomm, Art. 8 ZGB N 55; LARDELLI, BaKomm, Art. 8 ZGB N 27; HAUSHEER/JAUN, ZGB-Komm, Vorbem. zu Art. 1–10 ZGB N 18 ff.

Art. 8 ZGB

entspricht die Beweislastverteilung nach Art. 8 ZGB einem allgemeinen Grundsatz,[18] der auch im öffentlichen Recht gilt.[19] Handelt es sich also um eine Regel des öffentlichen Rechts, hat dies Konsequenzen hinsichtlich der zu ergreifenden Rechtsmittel.[20]

10 4. Im **Strafrecht** gilt die besondere Beweislastregel der Unschuldsvermutung «in dubio pro reo», welche aus Art. 32 Abs. 1 BV sowie aus Art. 6 Ziff. 2 EMRK abgeleitet wird. Danach ist im Zweifel zugunsten der beklagten Partei zu entscheiden.[21] Diese besondere Regel geht der in Art. 8 ZGB enthaltenen allgemeinen Beweislastregel vor.[22]

11 5. **Keine Anwendung** findet Art. 8 ZGB als bundesrechtliche Norm auf **ausländisches Recht** und die diesem unterstehenden Rechtsverhältnisse.[23] Dies gilt umso mehr auch für Art. 9 ZGB.

2. Anwendungsbereich von Art. 9 ZGB

12 1. **Art. 9 ZGB** enthält eine Beweis(kraft)regel für Urkunden. Sein Abs. 1 wurde wörtlich in Art. 179 ZPO übernommen; dennoch blieb er im ZGB unverändert bestehen. Da Beweisregeln dem Grundsatz der freien Beweiswürdigung widersprechen, kann Art. 9 ZGB nicht als Ausdruck eines allgemeinen Rechtsgrundsatzes aufgefasst werden, der als solcher über das Bundesprivatrecht hinaus Gültigkeit hätte.[24] Gleichwohl hat ein Urkundenbeweis im Rahmen der Beweiswürdigung (N 31 ff., N 149 ff.) rein faktisch eine wichtige Bedeutung, auch ausserhalb des Privatrechts.

13 2. **Art. 10 aZGB** ist mit der Einführung der Schweizerischen Zivilprozessordnung vom 19. Dezember 2008 aufgehoben worden. Diese Bestimmung griff in das kantonale Verfahrensrecht ein und verbot es diesem, einen Urkundenbeweis vorzuschreiben, wo das Bundesrecht für die Gültigkeit eines Rechtsgeschäfts keine Formvorschrift enthielt. Tatsächlich hätte das kantonale Verfahrensrecht mit einer derartigen Beweisvorschrift faktisch einen Formzwang einführen können, was dem Bundesrecht (Art. 11 Abs. 1 OR) widersprochen hätte. Art. 10 aZGB war folglich ein Ausfluss des

---

[18] BGE 143 II 646 (660), E. 3.3.8; 141 III 241 (242), E. 3.1; 139 III 278 (279), E. 3.2.
[19] BGE 143 II 646 (660), E. 3.3.8; 142 II 433 (439), E. 3.2.6; 138 II 465 (486), E. 6.8.2.
[20] Vgl. HAUSHEER/JAUN, ZGB-Komm, Vorbem. zu Art. 1–10 ZGB N 18 ff.; WALTER, BeKomm, Art. 8 ZGB N 53.
[21] BGE 120 Ia 31 (33), E. 2a.
[22] LARDELLI, BaKomm, Art. 8 ZGB N 28.
[23] BGE 124 III 134 (143), E. 2b/bb; 123 III 35 (45), E. 2d; 115 III 300 (303), E. 3; KUMMER, BeKomm, Art. 8 ZGB N 49. Der Nachweis ausländischen Rechts ist kein Beweis im eigentlichen Sinn, sondern eine Form der Mitwirkung der Parteien: BGE 128 III 346 (351), E. 3.2.1. Siehe dazu: LARDELLI, BaKomm, Art. 8 ZGB N 3.
[24] Gl. M. KUMMER, BeKomm, Art. 9 ZGB N 12, siehe aber N 17; differenziert: LARDELLI, BaKomm, Art. 9 ZGB N 5.

Grundsatzes, dass kantonales Verfahrensrecht die Verwirklichung des Bundeszivilrechts nicht verhindern darf. Mit der bundesrechtlichen Regelung des Verfahrensrechts in der ZPO ist Art. 10 aZGB obsolet geworden.

III. Materielles Privatrecht und Zivilprozessrecht

1. Kompetenzverteilung zwischen Bund und Kantonen

Der am 12. März 2000 in einer Volksabstimmung angenommene und am 1. Januar 2007 in Kraft gesetzte Art. 122 Abs. 1 BV[25] enthält eine umfassende Kompetenz des Bundes zur Gesetzgebung auf dem Gebiet des Zivil- sowie des Zivilprozessrechts. Den Kantonen verbleiben somit die Organisation der Gerichte sowie die Rechtsprechung in Zivilsachen. Bereits am 26. April 1999, also noch vor der Annahme der Verfassungsänderung, setzte der damalige Vorsteher des EJPD, Bundesrat ARNOLD KOLLER, eine Expertenkommission unter der Leitung von Prof. THOMAS SUTTER-SOMM ein.[26] Diese legte dem Bundesrat im Juni 2003 einen Vorentwurf mit Begleitbericht vor.[27] Botschaft und Entwurf zu einer Schweizerischen Zivilprozessordnung stammen vom 28. Juni 2006.[28] Am 19. Oktober 2008 haben die eidgenössischen Räte die Schweizerische Zivilprozessordnung verabschiedet,[29] worauf diese am 1. Januar 2011 in Kraft trat.[30]

14

2. Rechtslage nach der Schweizerischen ZPO

Seit dem Inkrafttreten der ZPO haben die zivilprozessualen Vorschriften des ZGB, des OR und der privatrechtlichen Spezialgesetzgebung in die Bundeszivilprozessordnung Eingang gefunden und sind aus dem materiellen Recht gestrichen worden. Das gilt beispielsweise für die Vorschriften über das Scheidungsverfahren, die in Art. 135–149 aZGB geregelt waren und sich heute hauptsächlich in Art. 274 ff. ZPO befinden.[31] Da-

15

---

[25] BBl 1999, 8633; AS 2002 3148 ff.; AS 2006 1059 ff.
[26] Botschaft ZPO, 7235.
[27] <https://www.bj.admin.ch/dam/data/bj/staat/gesetzgebung/archiv/zivilprozessrecht/entw-zpo-d.pdf>, zuletzt besucht am 28. Juni 2018; <https://www.bj.admin.ch/dam/data/bj/sicherheit/gesetzgebung/archiv/strafprozessrecht/vn-ber-1-d.pdf>, zuletzt besucht am 28. Juni 2018; dazu ausführlich SUTTER-SOMM/HASENBÖHLER, 11 ff.
[28] Botschaft ZPO, 7221 ff.
[29] BBl 2009, 21 ff.
[30] AS 2010 1739 ff., 1836.
[31] Botschaft ZPO, 132 ff.

gegen bleibt der **Art. 8 mit unverändertem Wortlaut** im ZGB bestehen. Auch Art. 9 ZGB bleibt unverändert erhalten, wird aber in Art. 179 ZPO wörtlich wiederholt. Mit der Regelung in Art. 179 ZPO wird die erhöhte Beweiskraft öffentlicher Register und Urkunden auf alle öffentlichen Register und Urkunden des Schweizer Rechts ausgedehnt, während sie nach Art. 9 ZGB auf solche des Bundesprivatrechts beschränkt ist.[32] Mit Art. 179 ZPO erstreckt sich die erhöhte Beweiskraft auch auf kantonale oder kommunale sowie auch auf öffentlichrechtliche Register und Urkunden.[33] Im Unterschied zu Art. 9 ZGB ist der Geltungsbereich von Art. 179 ZPO auf die zivilrechtlichen Streitigkeiten begrenzt (Art. 1 ZPO). Art. 9 ZGB hat mithin eine eigenständige Bedeutung für jene Rechtsgebiete, in denen er als allgemeiner Rechtsgrundsatz angerufen werden kann, sowie für jene Teile des Bundesprivatrechts, die nicht der ZPO unterliegen, namentlich für das Erwachsenenschutzrecht.[34]

16 Die Tatsache, dass die Beweislastverteilung im ZGB geregelt bleibt, entspricht der Erkenntnis, dass es sich um eine **Frage des materiellen Rechts** handelt (N 18). Es ist daher nur folgerichtig, dass dieses Thema in den Einleitungsartikeln des ZGB geregelt bleibt. Das ändert nichts an dessen Anwendbarkeit auf das gesamte Bundesprivatrecht (N 5).

17 In der ZPO werden aber auch verschiedene Institute geregelt, die als Ausfluss von Art. 8 ZGB gelten. Es handelt sich namentlich um den Gegenstand des Beweises (Art. 150 ZPO; N 77 ff.), das Recht auf Beweis (Art. 152 Abs. 1 ZPO; N 102 ff.) oder die freie Beweiswürdigung (Art. 157 ZPO; N 31 ff.). Wie Art. 9 ZGB (N 15) hat auch Art. 8 ZGB eine **eigenständige Bedeutung**, einerseits da, wo er als allgemeiner Rechtsgrundsatz angerufen werden kann, andererseits für jene Teile des Bundesprivatrechts, die nicht der ZPO unterliegen.

3. Rechtsnatur der Beweislastregel

18 Zumindest in den Anfängen des ZGB war noch umstritten, ob die Beweislastregeln eher dem materiellen oder dem formellen Recht zuzuordnen sind.[35] Heute ist in der Schweiz unbestritten, dass die Beweislastregeln **Gegenstand des materiellen Bun-**

---

[32] WOLF, BeKomm, Art. 9 ZGB N 15.
[33] WOLF, BeKomm, Art. 9 ZGB N 15.
[34] WOLF, BeKomm, Art. 9 ZGB N 15; MÜLLER, ZPO-Komm, Art. 179 ZPO N 5.
[35] KUHN, 8 ff.; MEYERHOFER, 313 ff.

desrechts bilden.³⁶ Folglich ist eine Verletzung der Beweislastregel (eine falsche Verteilung der Beweislast) durch Beschwerde vor Bundesgericht geltend zu machen (vgl. auch N 48 ff.).³⁷

In Deutschland ist die Rechtsnatur der Beweislastregeln teilweise weiterhin streitig.³⁸ Ein Grund für die Meinungsdifferenzen mag auch darin liegen, dass in Deutschland keine dem Art. 8 ZGB entsprechende Regel existiert. Zwar enthielt der erste Entwurf (1888) zum BGB einen § 193, der die Beweislast für die rechtsbegründenden Tatsachen jener Partei zuwies, welche die entsprechende Rechtsfolge geltend macht, während der anderen Partei die Beweislast für die rechtshindernden, rechtshemmenden und rechtsvernichtenden Tatsachen oblag. Auf eine solche Grundregel wurde schliesslich verzichtet, weil sie für selbstverständlich gehalten wurde.³⁹ Immerhin verfestigt sich aber seit ROSENBERG⁴⁰ auch in Deutschland die Meinung, dass Beweislastregeln dem materiellen Recht zugehören, um dessen Anwendung es geht.⁴¹

19

4. Materiellrechtliche Einflüsse auf das Beweisverfahrensrecht

Das Beweisverfahren ist Teil des Verfahrens-, also des formellen Rechts. Die Beweislastverteilung dagegen, welche nach abgeschlossenem Beweisverfahren zum Tragen kommt und über das materiellrechtliche Ergebnis entscheidet (N 73), gehört – wie soeben dargestellt – zum materiellen Bundesrecht. Diese an sich klare Unterscheidung unterliegt allerdings verschiedenen Ausnahmen, denn erstens werden aus Art. 8 ZGB beweisrechtliche Vorschriften abgeleitet, welche damit materiellrechtlichen Charakter erhalten (a), und zweitens setzt Art. 8 ZGB den verfahrensrechtlichen Vorschriften bestimmte Grenzen (b). Die Abgrenzung materiellrechtlicher (Art. 8 ZGB) von formellrechtlichen Beweisvorschriften (ZPO) ist insbesondere mit Blick auf den Rechtsweg von Bedeutung (c):

20

---

³⁶ KUMMER, BeKomm, Art. 8 ZGB N 48; LARDELLI, BaKomm, Art. 8 ZGB N 71a; EGGER, ZüKomm, Art. 8 ZGB N 5; DESCHENAUX, SPR II, 244 f.; HAUSHEER/JAUN, ZGB-Komm, Art. 8–10 ZGB N 3, N 33; SCHMID, Beweislast, 14; STEINAUER, SPR II/1, N 628, N 692; WALTER, BeKomm, Art. 8 ZGB N 25; s. aber BGE 123 III 35 (40), E. 2b, wo Art. 8 ZGB offenbar als formelles Bundesrecht qualifiziert wird.
³⁷ So implizit BGE 129 III 18 (24), E. 2.6; 127 III 519 (522), E. 2a.
³⁸ BAUMGÄRTEL, Beweislastpraxis, N 143 ff.; GOTTWALD, Grundprobleme, 233; MUSIELAK, 26 ff.; PRÜTTING, Beweislast, 175 ff.; DERS., MünchKomm, § 286 ZPO N 137; ROSENBERG, 77 ff.; STEIN/JONAS/THOLE, ZPO-Komm, § 286 ZPO N 119 f.
³⁹ BAUMGÄRTEL, Beweislastpraxis, N 149, mit Hinweis auf LEIPOLD, Einstweiliger Rechtsschutz, 35, 45 f.; MUSIELAK, 278.
⁴⁰ ROSENBERG, 77 ff.
⁴¹ BAUMGÄRTEL, Beweislastpraxis, N 143 ff. m.w.H.; ROSENBERG/SCHWAB/GOTTWALD, § 116 N 10, N 30.

Art. 8 ZGB

a. Aus Art. 8 ZGB abgeleitete Beweisvorschriften

21 Wenn eine Partei gemäss Art. 8 ZGB die Nachteile der Beweislosigkeit zu tragen hat, so muss ihr auch die Möglichkeit offenstehen, die Beweislosigkeit zu verhindern. Die interessierte Partei muss also mit ihren Sachvorbringen gehört und zum Beweis zugelassen werden (im Einzelnen N 96). Aus Art. 8 ZGB leitet sich mithin das **Recht auf Beweis** (N 102 ff.) sowie das **Recht auf Beweisabnahme** (N 168 ff.) ab.[42] Dieser Rechtsanspruch ist in Art. 152 ZPO überführt worden; er ergibt sich aber auch aus dem verfassungsrechtlichen Anspruch auf rechtliches Gehör (Art. 29 Abs. 2 BV).

22 Dieser bundesrechtliche Beweisführungsanspruch besteht indessen bloss für rechtserhebliche Tatsachen und setzt ferner voraus, dass die beweisbelastete Partei im Verfahren form- und fristgerechte Beweisanträge gestellt hat (vgl. Art. 152 ZPO).[43] Solange also geeignete und zulässige Beweismittel sowie form- und fristgerechte Beweisanträge zu einem rechtserheblichen Tatbestand vorliegen und gegebenenfalls der Kostenvorschuss bezahlt worden ist, darf das Gericht nicht auf Beweislosigkeit schliessen und nach der Beweislastregel (N 73, N 181) entscheiden, sondern muss Beweis abnehmen. Insbesondere darf es nicht bei Unklarheit über die Sachvorbringen bzw. bei Beweisschwierigkeiten auf Beweislosigkeit schliessen. Andernfalls verletzt es Art. 8 ZGB.[44]

23 Das Recht auf Beweis schliesst die **antizipierte Beweiswürdigung** (dazu N 115 ff.) nicht grundsätzlich aus. Es bleibt daher dem Gericht im Rahmen der (verfahrensrechtlichen) Beweiswürdigung grundsätzlich unbenommen, beweisrechtliche Schlüsse zu ziehen und gleichzeitig auf die Abnahme bestimmter beantragter Beweise zu verzichten, weil es von vornherein davon ausgeht, dass diese nicht zum Beweis geeignet sind, oder es sich nicht von seiner (bereits aufgrund anderer Beweise vorliegenden) Überzeugung wird abbringen lassen (s. aber N 104 ff.).[45] Die antizipierte Beweiswürdigung war im Vorentwurf zur ZPO in Art. 147 Abs. 2 ausdrücklich vorgesehen, wurde dann aber aufgrund von Kritik in der Vernehmlassung nicht in den Entwurf aufgenom-

---

[42] BGE 129 III 18 (24), E. 2.6; 126 III 315 (317), E. 4a; 122 III 219 (223 f.), E. 3c sowie erstmals BGE 68 II 136 (139), E. 1; KUMMER, BeKomm, Art. 8 ZGB N 74; KOFMEL, 3 ff., 26 ff.; VOGEL, recht 1991, 41; SPÜHLER/DOLGE/GEHRI, § 44 N 74 f.; LARDELLI, BaKomm, Art. 8 ZGB N 6; GÖKSU, HandKomm, Art. 8 ZGB N 23; DESCHENAUX, SPR II, 246 f.; WALTER, BeKomm, Art. 8 ZGB N 36; WALTER, ZBJV 1991, 310; HAUSHEER/JAUN, ZGB-Komm, Art. 8–10 ZGB N 76.
[43] BGE 122 III 219 (223), E. 3c; s. auch GUYAN, BaKomm, Art. 152 ZPO N 7; LEU, ZPO-Komm, Art. 152 ZPO N 11; HASENBÖHLER, ZPO-Komm, Art. 152 ZPO N 13 f.
[44] WALTER, BeKomm, Art. 8 ZGB N 38; BGE 114 II 289 (291), E. 2a.
[45] BGE 129 III 18 (25), E. 2.6; 127 III 519 (522), E. 2a; 126 III 315 (317), E. 4a; 122 III 219 (223 f.), E. 3c; LARDELLI, BaKomm, Art. 8 ZGB N 83; GÖKSU, HandKomm, Art. 8 ZGB N 25; HAUSHEER/JAUN, ZGB-Komm, Art. 8–10 ZGB N 87; a.M. KOFMEL, 262 f.; KOFMEL EHRENZELLER, Überblick, 158 f.; LEU, ZPO-Komm, Art. 152 ZPO N 103 ff.; HASENBÖHLER, ZPO-Komm, Art. 152 ZPO N 21 ff. mit Hinweisen zu den verschiedenen Lehrmeinungen; GUYAN, ZPO-Komm, Art. 157 ZPO N 14, m.w.H.

men.⁴⁶ Damit ist die antizipierte Beweiswürdigung aber nicht ausgeschlossen worden. Ihre Zulässigkeit ist indessen differenziert zu beurteilen (s. hinten N 115 ff.).

b.   Einflüsse des materiellen Rechts auf das formelle Beweisrecht

Zum Beweisverfahren gehören die Beweisführung (subjektive Beweislast), einschliesslich der Behauptungs- und Substantiierungslast (aa.), die Beweismittel (bb.), die Beweiswürdigung (cc.), das Beweismass (dd.) (dazu im Einzelnen unten N 120 ff.) und die Verfahrensmaximen (ff.). Das materielle Recht setzt allerdings bestimmte Grenzen, und zwar wie folgt:

aa.   Behauptungs- und Substantiierungslast

Die Behauptungs- und die Substantiierungslast – verstanden als Obliegenheit der Parteien, die Tatsachen, auf die sie ihre Rechtsbegehren stützen, in den Prozess einzuführen und so zu konkretisieren, dass darüber Beweis abgenommen oder dagegen der Gegenbeweis angetreten werden kann⁴⁷ – sind Ausfluss der subjektiven Beweisführungslast und diese ihrerseits Ausfluss der Verhandlungsmaxime.⁴⁸ Da im Bereich der **Verhandlungsmaxime** objektive und subjektive Beweislast (N 126, N 180) faktisch zusammenfallen (N 45), obliegt jener Partei die Behauptungslast, die auch die (subjektive und objektive) Beweislast trägt.⁴⁹ Das gilt auch da, wo eine gerichtliche Fragepflicht die Verhandlungsmaxime mildert (Art. 56 ZPO).⁵⁰ Umgekehrt besteht keine Behauptungslast, wo auch keine Beweislast vorliegt.⁵¹ Bei Geltung der **Untersuchungsmaxime** kommt den Parteien keine Behauptungslast im eigentlichen Sinn zu, weil das Gericht von sich aus Sachverhaltselemente einführen bzw. seine Fragepflicht entsprechend ausdehnen kann.⁵² Über die Geltung der Verhandlungs- oder

---

⁴⁶ Botschaft ZPO, 7312.
⁴⁷ Dabei bestimmt die Behauptungslast, «welche konkreten Tatsachen als Tatbestandselemente der anzuwendenden Rechtsnorm zu behaupten sind». Die Behauptungslast orientiert sich am materiellen Recht. Dagegen bezieht sich die Substantiierungslast darauf, wie detailliert diese Tatsachen zu behaupten und darzulegen sind: MARKUS/HUBER-LEHMANN, ZBJV 2018, 278. Das Gegenstück zur substantiierten Behauptung bildet die substantiierte Bestreitung: DIES., ZBJV 2018, 281 ff. Siehe auch BRÖNNIMANN, Diss, 21 f., 23 ff.; BGE 127 III 365 (368), E. 2b; BGer 5A_35/2017 vom 31. Mai 2018, E. 3.3.
⁴⁸ BRÖNNIMANN, Diss., 156 f., insb. 164 Fn 800; KUMMER, BeKomm, Art. 8 ZGB N 40; SUTTER-SOMM/SCHRANK, ZPO-Komm, Art. 55 ZPO N 20; GLASL, ZPO-Komm, Art. 55 ZPO N 6 ff., N 21 ff.; GEHRI, BaKomm, Art. 55 ZPO N 5 f.; SCHENKER, ZPO-Komm, Art. 55 ZPO N 5; LARDELLI, BaKomm, Art. 8 ZGB N 31.
⁴⁹ FELLMANN, Substantiierung I, 38 f.
⁵⁰ BRÖNNIMANN, Diss., 78, 85 f.; ausführlich dazu MARKUS/HUBER-LEHMANN, ZBJV 2018, 284.
⁵¹ LARDELLI, BaKomm, Art. 8 ZGB N 30; SCHMID, Beweislast, 16.
⁵² BRÖNNIMANN, Diss., 101 ff.; siehe auch hinten N 125.

der Untersuchungsmaxime entscheidet das **Verfahrensrecht.** Die ZPO bestimmt somit die Anforderungen an die Behauptung und Substantiierung hinsichtlich **Formen und Fristen** (Art. 55 f., 130, 142 ZPO).

26 **Materiellrechtlich** geregelt ist dagegen der **Inhalt der Behauptungspflicht,** denn das anwendbare materielle Recht bestimmt, was zu beweisen und mithin auch zu behaupten ist.[53] Ebenso bestimmt das materielle Recht den **Umfang der Substantiierungspflicht,** mithin **wie ausführlich** ein Sachverhalt zu substantiieren ist, damit er unter eine materiellrechtliche Bestimmung subsumiert werden kann.[54] Es liegt daher eine Bundesrechtsverletzung vor, wenn das Gericht zu Unrecht annimmt, ein Sachverhalt sei ungenügend substantiiert.[55] Unter der Geltung der bundesrechtlich geregelten Substantiierungspflicht dürfte es daher keine unterschiedlichen Anforderungen an die Substantiierungsdichte geben. Dennoch sind unterschiedliche kantonale Gerichtspraxen bekannt.[56] Verfahrensrechtlicher Natur ist dagegen der Inhalt der Substantiierungspflicht der Bestreitung. Sie ist Gegenstand von Art. 222 Abs. 2 ZPO.[57]

27 **Zusammenfassend** gilt: Nach Verfahrensrecht orientiert sich, ob, wann und in welcher Form behauptet und substantiiert werden muss, während das Bundesrecht regelt, was behauptet und wie weit der (behauptete) Sachverhalt substantiiert werden muss.

bb. Beweismittel

28 Die **Wahl** der zulässigen **Beweismittel** sowie die Bestimmung ihrer **Beweiskraft** obliegt grundsätzlich dem **Verfahrensrecht.**[58] Die ZPO zählt denn auch in Art. 168 Abs. 1 die zulässigen Beweismittel auf, behält aber in Abs. 2 für familienrechtliche Verfahren in Kindesbelangen die besonderen Bestimmungen vor. Daher ist die Kindesanhörung nicht in Form einer üblichen Parteibefragung oder Zeugeneinvernahme erforderlich. Ferner bleibt Raum für den sogenannten Freibeweis, weil das Gericht den Sachverhalt von Amtes wegen zu ermitteln hat (vgl. Art. 296 ZPO).[59] Eine Beweismittelbeschränkung ist in Art. 254 ZPO für die summarischen Verfahren vorgesehen

---

[53] HOHL, FZR 1994, 240.
[54] BGE 129 III 365 (368), E. 2b; 123 III 183 (188), E. 3e; 122 III 219 (221), E. 3a, alle zur Substantiierungspflicht im Zusammenhang mit Art. 42 Abs. 2 OR; BGE 112 II 172 (181), E. 2c; 108 II 337 (341), E. 3; WALTER, BeKomm, Art. 8 ZGB N 182 ff., N 199; LARDELLI, BaKomm, Art. 8 ZGB N 33; HAUSHEER/JAUN, ZGB-Komm, Art. 8–10 ZGB N 42; SPÜHLER/DOLGE/GEHRI, § 44 N 70; KOFMEL, 220 f.; FELLMANN, Substantiierung I, 43 f.
[55] BGer 5A_256/2016 vom 9. Juni 2017, E. 8.2.5.3 (Fall Hirschmann).
[56] In BGer 5A_256/2016 vom 9. Juni 2017, E. 8.2.5.3 (Fall Hirschmann) stellt das Bundesgericht z.B. fest, das Zürcher Handelsgericht habe im konkreten Fall die Anforderungen an die Substantiierung (des Anspruchs auf Auskunft und Rechnungslegung) überspannt.
[57] Im Einzelnen: FELLMANN, Substantiierung II, 29 ff.
[58] BGE 122 III 219 (223 f.), E. 3c; schon KUMMER, BeKomm, Art. 8 ZGB N 60 ff.
[59] Botschaft ZPO, 7320 f.

(grundsätzlich nur Urkundenbeweis). Was im summarischen Verfahren mit Beweismittelbeschränkung glaubhaft gemacht wurde, kann später im Hauptverfahren nicht ohne weiteres als bewiesen betrachtet werden. Andernfalls liegt eine Verletzung von Art. 8 ZGB vor.[60]

Art. 8 ZGB schreibt zwar nicht vor, mit welchen Mitteln eine Tatsachenbehauptung zu beweisen ist.[61] Das aus ihm fliessende Recht auf Beweis setzt allerdings generell voraus, dass **alle tauglichen Beweismittel** zulässig sein müssen, d.h. alle, die « … ihrer Natur nach gemäss der Lebenserfahrung geeignet sein können, einen Beweis im Sinne von ZGB 8 zu schaffen. Dies trifft auf alle Auskunftsmittel zu, auf die der Richter vernünftigerweise die Überzeugung von der Wahrheit eines behaupteten Sachverhalts gründen kann.»[62] Ein Ausschluss eines Beweismitteltyps ist nur dann zulässig, wenn er bloss vorläufigen Charakter hat und im Verlauf des Verfahrens alle klassischen Beweismittel (N 129 ff.) zum Zug kommen können.[63] Unter dem Blickwinkel des in Art. 29 Abs. 2 BV garantierten rechtlichen Gehörs mit dessen Teilgehalt des Rechts auf Beweis sind Beweisverbote nur zulässig, wenn sie auf einer gesetzlichen Grundlage beruhen, verhältnismässig sind, einem überwiegenden öffentlichen Interesse dienen und den Kerngehalt des Rechts nicht tangieren (Art. 36 BV).[64] Diesen Voraussetzungen halten Art. 168 und Art. 254 ZPO grundsätzlich stand.

29

Mitunter enthält das materielle Recht selbst gewisse **Beweismittelvorschriften oder -verbote**. Dies gilt etwa gestützt auf den Persönlichkeitsschutz (Art. 28 ZGB), der gewisse Beweismittel ausschliessen kann.[65] Eine bundesrechtliche **Beweiskraftvorschrift** enthält Art. 9 ZGB, der wörtlich in Art. 179 ZPO und so ins Verfahrensrecht übernommen wurde.

30

cc. Freie Beweiswürdigung

1. Der **Grundsatz der freien Beweiswürdigung** ist ebenfalls verfahrensrechtlicher Natur und nunmehr in Art. 157 ZPO enthalten. Er bedeutet, dass der Entscheid frei von jeder Beweisregel gefällt werden muss, dass also keine Regel ein Beweismittel ausschliessen, ein Beweismittel vorschreiben, eine Rangordnung unter den Beweismitteln festlegen oder das Gewicht eines Beweismittels bestimmen kann.[66]

31

---

[60] BGE 120 II 352 (356), E. 3; Lardelli, BaKomm, Art. 8 ZGB N 9; Kofmel, 241; Walter, BeKomm, Art. 8 ZGB N 160.
[61] Walter, ZBJV 1991, 315.
[62] BGE 80 II 294 (296 f.), E. 1; s. auch Kofmel, 240 f.; Hausheer/Jaun, ZGB-Komm, Art. 8–10 ZGB N 84; vgl. auch Walter, ZBJV 1991, 316.
[63] Kofmel, 240 f.
[64] Kofmel Ehrenzeller, Überblick, 154 ff.; Walter, ZBJV 1991, 326 f.; Lardelli, BaKomm, Art. 8 ZGB N 75.
[65] Kummer, BeKomm, Art. 8 ZGB N 60.
[66] Hasenböhler, ZPO-Komm, Art. 157 ZPO N 8; Walter, BeKomm, Art. 8 ZGB N 121.

32 2. Vor der Einführung der ZPO wurde der Grundsatz der freien Beweiswürdigung aus dem **Recht auf Beweis** abgeleitet. Dieses setzt voraus, dass ein tauglicher Beweis nicht nur abgenommen (N 21), sondern auch unvoreingenommen gewürdigt wird. **Beweisregeln verstossen** grundsätzlich gegen das Recht auf Beweis: Wird einem Beweismittel von vornherein jede Beweiskraft abgesprochen (negative Beweisregel) oder ein Beweismittel verboten (Beweisverbot), so wird die Freiheit der Beweiswürdigung beschränkt und damit indirekt das Recht auf Beweis. Dies kann die Verwirklichung des materiellen Rechts kompromittieren.[67] So höhlt etwa die Nichtberücksichtigung der Zeugenaussage von Kindern unter sieben Jahren das Recht auf Beweis aus und gefährdet die Verwirklichung des materiellen Bundesrechts, wenn gleichzeitig die Zeugenaussage des Kindes das einzige Beweismittel ist. Aus dem Recht auf Beweis sowie aus dem Grundsatz der Durchsetzung des Bundeszivilrechts fliesst mithin auch ein Anspruch auf freie Beweiswürdigung (Art. 157 ZPO). Die ZPO sieht daher nicht einen Ausschluss der Zeugenaussagen von Kindern unter einem bestimmten Mindestalter vor, sondern stellt die Mitwirkung minderjähriger Personen unter das Ermessen des Gerichts, das im Sinn des Kindeswohls zu entscheiden hat (Art. 160 Abs. 2 ZPO).[68]

33 3. Die **ZPO** enthält gleichwohl einige **Beweisregeln:**[69]

- Art. 161 Abs. 2 ZPO: Nichtberücksichtigung des nach Verletzung der Aufklärungspflicht erhobenen Beweises;
- Art. 162 und Art. 164 ZPO: keine Rückschlüsse auf die zu beweisende Tatsache bei berechtigter Mitwirkungsverweigerung bzw. Berücksichtigung der unberechtigten Mitwirkungsverweigerung einer Partei bei der Beweiswürdigung;
- Art. 168 ZPO: *Numerus clausus* der zulässigen Beweismittel, wobei der Urkundenbegriff weit gefasst ist und nach Art. 177 ZPO namentlich auch elektronische Dateien einschliesst (N 137)[70];
- Art. 169 ZPO: Ausschluss des Zeugen vom Hörensagen als Erkenntnisquelle;
- Art. 189 Abs. 3 ZPO: Verbindlichkeit des Schiedsgutachtens unter gewissen Voraussetzungen;
- Art. 191 f. ZPO: unterstellter höherer Beweiswert der Beweisaussage gegenüber der Parteibefragung;

---

[67] Botschaft ZPO, 7310, 7314; Guyan, BaKomm, Art. 157 ZPO N 2 ff.; ebenso Bühler, Beweiswürdigung, 78; kritisch auch Spühler/Dolge/Gehri, § 44 N 89.
[68] Siehe auch Hasenböhler, ZPO-Komm, Art. 157 ZPO N 13.
[69] Leu, ZPO-Komm, Art. 157 ZPO N 8, mit Hinweis auf Gasser/Rickli, ZPO-Kurzkomm, Art. 157 ZPO N 2.
[70] Botschaft ZPO, 7322.

- Art. 205 Abs. 1 und Art. 216 Abs. 2 ZPO: keine Verwendung der Aussagen in einem Schlichtungsverfahren und in einer Mediation im späteren Gerichtsverfahren;
- Art. 254 Abs. 1 ZPO: grundsätzliche Beschränkung auf den Urkundenbeweis im summarischen Verfahren.
- Eine Beweiskraftvorschrift enthalten Art. 9 ZGB und Art. 179 ZPO.[71] Sie regeln die Beweiskraft von öffentlichen Urkunden und Registern des Bundesprivatrechts (Art. 9 ZGB) sowie des kantonalen und kommunalen Privat- und öffentlichen Rechts (Art. 179 ZPO, oben N 15): Die öffentlich beurkundeten bzw. registrierten Tatsachen gelten zunächst einmal als richtig.[72] Wird die Richtigkeit des bezeugten Inhalts bestritten, hat die fragliche Partei die Unrichtigkeit zu beweisen. Die Richtigkeitsvermutung (N 269) muss somit durch den Beweis des Gegenteils (N 93, N 276) zerstört werden.[73] Blosses Erwecken von Zweifeln an der Richtigkeit durch einen Gegenbeweis (N 94 f.) genügt nicht. Dagegen ist der Nachweis des richtigen Sachverhalts nicht erforderlich. Daran ändert die Tatsache nichts, dass der Beweis der Unrichtigkeit naturgemäss häufig den Nachweis des richtigen Sachverhalts erfordert.[74] Sofern der mit dem Beweis des Gegenteils belasteten Partei ein geeignetes Beweismittel fehlt, die Urkunde also das einzige Beweismittel ist, verstösst die Beweisregel der Richtigkeitsvermutung von öffentlichen Urkunden und Registern an sich gegen das Recht auf Beweis. Doch kann diese Bestimmung nicht auf ihre Verfassungskonformität hin überprüft werden (Art. 191 BV).

Weitere Beispiele von Beweisregeln: 34

- **Aufzählung** bestimmter Beweismittel: Beispiele: *Art. 33 Abs. 1 ZGB:* Beweis für Geburt oder Tod mittels Zivilstandsurkunden, gemäss *Abs. 2* nur sekundär mit andern Beweismitteln (Anordnung einer Rangfolge der Beweismittel); *Art. 275a Abs. 1 ZGB:* Eltern ohne elterliche Sorge sollen bei wichtigen Ereignissen ihrer Kinder angehört werden (die Anhörung der Eltern ist ein zwingendes Beweismittel); *Art. 430 Abs. 1 ZGB:* eine fürsorgerische Unterbringung darf nur nach persönlicher Untersuchung der betroffenen Person durch einen Arzt oder eine Ärztin sowie nach Anhörung der betroffenen Person angeordnet werden (Untersuchung und Anhörung sind zwingende Beweismittel);

---

[71] Selbst wenn Art. 9 ZGB und 179 ZPO als «blosse» Vermutungen aufgefasst werden, welche die Beweislast beeinflussen, nicht aber eine eigentliche Beweisregel enthalten, wirken sie sich faktisch wie Beweisregeln aus; so auch Leu, ZPO-Komm, Art. 157 ZPO N 11.
[72] Hausheer/Jaun, ZGB-Komm, Art. 8–10 ZGB N 104; zum Umfang der Richtigkeitsvermutung siehe dies., N 105.
[73] Hausheer/Jaun, ZGB-Komm, Art. 8–10 ZGB N 109; a.M. Lardelli, BaKomm, Art. 9 ZGB N 30.
[74] Kummer, BeKomm, Art. 9 ZGB N 65.

Art. 8 ZGB

- Bestimmung des **Beweiswerts** gewisser Beweismittel: Beispiele: *Art. 33 Abs. 1 ZGB*: Zivilstandsurkunden bringen vollen Beweis für den Nachweis von Tod oder Geburt (Art. 9 ZGB).

35 4. Diese Beweismittelvorschriften erfüllen zwar die **Voraussetzungen für die Beschränkung des Grundrechts auf Beweis** (N 29): Sie beruhen auf einer gesetzlichen Grundlage, dienen einem öffentlichen Interesse, nämlich der Prozessökonomie, und sind in der Regel auch verhältnismässig.[75] Sofern sie aber zum endgültigen (und nicht nur zum vorläufigen) Ausschluss eines Beweismittels führen und gleichzeitig kein anderes Beweismittel vorhanden ist, verstossen sie gegen das (Grund-)Recht auf Beweis, was dazu führen kann, dass sie unter Anrufung des Grundrechts im konkreten Einzelfall nicht beachtet werden.[76]

36 5. **Zusammenfassend** gilt: In Art. 157 ZPO ist der Grundsatz der freien Beweiswürdigung für die zivilrechtlichen Verfahren verankert. Wo kein anderes Beweismittel vorhanden ist, um einen zivilrechtlichen Anspruch zu beweisen, verstösst ein Beweisverbot oder eine feste Beweisregel gegen den Grundsatz der freien Beweiswürdigung, aber auch gegen das Recht auf Beweis.[77] Zur Gewährleistung der freien Beweiswürdigung ist sodann im Zeitalter des elektronischen Datenverkehrs der Urkundenbegriff weit auszulegen und umfasst auch elektronische Datenträger (mit oder ohne digitale Signatur).

dd. Beweismass

37 1. Ein Beweis ist grundsätzlich dann erbracht, wenn das Gericht vom Vorhandensein einer Tatsache überzeugt ist (N 141, N 151). Wann dieser innere Zustand vorliegt, bleibt zu erläutern (N 141 ff.). Fest steht aber, dass gestützt auf Art. 8 ZGB[78] regelmässig ein **strikter (voller) Beweis** erforderlich ist, also die (volle) Überzeugung des Gerichts über das Vorliegen einer behaupteten Tatsache.[79] Wird an einschlägiger Stelle nichts anderes gesagt, genügt nach Art. 8 ZGB weder das Glaubhaftmachen noch die überwiegende Wahrscheinlichkeit.[80] Dieses **(Regel-)Beweismass** soll dem materiel-

---

[75] KOFMEL, 237; REINERT, ZPO-Komm, Art. 168 ZPO N 1.
[76] Ähnlich KOFMEL, 237; eine Relativierung der abschliessend aufgezählten Beweismittel ergibt sich nach RÜETSCHI, BeKomm, Art. 168 ZPO N 3, aus dem weiten Urkundenbegriff, der auch digitale Dokumente (elektronische Daten) umfasst. Kritisch in Bezug auf starre Beweisregeln: BÜHLER, sic! 2007, 612.
[77] MÜLLER, ZPO-Komm, Art. 168 ZPO N 5.
[78] A.M. LARDELLI, BaKomm, Art. 8 ZGB N 16, der diese Regel aus der jeweils einschlägigen Sachnorm ableitet.
[79] HAUSHEER/JAUN, ZGB-Komm, Art. 8–10 ZGB N 34; vgl. auch KUMMER, BeKomm, Art. 8 ZGB N 22; GÖKSU, HandKomm, Art. 8 ZGB N 4; BÜHLER, Beweiswürdigung, 88; BERGER-STEINER, N 06.64 ff.; HOHL, FS Vogel, 128; KAUFMANN, AJP 2003, 1201; SCHWEIZER, 482 ff., postuliert als Regelbeweismass die überwiegende Überzeugung des Gerichts.
[80] BGE 128 III 271 (275), E. 2b/aa; BGer 4C.57/2001 vom 12. Februar 2002, m.w.H.

len Recht im Prozess zum Durchbruch verhelfen. Die Rechtsdurchsetzung des materiellen Rechts darf nicht daran scheitern, dass zu hohe oder uneinheitliche Anforderungen an das Beweismass gestellt werden.[81] Insofern äussert sich Art. 8 ZGB auch zum (Regel-)Beweismass.[82]

2. **Ausnahmen** vom Regelbeweismass, in denen eine **überwiegende Wahrscheinlichkeit** als ausreichend betrachtet wird, ergeben sich einerseits aus dem Gesetz selbst und sind andererseits durch Rechtsprechung und Lehre entwickelt worden: 38

a. Diesen Ausnahmen liegt die Überlegung zugrunde, dass die *Rechtsdurchsetzung nicht an Beweisschwierigkeiten scheitern* darf, die typischerweise bei bestimmten Sachverhalten auftreten. Das herabgesetzte Beweismass ändert nichts an der Beweislastverteilung,[83] nimmt ihr aber einen Teil ihrer Schärfe, da es infolge der herabgesetzten Anforderungen seltener als beim Regelbeweismass zu einem *non liquet* kommt.[84] So kann es sich nach dem Gesetzgeber zum Beispiel beim Schadensbeweis im Zusammenhang mit der ausservertraglichen Haftung (Art. 42 Abs. 2 OR[85]) oder beim Nachweis der (Nicht-)Vaterschaft verhalten (Art. 256b Abs. 2 ZGB). Das Bundesgericht lässt sodann für den Beweis des Werts einer Liegenschaft in einem bestimmten Zeitpunkt oder für den Beweis der Anzahl geleisteter Überstunden in analoger Anwendung von Art. 42 Abs. 2 OR die überwiegende Wahrscheinlichkeit genügen (N 423).[86] Auf dem Gebiet des Versicherungsvertrags und des Sozialversicherungsrechts hat sich die Praxis herausgebildet, dass der Eintritt des Versicherungsfalls (bloss) mit überwiegender Wahrscheinlichkeit nachzuweisen ist.[87] Dasselbe gilt im Zusammenhang mit der Produktehaftpflicht: Das schädigende Ereignis ist mit dem Beweismass der überwiegenden Wahrscheinlichkeit nachzuweisen.[88] Nach ständiger Rechtsprechung genügt sodann auch in Bezug auf den natürlichen bzw. hypothetischen Kausalzusammenhang die überwiegende Wahrscheinlichkeit.[89] 39

---

[81] BGE 128 III 271 (275), E. 2b; Göksu, HandKomm, Art. 8 ZGB N 4; zur Interdependenz von Beweislast und Beweismass, s. Kaufmann, AJP 2003, 1201.
[82] BGE 130 III 321 (323 ff., 327), E. 3.1 f., 5.
[83] Fellmann/Kottmann, N 1463.
[84] Schweizer, 549; Berger-Steiner, Kausalitätsbeweis, 17.
[85] Becker, BeKomm, Art. 42 OR N 2; Pasquier, N 14, N 98; weitere Beispiele bei Hohl, Procédure I, N 1891 ff.
[86] BGE 116 II 225 (229 f.), E. 3b; BGer 4C.381/1996 vom 20. Januar 1997, E. 4; das herabgesetzte Beweismass bei Überstundenarbeit befürworten auch Rehbinder/Stöckli, BeKomm, Art. 321c OR N 3. Tarnutzer-Münch, N 2.30, postuliert für die mit der Freistellung eines Arbeitnehmers verbundenen Nachteile das Beweismass der überwiegenden Wahrscheinlichkeit.
[87] BGer 5C.79/2000 vom 8. Januar 2001, E. 1b/aa.
[88] BGE 133 III 81 (89), E. 4.2.3; zustimmend Chappuis/Werro, 17 f.
[89] Fellmann/Kottmann, N 412; BGE 132 III 715 (719 ff.), E. 3; 128 III 271; 121 III 358 (363), E. 5; 107 II 269 (272 f.), E. 1b.

40 b. Das Beweismass der überwiegenden Wahrscheinlichkeit entspricht daher einem *allgemeingültigen,* aus Art. 42 Abs. 2 OR abgeleiteten *Grundsatz* (N 287) und gilt in Fällen, in denen typischerweise Beweisnot auftritt (Unmöglichkeit oder Unzumutbarkeit des strikten Beweises), namentlich beim Beweis von Quantitäten.[90]

41 3. Mitunter genügt auch die **Glaubhaftmachung.** Sie führt nicht zur vollen Überzeugung des Gerichts, aber immerhin zum Eindruck einer gewissen Wahrscheinlichkeit bzw. Plausibilität des Vorhandenseins der in Frage stehenden Tatsache.[91] Dabei muss die Möglichkeit nicht ausgeschlossen sein, dass sich die Verhältnisse auch anders gestalten könnten bzw. sich die Tatsache nicht verwirklicht haben könnte.[92] Daher kann man statt von der Glaubhaftigkeit von der einfachen Wahrscheinlichkeit sprechen.[93] Dieses Beweismass genügt etwa für die Voraussetzungen zur Anordnung von vorsorglichen Massnahmen (Art. 261 Abs. 1, Art. 303 ZPO), von vorsorglicher Beweisführung (Art. 158 Abs. 1 lit. b ZPO) oder zur Gewährung von Besitzesschutz (Art. 258 Abs. 2 ZPO). Ausnahmsweise ist das Glaubhaftmachen im materiellen Recht vorgeschrieben (z.B. in Art. 256b Abs. 2, Art. 260b Abs. 2 ZGB). Zunächst angewendet[94], dann jedoch zu Recht abgelehnt hat das Bundesgericht ein «variables Beweismass», wonach an den Beweis einer Tatsache umso höhere Anforderungen zu stellen sind, je unwahrscheinlicher eine Behauptung erscheint.[95]

42 4. Mit Bezug auf die **Rechtsmittel** ergeben sich daraus folgende Konsequenzen (siehe N 50 ff.): Die Vorschriften über das Beweismass sind ein Ausfluss aus der in Art. 8 ZGB geregelten Beweislastverteilung. Art. 8 ZGB ist verletzt, wenn zu hohe oder zu geringe Anforderungen an den Beweis gestellt werden.[96] Bei der Frage nach dem richtigen Beweismass handelt es sich um eine Rechtsfrage, deren Verletzung im ordentlichen Beschwerdeverfahren frei überprüft werden kann (Art. 95 lit. a BGG).[97] Die Anwendbarkeit des richtigen Beweismasses ist von der Frage der Beweiswürdigung (N 149 ff.) zu unterscheiden: Die Frage, ob der von der beweisbelasteten Partei erbrachte Beweis den Anforderungen an das Beweismass genügt, das Gericht also den erforderlichen

---

[90] PASQUIER, N 362; siehe auch FELLMANN/KOTTMANN, N 1444; LARDELLI, BaKomm, Art. 8 ZGB N 18; HOHL, FS Vogel, 137 f.; BGE 133 III 153 (161 f.), E. 3.3; 133 III 81 (88 f.), E. 4.2.2; 128 III 271 (276), E. 2b/aa.
[91] BERGER-STEINER, N 06.124 ff.; BÜHLER, Beweismass, 42 f.; LEUENBERGER, Glaubhaftmachen, 108 ff.; LARDELLI, BaKomm, Art. 8 ZGB N 20; BERGER-STEINER, N 06.147 f., verlangt allerdings über die «gewisse Wahrscheinlichkeit» hinaus eine Mindestwahrscheinlichkeit von 51%; BGE 144 II 65 (69), E. 4.2.2.
[92] BGE 144 II 65 (69 f.), E. 4.2.2.
[93] BERGER-STEINER, Kausalitätsbeweis, 37 f.; ebenso BÜHLER, Jusletter 2010, N 5.
[94] BGer 5C.79/2000 vom 8. Januar 2001, E. 1b/aa.
[95] BGE 130 III 321 (325 f.), E. 3.3.
[96] BERGER-STEINER, N 04.01 ff.; DIES., Kausalitätsbeweis, 18.
[97] BGE 140 III 264 (266) E. 2.3; 135 III 127 (129 f.), E. 1.5; BGer 4C.278/2002 vom 31. Januar 2003, E. 2.2; GÖKSU, Beschwerden, N 115; SEILER, BGG-Komm, Art. 95 BGG N 16 ff.; WALTER, BeKomm, Art. 8 ZGB N 688; DERS., Tat- und Rechtsfrage, 21.

Grad an Überzeugung erlangt hat, beschlägt die gerichtliche Beweiswürdigung, also eine Tatfrage, deren Verletzung nur auf Willkür hin überprüft werden kann.[98]

ee. Verfahrensmaximen

Die Regelung, wer im konkreten Fall den Beweis führen muss, hängt davon ab, ob die **Verhandlungsmaxime** oder die **Untersuchungsmaxime** gilt (N 122). Die geltende Verfahrensmaxime wird vom Verfahrensrecht angeordnet:[99]   43

1. Im Zivilprozess gilt grundsätzlich die **Verhandlungsmaxime**. Das Verfahrensrecht kann sie aber auch mildern, nämlich durch die gerichtliche Fragepflicht zur Ergänzung unvollständiger Parteivorbringen[100], durch die Ausdehnung des Beweisverfahrens von Amtes wegen (Art. 153 Abs. 2 ZPO), oder gar die **Untersuchungsmaxime** einführen (Art. 255, Art. 272, Art. 296 ZPO). Das Vorhandensein der Prozessvoraussetzungen hat das Gericht von Amtes wegen zu prüfen (Art. 60 ZPO).[101] Das gilt namentlich für die Frage der Fristeinhaltung und der Formrichtigkeit der prozessualen Eingabe (unten N 611 ff.) sowie für die Prüfung der Partei- und Prozessfähigkeit.[102] Schliesslich muss naturgemäss immer dann die Untersuchungsmaxime gelten, wenn den Parteien der Verhandlungsgegenstand entzogen ist, also bundesrechtlich die Offizialmaxime vorgeschrieben ist (z.B. beim Entscheid über Kinderbelange in familienrechtlichen Angelegenheiten: Art. 296 Abs. 3 ZPO, wo denn auch in Abs. 1 die Untersuchungsmaxime angeordnet wird).   44

2. Soweit allerdings im **Bundesrecht** nichts Gegenteiliges angeordnet ist, gilt nach Art. 8 ZGB die **Regel der Verhandlungsmaxime**. Die Anordnung «... hat ... zu beweisen, wer ...» kann in diesem Sinn verstanden werden.[103] Insofern enthält Art. 8 ZGB auch die **Regel der (subjektiven) Beweisführungslast**. Im Wesentlichen regelt Art. 8 ZGB aber die Frage, wer die Folgen der Beweislosigkeit (N 181) nach abgeschlossenem Beweisverfahren zu tragen hat (objektive Beweislast): Es ist jene Person, die aus der   45

---

[98] BGE 140 III 264 (266), E. 2.3; 135 III 127 (129 f.), E. 1.5; WALTER, BeKomm, Art. 8 ZGB N 127; vgl. dazu auch BGE 130 III 321 (327), E. 5; 128 III 271 (277 f.), 2b/bb; kritisch dazu BERGER-STEINER, Kausalitätsbeweis, 42 f.
[99] KUMMER, BeKomm, Art. 8 ZGB N 58; LARDELLI, BaKomm, Art. 8 ZGB N 31; HAUSHEER/JAUN, ZGB-Komm, Art. 8–10 ZGB N 40 f.
[100] BGE 108 II 337 (340), E. 2c; BRÖNNIMANN, Diss., 64 f.
[101] Nach allgemeiner Auffassung gilt allerdings bloss die eingeschränkte Untersuchungsmaxime. Das Gericht hat nicht ohne Anlass, sondern nur dann von Amtes wegen Abklärungen zu treffen, wenn sich aus den Akten oder den Parteivorbringen Zweifel am Vorliegen von positiven bzw. am Nichtvorliegen von negativen Prozessvoraussetzungen ergeben: ZÜRCHER, ZPO-Komm, Art. 60 ZPO N 4.
[102] KUMMER, BeKomm, Art. 8 ZGB N 16; DESCHENAUX, SPR II, 239 f.; STAEHELIN/SCHWEIZER, ZPO-Komm, Art. 66 ZPO N 29, Art. 67 ZPO N 25.
[103] Ebenso SPÜHLER/DOLGE/GEHRI, § 25 N 12; HAUSHEER/JAUN, ZGB-Komm, Art. 8–10 ZGB N 41; vgl. zum Ganzen BRÖNNIMANN, Behauptungslast, 50 f.; a.M. SCHMID, Beweislast, 15.

unbewiesen gebliebenen Tatsache Rechte ableitet. Soweit die Verhandlungsmaxime gilt, hat mithin jene Partei dafür zu sorgen, dass nicht Beweislosigkeit eintritt, die deren Nachteile zu tragen hat. Indirekt bestimmt sich somit nach Art. 8 ZGB, welche der Parteien (subjektiv) den Beweis zu erbringen hat: Subjektive **Beweisführungs- und objektive Beweislast** (N 126, N 180) fallen in diesem Bereich **zusammen**.[104]

ff. Fazit

46 Die Frage, welche Tatsachen behauptet und wie umfassend die Behauptungen substantiiert werden müssen, ist materiellrechtlicher Natur. Aus dem materiellen Recht, nämlich aus Art. 8 ZGB, ergibt sich auch, dass alle tauglichen Beweismittel zulässig sein müssen, dass die freie Beweiswürdigung gilt und Beweisverbote nicht zulässig sind, wo kein anderes Beweismittel verfügbar ist. Art. 8 ZGB bestimmt ferner das Beweismass des strikten Beweises und ordnet die Verhandlungsmaxime an, soweit nichts anderes geregelt ist. Insofern enthält er auch die Grundlage der subjektiven Beweisführungslast.

c. *Rechtsmittel*

47 1. Die Verletzung der aus Art. 8 ZGB (N 21 f.) oder aus anderen materiellrechtlichen Normen (N 30) abgeleiteten Beweisvorschriften kann mit **Beschwerde in Zivilsachen** an das Bundesgericht geltend gemacht werden (Art. 72 ff. BGG). Wo die dafür erforderliche Streitwertgrenze nicht erreicht wird und auch keine Rechtsfrage von grundsätzlicher Bedeutung vorliegt (Art. 74 BGG), steht einzig die Verfassungsbeschwerde (Art. 113 ff. BGG) zur Verfügung,[105] z.B. wegen Verletzung des rechtlichen Gehörs (Art. 29 Abs. 2 BV).

48 2. Mit Beschwerde (in Zivilsachen) kann namentlich gerügt werden: die **Verletzung von Bundesrecht,** von **Völkerrecht** und von **kantonalem verfassungsmässigem Recht** (Art. 95 lit. a–c BGG) sowie die Verletzung von internationalem Privatrecht (Art. 96 lit. a BGG) und die Verletzung von verwiesenem ausländischem Sachrecht, sofern der Entscheid keine vermögensrechtliche Sache betrifft (Art. 96 lit. b BGG). Liegt eine vermögensrechtliche Angelegenheit vor, kann die richtige Anwendung von ausländischem Sachrecht nur auf Willkür hin überprüft werden.[106]

---

[104] Vgl. WALTER, BeKomm, Art. 8 ZGB N 176 ff.; HAUSHEER/JAUN, ZGB-Komm, Art. 8–10 ZGB N 41; siehe auch AUER/MARTI, BaKomm, Art. 446 ZGB N 9; BRÖNNIMANN, Behauptungslast, 50.
[105] GÖKSU, HandKomm, Art. 8 ZGB N 26; WALTER, BeKomm, Art. 8 ZGB N 691.
[106] SCHOTT, BaKomm, Art. 96 BGG N 10 ff.; GÜNGERICH, BGG-Komm, Art. 96 BGG N 14; WALTER, BeKomm, Art. 8 ZGB N 684.

3. Soweit also im Rahmen der Beweislastverteilung **Rechtsfragen** beantwortet werden, ist die Beschwerde in Zivilsachen gegeben und hat das Bundesgericht freie Kognition. Zur Überprüfung von **Tatfragen** (Sachverhaltsfeststellung) ist zwar ebenfalls die Zivilrechtsbeschwerde gegeben; das Bundesgericht ist hier aber auf die Willkürprüfung beschränkt: Nach Art. 97 Abs. 1 BGG kann die Feststellung des Sachverhalts nur gerügt werden, wenn sie offensichtlich unrichtig ist oder auf einer Rechtsverletzung i.S. von Art. 95 BGG beruht und wenn zusätzlich die Behebung der mangelhaften Sachverhaltsfeststellung für den Ausgang des Verfahrens entscheidend sein kann.[107]

4. Die **Unterscheidung** zwischen Rechtsfragen und Tatfragen ist mithin ausschlaggebend für die Kognition des Bundesgerichts.

a. Frei überprüfen kann es folgende *Rechtsfragen*:

- Verletzung des Rechts auf Beweis;[108]
- Verletzung des Rechts auf Beweis, und zwar nicht nur bei (unrichtig) angenommenem *non liquet,* sondern ganz allgemein gestützt auf Art. 152 ZPO (gesetzliche Normierung des Rechts auf Beweis); sie setzt allerdings voraus, dass vor der Vorinstanz entsprechende Beweisanträge gestellt wurden;[109]
- unrichtige Verteilung der Beweislast gemäss Art. 8 ZGB oder gemäss einer Sonderregel (N 267 ff.);[110]
- Anwendung des unrichtigen Beweismasses (z.B. Glaubhaftmachen statt strikter Beweis);[111] die unrichtige Anwendung des richtigen Beweismasses ist dagegen Bestandteil der Beweiswürdigung und stellt damit eine Tatfrage dar;[112]
- Anwendung (oder unrichtige Annahme) von Erfahrungssätzen aus der allgemeinen Lebenserfahrung oder einer tatsächlichen Vermutung[113] (N 84 f., N 280 ff.),

---

[107] SEILER, BGG-Komm, Art. 97 BGG N 14, N 25.
[108] Eine Verletzung des Rechts auf Beweis liegt vor, wenn taugliche Beweismittel nicht abgenommen werden (vgl. vorne N 32). WALTER, BeKomm, Art. 8 ZGB N 39, bezeichnet es als rechtsstaatlich bedenklich und willkürverdächtig, wenn an sich taugliche Beweismittel aufgrund eines vorweggenommenen (antizipierten) Beweisergebnisses nicht abgenommen werden (differenziert: hinten N 113 ff.); ebenso GUYAN, BaKomm, Art. 152 ZPO N 7, Art. 157 ZPO N 14; KOFMEL, 263. Vermittelnd dagegen: HASENBÖHLER, ZPO-Komm, Art. 152 ZPO N 30 f.; LEU, ZPO-Komm, Art. 152 ZPO N 103 ff., N 118; SCHWEIZER, CPC-Comm, Art. 150 ZPO N 11.
[109] WALTER, BeKomm, Art. 8 ZGB N 689; GÖKSU, HandKomm, Art. 8 ZGB N 23, mit Hinweis auf Art. 106 BGG.
[110] BGE 130 III 321 (324), E. 3.1; WALTER, BeKomm, Art. 8 ZGB N 686; LARDELLI, BaKomm, Art. 8 ZGB N 93.
[111] BGE 140 III 264 (266), E. 2.3; 135 III 127 (129 f.), E. 1.5; BGer 4C.278/2002 vom 31. Januar 2003, E. 2.2.
[112] WALTER, BeKomm, Art. 8 ZGB N 688; DERS., Tat- und Rechtsfragen, 21; BGE 130 III 321 (327 f.), E. 5.
[113] STEINAUER, SPR II/1, N 656.

die über den konkreten Sachverhalt hinaus in gleich gelagerten Fällen allgemeine Geltung für die Zukunft beanspruchen und denen ein solcher Abstraktionsgrad zukommt, dass sie normativen Charakter erreichen, also die Funktion von Normen für die rechtliche Beurteilung gleich gelagerter Fälle übernehmen.[114] Beispiel: die Schweizerische Arbeitskräfteerhebung [SAKE] bietet eine verlässliche Grundlage für die Ermittlung der durchschnittlichen Haus- und Familienarbeit in der Schweizer Bevölkerung und für die Festsetzung im Einzelfall[115];[116]

- Anwendung zulässiger und korrekter Berechnungsgrundsätze (inkl. konkreter und abstrakter Schadensberechnung);[117]
- Rückschluss vom festgestellten geistigen Gesundheitszustand bzw. von geistigen Störungen auf die Urteilsfähigkeit bzw. die Urteilsunfähigkeit, soweit dies vom Begriff der Urteilsfähigkeit selbst abhängt;[118]
- Verwendung zulässiger Berechnungsmethoden bei der Schadensberechnung;[119]
- hypothetische Geschehensabläufe;[120]
- Zulässigkeit von Beweisverträgen (N 311 ff.);
- Beurteilung der Zumutbarkeit von Arbeitsleistungen gestützt auf die allgemeine Lebenserfahrung;[121]
- Beurteilung der wirtschaftlichen Auswirkung (Erwerbsfähigkeit) einer bestimmten Gesundheitsschädigung.[122]

52 b. Nur auf Willkür hin kann das Bundesgericht folgende *Tatfragen* überprüfen:

- Feststellung des Sachverhalts, einschliesslich Beweiswürdigung, auch wenn sie auf Indizien[123] oder auf Wahrscheinlichkeitsüberlegungen beruht;[124]
- Beweiswürdigung aufgrund von Expertisen;[125]

---

[114] BGE 140 III 115 (117), E. 2; Schweizer, CPC-Comm, Art. 151 ZPO N 8; Walter, BeKomm, Art. 8 ZGB N 103 ff.
[115] BGE 129 III 135 (155 f.), E. 4.2.2.1.
[116] BGE 140 I 285 (297), E. 6.2.2; 136 III 486 (489), E. 5; 129 III 135 (156), E. 4.2.2.1; 123 III 241 (243), E. 3a; 117 II 256 (258), E. 2b; 69 II 202 (205), E. 5.
[117] BGE 123 III 241 (243), E. 3a.
[118] BGE 124 III 5 (13), E. 4; 117 III 231 (235), E. 2c, m.w.H.
[119] BGE 123 III 241 (243), E. 3a.
[120] BGE 115 II 440 (449 f.), E. 6; 133 V 14 (22), E. 9.2.
[121] BGE 132 V 393 (398), E. 3.2.
[122] Walter, Tat- und Rechtsfragen, 20.
[123] BGE 136 III 486 (489), E. 5.
[124] BGE 117 II 256 (258 f.), E. 2b; 122 III 219 (222 f.), E. 3b; 132 V 393 (399), E. 3.3; 141 IV 369 (375), E. 6.3.
[125] BGE 118 Ia 144 (144 ff.), E. 1 f.; 128 I 81 (86), E. 2.

- vorweggenommene (antizipierte) Beweiswürdigung (siehe aber N 113 ff.);[126]
- Beweiswürdigung aufgrund von Schlussfolgerungen aus der allgemeinen Lebenserfahrung bzw. aufgrund von einzelfallbezogenen Erfahrungssätzen, denen kein normativer Charakter zukommt (z.B. Erfahrung, dass Banken oder andere Finanzinstitute Geldbeträge in der Regel zinsbringend anlegen;[127] Erfahrung, dass über längere Zeit stattgefundener Drogenmissbrauch mit chronischen Auswirkungen einer Krankheit gleichkommt;[128] Vermutung, dass der Gläubiger das erhaltene Geld in die gesetzliche Währung seines Wohn- oder Geschäftssitzes konvertiert;[129] Erfahrung bzw. Gutachten der zweifelhaften Herkunft von Kunstgegenständen aus der Sowjetunion im Jahr 1989[130]);
- Schlussfolgerungen aufgrund von Indizien;
- Entstehung und Ausmass des Schadens;[131]
- Feststellung des Gesundheitsschadens (Befund und Prognose) und ärztliche Stellungnahme zur Arbeitsfähigkeit;[132]
- Feststellungen über innere oder psychische Tatsachen, z.B. was jemand wollte oder nicht wollte, was jemand wusste oder nicht wusste;[133]
- Feststellung des geistigen Gesundheitszustandes bzw. der geistigen Störungen;[134]
- Feststellung, dass jemand getäuscht wurde.[135]

IV. Rechtsvergleichung

1. Deutschland

1. Anders als das ZGB kennt das deutsche **BGB keine allgemeine Beweislastregel.** 53
Gleichwohl geht die herrschende **Lehre** von einer ungeschriebenen Beweislastregel aus,[136] welche sinngemäss dem im ersten Entwurf zum BGB (von 1888) enthaltenen

---

[126] BGE 122 III 219 (223), E. 3c.
[127] BGE 123 III 241 (244), E. 3b.
[128] BGE 126 III 10 (13), E. 2b.
[129] BGE 123 III 241 (243), E. 3a; 117 II 256 (259), E. 2c.
[130] BGE 139 III 305 (314 f.), E. 5.2.1.
[131] BGE 123 III 241 (243), E. 3a; Walter, Tat- und Rechtsfragen, 20.
[132] BGE 132 V 393 (398), E. 3.2; Walter, Tat- und Rechtsfragen, 20.
[133] BGE 124 III 182 (184), E. 3.
[134] BGE 124 III 5 (13), E. 4.
[135] BGE 69 II 202 (204 f.), E. 5.
[136] Stein/Jonas/Leipold, ZPO-Komm, § 286 ZPO N 37 m.w.H.

§ 193 und im Wesentlichen Art. 8 ZGB entspricht. Danach hat jede Partei die Voraussetzungen des von ihr im Prozess geltend gemachten Rechts (der ihr günstigen Norm) zu beweisen.[137] Aus der Zeit der Entstehung des BGB stammt die Auffassung, die Verteilung der Beweislast werde im Gesetzestext selbst zum Ausdruck gebracht (Satzbautheorie oder Normentheorie).[138] Im deutschen Recht kreist die Lehre von der Beweislast um die **Normentheorie:** Jeder neue Versuch der Begründung einer Beweislastregel geht von der Normentheorie aus, versucht sie zu bestätigen, zu ergänzen oder zu widerlegen.[139] Daraus haben sich zahlreiche Theorien entwickelt: negative Grundregel (MUSIELAK), Wahrscheinlichkeitstheorie (KEGEL und REINECKE), Gefahrenbereichstheorie (PRÖLLS), Prinzip der Gefahrenerhöhung (DEUTSCH), Gruppe von Prinzipien (WAHRENDORF und FUNK),[140] Verkehrsschutz (REINECKE, PRÜTTING, AHRENS)[141] usw. Inzwischen ist man sich einig darüber, dass die Normentheorie alleine nicht genügt, sondern im Einzelfall **ergänzende Prinzipien**[142] hinzutreten müssen, die im jeweiligen Normzweck zum Ausdruck kommen und die gesetzgeberische Grundentscheidung mit Bezug auf die einzelne Norm deutlich machen.[143] Da diese Prinzipien aber sehr vielfältig sind, können sie für sich alleine kein allgemeingültiges System der Beweislastverteilung begründen, sondern treten ergänzend zur Normentheorie hinzu.[144] Die derart ergänzte Normentheorie wird als **modifizierte Normentheorie** bezeichnet.[145]

54   2. Die deutsche **Rechtsprechung** geht – wie die schweizerische – im Wesentlichen **topisch** vor und beschränkt sich standardmässig auf die Wiederholung der erwähnten Grundregel der Beweislast (N 53), ohne ihren konkreten Entscheid anhand dieser Regel im Einzelnen weiter zu begründen.[146] Diese (negative) Grundregel lautet: «Da ein gesetzlicher Tatbestand nur angewendet werden kann, wenn seine Voraussetzungen konkrete Wirklichkeit geworden sind, hat seine Anwendung zu unterbleiben, wenn der Richter im Streitfall nicht die volle Überzeugung hiervon erlangen kann. Danach

---

[137] STEIN/JONAS/LEIPOLD, ZPO-Komm, § 286 ZPO N 38; MUSIELAK/VOIT, N 856; ROSENBERG/SCHWAB/GOTTWALD, § 116 N 7 ff.
[138] ROSENBERG, 126 ff., LEIPOLD, Beweislastregeln, 51 ff., MUSIELAK, 279.
[139] Z.B. BAUMGÄRTEL, Beweislastpraxis, N 156 ff.; MUSIELAK, 292 ff.
[140] BAUMGÄRTEL, Beweislastpraxis, N 160 ff.; ROSENBERG/SCHWAB/GOTTWALD, § 116 N 13 ff.
[141] AHRENS, 37, 39 ff.; REINECKE, 68 f.; PRÜTTING, Beweislast, 261.
[142] Sie werden auch als Sachgründe der Beweislastverteilung bezeichnet: AHRENS, 29 ff.; BAUMGÄRTEL, Beweislastpraxis, N 169, mit Hinweis auf POHLE, 176, 180; HEINRICH, 65 ff., 85.
[143] BAUMGÄRTEL, Beweislastpraxis, N 169; SCHWAB, 518; MUSIELAK, 292 ff.; REINECKE, 34 ff., 73 ff.
[144] ROSENBERG/SCHWAB/GOTTWALD, § 116 N 9 f.; BAUMGÄRTEL, Beweislastpraxis, N 169.
[145] BAUMGÄRTEL, Beweislastpraxis, N 169 ff.; LEIPOLD, Beweislastregeln, 38, 42 f., 105; HEINRICH, 59 ff.
[146] BGH Urteil vom 24. Februar 1993, NJW 1993, 2168 ff., 2170; BGH Urteil vom 20. März 1986, NJW 1986, 2426 ff., 2427; BGH Urteil vom 13. Juli 1983, NJW 1983, 2944.

trägt jede Partei die Beweislast für das Vorhandensein aller (auch der negativen) Voraussetzungen der ihr günstigen Normen.»[147]

2. Frankreich/Belgien

1. Im **französischen Code de Procédure Civile** ist die Beweislast in Art. 9 geregelt: «Il incombe à chaque partie de prouver conformément à la loi les faits nécessaires au succès de sa prétention.» Ferner enthalten sowohl der **französische** als auch der **belgische Code civil** je in Art. 1315 eine Regel, die zwar ins Schuldrecht integriert ist, aber als allgemeine Regel des Vermögensrechts aufgefasst wird.[148] Im belgischen und im französischen Code civil lautet die Regel identisch wie folgt: «Celui qui réclame l'exécution d'une obligation, doit la prouver. Réciproquement, celui qui se prétend libéré, doit justifier le payement ou le fait qui a produit l'extinction de son obligation.» Allgemein formuliert, lautet demnach die Regel, dass der Kläger die Grundlagen seines Anspruches, die Beklagte die dagegen erhobenen Einreden zu beweisen hat.[149]

2. In der **Lehre** besteht über die Konkretisierung dieser allgemeinen Regel Uneinigkeit, und es haben sich entsprechend zahlreiche Theorien und Prinzipien herausgebildet:[150]

a. Obwohl die erwähnten Gesetzesbestimmungen im Wesentlichen Art. 8 ZGB entsprechen, konnte sich in Frankreich, anders als in der Schweiz, die *Normentheorie nicht durchsetzen.*[151]

b. Dennoch haben einige Autoren mit der Normentheorie vergleichbare Konzepte entwickelt. Das gilt namentlich für AUBRY/RAU, die folgende Formel aufgestellt haben: « … la partie à laquelle incombe la charge de la preuve, soit comme demanderesse, soit comme défenderesse, doit établir chacun des éléments de fait dont le droit ou le bénéfice légal qu'elle entend faire valoir suppose le concours. Mais aussi l'obligation de prouver ne s'étend pas en général au-delà. La partie qui s'y trouve soumise n'est donc pas tenue de prouver l'absence des causes ou circonstances dont l'existence aurait pu faire obstacle à l'acquisition du droit ou entraîner une déchéance du bénéfice légal qu'elle invoque. Elle n'est pas tenue davantage de justifier que ce droit ou

---

[147] ROSENBERG/SCHWAB/GOTTWALD, § 116 N 7.
[148] AMRANI MEKKI/STRICKLER, 512 f.; GUÉVEL, Jurisclasseur, N 15; MOUGENOT, 108 ff.; STARCK/ROLAND/BOYER, N 1513 ff.; TERRÉ, 607; VAN OMMESLAGHE, N 1627; a.M. LAGARDE, 228.
[149] AMRANI MEKKI/STRICKLER, 512.
[150] DEVÈZE, 520 ff.; s. dazu SAVAUX, Répertoire de droit civil, N 121 ff.
[151] AUBRY/RAU/ESMEIN, § 749, S. 76 f., insb. Fn 91, wenden gegenüber der Normentheorie von ROSENBERG ein, sie sei zwar theoretisch zufriedenstellend. Die Beweislast werde allerdings primär durch Vermutungen aus der allgemeinen Erfahrung geleitet, weshalb etwa weder die Handlungsfähigkeit noch das Fehlen von Willensmängeln zu beweisen sei, sondern jeweils das Gegenteil (a.a.O. 76); BOULANGER, 751; ablehnend DEVÈZE, 558 ff. m.w.H.; LAGARDE, 225 f.

ce bénéfice n'a pas été modifié ou restreint».[152] Danach obliegt der beweisbelasteten Partei der Beweis der Tatsachen, von denen ihr Recht abhängt (rechtsbegründende Tatsachen). Dagegen hat sie nicht das Fehlen von rechtshindernden oder rechtsaufhebenden Tatsachen zu beweisen. Diese Formel kommt der Normentheorie sehr nahe. In jüngerer Zeit versucht LAGARDE – entsprechend der deutschen Normentheorie – die Beweislast aus der *Normstruktur* abzuleiten, wobei er allerdings den Begriff der Beweislast klar ablehnt.[153] Er unterscheidet vielmehr zwischen den *notwendigen Voraussetzungen* (z.B. Vorliegen eines Vertrags) für die Begründung eines Anspruchs (z.B. Geldzahlung aus dem Vertrag) einerseits und den *hypothetischen Voraussetzungen* (Gültigkeit des Vertrags), welche gegebenenfalls den Anspruch verhindern, andererseits. Die hypothetischen Voraussetzungen ergeben sich aus einer materiellen Norm. Ihr Fehlen verhindert den Anspruch des Gegenkontrahenten.[154] In der Regel ist dem Gesetz selbst die Struktur der Regeln bzw. der Voraussetzungen (Konditional- oder hypothetische Regeln) zu entnehmen.[155] Ausnahmsweise sagt das Gesetz nichts, weshalb das Gericht eigene Regeln zu schaffen hat.[156] Dieser Konzeption ist – wie der Normentheorie – entgegenzuhalten, dass die Analyse der Normstruktur Rechtsanwendung ist und diese immer auch Wertung enthält. Die Theorie selbst ist mithin bloss die rational-systematische Begründung eines Wertungsentscheids. Im Zentrum steht daher die Frage, welche Wertungen dem Gesetz selber und den darauf beruhenden Gerichtsentscheiden zugrunde liegen (N 208 ff.).

59　c. Die neuere Lehre geht häufig *topisch* vor, bildet mithin Fallgruppen oder zieht verschiedene Prinzipien heran, um die Beweislastverteilung plausibel zu erklären.[157] So wird etwa gesagt, der Art. 1315 CC: « … ne semble … pas employé comme un moyen rigoureux d'organiser la charge de la preuve …. Il est d'avantage un instrument servant à parer les solutions de la Cour de cassation d'une apparence de rigueur, l'interprétation sollicitée étant étroitement liée au résultat souhaité …».[158]

60　d. Hervorzuheben ist ferner die von einer Vielzahl von Autoren vertretene Regel, wonach das *vom normalen, vom üblichen Zustand* (oder vom *Status quo*) *Abweichende* bewiesen werden muss.[159] So erklärt etwa VAN OMMESLAGHE, das Konzept von

---

[152] AUBRY/RAU/BARTIN, § 749, S. 84. BARTIN hat diese Theorie vehement kritisiert, s. AUBRY/RAU/BARTIN, § 749 N 19bis f.; s. auch MOTULSKY, 85 ff., 128 ff., der das Konzept der «éléments générateurs» entwickelt hat.
[153] LAGARDE, 206 f.
[154] LAGARDE, 224 f.
[155] LAGARDE, 228 ff.
[156] LAGARDE, 231 ff.
[157] AUBRY/RAU/BARTIN, § 749 N 20bis; DEVÈZE, 585 ff.; VAN OMMESLAGHE, N 1664 ff.
[158] BUCHBERGER MATTHIEU, Le rôle de l'article 1315 du Code civil en cas d'inexécution d'un contrat, Recueil Dalloz 2011, 465, zit. in GUÉVEL, Jurisclasseur, N 33; SAVAUX, Répértoire de droit civil, N 133 ff.
[159] LAGARDE, 231 f.; BOULANGER, 737; DEVÈZE, 522 ff., 543 ff.; TERRÉ, N 597.

Art. 1315 CC bel. beruhe auf der «… idée, de sens commun, selon laquelle, en principe, une personne n'est pas supposée être tenue par une obligation …».[160] In Frankreich wurde dieses Konzept nicht vertieft. Vielmehr wird es hauptsächlich mit der subjektiven Beweisführungslast[161] und der Beweiswürdigung[162] in Zusammenhang gebracht und ferner von den Anhängern einer logisch-deduktiven Regel kritisiert.[163] Bei der Beweislastverteilung geht Art. 1315 CC von der allgemeinen, üblichen Situation aus, dass grundsätzlich eine Person einer anderen nichts schuldet. Der Schluss, dass das Normale, das Übliche, das Erwartungsgemässe nicht zu beweisen sind, beeinflusst die Beweislastverteilung insofern, als jene Person das Risiko der Beweislosigkeit trägt, die das davon Abweichende nicht beweisen kann.[164] In dieser Theorie finden sich mithin Anklänge zu der in diesem Kommentar vertretenen Beweislastverteilung nach Vertrauenskriterien (ausführlich N 208 ff.).

e. Schliesslich wird in der französischen Lehre der *Beweislastverteilung nach sozialen Aspekten* eine erhebliche Bedeutung beigemessen.[165]   61

3. Wie in Deutschland wird auch in Frankreich darauf hingewiesen, dass die **Rechtsprechung** kaum die für die Beweislastverteilung massgeblichen generell-abstrakten Kriterien erklärt, sondern vielmehr den Eindruck eines intuitiven Vorgehens erweckt.[166] Tatsächlich wird in der Lehre weitgehend auf die umfassende Rechtsprechung verwiesen und versucht, daraus Regeln abzuleiten.[167] Gleichwohl konnte auch hier festgestellt werden, dass den Entscheidungen durchaus die Wertungen des Normalen, des Üblichen, des Regelkonformen, Vernünftigen zugrunde liegen.   62

3. England

1. In England gilt der bekannte Satz: «The general rule is he who asserts must prove. It is an ancient rule founded on considerations of good sense and it should not be departed from without strong reasons.»[168] Nach der **Lehre** gehört zu den Fundamenten eines Rechtssystems, dass die Person, die vom Gericht eine Entscheidung verlangt, den Beweis erbringen muss. Das bedeutet, dass in einem Zivilprozess in der Regel der   63

---

[160] Van Ommeslaghe, N 1655.
[161] Terré, N 598; Mouralis, N 66.
[162] Devèze, 546 f.
[163] Devèze, 545 ff.; Lagarde, 226 f., 231 f.
[164] Mouralis, N 66.
[165] Devèze, 630 ff.; Guével, Jurisclasseur, N 36; vgl. auch Boulanger, 754.
[166] Aubry/Rau/Bartin, § 749 N 20bis; Devèze, 585 ff.; Guével, Jurisclasseur, N 33.
[167] Mouralis, N 72 ff.; für Belgien: Mougenot, 110 ff.
[168] *Joseph Constantine Steamship Line Ltd v Imperial Smelting Corporation Ltd* [1942] AC 154, [1941] 2 All ER 165; Cross/Tapper, 130.

Kläger die Beweislast trägt. Der Begriff burden of proof umschreibt im angelsächsischen Recht ein Zweifaches: erstens die subjektive Beweisführungslast (N 126, N 180; burden of evidence oder evidential burden) und zweitens die objektive Beweislast (burden of persuation oder persuasive burden).[169] Die Fragen rund um die Beweislast (burden of proof) betreffen somit die subjektive und die objektive Beweislast. Die objektive Beweislast wird im Zivilprozess in der Regel dem Kläger auferlegt: Er hat die Fakten zu beweisen, die seine Klage begründen (N 64).[170] Die objektive Beweislast (persuasive burden) und die subjektive Beweislast (evidential burden) fallen im Zivilprozess grundsätzlich zusammen.[171] Zwar wird die Beweislast teilweise auch gesetzlich geregelt.[172] Im Zentrum stehen aber leading cases, die als Vorbilder für die kasuistische Beweislastverteilung dienen.[173] Das mag mit ein Grund dafür sein, dass Theorien über die Grundsätze der objektiven Beweislast kaum vorhanden und Theorienstreite ausgeblieben sind.[174]

64 2. Trotz des scheinbar einfachen Prinzips der Beweislast bietet die Verteilung der objektiven Beweislast im Einzelfall auch in der englischen **Rechtsprechung** Probleme:[175] Im leading case *Joseph Constantine Steamship Line Ltd v Imperial Smelting Corporation Ltd* stellte sich die Frage, ob die Explosion eines Schiffs auf das Verschulden des Eigentümers zurückzuführen war oder nicht. Das Gericht entschied, dass die Beweislast für den Beweis des Verschuldens beim Kläger liegt, wenn die Beklagte sich auf die Unmöglichkeit der Vertragserfüllung beruft.[176] Massgebend für den Entscheid waren die Schwierigkeiten, negative Tatsachen (fehlendes Verschulden) zu beweisen, sowie die Vermutung der Unschuld («presumption of innocence»).[177] Daneben bestimmt auch die Vermutung der Urteilsfähigkeit die Beweislast.[178]

---

[169] Legal Information Institute, Cornell Law School, <https://www.law.cornell.edu/wex/burden_of_proof>, zuletzt besucht am 27. Februar 2018; Cross/Tapper, 120 f.; s. auch Habscheid, 112 ff.
[170] Legal Information Institute, Cornell Law School, <https://www.law.cornell.edu/wex/burden_of_proof>; the free dictionary by farlex, <https://legal-dictionary.thefreedictionary.com/burden+of+proof>, zuletzt besucht am 27. Februar 2018.
[171] Cross/Tapper, 120, 130.
[172] Cross/Tapper, 136 f.
[173] Cross/Tapper, 131.
[174] So befasst sich das gut 700 Seiten umfassende Standardwerk von Cross and Tapper on Evidence nur (und dort auch nur teilweise) im dritten Teil, der gut 50 Seiten umfasst, mit der objektiven Beweislast.
[175] Siehe etwa *Joseph Constantine Steamship Line Ltd v Imperial Smelting Corporation Ltd* [1942] AC 154, [1941] 2 All ER 165; Cross/Tapper, 134.
[176] Cross/Tapper, 131.
[177] Cross/Tapper, 131, 312
[178] Cross/Tapper, 132 f.

4. Internationales Privatrecht

1. Die Beweislastregeln sind materiellrechtlicher Natur (N 18). Daher richtet sich im internationalprivatrechtlichen Verhältnis die Anwendbarkeit von Art. 8 ZGB einschliesslich der Umkehr der Beweislast, der gesetzlichen Vermutungen und der Fiktionen nach dem anwendbaren Sachrecht, also **nach der kollisionsrechtlichen *lex causae*** oder nach dem sie substituierenden schweizerischen Ersatzrecht und nicht nach der *lex fori*, wie das insbesondere für Fragen des Prozessrechts der Fall ist.[179] Das hält auch Art. 22 Abs. 1 Rom II-VO[180] fest. Ferner steht dies im Einklang mit der Tatsache, dass Art. 8 ZGB auf alle Rechtsbeziehungen anwendbar ist, die dem Bundeszivilrecht unterstehen.[181] Da Beweislast und Beweiswürdigung miteinander verflochten sind, stellt sich im Einzelfall das Problem, diese beiden Fragen klar auseinanderzuhalten, da die letztere vom Prozessrecht, also von der *lex fori* beherrscht wird.[182]

2. Grundsätzlich bedeutet dies, dass Art. 8 ZGB **nicht anwendbar** ist, wenn auf **ausländisches Sachrecht** verwiesen wird (Art. 13 IPRG). Gleichzeitig ist aber in jedem Einzelfall zu prüfen, ob eine grundsätzlich materiellrechtliche Norm (Sachrecht) wegen ihrer Nähe zum Prozessrecht der *lex fori* oder eine grundsätzlich prozessrechtliche Norm wegen ihrer Nähe zum Sachrecht der *lex causae* zu unterstellen ist. So umfasst nach Art. 13 IPRG die Verweisung auf das Sachrecht immer auch das entsprechende **Beweisrecht,** wenn dieses einen **engen Zusammenhang zum materiellen Recht** aufweist und sich z.B. das ausländische Sachrecht ohne das entsprechende Beweisrecht nicht verwirklichen liesse.[183] Umgekehrt weisen gewisse Aspekte von Art. 8 ZGB Bezüge zum Prozessrecht auf, weshalb sich das Regelbeweismass, das Recht auf Beweis, die Beweisführung und die Beweiswürdigung sowie grundsätzlich auch die zulässigen Beweismittel nach der *lex fori* richten. Herabsetzungen des Beweismasses sowie Erweiterungen oder Einschränkungen des Beweismittelkatalogs können dagegen stark mit dem Sachrecht verbunden sein, so dass sie nach der *lex causae* zu beurteilen sind.[184]

---

[179] BGE 134 III 224 (231 ff.), E. 5.1 und 5.2; 130 III 258 (264), E. 5.3 (Anwendung des UN-Kaufrechts); Kummer, BeKomm, Art. 8 ZGB N 378; Walter, BeKomm, Art. 8 ZGB N 669, 673; Kofmel Ehrenzeller, ZBJV 2001, 832; Lardelli, BaKomm, Art. 8 ZGB N 92; Schwander, N 679; Schmid, Beweislast, 14 Fn 9; Nigg, Überblick, 40, 97; Göksu, HandKomm, Art. 8 ZGB N 1; Grolimund, 168; Stein/Jonas/Thole, ZPO-Komm, § 286 ZPO N 297; Prütting, MünchKomm, § 286 N 137; Rosenberg/Schwab/Gottwald, § 116 N 33.
[180] Verordnung (EG) Nr. 864/2007 des europäischen Parlaments und des Rates vom 11. Juli 2007 über das auf ausservertragliche Schuldverhältnisse anzuwendende Recht.
[181] BGE 134 III 224 (231 f.), E. 5.1; 124 III 134 (143), E. 2b/bb; 115 II 300 (303), E. 3; BGer 4A_419/2015 vom 19. Februar 2016, E. 2.3.2.
[182] Nigg, Überblick, 143.
[183] Nigg, Diss., 41 ff., 64 f.; dies., Überblick, 40 f.; Walter, BeKomm, Art. 8 ZGB N 671.
[184] Walter, BeKomm, Art. 8 ZGB N 676 f.

Art. 8 ZGB

5. UN-Kaufrecht

67 Soweit **UN-Kaufrecht** anwendbar ist, beurteilt sich die Verteilung der Beweislast ebenfalls danach. Fehlt im UN-Kaufrecht eine ausdrückliche Beweislastregel, so ist diese Lücke nach den allgemeinen Grundsätzen zu schliessen, die diesem Übereinkommen zugrunde liegen (Art. 7 Abs. 2 CISG).[185] Das Bundesgericht hat diese Grundsätze mit Bezug auf die Beweislast wie folgt präzisiert: Als anerkannt gelten folgende allgemeine Grundsätze: 1. In der Regel trägt jede Partei die Beweislast für die tatsächlichen Voraussetzungen der ihr günstigen Norm.[186] 2. Handelt es sich um eine Ausnahmenorm, obliegt die Beweislast für die tatsächlichen Voraussetzungen ihrer Anwendung jener Partei, die sich darauf beruft.[187] 3. Nach dem Grundsatz der Beweisnähe und der besseren Beweismöglichkeiten obliegt jener Partei die Beweislast für die Tatsachen, über die sie die Herrschaft hat.[188] Mit der Bezugnahme auf die **Beweisnähe** sollen Beweisprobleme vermieden werden.[189] Nach den allgemeinen Grundsätzen des UN-Kaufrechts ist nach dem Bundesgericht insbesondere der Grundsatz der Beweisnähe zu beachten, weshalb der **Käufer,** der die Ware vorbehaltlos übernommen und daran die Sachherrschaft erlangt hat, deren **Vertragswidrigkeit** zu beweisen hat, soweit er daraus Rechte ableitet.[190] Dieser Grundsatz gilt auch bezüglich einer von der Käuferin nach der vorbehaltlosen Übernahme der Waren geltend gemachten **Unvollständigkeit der Lieferung.**[191]

---

[185] SCHNYDER/STRAUB, CISG-Komm, Art. 45 CISG N 68.
[186] STAUDINGER/MAGNUS, CISG-Komm, Art. 4 CISG N 67; FERRARI, CISG-Komm, Art. 4 CISG N 52.
[187] STAUDINGER/MAGNUS, CISG-Komm, Art. 4 CISG N 68; FERRARI, CISG-Komm, Art. 4 CISG N 50, m.w.H.; SCHNYDER/STRAUB, CISG-Komm, Art. 45 CISG N 68.
[188] STAUDINGER/MAGNUS, CISG-Komm, Art. 4 CISG N 69; FERRARI, CISG-Komm, Art. 4 CISG N 51; SCHNYDER/STRAUB, CISG-Komm, Art. 45 CISG N 68.
[189] Zum Ganzen BGE 130 III 258 (265 f.), E. 5.3.
[190] BGE 130 III 258 (265 f.), E. 5.3; kritisch dazu STALDER, AJP 2004, 1476 f.
[191] BGE 138 III 601 (608 f.), E. 8.1.

2. Teil:
Beweis, Recht auf Beweis, formelles Beweisrecht

I. Regelungsgegenstand von Art. 8 ZGB

Nach Art. 8 ZGB hat – wo es das Gesetz nicht anders bestimmt – das Vorhandensein einer behaupteten Tatsache zu beweisen, wer davon Rechte ableitet. 68

1. Die Bestimmung sagt uns ein Dreifaches: erstens **dass** bewiesen werden muss, zweitens **was sachlich** bewiesen werden muss, nämlich behauptete Tatsachen, und drittens **wer** «beweisen» muss, nämlich wer Rechte ableitet. Mit Art. 8 ZGB regelt das Bundesprivatrecht somit drei Themen: das Recht auf Beweis (N 102 ff.), einschliesslich der daraus abgeleiteten Beweisvorschriften (N 21 ff.), den Gegenstand des Beweises (N 77 ff.) und die Beweislastverteilung (N 179 ff.). Das bedarf dreier Präzisierungen: 69

a. Nicht Gegenstand von Art. 8 ZGB ist die Frage, welche Tatsachen behauptet und bewiesen werden müssen. Dies ist in den materiellen Sachnormen geregelt. Nicht Regelungsgegenstand ist ferner das gesamte Beweisverfahren, zu dem die Bestimmung der zulässigen Beweismittel, die Fristen und Formen der Beweisanträge sowie die Beweiswürdigung gehören (N 120 ff.). 70

b. Die Beweislastverteilung wird in Art. 8 ZGB (entsprechend der Marginalie) scheinbar subjektiv, also als Beweisführungslast (N 126 f.), verstanden. Der Sache nach ist aber (primär, s. N 126) die sogenannte **objektive Beweislast** (N 128) Regelungsgegenstand von Art. 8 ZGB, wird doch die Beweisführungslast durch die gesetzliche Anordnung der Verhandlungs- oder der Untersuchungsmaxime beeinflusst, welche ihrerseits nicht Gegenstand des materiellen Rechts, sondern des Prozessrechts ist (N 44). 71

c. Zur Frage, wer die Beweislast trägt, äussert sich Art. 8 ZGB nur abstrakt: es ist jene Partei, die «Rechte ableitet». Damit ist noch nichts darüber gesagt, wer im konkreten Fall woraus Rechte ableitet. 72

2. Die **Beweislastregel** soll die einheitliche Durchsetzung des materiellen Privatrechts gewährleisten: Für die im Bundesprivatrecht begründeten Ansprüche bestimmt Art. 8 ZGB, was gilt, wenn eine bestimmte Tatsache unbewiesen geblieben ist (sogenanntes *non liquet*). Dafür stellt er eine **allgemeine,** allerdings auslegungsbedürftige **Regel** zur Verfügung, die dem **materiellen Privatrecht** zuzuordnen ist: die Beweislastregel. Bevor die Beweislastregel (3. Teil) und deren Anwendung im Einzelnen (4. Teil) erläutert werden, sind zunächst zwei Teilgehalte des Art. 8 ZGB zu behandeln: der Beweis und der Gegenstand des Beweises (II.) sowie das Recht auf Beweis (III.). 73

II. Beweis

1. Begriff

74 Unter Beweis wird einerseits der Beweisvorgang (1.) und andererseits das Beweisergebnis (2.) verstanden. Der Terminus «Beweis» wird mitunter aber auch für Beweismittel (N 129 ff.) verwendet. Wird etwa von einer Beweisofferte gesprochen, so ist damit das Angebot eines bestimmten Beweismittels, z.B. eines Zeugnisses (Art. 168 Abs. 1 lit. a ZPO), gemeint. Dieses Beweismittel soll über den Beweisvorgang zum Beweisergebnis führen.

75 1. **Beweisvorgang:** Der Beweisvorgang ist ein Prozess, der (im Bereich der Verhandlungsmaxime) bei der Beweisofferte beginnt und bei der Beweisabnahme endet (N 150). Die abgenommenen Beweismittel werden vom Gericht gewürdigt und führen im Idealfall zur Überzeugung über das Vorliegen oder Nichtvorliegen der beweisbedürftigen Sachverhalte.

76 2. **Beweisergebnis:** Ein Beweis ist grundsätzlich dann erbracht, wenn das Gericht nach objektiven Gesichtspunkten von der Richtigkeit einer Sachbehauptung überzeugt ist (N 151). Absolute Gewissheit kann dabei nicht verlangt werden. Es genügt, wenn das Gericht keine ernsthaften Zweifel mehr hat oder allenfalls noch bestehende Zweifel jedenfalls leicht erscheinen, so dass vernünftigerweise nicht mehr mit dem Gegenteil zu rechnen ist.[192] Es gilt das Regelbeweismass des strikten Beweises bzw. der an Sicherheit grenzenden Wahrscheinlichkeit (N 143). Das Beweismass entscheidet mithin über den Grad der Überzeugung des Gerichts, der erforderlich ist, damit ein Beweis über eine streitige Tatsache erbracht ist.

2. Gegenstand

a. Tatsachen

77 1. Beweis muss über **Tatsachen, nicht** aber über **Rechtssätze** geführt werden (Art. 55 Abs. 1, Art. 150 Abs. 1 ZPO). Das besagt schon die Parömie «iura novit curia»,[193] das Gericht wendet das Recht von Amtes wegen an (Art. 57 ZPO). Die Parteien haben

---

[192] BGE 130 III 321 (324), E. 3.2, bestätigt in BGer 5A_769/2011 vom 2. März 2012, E. 3.3; Hausheer/Jaun, ZGB-Komm, Art. 8–10 ZGB N 67; Göksu, HandKomm, Art. 8 ZGB N 4; Hohl, Degré, 130; dies., FS Vogel, 149 f.; Berger-Steiner, N 06.24; Schweizer, 470, 475.

[193] Kummer, BeKomm, Art. 8 ZGB N 11; Lardelli, BaKomm, Art. 8 ZGB N 3; Hausheer/Jaun, ZGB-Komm, Art. 8–10 ZGB N 27; Göksu, HandKomm, Art. 8 ZGB N 8; Spühler/Dolge/Gehri, § 42 N 11.

die anwendbaren Rechtssätze weder anzurufen noch zu erörtern. Die Unterscheidung zwischen einer zu beweisenden Tatsache und einem nicht zu beweisenden Rechtssatz, also einer Tatfrage und einer Rechtsfrage, ist nicht immer einfach. Eine Tatfrage ist etwa der geistige Zustand einer Person im fraglichen Zeitraum oder der Intelligenzgrad, also das Einsichtsvermögen einer bestimmten Person mit Bezug auf eine bestimmte Situation. Dazu gehört auch die Frage, inwieweit eine Person gegenüber Beeinflussungsversuchen widerstandsfähig ist. Eine Rechtsfrage ist hingegen, ob vom festgestellten geistigen Zustand oder von den diesbezüglichen Störungen auf die Urteilsfähigkeit geschlossen werden kann.[194]

2. Weiter zu unterscheiden sind **äussere und innere Tatsachen:** 78

a. *Äussere Tatsachen* sind mit den Sinnen wahrnehmbare, also sinnfällige Ereignisse oder Zustände. Sie können daher durch Zeugen, Urkunden oder Sachverständige festgestellt werden. Es handelt sich in der Regel um *vergangene oder gegenwärtige Tatsachen*.[195] Künftige Tatsachen sind nicht Beweisgegenstand, da sie nicht einem eigentlichen Beweis zugänglich sind. Es handelt sich naturgemäss um Hypothesen und Schätzungen, die aufgrund von Tatsachen aus der Vergangenheit plausibel zu machen sind. Sie beschlagen daher primär die Beweiswürdigung.[196] Künftige Tatsachen sind etwa der künftige Unterhaltsbedarf für Kinder (Art. 285 ZGB) oder für den geschiedenen Ehemann (Art. 125 ZGB), der künftige Vorsorgeausfall des geschiedenen Ehemannes (Art. 125 Abs. 1 ZGB), die künftigen Vorsorgebedürfnisse der geschiedenen Ehefrau (Art. 124b Abs. 2 Ziff. 2 ZGB), das künftige Erwerbseinkommen der geschädigten Person (Art. 46 Abs. 1 OR) oder die künftigen Zuwendungen der verstorbenen Person an von ihr versorgte Personen (Art. 45 Abs. 3 OR). Soweit allerdings umfangmässige Schätzungen erforderlich sind, ist Art. 42 Abs. 2 OR analog anwendbar (N 308, N 353). Diese Schätzung erfordert Hypothesen, prospektives Ermessen und kann daher nicht als blosses Tatbestandsermessen aufgefasst werden, das nur als Tatfrage auf offensichtliche Unrichtigkeit hin überprüft wird (Art. 105 Abs. 2 BGG). Vielmehr handelt es sich um eine Ermessensnorm i.S. von Art. 4 ZGB, die Rechtsfragen beschlägt, nicht Tatfragen. Sie unterliegt daher – unter Berücksichtigung des Ermessensspielraums – der rechtlichen Überprüfung.[197] 79

---

[194] BGE 124 III 5 (13), E. 4.
[195] WALTER, BeKomm, Art. 8 ZGB N 92 f.; BAUMGÄRTEL/LAUMEN, Grundlagen, § 13 N 3 f.
[196] WALTER, BeKomm, Art. 8 ZGB N 94.
[197] Ebenso BGE 133 III 201 (211), E. 5.4; WALTER, BeKomm, Art. 8 ZGB N 94, N 525; DERS., Rechtsnatur, 680, 684 ff.; BERGER-STEINER, N 03.82; BÜHLER, Jusletter 2010, N 26 f.; FELLMANN/KOTTMANN, N 1481, aber a.M. N 1459; differenziert: DÜRR, ZüKomm, Art. 4 ZGB N 56; a.M. BGer 4A_586/2017 vom 16. April 2018, E. 2.2.1, welches die Schätzung der Feststellung des Sachverhalts und damit dem Tatbestandsermessen zurechnet; BGE 143 III 297 (323), E. 8.2.5.2; WERRO, CommR, Art. 42 OR N 24; PASQUIER, N 204 ff.

80 b. *Innere Tatsachen* betreffen innere Vorgänge der Willens- und Meinungsbildung oder des Gefühlslebens einer Person (z.B. Kenntnis [eines Mangels], Absicht, Wille [der Erblasserin], guter oder böser Glaube). Sie können aufgrund von einfachen oder qualifizierten Parteibefragungen (Art. 191 f. ZPO) festgestellt werden. Häufig sind aber Indizien heranzuziehen, die den Schluss auf die innere Haltung einer Person zulassen.[198]

81 3. Zu beweisen sind sodann **rechtserhebliche streitige Tatsachen** (Art. 150 Abs. 1 ZPO; N 97 f.). **Nicht** zu beweisen sind dagegen **offenkundige** und **(gerichts-)notorische Tatsachen** (Art. 151 ZPO).[199] Es handelt sich um Tatsachen, die üblicherweise einer sehr grossen Anzahl von Personen bekannt sind. Der entsprechende Personenkreis kann je nach örtlichem und kulturellem Hintergrund variieren. Offenkundige Tatsachen sind entweder allgemein bekannt, oder die Information darüber ist allgemein zugänglich, und ihr Verständnis erfordert keine besondere Sachkunde.[200] Offenkundig oder allgemein notorisch sind etwa die Tatsachen, dass die Sonne blendet, dass ein zweijähriges Kind viele Wirkungen seiner Handlungen nicht abschätzen kann[201] oder dass die Qualität des Mineralwassers von der Bodenbeschaffenheit abhängt.[202] Notorisch kann auch die Berühmtheit einer einheimischen Marke sein.[203] Notorisch sind die gängigen Devisenkurse,[204] nicht aber – gemäss Bundesgericht – der Liborzins für sechsmonatige Anlagen in ECU (heute Euro).[205] Gerichtsnotorisch (innerhalb des Gerichts allgemein bekannt) kann ein Beweisergebnis aus einem früheren Prozess unter denselben Parteien, aus Pilotprozessen oder aus einem Parallelprozess sein.[206] Ist umstritten, ob eine bestimmte Tatsache (gerichts-)notorisch ist, bleibt diese Frage als prozessuale Rechtsfrage vom Gericht zu prüfen. Wird sie bejaht, ist ihre Umsetzung im konkreten Sachverhalt eine Tatfrage und damit Gegenstand der Beweiswürdigung.[207]

---

[198] WALTER, BeKomm, Art. 8 ZGB N 95 f.; KUMMER, BeKomm, Art. 8 ZGB N 92; HASENBÖHLER, Beweisrecht, N 1.5; BGE 134 III 452 (456), E. 4.1; BAUMGÄRTEL/LAUMEN, Grundlagen, § 13 N 5.

[199] KUMMER, BeKomm, Art. 8 ZGB N 98; HAUSHEER/JAUN, ZGB-Komm, Art. 8 ZGB N 27; STEINAUER, SPR II/1, N 626; WALTER, BeKomm, Art. 8 ZGB N 60 ff.; spiegelbildlich zum Verzicht auf Beweisabnahme: GÖKSU, HandKomm, Art. 8 ZGB N 25. Ausführlich dazu BIERI, ZZZ 2006, 187 ff., der zwischen der Allgemeinkundigkeit und der Gerichtskundigkeit unterscheidet.

[200] Ausführlich dazu BIERI, ZZZ 2006, 188 ff.

[201] STEINAUER, SPR II/1, N 626 Fn 2.

[202] BGE 117 II 321 (323), E. 2 (Fall Valser).

[203] BGE 137 III 623; 130 III 748 (753), E. 1.2 (Fall Nestlé).

[204] BGE 135 III 88 (89 f.), E. 4.1.

[205] BGE 134 III 224 (233), E. 5.2.

[206] BGE 135 III 88 (89), E. 4.1; BGer 4A_180/2017 vom 31. Oktober 2017, E. 4.3; 4A_37/2014 vom 24. Juni 2014, E. 2.4.2; WALTER, BeKomm, Art. 8 ZGB N 62.

[207] KUMMER, BeKomm, Art. 8 ZGB N 106; WALTER, BeKomm, Art. 8 ZGB N 64.

b. Ausländisches Recht

Der Grundsatz der Rechtsanwendung von Amtes wegen durch das Gericht gilt an sich auch für **ausländisches Recht.**[208] Gemäss Art. 16 Abs. 1 IPRG kann jedoch bei der Feststellung des Inhalts des ausländischen Rechts die Mitwirkung der Parteien verlangt werden. Bei vermögensrechtlichen Ansprüchen kann der Nachweis den Parteien sogar ganz überbunden werden (vgl. auch Art. 150 Abs. 2 ZPO). Selbst in vermögensrechtlichen Fällen ist das Gericht aber nicht davon entbunden, selbst Abklärungen über das anwendbare Recht zu treffen. Die ersatzweise Anwendung des schweizerischen Rechts (Art. 16 Abs. 2 IPRG) rechtfertigt sich nur dann, wenn nach parteilicher und gerichtlicher Abklärung ein unzuverlässiges Ergebnis sowie ernsthafte Zweifel über das anwendbare Recht bestehen.[209]

c. Gewohnheitsrecht, Erfahrungssätze mit Normcharakter

1. Wie die geschriebenen Rechtssätze, sind auch die ungeschriebenen Rechtssätze, nämlich das **Gewohnheitsrecht**[210] sowie die aus der allgemeinen Lebenserfahrung geschöpften **Erfahrungssätze mit Normcharakter,**[211] weder zu behaupten noch zu beweisen (Art. 151 ZPO).[212] Es handelt sich um Erfahrungssätze, die sich durch ihre Verallgemeinerungsfähigkeit zur Normhypothese verdichten. Sie sind zu unterscheiden von den einzelfallbezogenen Erfahrungssätzen. Zu den Erfahrungssätzen mit Normcharakter gehören die statistische Lebenserwartung, die statistische Dauer der Erwerbstätigkeit (Aktivität), die Wiederverheiratungschance, Versorgungsquoten, üblicherweise für Haushalt aufgewendete Zeit[213] sowie Erfahrungssätze aus Naturwissenschaft,[214] Wirtschaft,[215] Handel.[216] Das Gericht hat diese Normen **von Amtes wegen** anzuwenden. Um eine Abweichung von einem Erfahrungssatz mit Normcharakter nachzuweisen, muss der Beweis des Gegenteils erbracht werden, während zur Entkräftung von einzelfallbezogenen Erfahrungssätzen der Gegenbeweis genügt. So kann etwa durch den Beweis des Gegenteils nachgewiesen werden, dass eine be-

---

[208] BGE 126 III 492 (495), E. 3c/bb; Lardelli, BaKomm, Art. 8 ZGB N 2.
[209] BGE 128 III 346 (351), E. 3.2.1.
[210] Hausheer/Jaun, ZGB-Komm, Art. 8–10 ZGB N 28; a.M. Lardelli, BaKomm, Art. 8 ZGB N 2.
[211] BGE 140 III 115 (117), E. 2; Walter, BeKomm, Art. 8 ZGB N 15.
[212] BGE 135 III 88 (89 f.), E. 4.1; Walter, BeKomm, Art. 8 ZGB N 15; Hasenböhler, ZPO-Komm, Art. 151 ZPO N 11 ff.; Guyan, BaKomm, Art. 151 ZPO N 4.
[213] BGE 132 III 321 (332), E. 3.1; BGE 123 III 115 (116), E. 6 ff.; Walter, BeKomm, Art. 8 ZGB N 103 ff.
[214] Z.B. die Gesetze der Schwerkraft, der Trägheit.
[215] Betreffend den Zusammenhang zwischen Prämienhöhe und Versicherungsleistungen vgl. BGE 136 III 410 (416), E. 4.1.
[216] Walter, BeKomm, Art. 8 ZGB N 99 mit Hinweis auf die Botschaft ZPO, 7312.

stimmte Person ihre Erwerbstätigkeit nicht mit dem Eintritt des Pensionsalters aufgegeben, sondern noch einige Jahre darüber hinaus ausgeübt hätte (z.B. ein Arzt, eine Anwältin).[217] Nimmt das Gericht zu Unrecht normativen Gehalt an, begeht es eine Rechtsverletzung i.S. von Art. 97 BGG.

84 2. Auch **tatsächliche Vermutungen** können zu Erfahrungssätzen mit Normcharakter werden, wenn sie über den konkreten Einzelfall hinaus allgemeine **normative Bedeutung** erlangen (hinten N 280 f.).[218]

85 3. Trotz **Rechtsanwendung von Amtes** wegen schliesst die Anwendung von Erfahrungssätzen mit Normcharakter nicht aus, dass sich eine Partei auf angeblich bestehendes abweichendes Gewohnheitsrecht beruft. Anders verhält es sich auch mit dem geschriebenen Recht nicht: Die Parteien rufen regelmässig die ihnen anwendbar erscheinenden Rechtssätze an. Hier wie dort bleibt es dem Gericht vorbehalten, die Anwendbarkeit des Rechtssatzes zu bejahen bzw. zu verneinen. Ist allerdings das Vorliegen von Gewohnheitsrecht umstritten, ist jene Partei, die sich darauf stützt, zum Beweis der Sachumstände zuzulassen, aus denen sie das Bestehen von Gewohnheitsrecht ableitet.[219] In jedem Fall kann das Gericht von den Parteien eine gewisse Mitwirkung bei der Feststellung der einschlägigen Sachumstände verlangen. Das ist nicht etwa eine Ausnahme vom Grundsatz der Rechtsanwendung von Amtes wegen, sondern ergibt sich aus dem Umstand, dass das Vorliegen von Gewohnheitsrecht (anders als das geschriebene Recht) auf Tatsachen beruht, deren Nachweis schwierig sein kann. Ähnlich verhält es sich bisweilen mit dem ausländischen Recht (vorne N 82). Nicht zu verwechseln mit Gewohnheitsrecht sind Sitte, Verkehrsübung, Geschäfts- und Ortsgebrauch (dazu sogleich N 87 ff.).

d. SIA-Normen und andere private Normen

86 Offenkundig und daher nicht zu beweisen sind **SIA-Normen.** Auch **gewisse andere private Normen** (etwa Standesregeln, DIN-, ISO-Normen) sind als solche nicht zu beweisen, da bzw. sofern sie bekannt sind. Gegebenenfalls ist aber ihre Übernahme in den Vertrag durch Vertragsauslegung (Rechtsfrage) zu ermitteln oder ein anderer Integrationsmechanismus ins staatliche Recht nachzuweisen.[220]

---

[217] Siehe auch WALTER, BeKomm, Art. 8 ZGB N 106.
[218] HAUSHEER/JAUN, ZGB-Komm, Art. 8–10 ZGB N 27, N 75.
[219] Ähnlich KUMMER, BeKomm, Art. 8 ZGB N 101.
[220] WALTER, BeKomm, Art. 8 ZGB N 61, mit Bezug auf SIA-Normen.

e. Sitte, Verkehrsübung, Geschäfts- und Ortsgebrauch

Mit Bezug auf **Sitte, Verkehrsübung, Geschäfts- und Ortsgebrauch,** die zwar ebenfalls generell-abstrakte Normen, aber nicht Rechtsnormen darstellen,[221] ist zu differenzieren: (1.) Entweder finden sie durch einen Gesetzesverweis Anwendung, oder aber (2.) sie sind durch entsprechende Parteivereinbarung oder durch gerichtliche Vertragsergänzung Vertragsbestandteil geworden:[222]

87

1. **Verweist das Gesetz** auf Sitte, Übung oder Ortsgebrauch (z.B. Art. 266c OR: Kündigung auf einen ortsüblichen Termin),[223] werden diese Normen, die nicht mit Gewohnheitsrecht gleichzusetzen sind,[224] mittelbar zu Gesetzesrecht.[225] Sie sind daher vom Gericht von Amtes wegen festzustellen und anzuwenden (N 77; vgl. aber N 89 und dazu Art. 150 Abs. 2 ZPO). Dabei ist die widerlegbare Vermutung in Art. 5 Abs. 2 ZGB zu beachten, wonach das bisherige kantonale Recht als Ausdruck von Übung und Ortsgebrauch gilt.

88

2. a. Ist Sitte, Übung oder Geschäftsgebrauch durch (ausdrückliche oder stillschweigende) **Parteivereinbarung** zum Vertragsbestandteil geworden,[226] hat die Partei, die sich darauf beruft, nicht nur ihr Vorliegen und ihren Inhalt (sofern dieser nicht offenkundig ist, siehe dazu N 81), sondern darüber hinaus auch ihre Geltung im Einzelfall (also die vertragliche Übernahme) nachzuweisen.[227] Denn anders als bei gesetzlicher Verweisung oder gerichtlicher Vertragsergänzung stellen Sitte, Übung und Geschäftsgebrauch in diesem Fall eine Parteivereinbarung und mithin eine reine Tatsache dar (vgl. Art. 150 Abs. 2 ZPO). Für den Nachweis stillschweigender Übernahme genügt dabei schon der Beweis, dass beide Parteien einem bestimmten Geschäftskreis angehören, ihnen die dort herrschende Übung bekannt ist und keine von beiden der Übung widersprochen hat.[228]

89

b. Haben die Vertragsparteien im Vertrag eine Rechtsfrage nicht oder nicht vollständig geregelt, obwohl ihnen das Gesetz diese Regelung überlässt, liegt eine Vertragslücke vor, die auf dem Weg der **Vertragsergänzung** zu füllen ist (N 238).[229] Eine Vertragslücke wird primär nach dispositivem Gesetzesrecht gefüllt, sofern dieses zum

90

---

[221] Jäggi/Gauch/Hartmann, ZüKomm, Art. 18 OR N 440; s. auch BGE 94 II 157 ff. (159), E. 4b; BGE 91 II 356 ff. (358 f.), E. 2.
[222] Gauch/Schluep/Schmid, N 1218.
[223] Siehe die ausführliche Übersicht bei Marti, ZüKomm, Art. 5 ZGB N 237 ff. und N 277 f., m.w.H.
[224] Jäggi/Gauch/Hartmann, ZüKomm, Art. 18 OR N 441; Marti, ZüKomm, Art. 5 ZGB N 227 ff.
[225] Jäggi/Gauch, ZüKomm, Art. 18 OR N 522; Marti, ZüKomm, Art. 5 ZGB N 217.
[226] Jäggi/Gauch/Hartmann, ZüKomm, Art. 18 OR N 440 f.
[227] Jäggi/Gauch/Hartmann, ZüKomm, Art. 18 OR N 442; s. auch Steinauer, SPR II/1, N 639.
[228] Jäggi/Gauch/Hartmann, ZüKomm, Art. 18 OR N 442.
[229] Jäggi/Gauch/Hartmann, ZüKomm, Art. 18 OR N 542.

vereinbarten Vertragsinhalt passt.[230] Liegt kein dispositives Gesetzesrecht vor oder passt dieses nicht, hat das Gericht die Lücke zu füllen und nach einer von ihm selbst geschaffenen Regel zu entscheiden, die es für den betreffenden Fall aufstellt. Nur dieser Fall wird als **gerichtliche Vertragsergänzung** bezeichnet.[231] Das Gericht hat die von ihm selbst gesetzte Norm nach pflichtgemässem Ermessen zu schaffen. Dabei hat es den (hypothetischen) Parteiwillen sowie die Natur des Geschäfts zu beachten.[232] Es orientiert sich am Denken und Handeln vernünftiger, redlicher Vertragspartner.[233] Oder anders gesagt: Der Vertrag ist «nach Treu und Glauben zu ergänzen». Daraus ergibt sich, dass das Gericht bei der Schaffung der **gerichtlichen Norm** gegebenenfalls eine **Verkehrsübung zu beachten** hat. Denn besteht im konkreten Geschäftsbereich eine Verkehrsübung und steht sie mit dem übrigen Vertrag im Einklang (passt sie dazu), entspricht sie regelmässig dem hypothetischen Parteiwillen.[234] Dabei hat das Gericht die Verkehrsübung nur schon deswegen von Amtes wegen festzustellen, weil die Streitentscheidung über den Vertragsinhalt (und sofern die Parteien den Bestand des Vertrags nicht in Frage stellen) eine – in Art. 1 ZGB vorausgesetzte – gerichtliche Pflicht ist.[235] Die Partei, die sich auf eine bestimmte Verkehrsübung beruft, hat aber bei der Feststellung der Sachumstände, die eine Verkehrsübung zu begründen vermögen, mitzuwirken.[236] Umso mehr ist sie auch zum Beweis zuzulassen. Es verhält sich hier ähnlich wie bei der Anwendung von Gewohnheitsrecht (N 83). Eine andere Situation liegt vor, wenn das **Gesetz** selber **auf die Verkehrsübung verweist** (N 88). Damit wird die Verkehrsübung zum Inhalt des Gesetzes, das im Fall einer Vertragslücke wie dispositives Gesetzesrecht zur Vertragsergänzung herangezogen wird (N 238).[237]

---

[230] GAUCH, Auslegung, 223; GAUCH/SCHLUEP/SCHMID, N 1265. – Das ist insbesondere für Innominatverträge von Bedeutung, weil hier jenes dispositive Recht herangezogen werden muss, das zum übrigen Vertragsinhalt passt, und zwar unabhängig von der formalen Bezeichnung des Vertrags; siehe z.B. BGE 118 II 150 (155), E. 5, zur Frage der Anwendbarkeit der Bestimmungen über den Abzahlungskauf auf den Finanzierungsleasingvertrag (Frage offengelassen).
[231] JÄGGI/GAUCH/HARTMANN, ZüKomm, Art. 18 OR N 597.
[232] JÄGGI/GAUCH/HARTMANN, ZüKomm, Art. 18 OR N 595.
[233] GAUCH/SCHLUEP/SCHMID, N 1257.
[234] JÄGGI/GAUCH/HARTMANN, ZüKomm, Art. 18 OR N 595; GAUCH/SCHLUEP/SCHMID, N 1258.
[235] JÄGGI/GAUCH/HARTMANN, ZüKomm, Art. 18 OR N 602, N 604.
[236] Ähnlich JÄGGI/GAUCH/HARTMANN, ZüKomm, Art. 18 OR N 593; HAUSHEER/JAUN, ZGB-Komm, Art. 8–10 ZGB N 28.
[237] JÄGGI/GAUCH/HARTMANN, ZüKomm, Art. 18 OR N 593.

3. Arten

a. *Hauptbeweis*

1. Die gemäss Art. 8 ZGB beweisbelastete Partei hat den sogenannten **Hauptbeweis** zu erbringen.[238] Wo vom Beweis die Rede ist, geht es generell um den Hauptbeweis. Dieser ist grundsätzlich dann erbracht, wenn das Gericht vom **Vorliegen der beweisbedürftigen Sachbehauptung überzeugt** ist (N 141, N 151). Gelingt der Beweis, ist also das Gericht von der Richtigkeit der Sachbehauptung überzeugt, erübrigt sich eine Beweislastverteilung, spielt diese doch nur im Fall von Beweislosigkeit eine Rolle.[239]

2. Im gleichen Verfahren können **beide Streitparteien** zum Leisten eines oder mehrerer Hauptbeweise verpflichtet sein.[240] Ist etwa der Versicherungsanspruch aus einer Diebstahlversicherung streitig, hat die versicherte Person das Bestehen eines Versicherungsvertrags, den Eintritt des Versicherungsfalls und den Umfang des Anspruchs zu beweisen. Den Versicherer trifft die Beweislast für Tatsachen, die ihn zu einer Kürzung oder Verweigerung der vertraglichen Leistung berechtigen (z.B. wegen schuldhafter Herbeiführung des befürchteten Ereignisses gemäss Art. 14 VVG oder wegen Vorliegens eines Wagnisses gemäss Art. 50 Abs. 2 UVV).[241] In beiden Fällen handelt es sich um Hauptbeweise, wobei im vorliegenden Beispiel jene des Versicherers erst dann von Bedeutung sind, wenn die Beweise der versicherten Person gelungen sind.

3. Ein Hauptbeweis ist auch der **Beweis des Gegenteils,** der zur Entkräftung einer gesetzlichen Vermutung (N 269) dient. Gestützt auf eine gesetzliche Vermutung wird bei bewiesener Vermutungsbasis eine bestimmte Tatsache oder Rechtsfolge als gegeben erachtet (Vermutungsfolge; N 270). Es liegt nun an der Gegnerin die Vermutungsfolge durch den Beweis des Gegenteils zu entkräften. Wird z.B. gemäss Art. 930 Abs. 1 ZGB vom Besitzer einer Sache vermutet, dass er ihr Eigentümer sei, so kann die Gegnerin diese Vermutung auf zwei Arten entkräften: Sie kann das Gegenteil beweisen, nämlich dass der Besitzer nicht Eigentümer ist (ohne das Eigentum einer bestimmten Person zu beweisen), oder aber, dass sie selbst oder eine Drittperson Eigentümerin ist. Sie kann aber auch durch den Gegenbeweis die Vermutungsbasis zerstören und darlegen, dass der Besitz selbst mangelhaft bzw. zweideutig ist (z.B. weil er auf Diebstahl beruht) und die Vermutung nicht gerechtfertigt ist (ausführlich dazu N 276, N 590).[242]

---

[238] Kummer, BeKomm, Art. 8 ZGB N 106; Hausheer/Jaun, ZGB-Komm, Art. 8–10 ZGB N 45, N 67; Göksu, HandKomm, Art. 8 ZGB N 3.
[239] BGE 127 III 271 (277), E. 2b/aa.
[240] Das zeigt sich besonders gut im französischen Wortlaut von Art. 8 ZGB: «Chaque partie doit, …, prouver […]». Siehe dazu Steinauer, SPR II/1, N 693.
[241] BGE 130 III 321 (323), E. 3; BGer 8C_128/2017 vom 2. August 2017, E. 4.1.
[242] BGE 141 III 7 (10), E. 4.3; 135 III 474 (478), E. 3.2.1; Schmid/Hürlimann-Kaup, N 265 f.

b. Gegenbeweis

94 1. Der Hauptbeweis (einschliesslich des Beweises des Gegenteils) kann durch den sogenannten **Gegenbeweis** verhindert werden: Hierbei handelt es sich um den Beweis von Umständen, die beim Gericht **erhebliche Zweifel an der Richtigkeit der Sachbehauptungen,** die Gegenstand des Hauptbeweises bilden, wachhalten oder begründen. Der Gegenbeweis dient dazu, den Hauptbeweis zu vereiteln. Für das Gelingen des Gegenbeweises ist mithin bloss erforderlich, dass der Hauptbeweis erschüttert wird und damit die Sachbehauptungen nicht mehr als gewiss bzw. als überwiegend wahrscheinlich erscheinen. Thema des Gegenbeweises ist die Sachdarstellung der hauptbeweisbelasteten Person. Dazu gehört auch deren Glaubwürdigkeit: Die Beeinträchtigung der Glaubwürdigkeit der beweisbelasteten Person kann geeignet sein, auch die Überzeugungskraft ihrer Sachdarstellung zu erschüttern.[243] Der zum Gegenbeweis zugelassenen Partei steht es frei, statt den Hauptbeweis der Gegenpartei zu erschüttern, selber einen Hauptbeweis anzutreten: Sie kann mithin selber eine – von derjenigen der beweisbelasteten Partei abweichende – Sachdarstellung aufzeigen, die neben der behaupteten Version ebenso ernsthaft in Frage kommt oder sogar näherliegt.[244] Eine Verpflichtung zum Beweis einer von der beweisbedürftigen Behauptung abweichenden Sachdarstellung besteht indessen nicht. Vielmehr ist die blosse Möglichkeit dazu gegeben, was keine Überwälzung der Beweislast bedeutet.[245]

95 2. Mit dem **Gelingen des Gegenbeweises** ist das **Scheitern des Hauptbeweises** verbunden.[246] Mit **dem Scheitern des Hauptbeweises** bleibt die rechtserhebliche Tatsache unbewiesen, liegt also ein *non liquet* vor. Diesfalls stellt sich die Frage der Beweislastverteilung (N 179 ff.).

4. Voraussetzungen

96 Ein Beweis setzt streitige (a.) sowie rechtserhebliche Tatsachen voraus (b.). Die entsprechenden Behauptungen müssen sodann ausreichend und genügend substantiiert sein (c.).

---

[243] BGE 130 III 321 (326), E. 3.4; Nef, BaKomm, Art. 39 VVG N 36, N 42 ff.
[244] BGE 130 III 321 (326), E. 3.4; Hohl, FS Vogel, 157; Schmid, Beweislast, 17.
[245] BGE 130 III 321 (326), E. 3.4.
[246] BGE 130 III 321 (326), E. 3.4.

a. Streitige Tatsachen

Streitige Tatsachen sind in der Regel beweisbedürftig (Art. 150 Abs. 1 ZPO). Sie sind es dann nicht, wenn sie offenkundig oder notorisch sind: Über notorische Tatsachen ist kein Beweis abzunehmen (N 81). Tatsachenbehauptungen werden zu unbestrittenen Tatsachen, wenn sie von der Gegenpartei wirksam (N 108) zugestanden oder nicht substantiiert (N 101) bestritten werden.[247] Auch über unbestrittene (zugestandene) Tatsachen ist kein Beweis abzunehmen.[248] Umgekehrt darf das Gericht bestrittene Tatsachen nicht einfach als richtig annehmen.[249]

97

b. Rechtserhebliche Tatsachen

Zu beweisen sind nur rechtserhebliche Tatsachen (Art. 150 Abs. 1 ZPO), also solche, von denen die Anwendung eines bestimmten Rechtssatzes und die entsprechende Rechtsfolge abhängt.[250]

98

c. Ausreichend behauptete und substantiierte Tatsachen

Tatsachen müssen einerseits behauptet (1.), und Behauptungen müssen andererseits ausreichend substantiiert (2.) sein, so dass sie eine Beweisabnahme überhaupt ermöglichen:

99

1. Die Tatsachenbehauptungen erfolgen grundsätzlich durch die Parteien (Art. 55 Abs. 1 ZPO). Diese haben die **Behauptungslast.** Wo die Untersuchungsmaxime gilt, können die zu beweisenden Tatsachen unter Umständen auch durch das Gericht in das Verfahren eingebracht werden (Art. 55 Abs. 2, Art. 153 Abs. 1 ZPO).[251] Auch bei Geltung der Untersuchungsmaxime bleibt es allerdings in erster Linie Sache der Parteien, die rechtserheblichen Tatsachen und Beweismittel zu benennen.[252]

100

2. Für ihre **Substantiierung** ist erforderlich, dass die Tatsachen zunächst einmal konkret sind. Sodann müssen sie die Anspruchsvoraussetzungen im Hinblick auf den geltend gemachten Rechtsanspruch abdecken. Wird etwa eine Schadenersatzforderung gestellt, genügt der allgemeine Hinweis, X habe Y geschädigt, nicht. Vielmehr sind

101

---

[247] SCHMID, Beweislast, 15.
[248] BRÖNNIMANN, Behauptungslast, 54; HASENBÖHLER, Beweisrecht, N 1.10.
[249] BGE 114 II 289 (290 f.), E. 2a.
[250] BGE 124 I 241 (242 f.), E. 2, m.w.H.; 123 III 35 (39 f.), E. 2b; 122 III 219 (223 f.), E. 3c.
[251] LARDELLI, BaKomm, Art. 8 ZGB N 32; HAUSHEER/JAUN, ZGB-Komm, Art. 8–10 ZGB N 42; STEINAUER, SPR II/1, N 640.
[252] BGer 5A_806/2016 vom 22. Februar 2017, E. 4.3.2; 5A_394/2008 vom 2. März 2009, E. 2.2, mit Hinweis auf BGE 128 III 411 (413 f.), E. 3.2.1. Siehe dazu: GÖKSU, HandKomm, Art. 8 ZGB N 12.

zusätzlich die Umstände der Schädigung zu erwähnen, damit konkrete Beweise erhoben werden können. Ferner ist ein Schaden geltend zu machen, also zu behaupten.[253]

III. Recht auf Beweis

1. Inhalt und Rechtsnatur

102 1. Das Recht auf Beweis ist das **Recht,** betreffend rechtserhebliche und streitige Sachvorbringen mit tauglichen Beweismitteln **zur Beweisführung zugelassen zu werden.**[254] Es handelt sich zunächst um einen Ausfluss aus dem grundrechtlichen Anspruch auf rechtliches Gehör (Art. 29 Abs. 2 BV) sowie aus dem grund- und menschenrechtlichen Anspruch auf gerichtliche Beurteilung von Rechtsstreitigkeiten (Art. 29a BV, Art. 6 EMRK) (a.). Insofern liegt ein Grund- und Menschenrecht vor.[255] Das Recht, zur Beweisführung zugelassen zu werden, ist sodann ein Teilgehalt von Art. 8 ZGB, denn wer die Last der Beweislosigkeit tragen muss, hat Anspruch darauf, taugliche Beweise zu erbringen, um die Beweislosigkeit abzuwenden (b.).[256] Seit dem Inkrafttreten der Schweizerischen ZPO am 1. Januar 2011 ist das Recht auf Beweis explizit bundesrechtlich geregelt: Art. 152 ZPO enthält das Recht der Parteien darauf, dass das Gericht form- und fristgerecht angebotene taugliche Beweismittel abnimmt (c.).[257]

103 a. In *Art. 29 BV* ist das Grundrecht auf rechtliches Gehör, das vorher aus Art. 4 aBV abgeleitet wurde, explizit festgehalten. Das rechtliche Gehör dient einerseits der Sachverhaltsabklärung und stellt andererseits ein persönlichkeitsbezogenes Mitwirkungsrecht dar. Diese Mitwirkung umfasst alle Befugnisse, die einer Partei dazu dienen, ihren Standpunkt wirksam zur Geltung zu bringen. Diese Befugnisse lassen sich im Recht auf Beweis zusammenfassen:[258] Dazu gehören namentlich die Rechte, erhebliche Beweise beizubringen, mit erheblichen Beweisanträgen gehört zu werden und an

---

[253] BGE 127 III 365 (368), E. 2b; 124 I 241 (242), E. 2; 122 III 219 (223), E. 3c; Kofmel, 25, 27; Kofmel Ehrenzeller, Überblick, 146 ff.; Hausheer/Jaun, ZGB-Komm, Art. 8–10 ZGB N 79 ff.; Brönnimann, Behauptungslast, 54; Walter, BeKomm, Art. 8 ZGB N 182 ff.

[254] Walter, BeKomm, Art. 8 ZGB N 37; Lardelli, BaKomm, Art. 8 ZGB N 7; Göksu, HandKomm, Art. 8 ZGB N 23.

[255] Hausheer/Jaun, ZGB-Komm, Art. 8 ZGB N 17, N 77.

[256] Hauheer/Jaun, Art. 8 ZGB N 76 f.; Walter, BeKomm, Art. 8 ZGB N 38; Lardelli, BaKomm, Art. 8 ZGB N 7; Piotet, CommR, Art. 8 ZGB N 2, N 66 ff.; BGer 4A_280/2017 vom 7. September 2017, E. 2.4.2; BGE 138 III 374 (376), E. 4.3.1; 133 III 189 (195 f.), E. 5.2.2; 130 III 591 (601 f.), E. 5.4.

[257] Hasenböhler, ZPO-Komm, Art. 152 ZPO N 9; Leu, ZPO-Komm, Art. 152 ZPO N 11; Guyan, BaKomm, Art. 152 ZPO N 2.

[258] Kofmel, 23; Steinmann, BV-Komm, Art. 29 BV N 48.

der Erhebung wesentlicher Beweise entweder mitzuwirken oder sich zumindest zum Beweisergebnis zu äussern, wenn dieses geeignet ist, den Entscheid zu beeinflussen. Dem Mitwirkungsrecht der Partei entspricht ferner die Pflicht der Behörde, die rechtzeitig und formrichtig angebotenen Beweismittel abzunehmen.[259]

Einen Mindeststandard auf beweisrechtliche Mitwirkung am Verfahren enthält auch *Art. 6 EMRK*. Die in Art. 8 ZGB und Art. 29 BV enthaltenen Garantien sind jedoch umfassender.[260]   104

b. Das Bundesgericht hat das Recht auf Beweis erstmals in BGE 68 II 139 ff. auf Art. 8 ZGB zurückgeführt. Vorher sah es die Rechtsgrundlage zwar auch im Bundesrecht, aber «letztlich in jedem ein subjektives Recht normierenden Rechtssatz begründet».[261]   105

Hat gemäss *Art. 8 ZGB* die ein Recht behauptende Partei das Risiko der Beweislosigkeit der das Recht begründenden Tatsachen (die Beweislast) zu tragen, ist ihr auch die Möglichkeit zu geben, den Beweis überhaupt zu erbringen. Dazu muss sie zunächst mit ihrem Vorbringen angehört und anschliessend muss ihr Beweis zugelassen und abgenommen werden, sofern die Beweismittel tauglich sind.[262] Insofern enthält die in Art. 8 ZGB geregelte Beweislast auch ein *Beweisrecht* bzw. ein Beweisführungsrecht.[263] Nur so kann die beweisbelastete Partei den drohenden Konsequenzen eines *non liquet* entgehen. Solange also Beweislosigkeit angenommen werden muss, haben die Parteien Anspruch, mit ihren form- und fristgerecht eingereichten Beweisvorbringen gehört zu werden.[264] Aus dem Beweisführungsanspruch lässt sich aber nicht ein Anspruch auf bestimmte Beweismittel ableiten.[265]   106

c. Mit der expliziten Rechtsgrundlage des Rechts auf Beweis in Art. 152 ZPO sind die Art. 29 Abs. 2 BV und Art. 8 ZGB als Rechtsgrundlagen in den Hintergrund getreten. Der bundesrechtliche Anspruch in Art. 152 ZPO erübrigt auch Unterscheidungen danach, ob das Recht auf Beweis eher verfahrensrechtlicher oder materiellrechtlicher Natur ist.   107

2. Der mit dem Risiko der Beweislosigkeit und mithin grundsätzlich auch beweisführungsbelasteten (N 126 f.) Partei steht es frei, ihr Recht auszuüben oder auf den Beweis zu verzichten. Wo auf ein Recht verzichtet werden kann (z.B. Verzicht auf eine   108

---

[259] BGE 138 V 125 (127), E. 2.1; 136 I 229 (236), E. 5.2; 117 Ia 262 (268), E. 4b.
[260] Ausführlich dazu Kofmel, 36 ff., 56; Kofmel Ehrenzeller, Überblick, 145 f.
[261] BGE 62 II 317 (326), E. 3; s. auch Vogel, recht 1991, 41.
[262] BGE 129 III 18 (24 f.), E. 2.6.
[263] Ausführlich dazu Kofmel, 23 ff.; differenziert: Schubarth, 73.
[264] BGE 124 I 241 (242 f.), E. 2; 122 III 219 (213), E. 3c; 118 II 365 (366), E. 1; 114 II 289 (290), E. 2a, je mit Hinweisen; Walter, BeKomm, Art. 8 ZGB N 38; Hasenböhler, ZPO-Komm, Art. 152 ZPO N 9, N 9c; zum Spannungsverhältnis mit der antizipierten Beweiswürdigung vgl. Leu, ZPO-Komm, Art. 152 ZPO N 9.
[265] BGE 127 III 519 (522), E. 2a; 122 III 219 (223), E. 3c; 107 II 426 (429), E. 3a; BGer 5C.64/2003 vom 18. Juli 2003, E. 2.1.

Art. 8 ZGB

Forderung), ist auch der Verzicht auf dessen Beweis zulässig. Die gemeinhin so genannte **Beweisführungslast** (N 126 f.) begründet somit **keine** eigentliche **Beweispflicht,** sondern bloss eine Obliegenheit, deren Verletzung die Konsequenz hat, die Folgen einer allfälligen Beweislosigkeit tragen zu müssen. Ist der Partei die Disposition über ihr Recht entzogen, gilt also statt der Dispositions- die Offizialmaxime[266] – was im Privatrecht eine Ausnahme darstellt –, kann die Partei nicht auf ihr Recht verzichten. Auch das hat aber keine Beweispflicht zur Folge. Vielmehr ist mit der Offizialmaxime regelmässig die Untersuchungsmaxime verbunden, wonach das Gericht zur Stoffsammlung im Prozess beiträgt (Art. 55 Abs. 2 und 153 ZPO).[267] Im Rahmen ihrer Mitwirkungspflicht sind die Parteien immerhin gehalten, Sachumstände vorzubringen und mögliche Beweismittel (z.B. Zeugen) zu nennen. Daran haben sie insofern selbst ein Interesse, als im Fall der Beweislosigkeit die Beweislast verteilt werden muss.[268]

109 3. Seit das Recht auf Beweis explizit in Art. 152 ZPO enthalten ist, erübrigen sich die subtilen Abgrenzungen dazu, ob nun ein Anspruch aus Art. 29a BV oder aus Art. 8 ZGB abgeleitet wird. Denn der in Art. 152 ZPO enthaltene Anspruch auf Beweisführung unterliegt vor Bundesgericht der **freien Rechtskontrolle** (Art. 95 lit. a, Art. 106 Abs. 1 BGG). Damit ist eine umfassende Prüfung der Beachtung des Rechts auf Beweisführung möglich und nicht nur – wie unter Art. 8 ZGB – bei angenommener Beweislosigkeit.[269]

2. Teilgehalte

110 Das Recht auf Beweis setzt sich aus folgenden **Teilrechten** zusammen:[270]

- das Recht, Tatsachen zu behaupten bzw. behauptete Tatsachen zu bestreiten;
- das Recht auf den Beweis sämtlicher rechtserheblicher Tatsachen;
- das Recht, die Richtigkeit (oder Unrichtigkeit) dieser Tatsachen mit den zulässigen Beweismitteln (Art. 168 ZPO) zu beweisen, namentlich mit Parteibefragung und Beweisaussagen durch Zeugen, Sachverständigengutachten oder schriftliche Auskunft, Augenscheinen sowie Urkunden. Die abschliessende Aufzählung der Beweismittel in Art. 168 ZPO dient der Rechtssicherheit und der Fairness im Verfahren[271], kann aber gegen das Recht auf Beweis verstossen (N 130);

---

[266] Dazu SPÜHLER/DOLGE/GEHRI, § 25 N 34.
[267] SPÜHLER/DOLGE/GEHRI, § 25 N 39.
[268] Ausführlich zur Mitwirkung im Steuerveranlagungsverfahren, SCHÄR, ASA 1998/99, 441.
[269] WALTER, BeKomm, Art. 8 ZGB N 41, N 689 f.; HASENBÖHLER, ZPO-Komm, Art. 152 ZPO N 32.
[270] KOFMEL EHRENZELLER, Überblick, 149 f.
[271] WEIBEL/WALZ, ZPO-Komm, Art. 168 ZPO N 2; HAFNER, BaKomm, Art. 168 ZPO N 1; Botschaft ZPO, 7320.

- das Recht auf freie Wahl zwischen den verschiedenen Beweismitteltypen und Beweismitteln;
- das Recht auf Sicherung der Beweismittel bei Gefahr ihres Verlusts (Art. 158 Abs. 1 lit. b ZPO);
- das Recht auf Abnahme (grundsätzlich) sämtlicher objektiv tauglicher Beweismittel.[272] Das Recht auf Beweis schliesst aber nicht einen unbeschränkten Anspruch auf Abnahme aller dieser tauglichen Beweismittel ein;[273]
- das Recht auf Beweisabnahme unmittelbar durch alle Richter und Richterinnen, die am Entscheid mitwirken (Recht auf Beweisunmittelbarkeit); Art. 155 Abs. 1 ZPO schafft allerdings die gesetzliche Grundlage für die Delegation an einzelne Gerichtsmitglieder;
- das Recht auf Teilnahme an der Beweiserhebung (Art. 155 Abs. 3 ZPO);
- das Recht auf Stellungnahme zum Beweisergebnis sowie
- das Recht auf Berücksichtigung der Beweisergebnisse bei der gerichtlichen Sachverhaltsfeststellung.

Neben dem Recht auf Hauptbeweis besteht auch ein **Recht auf Gegenbeweis.**[274] Mit dem Gegenbeweis soll die Überzeugung des Gerichts am Vorliegen der behaupteten Tatsache verhindert oder zerstört werden (vorne N 94). Der Gegenbeweis zielt darauf ab, beim Gericht Zweifel an der Richtigkeit der Sachbehauptung zu wecken oder wachzuhalten. Dies ist nur möglich, wenn die Beweismittel der mit dem Gegenbeweis belasteten Partei überhaupt abgenommen werden.

111

3. Voraussetzungen

Das in Art. 152 ZPO enthaltene Recht auf Beweis (und ebenso der aus Art. 8 ZGB und aus Art. 29 BV fliessende Anspruch[275]) besteht nur unter bestimmten **Voraussetzungen:** Es müssen beweisbedürftige (also bestrittene und rechtserhebliche) Tatsachen (N 97 f.) und ausreichend substantiierte Behauptungen vorliegen, die eine Beweisabnahme überhaupt ermöglichen (N 25, N 101), ferner (verfahrensrechtlich)

112

---

[272] WEIBEL/WALZ, ZPO-Komm., Art. 168 ZPO N 4; RÜETSCHI, BeKomm, Art. 168 ZPO N 4.
[273] BGE 129 III 18 (24 f.), E. 2.6, m.w.H.; zur antizipierten Beweiswürdigung s. hinten N 113 ff.
[274] BGE 126 III 315 (317), E. 4a; 119 II 114 (117), E. 4c; 115 II 305; GÖKSU, HandKomm, Art. 8 ZGB N 23.
[275] BGE 126 III 315 (317), E. 4a; 122 III 219 (223), E. 3c; KOFMEL, 23 ff.

Art. 8 ZGB

form- und fristgerechte Beweisanträge mit tauglichen und zulässigen Beweismitteln (N 129 ff.).[276]

4. Antizipierte Beweiswürdigung und andere Einschränkungen

113 Das Recht auf Beweis als solches wie auch die einzelnen Teilrechtsgehalte können im Einzelfall **Einschränkungen** unterliegen.

114 1. Einschränkungen sind nur unter bestimmten **Voraussetzungen** zulässig: Mit Art. 152 ZPO (bzw. mit Art. 8 ZGB) sind Einschränkungen vereinbar, wenn sie bloss vorläufigen Charakter haben, wenn also im Verlauf des Verfahrens das vollumfängliche Recht auf Beweis zum Tragen kommt.[277] Unter dem Blickwinkel des in Art. 29 Abs. 2 BV garantierten rechtlichen Gehörs mit dessen Teilgehalt des Rechts auf Beweis sind Einschränkungen allerdings nur dann zulässig, wenn sie auf einer gesetzlichen Grundlage beruhen, verhältnismässig sind, einem überwiegenden öffentlichen Interesse dienen und den Kerngehalt des Rechts nicht tangieren (Art. 36 BV).[278]

115 2. Differenziert zu beurteilen ist die Zulässigkeit der beschränkten Beweisabnahme, also des Verzichts auf Abnahme eines einzelnen Beweismittels aufgrund von antizipierter (vorweggenommener) Beweiswürdigung.[279] Vorweg sind die **Gründe** festzuhalten, aus welchen die **antizipierte Beweiswürdigung** zur Nichtabnahme des Beweismittels führt: a. Das Gericht geht entweder von vornherein davon aus, die behauptete Tatsache könne mit dem angerufenen Beweismittel nicht bewiesen werden, weil es für die Beweisführung *untauglich* (weil wertlos oder unglaubwürdig) sei. b. Oder das Gericht erachtet die zu beweisende Tatsache *nicht für rechtserheblich* («unechte» antizipierte Beweiswürdigung).[280] c. Oder aber das Gericht ist vom Bestehen

---

[276] BGE 129 III 18 (24 f.), E. 2.6; 124 I 241 (242), E. 2; 122 III 219 (223), E. 3c; 118 II 441 (443), E. 1; 114 II 289 (290), E. 2; Kofmel, 25, 27; Kofmel Ehrenzeller, Überblick, 146 ff.; Kummer, BeKomm, Art. 8 ZGB N 75 ff.; Brönnimann, BeKomm, Art. 152 ZPO N 18 ff.; Guyan, ZPO-Komm, Art. 152 ZPO N 3 ff.; Hasenböhler, ZPO-Komm, Art. 152 ZPO N 10 ff.; Leu, ZPO-Komm, Art. 152 ZPO N 7 ff.; Hohl, Procédure I, N 2049 ff.; Hausheer/Jaun, ZGB-Komm, Art. 8–10 ZGB N 79 ff.; Walter, ZBJV 1991, 315; Brönnimann, FS Vogel, 164 f.
[277] Kofmel, 240 f.
[278] Kofmel Ehrenzeller, Überblick, 154 ff.; Walter, ZBJV 1991, 326 f.; Lardelli, BaKomm, Art. 8 ZGB N 6.
[279] A.M. Kofmel Ehrenzeller, Überblick, 158, welche die Verhältnismässigkeit dieser Beweisrechtsbeschränkung in Frage stellt; ebenso, aber mit anderer Begründung, Kofmel, 262 f. Siehe nun aber Kofmel Ehrenzeller, ZBJV 2001, 818.
[280] Walter, BeKomm, Art. 8 ZGB N 39; Tanner, AJP 2015, 743 f., der aber die subjektive Untauglichkeit kritisch beurteilt: Wird ein Beweismittel aus dem Recht gewiesen (z.B. eine Beweisaussage), weil es vom Gericht im konkreten Fall als unergiebig oder nicht aussichtsreich eingestuft wird (z.B. weil die zur Beweisaussage aufgerufene Person der einen Partei sehr nahesteht), ver-

oder Nichtbestehen der behaupteten Tatsache bereits überzeugt und der Meinung, es lasse sich von zusätzlichen Beweisen nicht davon abbringen bzw. nicht vom Gegenteil überzeugen, das beantragte Beweismittel sei also *für seine Meinungsbildung unerheblich* bzw. irrelevant («echte» antizipierte Beweiswürdigung).[281]

3. Die so verstandene antizipierte Beweiswürdigung ist **Teil der** (weit gefassten) gerichtlichen **Beweiswürdigung,** findet also ihre Grundlage in Art. 157 ZPO.[282] Gewürdigt wird nicht ein abgenommenes Beweismittel, sondern ein nicht abgenommenes und dessen (hypothetischer Nicht-)Einfluss auf das Beweisergebnis. Diese Würdigung beruht auf der Hypothese, dass die Abnahme des fraglichen Beweismittels nicht zur gerichtlichen Überzeugungsfindung beitragen wird. Daher wird von vornherein auf die Abnahme verzichtet. Während die herrschende Lehre und die Rechtsprechung die **Zulässigkeit der antizipierten Beweiswürdigung** generell bejahen,[283] wird sie vorliegend **differenziert beurteilt:** Da das Recht auf Beweis das Gericht zur Abnahme aller tauglichen Beweismittel verpflichtet und das Gericht die Beweiswürdigung (einschliesslich der antizipierten) nach pflichtgemässem Ermessen vorzunehmen hat, kann die Nichtabnahme eines Beweismittels nur da zulässig sein, wo das Gericht vom Vorliegen der behaupteten Tatsache bereits *voll überzeugt* ist. Solange aber über das Vorliegen der behaupteten Tatsache noch Ungewissheit besteht (oder das Gericht sogar vom Nichtvorliegen überzeugt ist), müssen weitere objektiv taugliche Beweismittel abgenommen werden.[284] Gleiches gilt für den Fall, dass das Gericht ein (rechtserhebliches) Sachvorbringen weder als erstellt noch als widerlegt erachtet, es diesbezüglich also (noch) überhaupt keine Überzeugung hat.[285]

116

---

stösst dies gegen das Recht auf Beweis, da erst nach der Beweisabnahme beurteilt werden kann, ob das Beweismittel ergiebig war.

[281] WALTER, BeKomm, Art. 8 ZGB N 39; KOFMEL, 257; KOFMEL EHRENZELLER, Überblick, 149; LARDELLI, BaKomm, Art. 8 ZGB N 83 f.; GÖKSU, HandKomm, Art. 8 ZGB N 25; TANNER, AJP 2015, 747. Nur die zweite Variante als antizipierte Beweiswürdigung bezeichnen KUMMER, BeKomm, Art. 8 ZGB N 79, und BRÖNNIMANN, FS Vogel, 170.

[282] So auch GUYAN, ZPO-Komm, Art. 152 ZPO N 7, der sich aber im Kommentar zu Art. 157 ZPO N 14 vehement gegen die Zulässigkeit der antizipierten Beweiswürdigung äussert.

[283] BGE 129 III 18 (25), E. 2.6; 127 III 519 (522), E. 2a; 126 III 315 (317), E. 4a; 122 III 219 (223 f.), E. 3c; BRÖNNIMANN, BeKomm, Art. 152 ZPO N 55 ff., Art. 157 ZPO N 27; HASENBÖHLER, ZPO-Komm, Art. 152 ZPO N 24 ff., N 30 ff.; DERS., Spannungsfeld, 110 ff.; LEU, ZPO-Komm, Art. 152 ZPO N 65 ff.; HABERBECK, Jusletter 2014, N 33 ff.; LARDELLI, BaKomm, Art. 8 ZGB N 83; HAUSHEER/JAUN, ZGB-Komm, Art. 8–10 ZGB N 87; KUMMER, BaKomm, Art. 8 ZGB N 77 ff.; HOHL, Procédure I, N 2063; wohl a.M. GUYAN, BaKomm, Art. 157 ZPO N 14.

[284] Ähnlich bereits KOFMEL, 258; implizit auch KOFMEL EHRENZELLER, Überblick, 159; LARDELLI, BaKomm, Art. 8 ZGB N 84; HABERBECK, Jusletter 2014, N 43; zum Verhältnis zwischen antizipierter und freier Beweiswürdigung vgl. GUYAN, BaKomm, Art. 157 ZPO N 14; vgl. auch BGE 114 II 289 (291), E. 2.a; s. für das deutsche Recht: PRÜTTING, MünchKomm, § 286 ZPO N 16 ff.; BVerfG Urteil vom 28. Februar 1992, NJW 1993, 254 ff.; BGH Urteil vom 27. Oktober 2015, NJW 2016, 641 ff.; BGH Urteil vom 5. Juli 2016, VI ZR 392/15, E. 12 ff.

[285] BGE 114 II 289 ff. (291), E. 2a.

117 4. Es ist rechtsstaatlich bedenklich und verstösst gegen das Recht auf Beweis (Art. 152 ZPO), gegen den Anspruch auf rechtliches Gehör (Art. 29 Abs. 2 BV) und gegen das Recht auf ein faires Verfahren (Art. 6 EMRK), wenn ein an sich taugliches Beweismittel mit dem Hinweis auf eine bereits vorhandene gerichtliche Überzeugung aus dem Recht gewiesen wird.[286] «Denn die Erfahrung lehrt, dass oft nur ein einziger Zeuge ... eine gewonnene Überzeugung völlig erschüttern kann.»[287] Das bedeutet umgekehrt nicht, dass ein Gericht allen Beweisanträgen unbesehen und unbeschränkt stattzugeben hätte.[288] **Vorbehalten** bleiben nämlich **rechtsmissbräuchliche Beweisofferten** (Art. 2 Abs. 2 ZGB), also z.B. die Nennung von zahllosen Zeugen, deren Wissen und deren Wahrnehmung mit Bezug auf die beweisbedürftige Tatsache sich offensichtlich nicht voneinander unterscheidet. Das Gericht kann die Beweisabnahme auf ein vernünftiges Mass begrenzen und die Partei auffordern, eine Auswahl zu treffen, oder andernfalls selbst eine Auswahl vornehmen. Ob es dafür die Zulässigkeit der antizipierten Beweiswürdigung[289] oder das Gebot des prozessualen Verhaltens nach Treu und Glauben anruft,[290] ist unerheblich. Wesentlich ist, dass einerseits die Parteien das Recht auf Beweis haben und das Gericht nicht ohne Beweisabnahme aufgrund von Indizien entscheiden darf[291] und andererseits das Gericht nicht gehalten ist, einer Vielzahl von Beweisanträgen stattzugeben. Sobald nämlich das Gericht aufgrund der abgenommenen Beweise eine Überzeugung gewonnen hat, wird die Beweislastverteilung nach Art. 8 ZGB obsolet. Das gilt auch für das davon abgeleitete Recht auf Beweis.

118 5. Beim **Gegenbeweis** darf auf die weitere Abnahme von Beweismitteln dann verzichtet und mithin auf die antizipierte Beweiswürdigung zurückgegriffen werden, wenn der **Hauptbeweis unumstösslich** feststeht, das Gericht also eine feste Überzeugung vom Vorliegen der behaupteten Tatsache gewonnen hat.[292] In dieser Phase verfehlt ein Gegenbeweis sein Ziel, wird doch das Gericht aufgrund seiner Überzeugung jeden Zweifel als unerheblich qualifizieren. Dies ist z.B. bei bloss tatsächlichen Vermutungen nicht der Fall:[293] Hier ist das Gericht vom Vorliegen der Sachbehauptung (noch) nicht unbedingt (voll) überzeugt. Die tatsächliche Vermutung dient dem Gericht aber immerhin im Rahmen der Beweiswürdigung bei der Überzeugungsfindung (N 151 f.).

119 6. Anders präsentiert sich die Zulässigkeit der antizipierten Beweiswürdigung beim **Beweis des Gegenteils:** Er ist ebenfalls ein Hauptbeweis und zielt darauf ab, eine

---

[286] WALTER, BeKomm, Art. 8 ZGB N 39.
[287] BGH Urteil vom 17. Februar 1970, NJW 1970, 946 ff.; BAUMGÄRTEL/LAUMEN, Grundlagen, § 4 N 16.
[288] Vgl. auch Botschaft ZPO, 7312.
[289] So die Botschaft ZPO, 7312; s. auch HASENBÖHLER, Spannungsfeld, 110, 112.
[290] So WALTER, BeKomm, Art. 8 ZGB N 39.
[291] Botschaft ZPO, 7312.
[292] BGE 115 II 305 f.; 119 II 114 (117), E. 4c.
[293] BGE 115 II 305 f.; LARDELLI, BaKomm, Art. 8 ZGB N 83.

gesetzliche Vermutung zu widerlegen. Wie bei einem gewöhnlichen Hauptbeweis hat das Gericht die angebotenen tauglichen Beweise so lange abzunehmen, bis es **vom Vorliegen** des Gegenteils der gesetzlichen Vermutung **überzeugt** ist. Nach Erreichen dieser Überzeugung darf es auf die Abnahme weiterer Beweismittel verzichten.

IV. Formelles Beweisrecht

Zu den formellrechtlichen Beweisvorschriften gehört das Beweisverfahren (1.), das mit der Beweisabnahme endet.[294] Nach der Beweisabnahme gelangt das Gericht aufgrund der Würdigung der abgenommenen Beweismittel (2.), der sogenannten Beweiswürdigung (4.), zu einer mehr oder weniger starken Überzeugung über das Vorliegen bzw. das Fehlen der streitigen Tatsachen. Je nach erforderlichem Beweismass (3.) ist der Beweis (N 76) erbracht, wenn das Gericht voll überzeugt ist, wenn es die überwiegende Wahrscheinlichkeit bejaht oder wenn ihm die Tatsache glaubhaft erscheint (N 142 ff.). Diese einzelnen Stadien der Entscheidfindung sind ausführlicher zu erläutern:

1. Beweisverfahren

Das Beweisverfahren setzt (jedenfalls im Rahmen der Verhandlungsmaxime) mit der Beweisofferte (a.) ein: Die Parteien bieten für die streitigen Tatsachen bestimmte Beweismittel (N 129) an. Über deren Abnahme fällt das Gericht einen Entscheid, die Beweisverfügung (b.). Darauf erfolgt gegebenenfalls die Beweisabnahme durch das Gericht (c.). Im Rahmen der Untersuchungsmaxime erhebt das Gericht unter Umständen auch von sich aus Beweise (N 125).

a. Beweisofferte

Im Rahmen der Verhandlungsmaxime obliegt es den Parteien, die Beweismittel zu nennen, mit denen sie ihre Sachbehauptungen beweisen wollen (Art. 55 Abs. 1 ZPO). Das Recht auf Beweis (Art. 152 ZPO) enthält das Recht auf Nennung der Beweismittel (N 106, s. auch N 126 f.).[295] Dieses Recht ist faktisch eine Last, denn das Gericht muss und darf grundsätzlich (vgl. Art. 153 Abs. 2 ZPO) keine Beweise abnehmen, die nicht offeriert wurden.

---

[294] HOHL, Procédure I, N 2135 ff.; SPÜHLER/DOLGE/GEHRI, § 47 N 297 ff.
[295] SPÜHLER/DOLGE/GEHRI, § 44 N 75.

Art. 8 ZGB

b. Beweisverfügung

123 Das Recht auf Beweis umfasst ferner das Recht auf Abnahme der tauglichen Beweismittel.[296] Vor der Beweisabnahme muss das Gericht entscheiden, über welche bestrittenen Tatsachen überhaupt Beweis abzunehmen ist. Dies tut es in der Beweisverfügung (Art. 154 ZPO) vor der Beweisabnahme. Es bestimmt mithin den Gegenstand des Beweises bzw. das **Beweisthema**. Gleichzeitig entscheidet es darüber, welche Partei den Beweis zu führen hat.[297] In der Praxis erfolgen Beweisverfügungen häufig gestaffelt, so dass sie teilweise in die Phase der Beweisabnahme fallen.

124 In die Phase der (gestaffelten) Beweisverfügung fällt gegebenenfalls auch die **antizipierte Beweiswürdigung** (dazu N 115 ff.), mit der Folge, dass das Gericht beschliesst, über bestimmte Behauptungen keinen (weiteren) Beweis abzunehmen, weil die Tatsachen bereits hinlänglich bewiesen oder nicht bestritten sind. Oder aber: Das Gericht beschliesst, bestimmte Beweismittel nicht abzunehmen, weil es diese nicht für tauglich erachtet, das Ergebnis der anderen Beweismittel zu beeinflussen.[298] Eine antizipierte Beweiswürdigung wegen bereits hinlänglich bewiesener Tatsachen ist allerdings nicht bereits im Rahmen einer ersten Beweisverfügung möglich, da sie die Abnahme mindestens eines Teils der Beweise voraussetzt.

c. Beweisführung

125 1. Die Frage, wer den Beweis zu führen hat, bestimmt sich danach, ob das fragliche Verfahren von der **Verhandlungs- oder** von der **Untersuchungsmaxime** beherrscht ist. Beide Verfahrensmaximen sind **formellrechtlicher Natur.** Art. 55 Abs. 1 ZPO ordnet die Verhandlungsmaxime an und lässt das gerichtliche Fragerecht nur sehr eingeschränkt zu:[299] Nach der Verhandlungsmaxime ist es einzig Sache der Parteien, das Tatsächliche in den Prozess einzuführen, und das Gericht ist grundsätzlich an diesen Tatsachenvortrag und die Beweismittel gebunden, darf also keine nicht behaupteten Tatsachen oder nicht offerierten Beweismittel zur Urteilsgrundlage erheben. Dagegen hat das Gericht nach der Untersuchungsmaxime den Sachverhalt von Amtes wegen zu erheben, darf also auch nicht behauptete Tatsachen berücksichtigen und selbst Beweiserhebungen durchführen (Art. 153 Abs. 1 ZPO).[300] Da dem Zivilgericht allerdings kein Untersuchungsapparat zur Verfügung steht, bleibt es im Zivilprozess auch bei Geltung der Untersuchungsmaxime grundsätzlich Sache der Parteien, die Sachver-

---

[296] SPÜHLER/DOLGE/GEHRI, § 44 N 75.
[297] WALTER, BeKomm, Art. 8 ZGB N 116.
[298] SPÜHLER/DOLGE/GEHRI, § 44 N 82; s. auch HOHL, Procédure I, N 2141.
[299] Art. 51 Vorentwurf ZPO; kritisch dazu WALTER, SJZ 2004, 319.
[300] BGE 122 V 157 (157), E. 1a; KIENER/RÜTSCHE/KUHN, N 94.

haltselemente vorzutragen. Das Gericht hat aber ebenfalls zur Sachverhaltsermittlung beizutragen.[301]

2. Die **Obliegenheit** einer Partei, den Beweis zu führen, wird auch als **subjektive Beweislast** (Beweisführungslast) bezeichnet.[302] Zwar ist die Beweisführung Regelungsgegenstand des Verfahrensrechts. Bei Geltung der Verhandlungsmaxime ist indessen faktisch jene Partei beweisführungspflichtig, zu deren Nachteil sich die Beweislosigkeit auswirken wird (objektive Beweislast; N 128). Beweisführungslast (einschliesslich Behauptungslast) bzw. subjektive Beweislast und objektive Beweislast fallen also im Geltungsbereich der Verhandlungsmaxime zusammen.[303] Aber auch im Rahmen des Untersuchungsgrundsatzes ist bei unbewiesenem Sachverhalt zum Nachteil der beweisbelasteten Partei zu entscheiden, so dass diese auch da ein Interesse daran hat, die Behörde bei der Beweisführung zu unterstützen.

3. Die **Beweisführung** umfasst die Vorkehrungen, die den Beweis eines Sachumstandes erbringen sollen. Sie wird durch Beweisanträge eingeleitet und durch die gerichtliche Beweisabnahme umgesetzt. Sie erfolgt nur über rechtserhebliche und streitige Behauptungen. Wird eine Behauptung von der Gegenpartei nicht bestritten, so gilt sie als zugestanden und ist folglich – jedenfalls im Rahmen der Verhandlungsmaxime[304] – nicht mehr Gegenstand des Beweises.[305]

4. Im Unterschied zur subjektiven Beweislast bezeichnet die **objektive Beweislast** das Tragen des Nachteils, der sich aus der Beweislosigkeit einer behaupteten Tatsache ergibt. Wer diesen Nachteil zu tragen hat, bestimmt sich nach der Beweislastregel in Art. 8 ZGB. Diese Bestimmung regelt mit anderen Worten, wer das Risiko der Beweislosigkeit zu tragen hat (ausführlich N 180 ff.). Schon KUMMER wies darauf hin, dass die Marginalie zu dieser Bestimmung treffender «Folgen der Beweislosigkeit» lauten würde.[306]

2. Beweismittel

1. Die ZPO enthält in Art. 168 Abs. 1 einen *Numerus clausus* der zulässigen Beweismittel: das Zeugnis (lit. a), die Urkunde (lit. b), den Augenschein (lit. c), das Gutachten (lit. d), die schriftliche Auskunft (lit. e) sowie die Parteibefragung und Beweisaus-

---

[301] BGE 128 III 411 (413), E. 3.2.1; 125 III 231 (238 f.), E. 4a; SPÜHLER/DOLGE/GEHRI, § 47 N 293; WALTER, SJZ 2004, 318 f.
[302] KUMMER, BeKomm, Art. 8 ZGB N 31.
[303] HAUSHEER/JAUN, ZGB-Komm, Art. 8–10 ZGB N 41.
[304] SPÜHLER/DOLGE/GEHRI, § 25 N 91.
[305] SCHMID, Beweislast, 15; SPÜHLER/DOLGE/GEHRI, § 47 N 293; BRÖNNIMANN, Behauptungslast, 54.
[306] KUMMER, BeKomm, Art. 8 ZGB N 34.

sage (lit. f). Es handelt sich hierbei um einen *Numerus clausus* der zulässigen Beweismittel[307], weil implizit alle anderen Beweismittel ausgeschlossen sind.[308] Die Regelung in Art. 168 ZPO i.V.m. Art. 49 Abs. 1 BV verbietet den Kantonen, die zulässigen Beweismittel mittels öffentlichrechtlicher Bestimmungen einzuschränken.[309] Stets unzulässig und unverwertbar sind nicht vorschriftsgemäss erhobene oder rechtswidrig beschaffte Beweismittel (dazu Art. 152 Abs. 2 ZPO).[310] Ein rechtswidrig beschafftes, aber grundsätzlich zulässiges Beweismittel darf nur dann verwendet werden, wenn das Interesse an der Wahrheitsfindung die bei der Beschaffung erfolgte Verletzung des Rechtsguts überwiegt (Art. 152 Abs. 2 ZPO).[311]

130　2. Der *Numerus clausus* der Beweismittel verstösst an sich **gegen das Recht auf Beweis,** das ein Verbot der Beweismittelbeschränkung beinhaltet. Da allerdings Art. 168 ZPO einen breiten Katalog von Beweismitteln enthält und insbesondere der Urkundenbegriff weit gefasst ist (Art. 177 ZPO; N 133), sind kaum Beweismittel denkbar, die sich nicht unter den Katalog in lit. a–f subsumieren liessen.[312] Die Beweismittelbeschränkung dient der **Rechtssicherheit** und entspricht dem **Gebot auf ein faires Verfahren.**[313] Sie entfällt in Kinderbelangen, wo der sogenannte Freibeweis[314] zulässig ist (Art. 168 Abs. 2 ZPO). Insofern steht die Beweismittelbeschränkung auch nicht der in Kindesbelangen geltenden strengen Untersuchungsmaxime entgegen.

131　3. Zu den **einzelnen Beweismitteln** ist Folgendes zu ergänzen:

132　a. Als *Zeugnis* i.S. von Art. 168 Abs. 1 lit. a ZPO ist lediglich das direkte Zeugnis durch unmittelbare Sinneswahrnehmung zu verstehen (Art. 169 in fine ZPO).[315] Das Hörensagen hatte gemäss älterer bundesgerichtlicher Rechtsprechung keine Beweiskraft.[316] Das Zeugnis, das auf Hörensagen basiert, ganz allgemein als Beweismittel auszu-

---

[307]　BGE 141 III 433 (436), E. 2.5.1; WEIBEL/WALZ, ZPO-Komm, Art. 168 ZPO N 1.
[308]　MÜLLER, ZPO-Komm, Art. 168 ZPO N 1; so gibt es beispielsweise keine Auskunftspersonen im Zivilprozess: MÜLLER, ZPO-Komm, Art. 169 ZPO N 3; HAFNER, BaKomm, Art. 168 ZPO N 9.
[309]　KGer Freiburg 102 2012–20 vom 27. Juni 2012, E. 2d: Die gesetzliche Verpflichtung, individuelle Strom- und Heisswasserzähler für jede Mietpartei zu installieren, schränkt die zulässigen Beweismittel beispielsweise nicht ein. Der Verteilungsschlüssel zwischen den Mietern kann auch mit anderen Mitteln nachgewiesen werden.
[310]　MÜLLER, ZPO-Komm, Art. 168 ZPO N 3.
[311]　Botschaft ZPO, 7312 f.
[312]　WEIBEL/WALZ, ZPO-Komm, Art. 168 ZPO N 5; HAFNER, BaKomm, Art. 168 ZPO N 1, N 5; MÜLLER, ZPO-Komm, Art. 168 ZPO N 3; BRÄNDLI, 689 f.; STAEHELIN/STAEHELIN/GROLIMUND, § 18 N 97; RÜETSCHI, BeKomm, Art. 168 ZPO N 2, weist darauf hin, dass die Formstrenge zum Ziel hat, die Mitwirkungsrechte der Parteien zu wahren. Kritisch: BÜHLER, sic! 2007, 612.
[313]　Botschaft ZPO, 7320 f.; WEIBEL/WALZ, ZPO-Komm, Art. 168 ZPO N 3.
[314]　D.h. die Beweisführung mit anderen als den gesetzlich vorgesehenen Mitteln: RÜETSCHI, BeKomm, Art. 168 ZPO N 2; ausführlich: MÜLLER, ZPO-Komm, Art. 168 ZPO N 9 ff.
[315]　Botschaft ZPO, 7321.
[316]　BGer 4P.48/2006 vom 22. Mai 2006, E. 3; kritische Anmerkung zu diesem Entscheid von BOHNET, 378.

schliessen, schien indessen nicht haltbar, weshalb solche Aussagen mittlerweile immerhin als Indiz oder als Hilfstatsache in die Beweiswürdigung einfliessen können.[317]

b. Der Begriff der *Urkunde* (Art. 168 Abs. 1 lit. b ZPO) ist – insbesondere aufgrund der fortschreitenden technischen Entwicklung – weit gefasst.[318]

133

aa. Ein Dokument muss gemäss Art. 177 ZPO lediglich *geeignet sein, rechtserhebliche Tatsachen zu beweisen*.[319] Im Unterschied zur strafrechtlichen Definition der Urkunde muss diese im Zivilrecht nicht für den Beweis bestimmt sein.[320] So können etwa auch Gerichtsurteile Beweismittel (in Urkundenform) sein, die grundsätzlich den vollen Beweis für bezeugte Tatsachen erbringen.[321] Dagegen geltend private Rechtsgutachten (auch von Versicherungen veranlasste Aktengutachten[322]) nicht als Beweismittel, sondern als Parteibehauptung.[323] Bestreitet die Gegenpartei aber die in einem Privatgutachten vermerkten Tatsachen(behauptungen), ohne dies hinreichend zu begründen, so kann das Privatgutachten den Wahrheitsbeweis erbringen, wenn darüber hinaus objektive Indizien für den dargestellten Sachverhalt bestehen.[324] Handschriftliche Gesprächsnotizen können sowohl Beweismittel als auch Parteibehauptungen sein, je nachdem, wie das Gericht sie gewichtet.[325]

134

bb. Besondere Einzelfragen ergeben sich in Zusammenhang mit Urkunden, welche in Form von *elektronischen Dateien* als Beweismittel dienen sollen. Für die beweispflichtige Person, die ein digitales Dokument einbringen möchte, stellen sich zwei Fragen: erstens die Frage nach der Zulässigkeit und zweitens die Frage nach der Tauglichkeit als Beweismittel.[326] *Zur Zulässigkeit:* Derzeit bestehen keine allgemeinen Gültigkeitserfordernisse betreffend elektronische Dateien, weshalb sämtliche digitalen Urkunden in den Prozess eingebracht werden können und mithin zulässig sind.[327] Elektronische Dateien (verfügbar auf einem elektronischen Datenträger, wie DVD, CD, Tonband, USB-Stick, Harddisk, Server) sind – obwohl es zu ihrer Auswertung technischer Hilfsmittel bedarf – selbst Urkunden und nicht nur Objekte, die für einen Augenschein in Frage kommen. *Zur Tauglichkeit:* Der Frage des Beweiswerts ist erst im Rahmen

135

---

[317] BGer 5A_2014 vom 14. Juli 2014, E. 5.1.
[318] Botschaft ZPO, 7322.
[319] Damit wird Art. 150 ZPO wiederholt, wonach rechtserhebliche und streitige Tatsachen Gegenstand des Beweises bilden: MÜLLER, ZPO-Komm, Art. 177 ZPO N 4.
[320] Botschaft ZPO, 7322.
[321] BGer 5A_657/2014 vom 27. April 2015, E. 9.2.
[322] BGer 4A_85/2017 vom 4. September 2017, E. 2.2.1 und 2.2.2.
[323] BGE 141 III 433 (437), E. 2.5.3; BGer 5A_261/2009 vom 1. September 2009, E. 1.3.
[324] BGer 4A_318/2016 vom 3. August 2016, E. 3.2.
[325] BGer 4A_617/2014 vom 3. Februar 2015, E. 4.2.
[326] BRÄNDLI, 689.
[327] BRÄNDLI, 700 f. Es bestehen lediglich vereinzelte Normen in der Geschäftsbücherverordnung (GeBüV), im Übrigen verweist der Gesetzgeber aber auf anerkannte Normen, Standards und den Stand der Technik. Siehe dazu: FÄSSLER, 382.

der Beweiswürdigung Rechnung zu tragen und nicht bereits bei der Frage, ob überhaupt ein zulässiges Beweismittel vorliegt.[328] Die Botschaft ZPO hält fest, dass es für die Beweistauglichkeit darauf ankommt, dass die «Digitalisierung gewissen Standards entspricht».[329] Die Beweiskraft elektronischer Dateien hängt von ihrer Authentizität (gewährleistet z.B. durch eine elektronische Signatur) und Integrität ab.[330] In Bezug auf das Trägermedium erhebt Art. 177 ZPO keine Voraussetzungen, weshalb es Aufgabe der Praxis ist, den Beweiswert im Einzelfall festzulegen.[331] Keine Sicherheit mit Bezug auf Authentizität und Integrität bieten grundsätzlich leicht überschreibbare Datenträger. Digital signierte Dokumente – unabhängig von der Art des Datenträgers – bilden dagegen derzeit die höchste Sicherheitsstufe.[332] Zweifel an der Echtheit bzw. an der Originalkonformität[333] der elektronischen Datei sind substantiiert vorzubringen.[334] Gegebenenfalls hat das Gericht nach Art. 180 Abs. 1 ZPO die Möglichkeit, das Original (sog. Echtheitsbeweis) einzufordern.[335]

136   cc. Bei der Berufung auf *Webseiteninhalte* stellt sich zusätzlich das Problem des Einreichens (Art. 221 Abs. 2 lit. c ZPO). Insbesondere bei umfangreichen Dokumenten stellt sich die Frage, ob und inwiefern die Angabe eines Links genügt[336] und wann Eingaben in Papierform angebracht sind.[337] In jedem Fall sollte das Gericht Behauptungen und Beweisanträge ohne grossen Aufwand zuordnen und massgebende Stellen (Art. 180 Abs. 2 ZPO) rasch auffinden können.[338] Diese Anforderung ergibt sich aus dem Grundsatz, dass Urkunden als Ganzes eingereicht werden müssen.[339] Da es sich bei dieser Pflicht um eine Ordnungsvorschrift handelt, deren Verletzung nicht unmittelbar die

---

[328] RÜETSCHI, BeKomm, Art. 177 ZPO N 5; DOLGE, BaKomm, Art. 177 ZPO N 11. Der papierlose MwSt-Nachweis hat beispielsweise Originalqualität mit vollem Beweiswert, wenn er nach den handelsrechtlichen Vorgaben erstellt wurde: SUTER/GSCHWEND, EF 2018, 103.

[329] Botschaft ZPO, 7323. Das deutsche Bundesamt für Sicherheit in der Informationstechnik hat die Richtlinie 03 138 «Rechtssicheres ersetzendes Scannen» (TR-RESISCAN) erlassen, welche einen solchen Standard für das deutsche Recht setzt: FÄSSLER, 382.

[330] FANGER, Jusletter 2006, N 18 f.

[331] WEIBEL, ZPO-Komm, Art. 177 ZPO N 12.

[332] FANGER, Jusletter 2006, N 20 ff.; RÜSSMANN, Jusletter 2004, N 15 ff.

[333] BRÄNDLI, 697; BGer 5A_648/2016 vom 3. Juli 2017, E. 3.3.

[334] DOLGE, BaKomm, Art. 177 ZPO N 11. Rein pauschale Bestreitungen genügen nicht, sondern es müssen begründete Zweifel an der Echtheit der Urkunde geweckt werden: STAEHELIN/STAEHELIN/GROLIMUND, § 18 N 99.

[335] BRÄNDLI, 698. Ob der Begriff der «Echtheit» die inhaltliche Richtigkeit oder lediglich die Übereinstimmung mit dem Aussteller der Urkunde betrifft, ist in der Lehre umstritten. Das Bundesgericht geht davon aus, dass nur die Echtheit im engeren Sinne gemeint ist, also die Frage, ob die Urkunde vom erkennbaren Aussteller stammt: BGer 5A_648/2016 vom 3. Juli 2017, E. 3.7, E. 3.4 mit Hinweisen zu den Lehrmeinungen.

[336] Insbesondere aus prozessökonomischen Überlegungen: BRÄNDLI, 693 f.

[337] BRÄNDLI, 692 f.

[338] STAEHELIN/STAEHELIN/GROLIMUND, § 18 N 101.

[339] LAMBELET, ZPO-Komm, Art. 180 ZPO N 5.

Unverwertbarkeit zur Folge hat, sollte das Gericht auf den Mangel hinweisen und eine Frist zur Nachbesserung einräumen.[340] Bei grösseren Datensammlungen, die nicht in ihrer Gesamtheit beurteilt werden müssen, sollte das Ausstellen von Auszügen mit den beweisrelevanten Stellen ausreichen.[341]

c. Der *Augenschein* (Art. 168 Abs. 1 lit. c ZPO) kann dem Gericht sowohl als Beweismittel als auch lediglich zum besseren Verständnis des Sachverhalts dienen. Soll er Beweismittelfunktion haben, so bedarf er eines Parteiantrags (sofern die Verhandlungsmaxime herrscht). Dient der Augenschein dagegen lediglich dem besseren Verständnis, so kann er jeweils auch von Amtes wegen angeordnet werden. Aus dem Recht auf Beweis ergibt sich ein Teilnahmerecht der Parteien am Augenschein.[342] Der Ausschluss einer Partei darf nur erfolgen, wenn besondere zeitliche Dringlichkeit dies gebietet, schützenswerte Interessen Dritter oder des Staates vorliegen oder wenn der Augenschein seinen Zweck nur erfüllen kann, wenn er ohne Anmeldung durchgeführt wird.[343] Der Augenschein bezieht sich im Gegensatz zur Urkunde auf eine gegenwärtige Sinneswahrnehmung und nicht auf etwas Vergangenes.[344]

d. Das *gerichtlich bestellte Gutachten* (Art. 168 Abs. 1 lit. d ZPO) kann wie der Augenschein entweder als Beweismittel oder lediglich zur Klärung des Sachverhalts genutzt werden.[345] Auch im Bereich der Verhandlungsmaxime kann es von Amtes wegen eingeholt werden.[346] Unter Umständen besteht sogar eine Pflicht für das Gericht, eine sachverständige Person beizuziehen, nämlich wenn ihm die notwendigen eigenen Sachkenntnisse (Art. 183 Abs. 3 ZPO) fehlen, um über einen Fall zu entscheiden.[347]

e. Eine Mischform aus Urkundenbeweis, Gutachten und Zeugnis stellt die *schriftliche Auskunft* (Art. 168 Abs. 1 lit. e ZPO) dar.[348] Das entsprechende Begehren ist grundsätzlich an Amtsstellen zu richten, wobei auch Privatpersonen schriftliche Auskünfte geben können (Art. 190 ZPO). Aufgrund des abschliessenden Charakters der Beweismittel in Art. 168 ZPO ist nur die schriftliche Auskunft zulässig; mündliche Auskünfte gelten nicht als Beweismittel.[349]

---

[340] Dies ergibt sich aus der gerichtlichen Fragepflicht und dem Grundsatz von Treu und Glauben im Verfahren: WEIBEL, ZPO-Komm, Art. 180 ZPO N 11; DOLGE, BaKomm, Art. 180 ZPO N 15; BRÄNDLI, 694 f.
[341] LAMBELET, ZPO-Komm, Art. 180 ZPO N 7.
[342] Zum Ganzen Botschaft ZPO, 7323.
[343] BGE 116 Ia 94 (99 ff.), E. 3b; 121 V 150 (153), E. 4b.
[344] MÜLLER, ZPO-Komm, Art. 177 ZPO N 13.
[345] Botschaft ZPO, 7324.
[346] RÜETSCHI, BeKomm, Art. 183 ZPO N 7; BGer 4A_146/2015 vom 19. August 2015, E. 4.3.
[347] BGE 117 II 231 (234 f.), E. 2b; BGer 5A_748/2008 vom 16. März 2009, E. 3.2; BGer 4A_52/2008 vom 29. April 2008, E. 3.4.
[348] Botschaft ZPO, 7325 f.
[349] BGer 5A_125/2016 vom 27. Juli 2016, E. 4.2.

140 f. Die *Parteibefragung* und die *Beweisaussage* (Art. 168 Abs. 1 lit. f ZPO) gelten – im Gegensatz zu den Aussagen im Rahmen einer Instruktionsverhandlung, den ersten Parteivorträgen oder der ersten Befragung im vereinfachten Verfahren – als Beweismittel.[350] Parteibefragung und Beweisaussage unterscheiden sich inhaltlich nicht; bei der Beweisaussage wird lediglich eine höhere Strafdrohung vorgesehen (siehe Art. 191 und 192 ZPO). Obwohl in der Botschaft grundsätzlich von einem geringen Beweiswert ausgegangen wird, ist es nicht zulässig, der Parteibefragung und Beweisaussage von vornherein jeden Beweiswert abzusprechen.[351]

3. Beweismass

141 Zur gerichtlichen Entscheidfindung bedarf es der **gerichtlichen Überzeugung.** Grundsätzlich ist ein Beweis dann erbracht, wenn das Gericht vom Vorliegen einer behaupteten Tatsache voll überzeugt ist (sog. Überzeugungstheorie). Diese Überzeugung beruht nicht nur auf einem subjektiven Kriterium, sie darf nicht einfach das Ergebnis eines Gefühlsprozesses oder allgemeiner Vermutung des Gerichts sein, und sie bedeutet nicht einfach gerichtliche Entscheidung nach subjektiver Beliebigkeit. Vielmehr wird die subjektive Überzeugung mit einem objektiven Mass gemessen: das Beweismass.[352] Grundsätzlich wird ein strikter Beweis (N 143) verlangt, ausnahmsweise genügt die überwiegende Wahrscheinlichkeit (N 144 ff.)[353] und ganz selten scheint die «absolute Sicherheit» (N 142) erforderlich zu sein.[354] Das bedarf einiger Präzisierungen:

142 1. Eine **absolute Sicherheit** im naturwissenschaftlichen Sinn kann im Bereich menschlicher Überzeugung kaum je vorliegen. Menschliche Überzeugung ist objektiv nicht messbar und naturgemäss immer auch subjektiv geprägt. In seltenen Fällen verlangt das Gesetz gleichwohl die absolute (subjektive) Gewissheit, unter Ausschluss jeglicher auch nur theoretisch möglicher Zweifel, namentlich in Art. 34, Art. 469 Abs. 3, Art. 510 Abs. 2, Art. 511 Abs. 1 ZGB.[355] Das Bundesgericht versucht aber zu Recht, dem bei der Wahrheitssuche Schwierigkeiten bereitenden Beweismass der ab-

---

[350] Botschaft ZPO, 7326.
[351] Andernfalls wird das Recht auf Beweis verletzt: BGE 143 III 297 (332 ff.), E. 9.3.2.
[352] NONN, 4.
[353] HOHL, Degré, 136 f., WALTER, BeKomm, Art. 8 ZGB N 134 ff.; GÖKSU, HandKomm, Art. 8 ZGB N 4; STEINAUER, SPR II/1, N 666; BERGER-STEINER, N 06.74, N 06.82 ff. Siehe dagegen SCHWEIZER, 482 ff., 486, 505 ff., der aus Kosten-Nutzen-Überlegungen den Beweisgrad der überwiegenden Überzeugung für genügend hält.
[354] So etwa in Art. 34, Art. 469 Abs. 3 oder Art. 511 Abs. 1 ZGB: WALTER, BeKomm, Art. 8 ZGB N 137; LARDELLI, BaKomm, Art. 8 ZGB N 17.
[355] WALTER, BeKomm, Art. 8 ZGB N 137; HOHL, FS Vogel, 136.

soluten Sicherheit Grenzen zu setzen:[356] Nach Art. 469 Abs. 3 ZGB können bei offensichtlichem Irrtum in der Bezeichnung von Personen oder Sachen die irrtümlichen Bestimmungen nach dem Willen der Erblasserin berichtigt werden, wenn dieser Wille «mit Bestimmtheit» festgestellt werden kann. Dieser Nachweis führt zu praktischen Schwierigkeiten, denen das Bundesgericht in BGE 124 II 414 ff. durch Heranziehen der Grundsätze der Testamentsauslegung und namentlich des «favor testamenti» Rechnung getragen hat. Sind somit bei der Bestimmung der begünstigten Erben mehrere Auslegungen möglich (und spricht für keine die absolute Sicherheit i.S. von Art. 469 Abs. 3 ZGB), ist jene zu wählen, die für die Aufrechterhaltung der Verfügung die günstigste ist.[357] Mit diesen Auslegungsregeln wird mithin die Schwierigkeit der Feststellung «mit Bestimmtheit» in Art. 469 Abs. 3 ZGB umschifft.

2. Grundsätzlich ist eine absolute Sicherheit gar nicht zu erreichen. Theoretische oder abstrakte Zweifel sind immer möglich. Wenn demnach absolute Sicherheit verlangt würde, könnte ein Beweis gar nie gelingen. Folglich kann es sich auch beim strikten Beweis aus naturwissenschaftlicher Sicht immer nur um einen Wahrscheinlichkeitsbeweis handeln.[358] Ein **strikter bzw. voller Beweis** ist mithin der höchste Grad an Wahrscheinlichkeit, der im Bereich menschlicher Wahrnehmung überhaupt erreichbar ist. Für den vollen Beweis genügt nach der Rechtsprechung eine **an Sicherheit grenzende Wahrscheinlichkeit**.[359] Auch in diesem Fall handelt es sich – wie bei jeder menschlichen Überzeugung – um eine subjektive Gewissheit, sie beruht aber immerhin auf der an sich vollen gerichtlichen Überzeugung, eingeschränkt einzig durch die rein theoretische und beweismässig nicht völlig auszuschliessende Möglichkeit eines anderen Geschehensablaufs. Das Gericht hat am Vorliegen der behaupteten Tatsachen keine ernsthaften Zweifel mehr bzw. allenfalls verbleibende Zweifel erscheinen unerheblich bzw. leicht.[360] Das ist das **Regelbeweismass** (N 76).[361]

143

3. a. **Ausnahmen** von diesem Regelbeweismass ergeben sich teils aus dem Gesetz, teils sind sie von Rechtsprechung und Lehre herausgearbeitet worden. So wird mitunter die **überwiegende Wahrscheinlichkeit** als ausreichend betrachtet. Gelegentlich verwendete das Bundesgericht auch andere Begriffe, ohne dass damit beabsichtigt

144

---

[356] So auch VOGEL, ZBJV 1999, 441.
[357] BGE 124 III 414 (416 f.), E. 3.
[358] BÜHLER, Beweiswürdigung, 88; NONN, 4; BERGER-STEINER, N 06.64 ff., N 06.74 ff.; LARDELLI, BaKomm, Art. 8 ZGB N 17; STEIN/JONAS/LEIPOLD, ZPO-Komm, § 286 ZPO N 2; STEINAUER, SPR II/1, N 671; WALTER, BeKomm, Art. 8 ZGB N 137; HOHL, FS Vogel, 148 ff.
[359] Implizit BGE 130 III 321 (324), E. 3.2; BERGER-STEINER, N 06.74; DIES., Kausalitätsbeweis, 23 f.; HOHL, FS Vogel, 150.
[360] BGE 130 III 321 (324), E. 3.2; 128 III 271 (275), E. 2b/aa; WALTER, BeKomm, Art. 8 ZGB N 136; STEINAUER, SPR II/1, N 666; BÜHLER, Beweiswürdigung, 88; BERGER-STEINER, N 06.74; HOHL, Degré 136.
[361] BGE 130 III 321 (324), E. 3.2; HOHL, FS Vogel, 130; BERGER-STEINER, N 06.64 ff.; SCHWEIZER, 472.

war, das Beweismass inhaltlich anders zu umschreiben. In BGE 130 III 321 (325), E. 3.3, hat es sich explizit zu einer künftig einheitlichen Terminologie bekannt. Die überwiegende Wahrscheinlichkeit ist erreicht, wenn die Möglichkeit eines anderen Geschehensablaufs zwar nicht ausgeschlossen werden kann, jedoch vernünftigerweise nicht in Betracht fällt.[362] Es genügt also nicht, dass von zwei Geschehensabläufen der eine wahrscheinlicher ist als der andere. Erforderlich ist vielmehr, dass die «Übereinstimmung der massgebenden Sachverhaltsdarstellung mit der Wahrheit so wahrscheinlich erscheint, dass für die Verwirklichung anderer Sachverhaltsversionen kein ernst zu nehmender Raum verbleibt».[363] Damit erweist sich der Begriff der überwiegenden Wahrscheinlichkeit als irreführend. Im Grunde genommen handelt es sich bei der überwiegenden Wahrscheinlichkeit um den Beweisgrad der **hohen Wahrscheinlichkeit,** der «haute vraisemblance».[364]

145 b. Dieser Ausnahme vom Regelbeweismass liegt die Überlegung zugrunde, dass die Rechtsdurchsetzung **nicht an Beweisschwierigkeiten scheitern** darf, die typischerweise bei bestimmten Sachverhalten auftreten.[365] Hier handelt es sich um eine Generalisierung der in Art. 42 Abs. 2 OR zugrunde gelegten Beweismasserleichterung (N 308, N 353). Die Beweismasserleichterung setzt mithin eine Beweisnot (N 295 ff.) voraus. Eine solche liegt vor, wenn ein strikter Beweis nach der Natur der Sache nicht möglich oder nicht zumutbar ist, insbesondere, wenn die von der beweisbelasteten Partei behaupteten Tatsachen nur mittelbar durch Indizien bewiesen werden können. Eine Beweisnot liegt aber nicht schon darin begründet, dass eine Tatsache, die ihrer Natur nach ohne weiteres dem unmittelbaren Beweis zugänglich wäre, nicht bewiesen werden kann, weil der beweisbelasteten Partei die Beweismittel fehlen. Blosse Beweisschwierigkeiten im konkreten Fall können nicht zu einer Beweismasserleichterung führen.[366]

146 c. Der Beweisgrad der **überwiegenden Wahrscheinlichkeit genügt** nach der Rechtsprechung namentlich in folgenden Fällen:[367]

- beim Beweis des natürlichen bzw. des hypothetischen Kausalzusammenhangs;[368]
- beim Beweis des Eintritts des Versicherungsfalls;[369]

---

[362] Ähnlich BGE 130 III 321 (325), E. 3.3; 128 III 271 (276), E. 2b/aa; HOHL, Procédure I, N 1942.
[363] BERGER-STEINER, Kausalitätsbeweis, 29.
[364] BERGER-STEINER, Kausalitätsbeweis, 28 f., mit Hinweis auf HOHL, Degré, 125, 150, 154 ff.
[365] BGE 133 III 153 (162), E. 3.3; 128 III 271 (275), E. 2b/aa; WALTER, BeKomm, Art. 8 ZGB N 142; DERS., Rechtsnatur, 681; HOHL, FS Vogel, 151 f.; DIES., Degré, 137 f.; SCHWEIZER, 470, 472.
[366] BGE 130 III 321 (324), E. 3.2, m.w.H. auf die Rechtsprechung; HOHL, Procédure I, 1890.
[367] Weitere Hinweise bei HOHL, Degré, 131 ff.; DIES., Procédure I, N 1900 ff.
[368] BGE 124 III 155 (165), E. 3d; 121 III 358 (363), E. 5; 115 II 440 (447 f., 449 f.), E. 5a, E. 6a.
[369] BGE 130 III 321 (324 f.), E. 3.2; 128 III 271 (276), E. 2b/aa.

- beim Beweis der Urteilsunfähigkeit, insbesondere bei einer verstorbenen Person;[370]
- beim Beweis einer objektiv schweren Persönlichkeitsverletzung (Art. 28a Abs. 1 Ziff. 3 ZGB, Art. 49 OR);[371]
- beim Beweis des Vorliegens einer «Rachekündigung» im Mietrecht.[372]

4. Eine weitere Ausnahme vom Regelbeweismass stellt das Beweismass der Glaubhaftigkeit dar. Hier verlangt das Bundeszivilrecht lediglich das **Glaubhaftmachen** der behaupteten Tatsachen (z.B.: Art. 42 Abs. 1 ZGB). «Glaubhaft gemacht ist eine Tatsache schon dann, wenn für deren Vorhandensein gewisse Elemente sprechen, selbst wenn das Gericht noch mit der Möglichkeit rechnet, dass sie sich nicht verwirklicht haben könnte.»[373] Erforderlich ist, dass die fragliche Sachverhaltsdarstellung wahrscheinlicher ist als eine andere.[374] Daher kann man statt von der Glaubhaftigkeit von der **einfachen Wahrscheinlichkeit** sprechen.[375] Im Prozessrecht genügt das Glaubhaftmachen etwa für die Voraussetzungen der vorsorglichen Massnahmen (Art. 261 Abs. 1 ZPO).[376] 147

5. Im Bereich der Verhandlungsmaxime drängt sich folgende **Ergänzung** auf: Die obgenannten Überzeugungsgrade beruhen stets auf den von den Parteien vorgebrachten Tatsachen und Beweismitteln. Weitere Beweismittel oder Tatsachen darf das Gericht grundsätzlich (Art. 153 Abs. 2 ZPO) nicht von sich aus berücksichtigen. Damit ist immer auch die Möglichkeit verbunden, dass sich die Sache in Wirklichkeit nicht so verhalten hat, wie es das Gericht nach dem vorhandenen Tatsachenmaterial und den vorhandenen Beweisergebnissen annehmen muss. Mit anderen Worten: Die gerichtliche Überzeugung bezieht sich letztlich nicht unbedingt auf die Wirklichkeit bzw. Wahrheit, sondern auf die Situation, wie sie sich nach der Beweislage präsentiert.[377] Deshalb ist im Bereich des Verhandlungsgrundsatzes auch von der **formellen Wahrheit** die Rede, während im Geltungsbereich des Untersuchungsgrundsatzes nach der materiellen Wahrheit gesucht wird.[378] 148

---

[370] BGE 124 III 5 (8), E. 1b; 144 III 264 (271), E. 5.5.
[371] BGE 122 III 449 (453 f.), E. 2b; 123 III 385 (387), E. 4a.
[372] BGE 115 II 484 (486), E. 2b.
[373] BGE 132 III 715 (720), E. 3.1; 130 III 321 (325), E. 3.3; 120 II 393 (398), E. 4c; SPÜHLER/DOLGE/GEHRI, § 42 N 33.
[374] BERGER-STEINER, Kausalitätsbeweis, 38.
[375] BERGER-STEINER, Kausalitätsbeweis, 37 f.; ebenso BÜHLER, Jusletter 2010, N 17.
[376] SPÜHLER/DOLGE/GEHRI, § 42 N 32.
[377] BÜHLER, Beweiswürdigung, 88 f.
[378] Kritisch zur «terminologischen Relativierung» des Begriffs der Wahrheit: BERGER-STEINER, N 05.111.

4. Beweiswürdigung

a. Begriff

149 Der Begriff der Beweiswürdigung umfasst einen gedanklichen Vorgang des Gerichts (1.), der zu einem bestimmten intellektuellen Ergebnis (2.) führt:

150 1. Die Beweiswürdigung ist eine gerichtliche Tätigkeit, ein **Vorgang,** der zu einem gerichtlichen Entscheid führen soll, ein Vorgang gerichtlicher Überzeugungsbildung.[379] Aufgabe des Gerichts ist es, die von den Parteien vorgebrachten Beweismittel nach ihrer Beweiskraft zu untersuchen und zu bewerten, d.h. zu würdigen. Es handelt sich also um eine **Beweismittelwürdigung.** Eine solche setzt grundsätzlich die Abnahme der Beweise voraus (zur antizipierten Beweiswürdigung siehe N 115 ff.). Die Würdigung stellt einen sich in Etappen abspielenden Denkprozess dar, der durchaus längere Zeit dauern kann. Die Etappen können entweder den Parteien verborgen bleiben, oder sie werden diesen bekanntgegeben.[380] Für die Entscheidfindung ist eine **Gesamtwürdigung** bzw. eine Gesamtbewertung aller Beweismittel erforderlich, die über die isolierte Bewertung der einzelnen Beweismittel hinausgeht.[381]

151 2. Der Denkprozess der Beweiswürdigung endet damit, dass das Gericht die rechtserheblichen Tatsachen als vollumfänglich, teilweise oder überhaupt nicht erwiesen erachtet und so zu einem **Beweisergebnis** gelangt.[382] Das Beweisergebnis äussert sich in der Überzeugung des Gerichts über das Vorhandensein bzw. Nicht-Vorhandensein der Tatsachen. Mit anderen Worten: Das Ergebnis des Denkvorgangs ist das Resultat der gerichtlichen Tätigkeit der Beweismittelbewertung. Mitunter wird dieser Denkvorgang als gedanklich-logischer bezeichnet.[383] Da es sich um einen menschlichen Denkvorgang handelt, spielen aber offensichtlich nicht nur rationale, bewusste und regelbasierte Denkprozesse eine Rolle. Vielmehr ist häufig neben Vernunft auch Intuition beteiligt.[384] SCHWEIZER zeigt anhand von empirischen Untersuchungen, dass die Beweiswürdigung (vereinfacht gesagt) ein Prozess der Kohärenzbildung ist, im Rahmen dessen Beweismittel (Indizien), welche die nachfolgende Entscheidung stützen, aufgewertet werden, während widersprüchliche Beweismittel (Indizien) abgewertet werden. Im Verlauf des Entscheidfindungsprozesses entsteht ein Kohärenzkonstrukt, das durch neu auftretende Beweismittel nur noch schwerlich zu beeinflussen ist. Neue

---

[379] DESCHENAUX, SPR II, 241; NONN, 3; SCHWEIZER, 13; BÜHLER, Beweiswürdigung, 87.
[380] SCHUMACHER, FS Eichenberger, 164.
[381] BÜHLER, Beweiswürdigung, 87.
[382] NONN, 3.
[383] NONN, 7; KAUFMANN, Freie Beweiswürdigung, 19; BAUMGÄRTEL/LAUMEN, Grundlagen, § 4 N 18 ff., sprechen von der objektiven (Beweiswürdigungs-)Theorie, die allein oder überwiegend auf objektive Gesichtspunkte abstellt.
[384] Ausführlich zur Psychologie der Überzeugungsbildung: SCHWEIZER, 3, 253 ff., mit zahlreichen Hinweisen.

Beweismittel werden vielmehr so interpretiert, dass sie zum bisherigen Konstrukt passen.³⁸⁵

Das Ergebnis ist ein psychischer Zustand des Gerichts, «der reflektorisch in unterschiedlichen Graden der Gewissheit möglich ist».³⁸⁶ Dieses Beweiswürdigungsergebnis wird nachfolgend (etwas einfacher) als Beweisergebnis bezeichnet. Der Begriff «Beweisergebnis» ist zwar weiter gefasst als jener des Beweiswürdigungsergebnisses, umfasst er doch das Ergebnis des gesamten Beweisverfahrens, namentlich auch ein Ergebnis, welches ohne Beweisabnahme (also aufgrund von antizipierter Beweiswürdigung; N 115 ff.) zustande kommt. Regelmässig decken sich die beiden Begriffe aber. Andere Autoren³⁸⁷ bezeichnen das Ergebnis der Beweisabnahme als Beweisergebnis. Nach diesem Verständnis bildet das Beweisergebnis das Objekt der Beweiswürdigung, während es nach der vorliegend verwendeten Terminologie das Resultat der Beweiswürdigung darstellt. 152

3. Daraus ergibt sich folgende zweistufige **Definition:** Beweiswürdigung ist die Bewertung sämtlicher im Beweisverfahren abgenommener Beweise, aller Verhaltensweisen und Umstände sowie die daraus gezogene Feststellung und Überzeugung von deren Beweiskraft durch das Gericht im Hinblick auf das Beweisthema (Beweisergebnis).³⁸⁸ 153

b. Bedeutung

Die Beweiswürdigung dient in erster Linie der **Wahrheitsfindung** und damit der Verwirklichung der materiellen Wahrheit. Das Gericht hat gestützt auf die Beweisabnahme einen gerechten Entscheid zum Beweisthema zu fällen. Von der Beweiswürdigung hängt hauptsächlich ab, wie das Gerichtsurteil ausfällt. Der Beweiswürdigung kommt daher im gesamten Verfahren eine **erhebliche Bedeutung** zu. Entsprechend ist es für die Parteien wichtig, dass sie die gerichtliche Überzeugungsbildung als Resultat der Beweiswürdigung überprüfen können. Dies setzt eine nachvollziehbare **Begründung** des gerichtlichen Denkprozesses voraus.³⁸⁹ 154

---

[385] SCHWEIZER, 310 ff., 318 f.
[386] SCHUMACHER, FS Eichenberger, 165; s. auch N 141 ff.; BAUMGÄRTEL/LAUMEN, Grundlagen, § 4 N 15 ff., sprechen von der subjektiven Theorie, die auf die persönliche Überzeugung des Richters abstellt.
[387] So WALTER, BeKomm, Art. 8 ZGB N 118.
[388] WALTER, BeKomm, Art. 8 ZGB N 119; KUMMER, BeKomm, Art. 8 ZGB N 64; LARDELLI, BaKomm, Art. 8 ZGB N 78.
[389] BÜHLER, Beweiswürdigung, 89; NONN, 3; KAUFMANN, Freie Beweiswürdigung, 18 f.

c. Subjekt und Objekt

155 1. Die Beweiswürdigung ist Bestandteil der Urteilsfindung und bleibt dadurch der Parteiherrschaft entzogen. **Subjekt** der Beweiswürdigung ist **das Gericht.** Eine allfällige Öffentlichkeit der Beratung ändert nichts an dieser Tatsache.[390]

156 2. Das **Objekt** der Beweiswürdigung ist die Grundlage, die dem Gericht zur Feststellung dient, ob eine behauptete Tatsache wahr oder unwahr ist:

157 a. Gegenstand der Würdigung sind somit zunächst einmal die abgenommenen *Beweismittel,* darüber hinaus aber auch das *Verhalten der Parteien* im Prozess.[391] Dazu gehören sämtliche Handlungen, Erklärungen, Behauptungen wie auch Unterlassungen. Mitunter zu berücksichtigen sind daher auch eine allfällige Verweigerung einer Antwort oder Auskunft, eine Nichtbefreiung von der Schweigepflicht, eine Vorenthaltung von Beweismitteln, ebenso Verstösse gegen die Pflicht zur subjektiven Wahrheit hinsichtlich anderer Behauptungen oder eine Modifizierung des Vorbringens während des Prozesses.[392]

158 b. Des Weiteren bilden auch sonstige *Indizien* und *Erfahrungssätze* Gegenstand der Beweiswürdigung. Die allgemeine Lebenserfahrung kann beim Gericht die Überzeugung über das Vorliegen der behaupteten Tatsache hervorrufen oder unterstützen.[393] Das Eidgenössische Versicherungsgericht hat etwa angenommen, nach allgemeiner Lebenserfahrung benutzten Motorradfahrer grundsätzlich die Landstrassen und nicht die Autobahn. Im konkreten Fall wurde daraus geschlossen, der Arbeitsweg des Motorradlenkers habe eine Stunde statt nur 40 Minuten gedauert.[394]

159 c. Ferner kann das Gericht aus dem gewöhnlichen Lauf der Dinge Vermutungen schöpfen. Es handelt sich um *natürliche* (bzw. gerichtliche) *Tatsachenvermutungen,* deren Anwendung im konkreten Fall durch blosses Erwecken von Zweifeln (Gegenbeweis, N 94) verhindert werden kann. Eine natürliche Vermutung beeinflusst die Beweiswürdigung, denn das Gericht kann daraus auf das Vorliegen der beweisbedürftigen Behauptung schliessen.[395]

160 d. Aufgrund des Verbots der Verwertung von privatem, aussergerichtlich erlangtem Wissen des Gerichts gehören das *Wissen* und die (Vor-)*Kenntnis des Gerichts* nicht zum Objekt der Beweiswürdigung. Vom Verbot erfasst ist einzig das Wissen betreffend den konkreten Einzelfall, nicht aber das Allgemeinwissen. Die Nichtverwertbarkeit von fallspezifischem Wissen oder von persönlicher Erfahrung einer Richterin oder eines

---

[390] NONN, 7.
[391] WALTER, BeKomm, Art. 8 ZGB N 119.
[392] BÜHLER, Beweiswürdigung, 87; NONN, 7 ff.; STEIN/JONAS/LEIPOLD, ZPO-Komm, § 286 ZPO N 10.
[393] HOHL, Degré, 133 f.; BGE 123 III 385 ff.; 122 III 449 ff.; 120 II 97 ff.
[394] BGE 126 V 353 (358), E. 4b/bb.
[395] Ausführlich dazu HOHL, Degré, 133 f.; DIES., Procédure I, N 1592 ff.

Richters mag offensichtlich sein,[396] in der Praxis wird sie oder er bei der Beweiswürdigung von der persönlichen Erfahrung nicht abstrahieren können. Denn jedes Urteil trägt «den persönlichen Stempel der Richter; es enthält ein Stück ihrer Seele, weshalb es uns nicht nur von den Gerichteten, sondern auch von den Richtern erzählt. ... Zunächst bilden wir eine Meinung und dann finden wir die Argumente, um sie zu begründen. Das Gefühl, das schneller reagiert als der Intellekt, weist uns in die richtige Richtung, wo dann der logische Verstand seine Funktion erfüllt.»[397] Diesen unter dem Begriff «richterliches Vorverständnis» bekannten Denkprozess hat ESSER schon 1972 beschrieben.[398]

e. Kurz gesagt bilden *alle Umstände,* die auf irgendeine Weise helfen, die Wahrheit zu erkennen, Objekt der Beweiswürdigung. Entsprechend können auch unbestrittene oder bereits festgestellte Tatsachen Objekt der Beweiswürdigung sein und dem Gericht die Beurteilung von bestrittenen Tatsachen als wahr oder unwahr ermöglichen.[399] 161

f. Nicht Objekt der Beweiswürdigung,[400] sondern Objekt des Beweises, ist die Feststellung des Gerichts, welche Tatsachen bestritten und rechtserheblich, also beweisbedürftig sind (vorne N 97 f.). 162

g. *Zusammenfassend:* Die Beweiswürdigung ist in erster Linie Beweismittelwürdigung. Darüber hinaus ist sie aber auch Würdigung sämtlicher Umstände und Verhaltensweisen, inklusive der Tatsachenbehauptungen, die – aus welchem Grund auch immer – nie Gegenstand des Beweisverfahrens wurden.[401] 163

3. Daraus ergibt sich folgende **Stellung der Beweiswürdigung** im gesamten Beweisverfahren: 164

Beweis-gegenstand	Beweisführung und -abnahme	Objekt der Beweis-würdigung	Beweis-würdigung	Beweisergebnis	Beweislast-verteilung
bestrittene, rechtserhebliche Tatsachen	Abnahme der angebotenen Beweise	Beweismittel und andere Umstände	Beurteilung der Beweismittel und Umstände	beweisbedürftige Tatsache ist wahr oder unwahr bzw. *non liquet*	bei Beweislosigkeit *(non liquet)* nach durchgeführtem Beweisverfahren und Beweiswürdigung

---

[396] NONN, 10.
[397] GAUCH, ZSR 2000, 8, mit Hinweis auf COLEMAN DANIEL, Emotionale Intelligenz, München/Wien 1996, 48.
[398] ESSER, 135 f.
[399] STEIN/JONAS/LEIPOLD, ZPO-Komm, § 286 ZPO N 10.
[400] NONN, 7 ff.; KAUFMANN, Freie Beweiswürdigung, 20 ff.
[401] BEGLINGER, ZSR 1996, 484.

Art. 8 ZGB

d. Reichweite

165 Vom Objekt der Beweiswürdigung ist die Reichweite derselben zu unterscheiden. Die Beweiswürdigung ist stets auf ein bestimmtes **Beweisthema** ausgerichtet. Dieses wird durch den Gegenstand des Beweises (N 77 ff.) umschrieben. Das Beweisthema unterscheidet sich allerdings nach der den fraglichen Prozess beherrschenden Verfahrensmaxime: Bei der Verhandlungsmaxime erstreckt sich die Beweiswürdigung auf alle bestrittenen rechtserheblichen Tatsachen, bei der Untersuchungsmaxime auf sämtliche Tatsachen.[402] Grundsätzlich (s. aber N 83) bezieht sie sich auch auf Erfahrungssätze[403] und beim Indizienbeweis sowohl auf die Feststellung der Indizien selbst wie auch auf die Schlussfolgerung von den Indizien auf die unmittelbar erhebliche Tatsache.[404]

e. Abgrenzungen

aa. Beweiswürdigung und Sachverhaltsermittlung

166 Sowohl bei der Beweiswürdigung als auch bei der Sachverhaltsermittlung handelt es sich um Tatfragen. Die Ermittlung des Sachverhalts obliegt im Rahmen der Verhandlungsmaxime den Parteien, im Rahmen der Untersuchungsmaxime dem Gericht. Die Sachverhaltsermittlung soll dem Gericht eine möglichst genaue Erkenntnis des tatsächlich Geschehenen ermöglichen. Allerdings ist eine exakte Rekonstruktion nie möglich. Im Lauf des Verfahrens versucht das Gericht, sich ein Bild über die Geschichte zu machen. Bei der Sachverhaltsermittlung steht das **Sammeln** von Material und Beweisen zur Rekonstruktion des Geschehenen im Mittelpunkt, bei der Beweiswürdigung die **Bewertung**, d.h. **die Würdigung** des gesammelten Stoffs, der erhobenen Beweise und der gesamten Umstände. Daraus resultiert schliesslich die Feststellung des dem Urteil zugrunde gelegten Sachverhalts. Die Beweiswürdigung ist gleichsam der letzte Schritt zur Feststellung des Sachverhalts.

bb. Beweiswürdigung und Beweisführung

167 Im Bereich der Verhandlungsmaxime (N 125, N 166) unterscheidet sich das Subjekt der Würdigung der Beweise von demjenigen der Führung des Beweises: Die Würdigung des Beweises erfolgt durch das **Gericht,** wohingegen die Führung des Beweises grundsätzlich Aufgabe der **Parteien** ist. Ganz allgemein schliesst sich die Beweiswürdigung an die Beweisführung an: Die Beweisführung besteht in den Beweisofferten

---

[402] Stein/Jonas/Leipold, ZPO-Komm, § 286 ZPO N 6.
[403] Hausheer/Jaun, ZGB-Komm, Art. 8–10 ZGB N 75; Stein/Jonas/Leipold, ZPO-Komm, § 286 ZPO N 7 und N 8.
[404] Stein/Jonas/Leipold, ZPO-Komm, § 286 ZPO N 7 und N 8.

durch die Parteien und in der Beweisabnahme durch das Gericht und dient der Sachverhaltsermittlung, also der Sammlung des Stoffes (N 166). Erst anschliessend kann das Ergebnis der Beweisführung vom Gericht gewertet, gewürdigt werden.

cc. Beweiswürdigung und Beweisabnahme

Das Recht auf Beweis beinhaltet neben dem Beweisführungsrecht (siehe N 106) auch das sog. Beweisabnahmerecht:[405] Die Parteien haben Anspruch auf Beweisabnahme, das Gericht hat eine Pflicht zur Beweisabnahme. Das Recht auf Beweis trägt somit zur **Sachverhaltsermittlung** bei (N 166). Die Beweiswürdigung umfasst die **Bewertung** des im Rahmen der Beweisabnahme gesammelten Stoffes (Würdigungsbasis).[406] In zeitlicher Hinsicht gehen Beweisabnahmerecht und -pflicht der Beweiswürdigung grundsätzlich voraus.[407] Eine Ausnahme besteht lediglich bei der antizipierten Beweiswürdigung (N 115 ff.).[408] In materieller Hinsicht setzt das Beweisabnahmerecht die freie Beweiswürdigung voraus (N 31).

168

Mit Bezug auf die Rechtsgrundlage besteht der Unterschied darin, dass das Recht auf Beweis aus Art. 8 ZGB sowie aus Art. 29 BV, also aus dem materiellen Recht, abgeleitet und ferner in Art. 152 ZPO festgehalten wird, während die Beweiswürdigung in Art. 157 ZPO, also im Verfahrensrecht, festgelegt ist.

169

dd. Beweiswürdigung und Beweislastverteilung

Die Beweiswürdigung als Ergebnis besteht **entweder** in der **Überzeugung** des Gerichts von der Richtigkeit oder Nichtrichtigkeit der behaupteten Tatsache **oder** aber im Fortbestehen von **Zweifeln** über die Verwirklichung der behaupteten Tatsachen (Beweislosigkeit). Im zweiten Fall müssen die **Folgen der Beweislosigkeit** geregelt werden. Darauf geben die Regeln der Beweislastverteilung Antwort. Die Beweislastverteilung (objektive Beweislast; N 128) erfolgt daher zeitlich nach der Beweiswürdigung,[409] während die Beweisführungslast (subjektive Beweislast; N 126 f.) zeitlich vor der Beweiswürdigung angesetzt ist.

170

Ferner handelt es sich bei der Beweiswürdigung um eine **Tatfrage**, bei der Beweislastverteilung dagegen um eine **Rechtsfrage.**

171

Gleichwohl besteht eine gewisse **Interdependenz** zwischen freier Beweiswürdigung und Beweislastverteilung: Aus der freien Beweiswürdigung ergibt sich, dass das Gericht zur Überzeugungsfindung Erfahrungssätze beiziehen darf. Dadurch entsteht

172

---

[405] Nonn, 29.
[406] Kofmel, 98 f.
[407] Kofmel, 99; Nonn, 29.
[408] Nonn, 29 f.
[409] Nonn, 27; Baumgärtel/Laumen, Grundlagen, § 4 N 32.

eine grössere Chance auf Tatsachenfeststellung und ein entsprechend kleineres Risiko der Beweislosigkeit. Entsprechend seltener müssen die Folgen der Beweislosigkeit verteilt werden.[410]

f. Fazit

173 Der Grundsatz der freien Beweiswürdigung ist heute **allgemein anerkannt** und **gesetzlich geregelt** (Art. 157 ZPO). Freie Beweiswürdigung bedeutet, dass das Gericht nach seiner eigenen und freien Überzeugung entscheiden kann und muss, ob es eine behauptete Tatsache als erwiesen erachtet oder nicht. Dazu dient eine umfassende Zulassung der gesetzlich vorgesehenen Beweismittel. Das Gericht würdigt und verwertet die Beweise nach eigener Überzeugung.[411] Der Grundsatz der freien Beweiswürdigung gewährt dem Gericht eine **umfassende Freiheit** bei der Überzeugungsfindung. Die in Art. 168 Abs. 1 ZPO festgeschriebene Beschränkung der zulässigen Beweismittel dient der Rechtssicherheit und der Fairness im Verfahren.[412] Die Beschränkung ist allerdings dann nicht zulässig, wenn sie zum definitiven Ausschluss eines Beweismittels führt und gleichzeitig kein anderes Beweismittel vorliegt (N 32, N 36).

174 Die freie Beweiswürdigung bedeutet auch die **Pflicht** des Gerichts, die Beweise konkret zu würdigen, und schliesst Beweisregeln aus.[413] Das Gericht ist gehalten, die Würdigung nach pflichtgemässem Ermessen vorzunehmen, und ist an die Schranken von Gesetz und Recht gebunden. Der Richter oder die Richterin hat die Frage, ob eine tatsächliche Behauptung wahr ist, nur dann zu bejahen, wenn er/sie «als besonnene, gewissenhafte und lebenserfahrene Person aus objektiven Gründen die gewonnene Wahrscheinlichkeit als genügend ansieht».[414] Das Gericht hat ferner seine Überzeugungsbildung als Resultat der Beweiswürdigung zur Sicherstellung der Überprüfung der Beweiswürdigung für Dritte nachvollziehbar zu begründen.[415]

175 **Zusammenfassend** beinhaltet die freie Beweiswürdigung eine umfassende Zulassung der gesetzlich vorgesehenen Beweismittel (N 129), eine freie Würdigung der Beweismittel in Bezug auf die Wahl der Beweismethoden sowie die freie Berücksich-

---

[410] Kummer, BeKomm, Art. 8 ZGB N 24; Baumgärtel/Laumen, Grundlagen, § 4 N 35.
[411] Bühler, Beweiswürdigung, 72; Hasenböhler, ZPO-Komm, Art. 157 ZPO N 4 f.; Leu, ZPO-Komm, Art. 157 ZPO N 7; Kofmel, 98; Walter, BeKomm, Art. 8 ZGB N 121.
[412] Weibel/Walz, ZPO-Komm, Art. 168 ZPO N 2; Hafner, BaKomm, Art. 168 ZPO N 1; Botschaft ZPO, 7320.
[413] Bühler, Beweiswürdigung, 74; Hasenböhler, ZPO-Komm, Art. 157 ZPO N 8; Guyan, BaKomm, Art. 157 ZPO N 2; Walter, ZBJV 1991, 323 ff.; zu den Ausnahmen: Leu, ZPO-Komm, Art. 157 ZPO N 8.
[414] Stein/Jonas/Leipold, ZPO-Komm, § 286 ZPO N 1.
[415] Nonn, 45; Kaufmann, Freie Beweiswürdigung, 118.

tigung weiterer Vorgänge und Umstände, einschliesslich der eigenen Wahrnehmung (N 150, N 160 f.).

5. Beweisergebnis

Das **Beweisergebnis** ist das Ergebnis der Beweisführung durch die Parteien (Verhandlungsmaxime) oder der Untersuchung von Amtes wegen durch das Gericht (Untersuchungsmaxime) sowie der Beweismittelabnahme. Die Würdigung/Bewertung der Beweismittel mit Bezug auf das Beweisthema führt entweder zur **Überzeugung** des Gerichts, dass die streitigen Tatsachen vorliegen oder dass sie gerade nicht vorliegen (1.). Oder aber das Gericht ist **nicht überzeugt,** weder vom Vorliegen noch vom Nichtvorliegen (2.):

1. Im ersten Fall urteilt das Gericht gestützt auf die nach seiner **Überzeugung** vorliegenden (oder gerade nicht vorliegenden) Tatsachen. Die bewiesenen Tatsachen bilden die Grundlage für das Urteil, so dass sich die Frage der Beweislastverteilung gar nicht erst stellt.[416]

2. Im zweiten Fall bleiben die zu beweisenden Tatsachen unbewiesen bzw. bleiben noch **Zweifel** am Vorliegen der streitigen Tatsachen bestehen. Es liegt Beweislosigkeit *(non liquet)* vor. Ein *non liquet* kann vorliegen bei fehlender Behauptung, bei mangelhafter Substantiierung oder schlicht bei fehlendem Beweis. Dieser Zustand der Ungewissheit muss überwunden werden, da das Gericht so oder anders einen Entscheid fällen muss. Im Fall eines *non liquet* stellt sich daher die Frage, wer die Folgen der Beweislosigkeit zu tragen hat.[417] Diese Frage wird im Rahmen der Beweislastverteilung beantwortet und im 3. Teil behandelt.

---

[416] BGE 141 III 241 (243), E. 3.2; 138 III 359 (365), E. 6.3; 138 III 193 (202), E. 6.1; BGer 5A_770/2017 vom 24. Mai 2018, E. 4.1.2; 5A_182/2017 vom 2. Februar 2018, E. 5.2.
[417] NONN, 27; SCHWEIZER, 13.

3. Teil:
Beweislastverteilung

I. Begriff, Bedeutung und Grundsätze der Beweislastverteilung

Nach der Klärung von Begriff und allgemeiner Bedeutung der Beweislast (1.) ist zu prüfen, welche Bedeutung Art. 8 ZGB für die Beweislastverteilung im schweizerischen Recht hat (2.). Sodann stellt sich die Frage nach den Grundsätzen der Beweislastverteilung (3.): Verteilen wir die Beweislast nach generell-abstrakten Regeln oder einzelfallgerecht, nach Recht und Billigkeit? 179

1. Begriff und Bedeutung der Beweislast

1. Der Begriff der Beweislast (fardeau de la preuve, onere della prova) und deren Verteilung ist mehrdeutig und wird nicht einheitlich verwendet. Von Beweislast spricht man teilweise im Zusammenhang mit Beweislastnormen (z.B. Art. 42 Abs. 1 OR; N 289), welche die Beweislastverteilung gesetzlich regeln. Sodann spricht man auch von der subjektiven und der objektiven Beweislast (N 126 f., N 128).[418] Dabei wird die Obliegenheit der Beweisführung, die Beweisführungslast, als subjektive Beweislast und das Tragen des Nachteils der Beweislosigkeit als objektive Beweislast bezeichnet. Im engeren (und im gemeinhin verwendeten[419]) Sinn bezeichnet der Begriff «Beweislast» die objektive Beweislast, also jene Last, die darin besteht, die Nachteile der Beweislosigkeit zu tragen. Diese Last ist nicht etwa an eine Pflichtverletzung geknüpft,[420] denn eine eigentliche Pflicht zum Beweis besteht nicht. Die beweisführungsbelastete Partei kann ohne weiteres darauf verzichten, den Beweis zu erbringen. Sie nimmt so das Risiko des Prozessverlusts in Kauf.[421] Die «Last» beinhaltet demnach schlicht eine Risikoverteilung für den Fall der Beweislosigkeit. Man könnte also auch vom Risiko der Beweislosigkeit sprechen.[422] 180

Der Frage nach der **Bedeutung** der Beweislastverteilung liegt folgender Ausgangspunkt zugrunde: In Bezug auf einen streitigen Anspruch liegt nach durchgeführtem Beweisverfahren (N 121 ff.) und nach der Würdigung der vorgebrachten Beweise (oben N 149 ff.) **Beweislosigkeit** vor, d.h., das Gericht ist vom **Vorliegen oder Nicht-** 181

---

[418] WALTER, BeKomm, Art. 8 ZGB N 164.
[419] KUMMER, BeKomm, Art. 8 ZGB N 35 ff.; HAUSHEER/JAUN, ZGB-Komm, Art. 8–10 ZGB N 39 ff.; WALTER, BeKomm, Art. 8 ZGB N 164; BAUMGÄRTEL/LAUMEN, Grundlagen, § 3 N 6.
[420] WALTER, BeKomm, Art. 8 ZGB N 164.
[421] BAUMGÄRTEL/LAUMEN, Grundlagen, § 3 N 7, mit Hinweis auf MUSIELAK, 32.
[422] BAUMGÄRTEL/LAUMEN, Grundlagen, § 3 N 6, mit weiteren Begriffsvarianten.

Art. 8 ZGB

vorliegen (N 176) eines bestimmten Sachumstands **nicht überzeugt.** Da es aber gleichwohl einen Entscheid fällen muss, überwindet es dieses *non liquet*, indem es das Urteil zu Ungunsten derjenigen Partei fällt, die für den unbewiesenen Sachverhalt die Beweislast trägt.[423] Die Beweislastverteilung regelt also die Folgen der Beweislosigkeit. Die Antwort auf die Frage, wer die Beweislast für einen bestimmten Sachverhalt trägt, hat erhebliche Bedeutung: Erhebt etwa ein Arbeitnehmer Anspruch auf Entschädigung für nicht bezogene Ferien und kann nicht bewiesen werden, wie viele Ferientage der Arbeitnehmer während der einschlägigen Periode bezogen hat, so stellt sich die Frage, wie das Gericht zu urteilen hat: Trägt der Arbeitnehmer die Beweislast dafür, dass er keine bzw. nicht alle ihm zustehenden Ferientage bezogen hat, oder trägt die Arbeitgeberin die Beweislast dafür, dass ihr Arbeitnehmer alle Ferientage bezogen hat?[424] Bei Beweislosigkeit in der Frage des Ferienbezugs hat das Gericht im ersten Fall gegen den Arbeitnehmer und im zweiten Fall gegen die Arbeitgeberin zu entscheiden (siehe dazu N 398, N 491).[425]

182 **2. Gelingt der Beweis,** ist also das Gericht **vom Vorliegen** der Sachbehauptung **überzeugt,** erübrigt sich eine Beweislastverteilung, spielt diese doch nur im Fall von Beweislosigkeit eine Rolle.[426] Dasselbe gilt, wenn das Gericht vom **Nichtvorliegen** einer Sachbehauptung **überzeugt** ist. Diesfalls liegt ebenso wenig Beweislosigkeit vor wie beim Beweis des Vorliegens einer Sachbehauptung: Ist das Gericht vom Nichtvorliegen überzeugt, kann der Beweis des Vorliegens nicht mehr gelingen. Es liegt aber gerade nicht Beweislosigkeit mit Bezug auf das Vorliegen vor; vielmehr wurde der Beweis des Gegenteils erbracht. Steht beispielsweise die Behauptung im Raum, dass die Versicherungsnehmerin die hauptsächliche Fahrzeuglenkerin ist, und ist das Gericht (nach der Beweisabnahme und -würdigung) davon überzeugt, dass sie es nicht ist, erübrigt sich die Frage nach der Beweislast. Ist ein Beweis erbracht (auch jener des Gegenteils), liegt gerade nicht Beweislosigkeit vor.[427]

---

[423] KUMMER, BeKomm, Art. 8 ZGB N 20. Sobald das Gericht zum Schluss kommt, dass eine Tatsachenbehauptung bewiesen wurde, erübrigt sich die Frage nach der Beweislastverteilung: dazu LARDELLI, BaKomm, Art. 8 ZGB N 4.
[424] S. dazu BGE 127 III 271 (274), E. 2a/bb und s. hinten N 530.
[425] Zum Problem der Beweislosigkeit bezüglich der Anzahl der nicht bezogenen Ferientage, also des Umfangs des Anspruchs, s. hinten N 530 = BGE 128 III 271 (276 f.), E. 2b/aa und bb.
[426] BGE 127 III 271 (277), E. 2b/aa, s. auch vorne N 91.
[427] Das kam in BGer 5C.64/2003 vom 18. Juli 2003, E. 2.1, nicht klar zum Ausdruck. Das Bundesgericht erklärte, die Beweislastverteilung erübrige sich, wenn das Gericht vom Nichtvorliegen einer Sachbehauptung (Versicherungsnehmerin als hauptsächliche Fahrzeuglenkerin) überzeugt sei. Das ist nur dann richtig, wenn eben gerade diese Tatsache (Versicherungsnehmerin ist nicht die hauptsächliche Fahrzeuglenkerin) zu beweisen ist.

2. Bedeutung von Art. 8 ZGB für die Beweislastverteilung

1. Anders als etwa Deutschland, Österreich oder Frankreich (N 53 ff.), aber gleich wie etwa Italien (Art. 2697 Ccit.; N 193), kennt das schweizerische Recht mit Art. 8 ZGB eine positivrechtliche Regelung der Beweislastverteilung. Auf die Bedeutung dieser Bestimmung für die Beweislastverteilung ist ausführlicher zurückzukommen. Vorweg sei festgehalten, dass Art. 8 ZGB für das schweizerische Recht immerhin klarstellt, dass die Beweislastverteilung eine **Frage des materiellen Rechts** ist (N 73).

Mit der **ZPO** wurde weder am Wortlaut des heutigen Art. 8 ZGB noch an dessen Marginalie (Beweislast) etwas geändert.[428] In der Tat ist nach einhelliger Lehre klar, dass Art. 8 ZGB die objektive (und nicht die subjektive) Beweislastverteilung regelt, also materiellrechtlicher und nicht formellrechtlicher Natur ist. Richtigerweise bleibt Art. 8 ZGB somit ausschliesslicher Regelungsgegenstand des ZGB und wird – anders als Art. 9 ZGB (integriert in Art. 179 ZPO) – nicht auch ins Prozessrecht integriert.[429]

2. Die Tragweite und Bedeutung von Art. 8 ZGB für die Beweislastverteilung ist in der Lehre umstritten: Während nach herrschender Ansicht in Art. 8 ZGB die **Grundregeln der Beweislastverteilung** enthalten sind,[430] beschränkt sich seine Bedeutung nach einem Teil der Lehre einzig auf die Klarstellung, dass die Beweislastfrage bundesrechtlicher Natur[431] bzw. materiellrechtlicher Natur ist, das Gericht aber nach Recht und Billigkeit zu entscheiden hat.[432] Andere Autoren bezeichnen den Art. 8 ZGB sogar als Leerformel.[433] Unbestritten ist immerhin, dass Art. 8 ZGB jedenfalls keine Regel für den Einzelfall enthält, sondern **der Konkretisierung bedarf:**[434]

a. Nach Art. 8 ZGB hat das Vorhandensein einer behaupteten Tatsache grundsätzlich zu beweisen, wer daraus Rechte ableitet. Mit dieser Aussage ist zunächst nichts gewonnen, ausser der Erkenntnis, dass die Beweislast nach einer generell-abstrakten Regel und nicht aufgrund von Einzelfallentscheiden zu verteilen ist.[435] Die *Regel* lautet: Das Risiko der Beweislosigkeit hat jene Partei zu tragen, die aus dem unbewiesen gebliebenen Sachumstand Rechte ableitet.

---

[428] Botschaft ZPO, 7237, Ziff. 2.2 in fine.
[429] WALTER, BeKomm, Art. 8 ZGB N 8; WOLF, BeKomm, Art. 9 ZGB N 11, N 14 f.
[430] KUMMER, BeKomm, Art. 8 ZGB N 128 f.; WALTER, BeKomm, Art. 8 ZGB N 32; GÖKSU, HandKomm, Art. 8 ZGB N 13 ff.; LARDELLI, BaKomm, Art. 8 ZGB N 38; HAUSHEER/JAUN, ZGB-Komm, Art. 8–10 ZGB N 44; TUOR/SCHNYDER/SCHMID, § 7 N 6 f.
[431] So noch vor Einführung der eidgenössischen ZPO: MEIER, ZSR 1987, 707 f.; WOHLFAHRT, 33 ff., mit Hinweis auf MEIER ISAAK, ZSR 1987, 705 ff.; GAUTSCHI, 34 ff.; s. auch GUGGENBÜHL, 66 ff.
[432] SPIRO, Band I, N 354.
[433] HUGUENIN-DUMITTAN, 122; EGGER, ZüKomm, Art. 8 ZGB N 5.
[434] KUMMER, BeKomm, Art. 8 ZGB N 128; HAUSHEER/JAUN, ZGB-Komm, Art. 8–10 ZGB N 44; LARDELLI, BaKomm, Art. 8 ZGB N 39; MEIER, ZSR 1987, 710.
[435] So schon KUMMER, BeKomm, Art. 8 ZGB N 117.

187 b. Diese Regel hilft uns aber bei der Beweislastverteilung zunächst nicht weiter, da sich Art. 8 ZGB nicht dazu äussert, *wann* jemand aus dem Vorhandensein einer Tatsache *Rechte ableitet*. Er sagt uns mithin nicht, *welche Tatsachen* bewiesen werden müssen, wenn wir ein Recht geltend machen. Muss beispielsweise die Gläubigerin die Handlungsfähigkeit, also die Volljährigkeit und die Urteilsfähigkeit, des Schuldners beweisen, weil sie daraus die Gültigkeit des Vertrags und mithin der Forderung ableitet? Muss sie auch beweisen, dass der Vertrag formlos und bedingungslos zustande gekommen ist, dass die Forderung fällig ist und die Schuld nicht gestundet oder erlassen wurde, weil sie daraus das Bestehen der Forderung bzw. deren Durchsetzbarkeit ableitet? Die Urteilsfähigkeit – um ein einfaches Beispiel zu nehmen – kann ebenso als Voraussetzung für die Gültigkeit eines Rechtsgeschäfts wie ihr Fehlen als Voraussetzung für die Ungültigkeit eines Rechtsgeschäfts (und die je daraus abgeleiteten Ansprüche) aufgefasst werden (Art. 18 ZGB). Hat also die Urteilsfähigkeit zu beweisen, wer das (gültige) Zustandekommen eines Vertrags geltend macht, oder hat die Urteilsunfähigkeit zu beweisen, wer die Ungültigkeit des Vertrags behauptet? Hat die Form- und Bedingungslosigkeit zu beweisen, wer aus einem angeblich form- und bedingungslos geschlossenen Vertrag eine Forderung geltend macht, oder hat die vereinbarte (und nicht eingehaltene) Formbedürftigkeit und die (nicht eingetretene) Bedingung zu beweisen, wer die Forderung bestreitet? Für das Fällen dieses Entscheids gibt uns Art. 8 ZGB keine Anhaltspunkte.

188 c. Nach verbreiteter Auffassung gibt das materielle Recht Auskunft darüber, wer welche Tatsachen zu beweisen hat. Danach findet sich die *Konkretisierung* der allgemeinen Beweislastregel *in den einzelnen Rechtssätzen, ihrem Aufbau und ihrem gegenseitigen Verhältnis*.[436] Doch auch mit diesem Verweis ist nicht viel gewonnen. Zum materiellen Recht gehören ja nicht nur Wortlaut der Normen und Systematik des Gesetzes, sondern auch die dahinterstehenden *Wertungen, der Normzweck,*[437] letztlich also das gesamte Ergebnis der Auslegung der materiellen Norm. Spätestens seit wir erkannt haben und auch zugeben, dass die Rechtsfindung ein induktiv-heuristischer und nicht ein deduktiv-systematischer Prozess ist,[438] wissen wir, dass stets auch Wertungen der Rechtsanwendenden[439] einfliessen. Dies gilt nun gleichermassen für die Rechtsfindung wie auch für die Beweislastverteilung.

189 3. Selbst wenn wir also aus dem materiellen Recht eine Regel für die Beweislastverteilung ableiten könnten, stellte sich unmittelbar die Frage, ob wir auch für den mit der Anwendung des materiellen Rechts verbundenen **Wertungsprozess** eine Regel

---

[436] Statt vieler KUMMER, BeKomm, Art. 8 ZGB N 125, N 129 ff., N 144. Dieses Konzept entspricht der Normentheorie ROSENBERGS, s. dazu hinten N 195.
[437] BAUMGÄRTEL, Beweislastpraxis, N 169.
[438] DÜRR, ZüKomm, Art. 1 ZGB N 89 ff., N 105 ff.; KRAMER, 205.
[439] Die Wertungen der Rechtsanwendenden sind auch bekannt als «richterliches Vorverständnis», so DÜRR, ZüKomm, Vorbem. zu Art. 1 und 4 ZGB N 151 ff., N 159 ff.

aufstellen können oder ob wir – spätestens hier – Einzelfallentscheide fällen und uns dabei von Recht und Billigkeit leiten lassen müssen.

3. Grundsätze der Beweislastverteilung

Die Frage, nach welchen **Grundsätzen die Beweislast verteilt** werden soll, beschäftigt die Lehre seit jeher.[440] Unter den zahlreichen Ansätzen sind im Wesentlichen drei Gruppen auszumachen: Die eine Gruppe befürwortet formalisierte generell-abstrakte Regeln über die Beweislastverteilung (a.), die andere Gruppe erhofft sich gerechte Entscheide eher von Entscheiden nach Ermessen (im Einzelfall) (b.). Eine dritte Gruppe begeht einen Mittelweg, indem sie die Beweislast nach bestimmten Prinzipien verteilen will (c.).

190

a. Generell-abstrakte Regeln über die Beweislastverteilung

1. Die **Regeln über die Beweislastverteilung** entspringen vor allem dem Bedürfnis nach Rechtssicherheit und nach Verlässlichkeit unserer Rechtsordnung. Das zeigt sich vor allem da, wo selbst einzelfallorientierte Billigkeitsentscheide systematisiert und gruppiert werden.[441]

191

2. Die in der Schweiz (und anderswo) bekannteste Regel ist die, wonach jene Partei die **rechtsbegründende** Tatsache beweisen muss, die ein Recht als entstanden behauptet, während die **rechtshindernde oder rechtsaufhebende Tatsache** dartun muss, wer sie anruft. Die Regel hat römischrechtliche Ursprünge.[442] Das Bundesgericht berief sich schon im Jahr 1885 auf diese Regel und erklärte, nicht die Handlungsfähigkeit, sondern die Handlungs*un*fähigkeit vertragsschliessender Parteien sei zu beweisen: «Denn die Behauptungs- und Beweispflicht des Klägers beschränkt sich auf die unmittelbaren, spezifischen Entstehungsgründe des behaupteten Rechts (die rechtsbegründenden Thatsachen), sie erstreckt sich nicht auf die allgemeinen regelmässigen Voraussetzungen der Rechtsentstehung überhaupt. Letztere gehören nicht zu den rechtsbegründenden Thatsachen, sondern der Mangel derselben ist als rechtshindernde Thatsache vom Beklagten darzulegen.»[443] Mit der Entstehung von Art. 8 ZGB erkannten bereits die ersten Kommentatoren darin die Grundlage für die erwähnte Regel.[444] Später haben Guldener sowie Kummer – ebenfalls gestützt auf Art. 8

192

---

[440] Kummer, BeKomm, Art. 8 ZGB N 122, N 133, mit Hinweis auf von Savigny, § 225.
[441] Gautschi, 252; Aubry/Rau/Bartin, § 749, N 20bis; Devèze, 585 ff.; Baumgärtel/Laumen, Grundlagen, § 4 N 54, § 5 N 43.
[442] Von Savigny, § 225, 153 ff.; BGE 130 III 258 (264), E. 5.3, und 130 III 321 (323 f.), E. 3.1.
[443] BGE 11 I 69 (74), E. 5.
[444] Martin, 37 ff.; Tuor, 44.

ZGB – diese Konzeption übernommen und weitergeführt.[445] Der Grundgehalt dieser Regel lautet: «Jede Partei [hat] … die tatbeständlichen Voraussetzungen desjenigen Rechtssatzes zu beweisen, der zu ihren Gunsten wirkt.»[446] Dieses Konzept ist in der (Bundes-)Gerichtspraxis heute noch dominierend[447] und hat – auch deswegen – eine hohe Bedeutung.

193 Eine mit Art. 8 ZGB vergleichbare allgemeine Regel kennt Italien mit Art. 2697 CCit:

«Onere della prova. – Chi vuol fare valere un diritto in giudizio deve provare i fatti che ne costituiscono il fondamento.

Chi eccepisce l'inefficacia di tali fatti ovvero eccepisce che il diritto si è modificato o estinto deve provare i fatti su cui l'eccezione si fonda.»

194 Auch in § 193 des Entwurfs zum BGB war eine solche Regel enthalten; sie wurde aber nicht in das BGB aufgenommen. Sie hatte folgenden Wortlaut:[448]

«Wer einen Anspruch geltend macht, hat die zur Begründung desselben erforderlichen Tatsachen zu beweisen. Wer die Aufhebung oder die Hemmung der Wirksamkeit desselben geltend macht, hat die Tatsachen zu beweisen, welche zur Begründung der Aufhebung oder der Hemmung erforderlich sind.»

195 3. Im Zusammenhang mit der obengenannten Regel (N 192) lautet die alles entscheidende Frage, ob eine Tatsache rechtsbegründend oder ihr Gegenteil rechtshindernd ist. Diese Frage versucht ROSENBERG aus der Rechtsordnung selbst abzuleiten. Diese Methode ist als **Normentheorie** bekannt:[449] Er teilt Normen ein in sogenannte Grundnormen oder Regelnormen (rechtsbegründende oder -erzeugende Normen) und Gegennormen oder Ausnahmenormen (rechtshindernde oder rechtsvernichtende, rechtsausschliessende oder -hemmende Normen).[450] Diese Unterteilung ergibt sich aus der Systematik der Rechtsordnung, dem Verhältnis der einzelnen Bestimmungen zueinander, der textlichen Gestaltung und den sprachtechnischen Mitteln des Gesetzes.[451] ROSENBERG fügt dem aber bei, dieses Verhältnis der Normen untereinander habe immer nur in Bezug auf einen konkreten Streitfall Bedeutung und könne in einem anderen Fall durchaus ein anderes sein.[452] Nach der **modifizierten Normentheorie** (N 53) bestimmt der Satzbau einer Norm, was Regel (rechtsbegründend) und was Ausnahme (rechtshindernd) ist.[453] Eine klare Abgrenzung zwischen rechts-

---

[445] GULDENER, Zivilprozessrecht, 33 ff.; KUMMER, BeKomm, Art. 8 ZGB N 129 ff.
[446] KUMMER, BeKomm, Art. 8 ZGB N 132, m.w.H.
[447] So zuletzt etwa BGE 141 III 241 (242), E. 3.1; 139 III 13 (17 f.), E. 3.1.3.1; 139 III 278 (279), E. 3.2; 138 III 781 (782), E. 3.3; s. auch BGE 143 III 1 (2), E. 4.1.
[448] Zitiert nach MUSIELAK, 277.
[449] ROSENBERG, 98 ff.
[450] ROSENBERG, 100 f.; s. auch BAUMGÄRTEL, Beweislastpraxis, N 155.
[451] RÜSSMANN, ZPO-Komm, Vorbem. zu § 284 ZPO N 19; GOTTWALD, Grundprobleme, 229.
[452] ROSENBERG, 102; s. auch KUMMER, BeKomm, Art. 8 ZGB N 138.
[453] BAUMGÄRTEL/PRÜTTING, Grundlagen, § 5 N 48.

begründenden und rechtshindernden Tatbestandsmerkmalen ist aber bis heute nicht gelungen.[454] Der (modifizierten) Normentheorie ist daher Kritik widerfahren:[455]

KUMMER erwähnt namentlich die **Problematik** der Anwendung der Regel auf die **rechtshindernden** Sätze, weil das Gesetz häufig offenlasse, ob ein Sachumstand rechtserzeugend oder sein Gegenteil rechtshindernd sei. Hier komme die Angemessenheit als Verteilungskriterium in Frage.[456] Erst sie entscheide über den rechtserzeugenden oder rechtshindernden Charakter einer Norm. WALTER erklärt zu Recht, dass die dichotome Gruppenbildung eine bloss relative sei und die Beantwortung der Frage, ob eine Tatsache rechtsbegründend oder rechtshindernd sei, von der konkreten Prozesssituation abhänge. Folglich könne ein und derselbe Umstand hier rechtsbegründend und dort rechtshindernd sein.[457]

4. Die Vertreter der Normentheorie stellen behelfsweise auch auf den Regelfall ab. Sie gehen davon aus, dem **Gesetz** sei zu entnehmen, was als **Regel** und was als Ausnahme gilt. Der Gesetzgeber erkläre selbst zum Regelfall, was aufgrund der Erfahrung als das Normale oder Wahrscheinliche erscheine, zum Ausnahmefall, was singulär auftrete oder weniger erstrebenswert sei. Obwohl diese Entscheidung nicht primär mit Bezug auf die Beweislastverteilung getroffen worden sei, könne sie doch dafür herangezogen werden.[458] Dem sind zwei Überlegungen entgegenzuhalten:

a. Erstens liegt gerade den schweizerischen Gesetzen *keine klare juristisch-technische* und *sprachliche Präzision* zugrunde, so dass es auch nicht angeht, allein dem Gesetz klare Regel-Ausnahme-Konstellationen zu entnehmen.[459]

b. Zweitens verhält es sich mit dem Wechselspiel zwischen Gesetz und Rechtswirklichkeit wie folgt: In der Rechtsanwendung operieren wir immer wieder mit der allgemeinen Lebenserfahrung, dem natürlichen Gang der Dinge, und bezeichnen damit das, was in der Rechtswirklichkeit als Regelfall, als Normalfall, als das Erwartungsgemässe auftritt. Auch die Gesetzgebung lässt sich von der Wirklichkeit inspirieren; so fliesst das als Normalfall Auftretende entsprechend in das Gesetz ein. Daher zählt Art. 16 ZGB die Fälle auf, in denen eine Person urteilsunfähig ist, und setzt damit faktisch das Bestehen der Urteilsfähigkeit als Regelfall voraus. Was die Regel, also der Normalfall ist, ergibt sich aber entgegen KUMMER und ROSENBERG[460] nicht primär aus dem Gesetz, selbst wenn dieser dort häufig seinen Niederschlag gefunden hat, son-

---

[454] AHRENS, 23 f.
[455] Teilweise bereits von KUMMER, BeKomm, Art. 8 ZGB N 138.
[456] KUMMER, BeKomm, Art. 8 ZGB N 137, 138 in fine.
[457] WALTER, BeKomm, Art. 8 ZGB N 258; GÖKSU, HandKomm, Art. 8 ZGB N 16.
[458] KUMMER, BeKomm, Art. 8 ZGB N 173.
[459] SPIRO, Band I, N 351.
[460] KUMMER, BeKomm, Art. 8 ZGB N 173; ROSENBERG, 124 ff.

dern primär *aus der Wirklichkeit*. Das Gesetz orientiert sich mit anderen Worten selbst am Normalfall in der Rechtswirklichkeit.

200   5. Neben verschiedenen Spielvarianten der Normentheorie[461] sind folgende **generell-abstrakte Regeln** bzw. Prinzipien entwickelt worden: die Regel, wonach unbestimmte Negativa nicht zu beweisen sind,[462] jene der Beweislastumkehr bei Beweisvereitelung (dazu aber N 302 ff.),[463] die Regel der abstrakten Wahrscheinlichkeit (Entscheid bei *non liquet* gegen die – abstrakt – weniger wahrscheinliche Tatsache) oder die Regel der konkreten Wahrscheinlichkeit (gegen die im konkreten Fall weniger wahrscheinliche Tatsache),[464] die Regel der Beweismöglichkeit bzw. der Beweiseffizienz[465] oder des Verkehrsschutzes[466] sowie die inzwischen überholten Spezial-, Minimal- und Kausaltheorien und die Vollständigkeitslehre.[467]

201   Schliesslich sieht das **Gesetz selbst** zahlreiche besondere Beweislastregeln vor, so etwa in Art. 32 Abs. 1 ZGB, Art. 40e Abs. 3 OR, Art. 42 Abs. 1 OR, Art. 97 Abs. 1 OR und in Art. 5 PrHG (N 267).

202   6. Den allgemeinen Beweislastregeln kommt zugute, dass sie das Recht scheinbar verlässlich machen. Allerdings zeigt gerade die Menge der verschiedenen Theorien und Regeln, dass hier – wie überhaupt[468] – für eine bereits getroffene wertende Entscheidung nachträglich eine theoretische Begründung und ein Name gesucht wird.[469] Mit der Erkenntnis und dem Eingeständnis, dass auch hier rein logisch-deduktive Entscheidungen Illusion bleiben, gelangt das Postulat nach kontrollierbarer, nachvollziehbarer und methodenehrlicher **Begründung** der Entscheide ins Zentrum gerichtlicher Rechtsfindung[470] und der **Beweislastverteilung**.

---

[461] BAUMGÄRTEL/LAUMEN, Grundlagen, § 4 N 39 ff.; LEIPOLD, Beweislastregeln, insb. 45 ff.; MUSIELAK, 292 ff.
[462] GULDENER, Beweiswürdigung, 51 ff.; KUMMER, BeKomm, Art. 8 ZGB N 183 ff.
[463] BAUMGÄRTEL, Beweislastpraxis, N 123 ff.; BEGLINGER, ZSR 1996, 480; LEIPOLD, Beweislastregeln, 133 ff.
[464] BAUMGÄRTEL/LAUMEN, Grundlagen, § 5 N 28 ff.
[465] BAUMGÄRTEL/LAUMEN, Grundlagen, § 5 N 40 f.; MEIER, ZSR 1987, 721.
[466] AHRENS, 37, 39 ff.; REINECKE, 68 f.; PRÜTTING, Beweislast, 261.
[467] PRÜTTING, Beweislast, 253 f.
[468] GAUCH, ZSR 2000, 8, mit Hinweis auf GOLEMAN DANIEL, Emotionale Intelligenz, München/Wien 1996, 48.
[469] GOTTWALD, Grundprobleme, 234.
[470] WALTER, recht 1999, 165.

b. Beweislastverteilung nach Ermessen

Einen anderen Weg geht, wer die **Beweislast nach gerichtlichem Ermessen** bzw. nach Recht und Billigkeit zuteilen will.[471] Anders als beim Vorliegen einer generell-abstrakten Beweislastregel erfolgt hier die Beweislastverteilung aufgrund eines Einzelfallentscheids. Der Vorteil liegt darin, dass auf die konkrete Situation besser Rücksicht genommen werden kann. Dem steht der Nachteil der mangelnden Voraussehbar- und Durchsichtigkeit der Entscheide gegenüber. Ferner kommt hier die Beweislastverteilung leicht in den Verdacht, die Macht der Gerichte zu steigern. Wir stehen vor dem altbekannten Dilemma «Einzelfallgerechtigkeit contra Regelfallgerechtigkeit». 203

c. Beweislastverteilung nach Prinzipien

Eine vermittelnde Idee geht dahin, die **Beweislastverteilung nach bestimmten Prinzipien** vorzunehmen, die allgemeingültig und losgelöst vom Einzelfall sind. Sie decken sich teilweise mit den generell-abstrakten Regeln (N 191 ff.). Als solche Prinzipien wurden herausgearbeitet:[472] 204

- das Angreiferprinzip;
- das Prinzip des Schutzes des *Status quo*;
- das Prinzip der Wahrscheinlichkeit, wonach der im Rechtsleben weniger wahrscheinliche Sachverhalt zu beweisen ist;
- das Prinzip der Beweismöglichkeiten, wonach jener Partei der Beweis obliegt, die ihn einfacher erbringen kann;
- das Prinzip der Rechtsfolgeabwägung, wonach jene Partei den Beweis zu erbringen hat, für die das Misslingen des Beweises und das damit zusammenhängende Unterliegen weniger schwer wiegt;
- das Prinzip des Gefahrenbereichs, wonach die Beweislast nach Gefahrenkreisen abzugrenzen ist und die streitigen Tatsachen von jener Person zu beweisen sind, in deren Herrschafts- oder Organisationsbereich sie fallen;
- das Schutzprinzip, das Garantieprinzip, das Prinzip der sozialen Risikoverteilung und das Strafprinzip sind weitere Prinzipien, die in bestimmten Rechtsgebieten Anwendung finden sollen und sich teils mit den genannten überschneiden oder decken.

---

[471] Egger, ZüKomm, Art. 8 ZGB N 8; Gautschi, 23 ff.; Prütting, Beweislast, 179 ff.
[472] Für die Schweiz: Meier, ZSR 1987, 724 ff.; Spiro, Band I, N 350 ff.; vgl. auch Kummer, BeKomm, Art. 8 ZGB N 125. Für Deutschland: Kegel, 333 ff.; Reinecke, 34 ff.; Wahrendorf, 71 f., 79, 99 ff.

d. Fazit: Beweislastverteilung nach generell-abstrakten Regeln mit Offenlegung der Wertung

205 Bei Durchsicht aller widerstreitenden Meinungen fällt auf, dass generell das Bedürfnis nach objektivem Nachvollzug der unbestreitbar wertenden Entscheidung über die Beweislastverteilung – mithin nach **Rechtssicherheit** – besteht.[473] Eine gewisse Kategorisierung ist sogar bei jenen auszumachen, die einen Entscheid nach gerichtlichem Ermessen befürworten.[474] Umgekehrt geben auch die Verfechter der Normentheorie zu, dass für die Beweislastverteilung weitere **wertende Kriterien** beigezogen werden müssen, sofern die formale Gestaltung der Normen keine endgültige Antwort zulässt.[475] Damit erweist sich der Streit um die Frage, ob die Beweislastverteilung nach einer scheinbar objektiven Regel, nach generellen Prinzipien oder nach gerichtlichem Ermessen mit Hilfe bestimmter Entscheidkriterien erfolgen soll, als Streit um Äusserlichkeiten: All diesen Theorien geht es darum, einen Wertungsentscheid nachträglich zu erklären und ihm einen Namen zu geben. Der Entscheid selbst hängt indessen nicht von der Theorie ab. Die Frage, ob die einen Anspruch erhebende Person rechtzeitiges Handeln oder ihre Gegnerin Verspätung zu beweisen hat, lässt sich **nicht aufgrund der Einteilung in rechtsbegründende und rechtshindernde Tatsachen** und auch nicht aufgrund des materiellen Rechts beantworten. So enthält etwa Art. 201 Abs. 1 OR keinen Hinweis darauf, ob die Einhaltung der Rügefrist (« …sofort Anzeige machen …») rechtsbegründend oder deren Versäumnis rechtshindernd ist. Die **Antwort** auf diese Frage ist vielmehr der Zuordnung des beweispflichtigen Umstands zu einer der Kategorien **vorgelagert** und beruht auf einer **Wertung.** Diese Wertung lässt sich teils auf diese, teils auf jene Theorie, teils auf eines und teils auf mehrere Prinzipien zurückführen.

206 Für die Begründung der gerichtlichen Beweislastverteilung gilt daher folgende Leitlinie:

- Die Beweislastverteilung richtet sich nach generell-abstrakten **Regeln** (bzw. nach allgemeingültigen Kriterien), die über den Einzelfall hinaus massgeblich sind. Dies fordert und fördert das Vertrauen in die Rechtsverwirklichung, die Rechtssicherheit, die Abschätzung des Prozessrisikos und ganz allgemein die Voraussehbarkeit des Rechts. Das fordert auch Art. 8 ZGB.

- Da abgesehen von der Formel in Art. 8 ZGB gesetzliche Regeln über die Beweislastverteilung fehlen, handelt es sich um **gerichtlich geschaffene Regeln,** die den

---

[473] So z.B. auch für LEIPOLD, Beweismass, 17 ff., der die Normentheorie erheblich kritisiert.
[474] So etwa bei GAUTSCHI, 18 ff.
[475] KUMMER, BeKomm, Art. 8 ZGB N 125, 138, 180, 196 ff., 220, 230; STEIN/JONAS/LEIPOLD, ZPO-Komm, § 286 Abs. 5 ZPO N 61; SCHWAB, 518; LARDELLI, BaKomm, Art. 8 ZGB N 39, geht demgegenüber von einer Generalklausel aus, die «nicht unmittelbar vollziehbar ist, sondern der konkreten Umsetzung bedarf».

zu Art. 1 Abs. 2 ZGB entwickelten Grundsätzen zu gehorchen haben. Namentlich haben sich diese Regeln widerspruchsfrei in das bestehende Recht einzugliedern. Solche gerichtlich geschaffenen Regeln sind auch die bereits bekannten Regeln der Normentheorie, jene der einfacheren Beweismöglichkeiten, der Rechtsfolgeerwägungen usw. Sie haben, wie alle Beweisregeln, das Ziel, von zwei möglichen Ergebnissen (z.B. Abweisung oder Gutheissung einer Forderung) dem angemesseneren, billigeren, gerechteren Ergebnis zum Durchbruch zu verhelfen.[476]

- Festzuhalten bleibt: Auch bei der Anwendung von generell-abstrakten Regeln ist die konkrete Beweislastverteilung – wie die Rechtsfindung – ein wertender und topischer Vorgang: Gerade darum soll die Beweislastverteilung nachvollziehbar begründet werden (N 202). Das erfordert eine **Offenlegung der Wertungen**, denen jede Beweislastverteilung naturgemäss unterliegt.

Diese Grundsätze bedürfen der Ergänzung und Präzisierung und führen zur **Theorie der vertrauensbasierten Beweislastverteilung:**

207

II. Theorie der vertrauensbasierten Beweislastverteilung

1. Beweislast und Wertungen

1. Heute berufen sich herrschende (schweizerische) Lehre und Rechtsprechung weiterhin auf die Kategorien der rechtsbegründenden, rechtshindernden und rechtsaufhebenden Tatsachen. Dabei wird argumentiert, das materielle Recht, die Struktur des anwendbaren Rechtssatzes oder dessen systematische Stellung gäben Auskunft darüber, ob eine Tatsache rechtsbegründend oder rechtshindernd sei.[477] Nachdem uns aber das **materielle Recht keine logisch-deduktive Antwort** über die Beweislastverteilung gibt, hilft es auch nicht zu argumentieren, die Erfüllung, Stundung, Verjährung oder der Erlass der Forderung seien rechtshindernde bzw. rechtsaufhebende Tatsachen, denn ihr Fehlen könnte ebenso gut als rechtsbegründende Tatsache für das (Fort-)Bestehen der Forderung qualifiziert werden (N 187).[478] Der Hinweis von KUMMER und WALTER,[479] wonach bei dieser Einteilung (nur) die rechtshindernden Rechtssätze Schwierigkeiten bereiteten und daher das Kriterium der Angemessenheit beizuziehen sei, kann nicht darüber hinwegtäuschen, dass verlässliche und **generell-abstrakte Kriterien** insbesondere in den heiklen Fällen erforderlich sind, um eine Abgrenzung zwischen rechtsbegründenden und rechtshindernden Rechtssätzen vor-

208

---

[476] MEIER, ZSR 1987, 722 ff.; SPIRO, Band I, N 354.
[477] Zuletzt WALTER, BeKomm, Art. 8 ZGB N 257.
[478] LEIPOLD, Beweislastregeln, 34.
[479] KUMMER, BeKomm, Art. 8 ZGB N 137; WALTER, BeKomm, Art. 8 ZGB N 260.

209   2. Das **Dilemma der Zuordnung** zeigt sich besonders gut im Zusammenhang mit dem Beweis der Rechtzeitigkeit bzw. der Verspätung der Mängelrüge (N 459 ff.): Hat die Gläubigerin (Käuferin/Werkbestellerin) bei behaupteter Verspätung der Rüge die **Rechtzeitigkeit** der Mängelrüge oder der Schuldner (Verkäufer/Werkunternehmer) deren **Verspätung** zu beweisen? Stellt man auf die klassische Theorie der Beweislastverteilung ab, stellt die Rechtzeitigkeit der Mängelrüge eine rechtsbegründende Tatsache für die Ansprüche der Gläubigerin (Art. 205 ff., Art. 368 ff. OR) dar. Umgekehrt stellt die Verspätung der Leistung eine rechtshindernde Tatsache für die Ansprüche der Gläubigerin gegenüber dem Schuldner dar. Wird eine rechtsbegründende Tatsache angenommen, trägt die Gläubigerin die Beweislast, wird eine rechtshindernde Tatsache angenommen, trägt der Schuldner die Beweislast. Nach der klassischen Beweislasttheorie trägt somit für dieselbe Tatsache sowohl die Gläubigerin wie auch der Schuldner die Beweislast. Diesem Dilemma entgeht das Bundesgericht, indem es dem Schuldner den Vorzug gibt und der Gläubigerin (Käuferin/Bestellerin) die Beweislast für die **Rechtzeitigkeit** der Mängelrüge überbindet.[480] Die Zuordnung der Tatsachen zu den rechtsbegründenden oder den rechtshindernden erfordert mithin ein Wertungsurteil, das sich nicht zwingend aus dem materiellen Recht ergibt. Die Aussage des Bundesgerichts, wonach «die Rechtzeitigkeit der Mängelrüge ... zu den Anspruchsvoraussetzungen» gehört,[481] ist jedenfalls keine Begründung für die Qualifizierung der Rechtzeitigkeit der Rüge als rechtsbegründende Tatsache, sondern bloss eine weitere Umschreibung der bereits erfolgten Subsumtion.

210   Auch das Abstellen auf die konkrete Prozesssituation für die Zuordnung zu den rechtsbegründenden (erzeugenden) bzw. zu den rechtshindernden (aufhebenden) Tatsachen[482] half in diesem Fall nicht weiter, weshalb das Gericht auf das Kriterium der Beweisnähe abstellen musste.[483] Das ist symptomatisch und zeigt, dass es um etwas anderes geht als um Rechtsbegründung und Rechtsaufhebung: Es geht um eine **Wertung**, für welche nachträglich eine Begründung oder eine Regel gesucht wird.

211   Das Urteil zeigt, dass die **Zuteilung** der Tatsachen in **rechtsbegründende und rechtshindernde** häufig in eine **Sackgasse** führt, weil für die eine Partei rechtsbegründend ist, was für die andere Partei rechtshindernd ist. Es ist daher nach verlässlichen generell-abstrakten Regeln zu suchen:

---

[480] BGer 4A_28/2017 vom 28. Juni 2017, E. 4; BGE 118 II 142 (147), E. 3a; 107 II 172 (176), E. 1a in fine.
[481] BGE 118 II 142 (147), E. 3a.
[482] So der Ausweg aus dem Dilemma gemäss WALTER, BeKomm, Art. 8 ZGB N 258.
[483] BGE 130 III 258 (265), E. 5.3.

3. Wenn wir die Erfüllung als rechtsaufhebende und die Verjährung als rechtshindernde Tatsache qualifizieren, so nur deswegen, weil wir dem (Fort-)Bestand einer Forderung ein gewisses Gewicht beimessen, sobald deren Begründung und Inhalt bewiesen sind. Aufgrund der allgemeinen Lebenserfahrung gehen wir davon aus, eine entstandene Forderung sei grundsätzlich weder erfüllt noch verjährt oder erlassen. Ist also das Bestehen einer Forderung bewiesen, verlangen wir nicht den Beweis für den Fortbestand der Forderung, sondern vielmehr den Beweis für deren Verjährung oder für deren Untergang durch Erfüllung oder Erlass. Mit anderen Worten: Ist die Forderung einmal entstanden (und als solche bewiesen), so gilt sie nach allgemeinem **Vertrauen** zunächst als noch nicht erfüllt, erlassen, gestundet oder verjährt usw. Wird aber bewiesen, dass die Leistung erbracht (die Forderung erfüllt) worden ist, gilt sie zunächst als gehörig, korrekt und rechtzeitig erbracht.

212

Der Entscheid, wonach eine bestehende Forderung als nicht erfüllt, erlassen oder verjährt gilt, beruht auf einer **Wertung.** Danach entspricht ein bestimmter Umstand – hier die fehlende Erfüllung, die fehlende Stundung, der (Fort-)Bestand der Forderung – **dem Erwartungsgemässen, dem Redlichen, dem Korrekten, dem Vernünftigen.** Mit anderen Worten: Nach **Vertrauenskriterien** gehen wir davon aus, eine Forderung sei nicht erfüllt, gestundet, erlassen oder verjährt. Weiter halten wir dafür, die noch nicht erbrachte Leistung sei grundsätzlich möglich und die erbrachte Leistung richtig und rechtzeitig erfolgt. Daher und nicht, weil diese Umstände rechtshindernd sind, hat die Beweislast zu tragen, wer die Unmöglichkeit, die Unrichtigkeit oder die Verspätung der Leistung behauptet. Wenn daher das Bundesgericht dem Käufer, der die Maschine bereits in seinem Herrschaftsbereich hat, die Beweislast betreffend Vertragswidrigkeit der Leistung aufbindet, so deswegen, weil die erhaltene Leistung zunächst einmal als gehörig, vertragsgemäss, korrekt vermutet wird. Die Unmöglichkeit der Leistung hat daher zu beweisen, wer zu leisten hat. Die mangelhafte Leistung hat zu beweisen, wer die Leistung erhalten hat. Kann der Beweis nicht erbracht werden, liegt also Beweislosigkeit vor, soll das gelten, was Vertrauen verdient, nämlich das im Rechtsleben Erwartungsgemässe, Redliche, Korrekte, Vernünftige. Die **Theorie der vertrauensbasierten Beweislastverteilung** entscheidet im Fall der Beweislosigkeit danach, was Vertrauen verdient. Dabei kommt es freilich nicht auf das subjektive Vertrauen einer konkreten Partei an, sondern darauf, was **nach objektiven Kriterien Vertrauen verdient:** das Erwartungsgemässe, Redliche, Korrekte, Vernünftige. Auf die einzelnen Anwendungsfälle ist zurückzukommen (4. Teil).

213

4. Vorerst ist darauf hinzuweisen, dass Vertrauensschutz ein **grundlegendes Wertungsprinzip** unseres Alltags und der Rechtsordnung ist (2.) und dass wir ohne Vertrauen unser Leben nicht so führen könnten, wie wir es führen. Ferner ist zu zeigen, dass das grundlegende Wertungsprinzip des Vertrauensschutzes in zahlreichen Rechtsbereichen wegleitend ist (3.).

214

2. Vertrauensschutz als grundlegendes Wertungsprinzip in der Rechtsordnung

215 Der Grundsatz des Vertrauensschutzes als grundlegendes Wertungsprinzip in der Schweizer Rechtsordnung ist zunächst in Art. 2 und 3 ZGB enthalten (b.). Für das öffentliche Recht ist der Grundsatz von Treu und Glauben Gegenstand von Art. 9 BV (c.). Schliesslich ist das Prinzip des Vertrauensschutzes auch in der Rechtsvereinheitlichung bzw. in Staatsverträgen präsent (d.). Vorab und voran ist aber Vertrauen eine Voraussetzung unseres Alltagslebens (a.).

a. Vertrauensschutz im Rechtsalltag

216 Unsere multimedial, technologisch und strukturell hochkomplexe Gesellschaft verunmöglicht es uns, die einzelnen Abläufe im Rechtsalltag allesamt zu überblicken und zu kontrollieren. Vielmehr setzt ein reibungsloser Ablauf des Alltags in vielfacher Hinsicht Vertrauen voraus: Wir vertrauen in das Funktionieren des E-Mail-Verkehrs, des E-Bankings, in den korrekten Ablauf des Onlinegeschäfts, in die Sicherheit der Seile im Kletterseilpark, der Gondel im Skigebiet, des Flugzeugs, des Taxis usw. Wir vertrauen auch in die Menschen und Institutionen: in die Bank, die unser Geld verwahrt, in die Strassenverkehrsteilnehmer, dass sie sich an die Verkehrsregeln halten, in die Chirurgin, die unseren Blinddarm entfernt, und in den Dachbauer, dass er ein dichtes Dach baut. Ohne dieses Vertrauen könnten wir unseren Rechtsalltag nicht bewältigen. Oder mit den Worten Luhmanns: «Auf der Grundlage sozial erweiterter Komplexität kann und muss der Mensch wirksamere Formen der Reduktion von Komplexität entwickeln.»[484] Eine solche wirksamere Form der **Reduktion von Komplexität** steht im **Vertrauen** zur Verfügung. Vertrauen ist gleichsam ein Grundprinzip menschlichen Zusammenlebens in einer komplexen Gesellschaft.[485] Die komplexitätsreduzierende Kraft des Vertrauens betont auch Hartmann.[486] Er bezeichnet das Vertrauen als Einstellung, die mit unseren Wünschen, Gefühlen und Überzeugungen im Zusammenhang steht. Diese Einstellung lässt uns davon ausgehen, dass etwas, das für uns wichtig ist, so geschehen wird, wie wir es erwarten.[487] Vertrauen reduziert nach Hartmann die Komplexität der Lebenswelt oder einzelner Interaktionsprozesse als «fragiles Ergebnis soziokultureller Interaktionsprozesse, die zu einer Praxis geronnen sind, an der sich zu orientieren unter gegebenen Bedingungen rational sein kann».[488]

---

[484] Luhmann, 8 f., 27 f.; s. auch Loser, N 11 ff., insb. N 18 ff.
[485] Baumann, ZüKomm, Vorbem. zu Art. 2/3 ZGB N 15; vgl. auch Rusch, 32 ff., zur Effizienz des Vertrauens.
[486] Hartmann, Praxis des Vertrauens, 11.
[487] Hartmann, Praxis des Vertrauens, 12, 25, 56.
[488] Hartmann, Praxis des Vertrauens, 11.

LÜBBE nennt dieses Vertrauen den «Sozialkitt», auf den moderne Gesellschaften angewiesen sind.[489] Aus der Komplexität der Sozialordnung ergibt sich nach LUHMANN ein gesteigerter Koordinationsbedarf und damit ein Bedarf nach Vertrauen.[490] Es ist vor allem der Mangel an Wissen bzw. an Information, der bei rationalen Entscheidungen zur Folge hat, dass Vertrauen eine wesentliche Rolle spielt.[491] WITTGENSTEIN analysiert Vertrauen als Lebens- und Sprachphänomen und untersucht, ob Vertrauen zum Menschsein gehört, ob Menschen Vertrauen benötigen, um zusammenleben zu können. Ferner legt er dar, in welchen Formen sich das Vertrauen als Lebensphänomen zeigt. Damit versteht er Vertrauen weniger als interpersonale Einstellung, sondern mehr als **gesellschaftliche Verlässlichkeit.**[492] Überall da, wo die Subjekte auf die Kooperation mit anderen angewiesen sind, zeigt sich die **Notwendigkeit des Vertrauens.** Soziologisch gesehen ist das Vertrauen eine soziale Ressource, ja eine unverzichtbare Kategorie menschlichen Zusammenlebens.[493] «In Wahrheit fundiert der Vertrauensgedanke das gesamte Recht, das gesamte Sicheinlassen auf andere Menschen, so wie umgekehrt Vertrauenserweise nur auf Grund einer Risikominderung durch das Recht zustande kommen können.»[494] Mit anderen Worten: Recht setzt Vertrauen voraus. Es ermöglicht aber auch Vertrauen, weil wir wissen und erfahren haben, dass das Recht gilt und notfalls mit Zwang durchgesetzt wird. So ermöglicht Vertrauen die Stabilität einer modernen Gesellschaft.[495]

Recht ermöglicht Vertrauen auch dadurch, dass es Vertrauen schützt. Unsere Rechtsordnung trägt dem Vertrauensschutz in verschiedenen Normen explizit Rechnung: 217

b. Vertrauensschutz im Privatrecht

1. Art. 2 ZGB enthält einerseits das Gebot des Handels nach Treu und Glauben (Abs. 1) und andererseits das Verbot des Rechtsmissbrauchs (Abs. 2). Während Abs. 1 eine **Verhaltensanweisung** für die Rechtsausübung und die Pflichterfüllung enthält, beschreibt Abs. 2 eine **Schranke** der objektiv von der Rechtsordnung vorgesehenen und 218

---

[489] LÜBBE HERMANN, Zeitverhältnisse. Über die veränderte Gegenwart von Zukunft und Vergangenheit, in: Wendorff Rudolf (Hrsg.), Im Netz der Zeit, Stuttgart 1989, 148.
[490] LUHMANN, 27 f.
[491] LUHMANN, 40.
[492] WITTGENSTEIN, 47; dazu HUNZIKER ANDREAS, Vertrauen verstehen – nach Wittgenstein, Hermeneutische Blätter, (1/2), 179 ff., 193. Zu den Konzepten von Vertrauen als Einstellung vgl. MÜLLER THOMAS, «Ich kann Niemandem mehr vertrauen.» Konzepte von Vertrauen und ihre Relevanz für die Pädagogik bei Verhaltensstörungen, Bad Heilbrunn 2017, 157 ff.
[493] MÜLLER THOMAS, «Ich kann Niemandem mehr vertrauen.» Konzepte von Vertrauen und ihre Relevanz für die Pädagogik bei Verhaltensstörungen, Bad Heilbrunn 2017, 31.
[494] LUHMANN, 44, s. auch LOSER, N 24 f., N 32 f., N 37 ff.
[495] GIDDENS ANTHONY, Konsequenzen der Moderne, Frankfurt a.M. 1995, 33.

erlaubten Rechtsausübung oder Rechtsdurchsetzung in einer konkreten Situation.[496] Rechtsmissbrauch ist gleichzeitig die Missachtung von Treu und Glauben.[497] Insofern ist der allgemeine Grundsatz des Vertrauensprinzips beiden Absätzen von Art. 2 ZGB inhärent. Verhaltensanweisung (Abs. 1) und Verhaltensschranke (Abs. 2) zielen auf ein ethisches, redliches, loyales, faires Verhalten im Rechtsverkehr ab. Es handelt sich bei diesen Verhaltensanweisungen nicht um Rechtsregeln, sondern um Regeln der Sozialethik, die universellen Werten eines allgemeinen Gerechtigkeitsgefühls entsprechen.[498] Sie stellen eine **ethische Grundregel** jeder Rechtsausübung dar.[499] Bei dieser ethischen Grundregel handelt es sich um Redlichkeit, Loyalität, Korrektheit.[500]

219   2. Der Rechtsverkehr ist ohne ein objektives Mindestmass an Redlichkeit, an Fairness, an ethischem Verhalten nicht denkbar:[501] Die Teilnehmenden an diesem Rechtsverkehr müssen darauf vertrauen können, dass die anderen Menschen redlich, vernünftig und korrekt handeln. Dieser Schutz des Vertrauens in redlich handelnde Mitmenschen manifestiert sich in Art. 2 ZGB, der einerseits eine Verhaltensanweisung nach Treu und Glauben, eine Gebotsnorm (Abs. 1), und andererseits eine Verhaltensschranke (Schranke der Rechtsausübung) nach Treu und Glauben, eine Verbotsnorm (Abs. 2), enthält.[502] Art. 2 ZGB enthält mithin einen **allgemeinen Vertrauensschutz im Rechtsverkehr** und manifestiert sich in verschiedenen **Prinzipien bei der Rechtsanwendung** (N 229 ff.), namentlich in der Auslegung von Willenserklärung und Vertrag (N 234 ff.), in der Entstehung eines Vertrags gestützt auf einen normativen Konsens (N 235), in der Vertragsergänzung (N 90, N 238), in vertraglichen Neben-, Sicherungs- und Schutzpflichten (z.B. Informationspflichten über die Pistensicherheit oder Lawinengefahr), in der *culpa in contrahendo* und der Vertrauenshaftung, in der Auslegung und Ergänzung von Gesetzen, also insbesondere auch bei der gerichtlichen Lückenfüllung gemäss Art. 1 Abs. 2 ZGB.

220   3. **Gesetzliche Anwendungsfälle** des privatrechtlichen Grundsatzes des Handelns nach Treu und Glauben enthalten etwa Art. 2 UWG, Art. 4 Abs. 2 DSG und Art. 26 SVG: Art. 2 UWG bezeichnet als unlauter und widerrechtlich jedes täuschende oder in anderer Weise gegen den Grundsatz von Treu und Glauben verstossende Verhalten oder Geschäftsgebaren, welches das Verhältnis zwischen Mitbewerbern oder zwischen Anbietern und Abnehmern beeinflusst.[503] Nach Art. 4 Abs. 2 DSG (entspricht Art. 5 Abs. 2 E-DSG) hat die Bearbeitung von Personendaten nach Treu und Glauben

---

[496] Hausheer/Aebi-Müller, BeKomm, Art. 2 ZGB N 31, 34, 41.
[497] BGE 125 III 257 (261), E. 2c.
[498] Steinauer, SPR II/1, N 469.
[499] Hausheer/Aebi-Müller, BeKomm, Art. 2 ZGB N 22; Steinauer, SPR II/1, N 469 f.
[500] Steinauer, SPR II/1, N 470; Baumann, ZüKomm, Art. 2 ZGB N 3 ff.
[501] Baumann, ZüKomm, Art. 2 ZGB N 9 ff.; Steinauer, SPR II/1, N 470.
[502] Hausheer/Aebi-Müller, BeKomm, Art. 2 ZGB N 57 ff.
[503] Hierzu ausführlich: David/Jacobs, N 39 ff.

zu erfolgen und muss verhältnismässig sein. Art. 26 Abs. 1 SVG schreibt vor, im Verkehr müsse sich jeder so verhalten, dass er andere in der ordnungsgemässen Benützung der Strasse weder behindert noch gefährdet.

4. Als Anwendungsfall des Vertrauensprinzips erscheint sodann der **Schutz des guten Glaubens** nach Art. 3 ZGB: Danach wird der gute Glaube einer Person vermutet, wenn das Gesetz eine Rechtswirkung an den guten Glauben knüpft. Nicht auf den guten Glauben kann sich berufen, wer bei der Aufmerksamkeit, wie sie nach den Umständen von ihm verlangt werden darf, nicht gutgläubig sein durfte. Vorab ist darauf hinzuweisen, dass der französische Gesetzeswortlaut für die beiden Begriffe «Treu und Glauben» in Art. 2 ZGB und «guter Glaube» in Art. 3 ZGB denselben Begriff nutzt: «bonne foi».[504] Auf Deutsch wird der Ausdruck «in guten Treuen» teils als Synonym für Treu und Glauben verwendet, teils aber auch anstelle von «guter Glaube».[505] Abgesehen von der sprachlichen Verbindung zwischen «Treu und Glauben» sowie «guter Glaube» geht es in beiden Fällen um Anwendungsfälle des Vertrauensschutzes: Während in Art. 2 ZGB allgemeine Verhaltensanweisungen bzw. -schranken enthalten sind, die den Rechtsverkehr auf ethische Werte der Redlichkeit, Loyalität und Korrektheit verpflichten und so berechtigtes Vertrauen schützen als unabdingbarer «Sozialkitt»,[506] wird nach Art. 3 ZGB in Einzelfällen das **Vertrauen in den Rechtsschein** geschützt. Ausgangspunkt ist das Vorliegen eines Rechtsmangels und die Unkenntnis des Rechtsmangels.[507] Als Folge einer Interessenabwägung schützt das Gesetz in ausgewählten Fällen das Vertrauen in den Rechtsschein (in die rechtsmangelfreie Situation) und gibt ihm den Vorrang vor der richtigen Rechtsanwendung. Darin manifestiert sich der Vertrauensschutz im Einzelfall.[508] Da im Privatrecht der Entscheid zugunsten des Gutglaubensschutzes bzw. Vertrauensschutzes einer Person immer einen Eingriff in die Rechtsposition einer anderen Person darstellt, bleibt er – anders als im öffentlichen Recht (N 223 ff.) – die Ausnahme.

5. Als Ausdruck von Treu und Glauben sind auch die gesetzlichen Bezugnahmen auf die **Billigkeit** (Art. 4 ZGB) oder **die guten Sitten** (Art. 27 Abs. 2 ZGB; Art. 19, 20 und 41 Abs. 2 OR) aufzufassen.[509]

---

[504] S. dazu BGE 143 III 653 (662), E. 4.3.3.
[505] HOFER, BeKomm, Art. 3 ZGB N 23.
[506] BAUMANN, ZüKomm, Vorbem. zu Art. 2/3 ZGB N 10, Art. 2 ZGB N 3; STEINAUER, SPR II/1, N 811.
[507] HOFER, BeKomm, Art. 3 ZGB N 27 ff., 36 f.; STEINAUER, SPR II/1, N 813; JÄGGI, BeKomm, Art. 3 ZGB N 31 ff.; EGGER, ZüKomm, Art. 3 ZGB N 4.
[508] Vgl. auch HAUSHEER/AEBI-MÜLLER, BeKomm, Art. 2 ZGB N 40; HOFER, BeKomm, Art. 3 ZGB N 24.
[509] HAUSHEER/AEBI-MÜLLER, BeKomm, Art. 2 ZGB N 24.

Art. 8 ZGB

c. Vertrauensschutz im öffentlichen Recht

223 1. In der Bundesverfassung ist der **Grundsatz von Treu und Glauben** als allgemeines Verfassungsprinzip[510] in zweifacher Weise festgelegt: einerseits als Verhaltensanweisung gegenüber staatlichen Organen und Privaten (Art. 5 Abs. 3 BV) und andererseits als Grundlage des Vertrauensschutzes gegenüber staatlichen Behörden (Art. 9 BV).

224 a. Der in Art. 5 Abs. 3 BV enthaltene Grundsatz von Treu und Glauben begründet als solcher kein eigenes Grundrecht, sondern enthält eine allgemeine Leitlinie, einen sozial-ethischen Kodex staatlichen und privaten Handelns. Er gebietet loyales, redliches Verhalten im Rechtsverkehr und ist als solcher nicht direkt und selbständig durchsetzbar, sondern äussert sich einerseits im *Willkürverbot* (des Staates) und andererseits in einem *Rechtsmissbrauchsverbot* (des Staates und von Privaten).[511] Er wendet sich gleichermassen an staatliche Organe wie an Private: Gegenüber dem Staat wird der Grundsatz in Art. 9 BV für Private auf die Ebene eines Grundrechts gehoben (N 225).[512] Gegenüber Privaten begründet die Norm einen Anspruch des Staates auf ein loyales, redliches Verhalten. Der Staat kann allerdings nicht in gleichem Mass auf das Verhalten Privater vertrauen wie umgekehrt, da Private im Rahmen ihrer persönlichen Freiheit von einem früheren Standpunkt grundsätzlich ohne Begründung abrücken können.[513]

225 b. Einen Anwendungsfall des Grundsatzes von Treu und Glauben enthält Art. 9 BV: Danach hat jede Person Anspruch darauf, von den staatlichen Organen ohne Willkür und nach Treu und Glauben behandelt zu werden. Daraus haben Rechtsprechung und Lehre[514] den Grundsatz des *Vertrauensschutzes gegenüber staatlichem Handeln* entwickelt (N 226): Danach ist jede Person in ihrem berechtigten Vertrauen in behördliches Verhalten geschützt, was bedeutet, dass falsche Auskünfte von Verwaltungsbehörden unter bestimmten Voraussetzungen im Einzelfall eine vom materiellen Recht abweichende Behandlung der Rechtsuchenden gebieten. Der Vertrauensschutz ist grundrechtlicher Natur, weshalb seine Verletzung mit Beschwerde in öffentlichrechtlichen Angelegenheiten (Art. 82 BGG) gerügt und frei überprüft werden kann.[515]

226 2. Der Vertrauensschutz gegenüber staatlichem Handeln entspricht dem Gutglaubensschutz im Privatrecht: In beiden Fällen liegt ein Rechtsmangel vor, der aber unbeachtlich ist, weil dem **Vertrauen in den Rechtsschein** der Vorrang vor dem Rechtsmangel zukommt. Während dieser Vertrauensschutz im Privatrecht die Ausnahme ist

---

[510] HAUSHEER/AEBI-MÜLLER, BeKomm, Art. 2 ZGB N 316.
[511] HÄFELIN/MÜLLER/UHLMANN, N 623; HAUSHEER/AEBI-MÜLLER, BeKomm, Art. 2 ZGB N 316.
[512] SCHINDLER, BV-Komm, Art. 5 Abs. 3 BV N 53.
[513] SCHINDLER, BV-Komm, Art. 5 Abs. 3 BV N 55; HÄFELIN/MÜLLER/UHLMANN, N 712.
[514] BGE 116 V 298 (298 f.), E. 3a; 121 V 65 (66 f.), E. 2a; 131 V 472 (480), E. 5; 136 V 331 (338), E. 4.3; 137 I 69 (72 ff.), E. 2.5; 141 I 161 (164 ff.), E. 3; HÄFELIN/MÜLLER/UHLMANN, N 667 ff.
[515] HÄFELIN/MÜLLER/UHLMANN, N 622.

und nur zum Zug kommt, wenn eine besondere Bestimmung den Schutz anordnet (N 218 ff.), handelt es sich im öffentlichen Recht um ein allgemeines verfassungs- und verwaltungsrechtliches Prinzip (Art. 9 BV).[516]

d. Vertrauensschutz im Bereich der Rechtsvereinheitlichung

Sowohl die Unidroit-Principles[517] als auch die Principles of European Contract Law[518] sind Normenkomplexe, die gelten, wenn die Parteien sie als Vertragsinhalt übernehmen. Die Unidroit-Principles 2010 wie auch die Principles of European Contract Law nehmen das Übliche, das Erwartungsgemässe, das Korrekte und Vernünftige insofern zur Referenz, als sie im Geschäftsverkehr die Parteien auf die üblichen (Handels-)Gebräuche verpflichten, es sei denn, deren Anwendung erweise sich als unvernünftig (Art. 1.8 Unidroit-Principles, Art. 1.105 Principles of European Contract Law). Ferner legen sie sich für die Vertragsauslegung auf das Vertrauensprinzip fest (Art. 4.1 Unidroit-Principles, Art. 5.101 Principles of European Contract Law). Auch das Übereinkommen der Vereinten Nationen über Verträge über den internationalen Warenkauf («Wiener Kaufrecht») verweist die Parteien auf die Handelsbräuche, mit denen sie sich einverstanden erklärt haben (Art. 9 CISG), und bezieht sich für die Auslegung der Verträge auf das Vertrauensprinzip sowie auf die Handelsgebräuche (Art. 8 und 9 CISG). Für die **Vertragsauslegung** setzen also die internationale Rechtsvereinheitlichung sowie das Wiener Kaufrecht auf den **Vertrauensschutz.**

3. Anwendungsfälle des Vertrauensschutzes

Der Vertrauensschutz als Anwendungsfall von Art. 2 und Art. 3 ZGB und von Art. 5 Abs. 3 und Art. 9 BV ist ein die gesamte Rechtsordnung durchdringendes Prinzip. Er bezieht sich auf die Rechtsanwendung (a.), das hoheitliche Handeln (b.), die Auslegung von Willenserklärungen und Verträgen (c.) sowie auf die Begründung von Verhaltenspflichten (d.).

---

[516] HOFER, BeKomm, Art. 3 ZGB N 10 ff.
[517] <http://www.unidroit.org/instruments/commercial-contracts/unidroit-principles-2010>, zuletzt besucht am 10. März 2017.
[518] <https://www.trans-lex.org/400200/_/pecl/>, zuletzt besucht am 10. März 2017.

a. Rechtssetzung und Rechtsanwendung[519]

229 Am Vertrauensprinzip orientiert sich zunächst das geschriebene Recht selbst, indem es das zur Regel erhebt, was dem normalen Lauf der Dinge, dem objektiv Vernünftigen, dem Erwartungsgemässen, dem Regelmässigen, dem Korrekten und Fehlerfreien entspricht.[520] Wenn sich bereits das Gesetz daran orientiert, dann gilt Gleiches auch für die Rechtsanwendung im Allgemeinen und für die vom Gericht geschaffene Regel im Besonderen: Dass die **Rechtsanwendung** dem Grundsatz für Treu und Glauben und mithin dem Vertrauensprinzip verpflichtet ist, ergibt sich aus Art. 2 Abs. 1 ZGB,[521] der als systematisches und teleologisches Element bei der Auslegung, bei der teleologischen Extension (Analogie) und der teleologischen Reduktion eine Rolle spielt (Art. 1 Abs. 1 ZGB). Das Vertrauensprinzip ist aber gleichzeitig ein inhaltlicher Referenzpunkt der **Lückenfüllung durch Richterrecht** (Art. 1 Abs. 2 ZGB),[522] hat sich doch die gerichtlich geschaffene Regel widerspruchsfrei in das Wertungsgefüge des Gesetzes einzugliedern.[523] Das Rechtsmissbrauchsverbot muss hierfür nicht beigezogen werden, richtet es sich doch auf die Normberichtigung im Einzelfall, während die Lückenfüllung *modo legislatoris* die Regelbegründung, die Schaffung allgemeingültiger Normen zum Ziel hat.[524]

230 Eine besondere Rechtsfigur der gerichtlichen Lückenfüllung ist die *culpa in contrahendo* (N 247) und die daraus abgeleitete allgemeine Haftung für Schaden aus Vertrauen, die sog. **Vertrauenshaftung** (N 250).

b. Hoheitliches Handeln

231 Ausdruck des Vertrauensprinzips ist auch der **Schutz des Vertrauens in hoheitliches Handeln.** Daraus entsteht der Grundsatz des Vertrauensschutzes der Bürgerin oder des Bürgers gegenüber dem Staat:

232 1. Eine *falsche Auskunft* ist unter folgenden Voraussetzungen bindend: 1. wenn die Behörde in einer konkreten Situation und mit Bezug auf eine bestimmte Person gehandelt hat; 2. wenn sie für die Erteilung der betreffenden Auskunft zuständig war oder wenn sie aus zureichenden Gründen als zuständig betrachtet werden durfte; 3. wenn der Bürger oder die Bürgerin die Unrichtigkeit der Auskunft nicht ohne weiteres er-

---

[519] Rechtsanwendung wird hier in einem weiteren Sinn verstanden als Auslegung, Ausfüllung planwidriger Lücken sowie Gesetzesergänzung (Lückenfüllung) *modo legislatoris*: dazu EMMENEGGER/TSCHENTSCHER, BeKomm, Art. 1 ZGB N 165 ff.
[520] JÄGGI, Vertrauensprinzip, 154.
[521] BAUMANN, ZüKomm, Art. 2 ZGB N 14; HAUSHEER/JAUN, ZGB-Komm, Art. 2 ZGB N 17.
[522] EMMENEGGER/TSCHENTSCHER, BeKomm, Art. 1 ZGB N 470.
[523] BGE 120 II 112 (114), E. 3b; DÜRR, ZüKomm, Art. 1 ZGB N 211, 511.
[524] EMMENEGGER/TSCHENTSCHER, BeKomm, Art. 1 ZGB N 470.

kennen konnte;⁵²⁵ 4. wenn sie oder er im Vertrauen auf die Richtigkeit der Auskunft Dispositionen getroffen hat, die nicht ohne Nachteil rückgängig gemacht werden können; 5. wenn die gesetzliche Ordnung seit der Auskunftserteilung keine Änderung erfahren hat.⁵²⁶ Allerdings steht auch bei Erfüllung sämtlicher Voraussetzungen nicht fest, ob der Private sich mit Erfolg auf Treu und Glauben berufen kann. Das Interesse an der richtigen Durchsetzung des objektiven Rechts und der Vertrauensschutz müssen gegeneinander abgewogen werden.⁵²⁷ Für die Anwendung des Vertrauensprinzips ist der Bestimmtheitsgrad eines staatlichen Akts und nicht dessen Rechtsnatur entscheidend.⁵²⁸ Eine eindeutigere Vertrauensgrundlage als die Auskunft bilden Verfügungen, wobei insbesondere der Widerruf oder fehlerhafte Rechtsmittelbelehrungen Anwendungsfälle des Vertrauensprinzips bilden.⁵²⁹

2. Auch die Untätigkeit oder das Schweigen einer Behörde, also die *fehlende Auskunft*, kann einen Vertrauenstatbestand begründen, sofern ein Gesetz bestimmte Auskunftspflichten vorsieht oder eine Auskunft nach den Umständen des Einzelfalls geboten ist.⁵³⁰ Die obengenannten Kriterien werden analog angewendet, wobei die dritte Voraussetzung folgendermassen lautet: «wenn die Person den Inhalt der unterbliebenen Auskunft nicht kannte oder deren Inhalt so selbstverständlich war, dass sie mit einer anderen Auskunft nicht hätte rechnen müssen».⁵³¹ In der Regel wird bei der Frage nach der pflichtgemässen Sorgfalt auf die individuellen Fähigkeiten der sich auf den Vertrauensschutz berufenden Person abgestellt. Ist sie anwaltlich vertreten, so werden ihr die Kenntnisse der Rechtsvertretung zugerechnet.⁵³² Bei Privatpersonen ohne anwaltliche Vertretung wird kein allzu strenger Massstab angewendet; ihr Vertrauen ist erst dann nicht mehr gerechtfertigt, wenn die Unrichtigkeit ohne weiteres erkennbar gewesen wäre.⁵³³

233

---

⁵²⁵ Hierbei wird auf die individuellen Fähigkeiten und Kenntnisse abgestellt: Wiederkehr/Richli, N 1970.
⁵²⁶ BGE 116 V 298 (298 f.), E. 3a; 121 V 65 (66 f.), E. 2a; 131 V 472 (480), E. 5; 136 V 331 (338), E. 4.3; 137 I 69 (72 ff.), E. 2.5; 141 I 161 (164 ff.), E. 3; Häfelin /Müller/Uhlmann, N 668 ff.
⁵²⁷ Die Frage stellt sich insbesondere bei der Festsetzung von Nutzungsplänen: BGE 116 Ib 185 (187), E. 3c.
⁵²⁸ Beispielsweise können auch Publikationen auf der Homepage einer Gemeinde eine Vertrauensgrundlage bilden: VGer Graubünden R 09 105 vom 16. März 2010, E. 3a.
⁵²⁹ Wiederkehr/Richli, N 2002.
⁵³⁰ Wiederkehr/Richli, N 2032 f.
⁵³¹ BGE 131 V 472 (481), E. 5.
⁵³² Von einem Anwalt wird z.B. erwartet, dass er die Rechtsmittelfrist korrekt berechnet, weshalb aus einer gewährten Frist zur Beschwerdeergänzung keine Ansprüche abgeleitet werden können: BVerwGer, A-1274/2008 vom 1. September 2009, E. 3.2.
⁵³³ Wiederkehr/Richli, N 2072; s. auch BGer, 8C_804/2010 vom 7. Februar 2011, E. 6.1.

c. *Auslegung von Willenserklärungen und Verträgen*

234 1. Eine **Willenserklärung** gilt gemäss dem wirklichen Willen der Erklärenden, wenn feststeht, dass die Empfängerin die Erklärung gemäss dem wirklichen Willen des Erklärenden, diesen also richtig verstanden hat.[534] Hat die Empfängerin den Erklärenden nicht richtig verstanden, ist die Willenserklärung nach dem **Vertrauensprinzip** auszulegen, nämlich so, wie sie von der Empfängerin in guten Treuen verstanden werden durfte und musste.[535] Im Streitfall gilt somit das Vernünftige, das Korrekte. Die Auslegung nach dem Vertrauensprinzip dient dem Vertrauens- und Verkehrsschutz.[536] Eine Besonderheit gilt für letztwillige Verfügungen (Testamente) als einseitige Willenserklärungen, die für ihre Wirksamkeit nicht empfangsbedürftig sind.[537] Bei ihnen wird die Willenserklärung nach dem Willen des Erklärenden ausgelegt (sog. Willensprinzip) und nicht auf das Verständnis einer Empfängerin Rücksicht genommen.[538]

235 2. Das Vertrauensprinzip entscheidet unter Umständen auch über das **Zustandekommen eines Vertrags:** Haben sich die Vertragsparteien tatsächlich übereinstimmend richtig verstanden, liegt ein tatsächlicher Konsens vor, der das Erfordernis der übereinstimmenden Willenserklärung nach Art. 1 OR erfüllt.[539] Eine unrichtige Bezeichnung oder Ausdrucksweise ist diesfalls nicht relevant (Art. 18 OR). Hat dagegen mindestens eine Partei die andere nicht richtig verstanden, deren wirklichen Willen also nicht richtig erkannt, kommt das Vertrauensprinzip zum Zug. Danach ist die Willenserklärung der einen Partei so auszulegen, wie sie die andere in guten Treuen verstehen durfte und musste. Kommt aufgrund dieser Auslegung ein Konsens zustande, liegt ein rechtlicher (normativer) Konsens vor, der die Voraussetzung der «übereinstimmenden Willenserklärungen» nach Art. 1 OR ebenfalls erfüllt.[540] Ein Vertrag kann demnach gestützt auf das **Vertrauensprinzip** zustande kommen. Der Grund dafür liegt im **Vertrauensschutz**.

236 3. Ferner erfolgen auch **Vertragsauslegung** und **Vertragsergänzung** nach dem **Vertrauensprinzip** und dienen so dem **Vertrauensschutz:**

237 a. Stellen die Parteien nicht das Zustandekommen des Vertrags (also den Konsens) in Frage, sondern (bloss) den Vertragsinhalt, handelt es sich um einen reinen *Ausle-*

---

[534] GAUCH/SCHLUEP/SCHMID, N 206, N 213 f.
[535] GAUCH/SCHLUEP/SCHMID, N 207, N 216.
[536] GAUCH/SCHLUEP/SCHMID, N 212.
[537] GAUCH/SCHLUEP/SCHMID, N 205.
[538] TUOR/SCHNYDER/JUNGO, § 72 N 5.
[539] GAUCH/SCHLUEP/SCHMID, N 311 ff.
[540] GAUCH/SCHLUEP/SCHMID, N 316 ff.

gungsstreit (N 367 ff.).[541] Primär geht es hier (wie bei der Auslegung der Willenserklärung, N 234) um die Feststellung des übereinstimmenden wirklichen Willens (subjektive Auslegung), der den Vertragsinhalt bestimmt (Art. 18 Abs. 1 OR). Lässt sich der übereinstimmende wirkliche Wille der Parteien nicht feststellen, ist der objektivierte, der normative Vertragsinhalt zu ermitteln. Danach ist der Vertrag so zu verstehen und gilt der Vertragsinhalt so, wie ihn vernünftig und redlich handelnde Parteien unter den gegebenen Umständen, unter Verwendung der von ihnen gewählten Worte und ihres Verhaltens gewollt haben würden.[542]

b. Liegt eine Lücke im Vertrag vor, muss das Gericht den *Vertrag* unter Umständen *ergänzen* (s. auch N 90). Eine Vertragslücke liegt vor, wenn die Parteien den Vertragsinhalt nicht oder nicht vollständig geregelt haben, obwohl das Gesetz die Regelung den Parteien überlässt.[543] Keine Lücke liegt vor, wenn die Parteien die Frage absichtlich nicht geregelt haben, so dass die fehlende Regelung ein qualifiziertes Schweigen darstellt.[544] Eine Vertragslücke wird primär nach dispositivem Gesetzesrecht gefüllt, sofern dieses zum vereinbarten Vertragsinhalt passt.[545] Liegt kein dispositives Gesetzesrecht vor oder passt dieses nicht, ist die Lücke gegebenenfalls nach Gewohnheitsrecht zu füllen, falls dieses zum vereinbarten Vertragsinhalt passt.[546] Liegen weder dispositives Gesetzesrecht noch Gewohnheitsrecht vor oder passen beide nicht, hat das Gericht nach einer von ihm selbst geschaffenen Regel zu entscheiden, die es für den betreffenden Fall aufstellt. Nur dieser Fall wird als *gerichtliche Vertragsergänzung* bezeichnet (N 90).[547] Das Gericht hat die von ihm selbst gesetzte Vertragsregel nach pflichtgemässem Ermessen zu schaffen. Dabei hat es den *(hypothetischen) Parteiwillen* sowie die Natur des Geschäfts zu beachten.[548] Es orientiert sich am Denken und *Handeln vernünftiger, redlicher Vertragspartner.*[549] Oder anders gesagt: Der Vertrag ist «nach Treu und Glauben» zu ergänzen.[550]

238

---

[541] Wurde der Konsensstreit vom Gericht entschieden und das Zustandekommen eines Vertrags aufgrund eines normativen Konsenses bejaht, ist der Vertrag mit dem vom Gericht festgestellten Inhalt zustande gekommen, dazu GAUCH/SCHLUEP/SCHMID, N 1198.
[542] GAUCH/SCHLUEP/SCHMID, N 1201; JÄGGI/GAUCH/HARTMANN, ZüKomm, Art. 18 OR N 346.
[543] JÄGGI/GAUCH/HARTMANN, ZüKomm, Art. 18 OR N 542.
[544] Dazu und zu weiteren Fällen, in denen keine Vertragslücke vorliegt: JÄGGI/GAUCH/HARTMANN, ZüKomm, Art. 18 OR N 546 ff.
[545] GAUCH, Auslegung, 223; GAUCH/SCHLUEP/SCHMID, N 1265. – Das ist insbesondere für Innominatverträge von Bedeutung, weil hier jenes dispositive Recht herangezogen werden muss, das zum übrigen Vertragsinhalt passt, und zwar unabhängig von der formalen Bezeichnung des Vertrags; siehe z.B. BGE 118 II 150 (155), E. 5, zur Frage der Anwendbarkeit der Bestimmungen über den Abzahlungskauf auf den Finanzierungsleasingvertrag (Frage offengelassen).
[546] JÄGGI/GAUCH/HARTMANN, ZüKomm, Art. 18 OR N 567 ff., N 603; GAUCH, Auslegung, 223; GAUCH/SCHLUEP/SCHMID, N 1265.
[547] JÄGGI/GAUCH/HARTMANN, ZüKomm, Art. 18 OR N 597, N 601 ff.
[548] JÄGGI/GAUCH/HARTMANN, ZüKomm, Art. 18 OR N 595.
[549] GAUCH/SCHLUEP/SCHMID, N 1257.
[550] GAUCH, Auslegung, 224.

239 c. Zwei Punkte sind zu präzisieren: 1. Eine Vertragsergänzung ist auch bei *formbedürftigen Verträgen* möglich.[551] 2. Inhaltlich ist eine Vertragsergänzung *in subjektiv wesentlichen Punkten* dann möglich, wenn die Parteien nicht über das Zustandekommen des Vertrags, sondern bloss über den Vertragsinhalt streiten. Was die *objektiv wesentlichen Vertragspunkte* anbelangt, können sie dagegen nicht gerichtlich ergänzt werden, weil ohne Konsens betreffend die objektiv wesentlichen Punkte ein Vertrag überhaupt fehlt. Die Frage, welche Vertragspunkte objektiv wesentlich sind, ist mit GAUCH wie folgt zu beantworten: Es handelt sich um jene Punkte, die zwingend durch die Parteien selbst geregelt werden müssen, weil sie weder durch das Gesetz noch durch Gewohnheitsrecht noch durch gerichtliche Vertragsergänzung geregelt werden könnten.[552] Objektiv wesentlich ist z.B. die Bestimmung des Kaufgegenstands oder des Mietobjekts.[553] Hier ist eine gerichtliche Vertragsergänzung nicht möglich. Dagegen ist eine Vertragsergänzung mit Bezug auf das Entgelt eines Mietvertrags möglich, wenn er um zehn Jahre verlängert wurde, aber ohne Vereinbarung über den Mietzins.[554] Bestellt der Käufer ohne Angabe eines Preises, so wird vermutet, er meine den mittleren Marktpreis, der zur Zeit und am Ort der Erfüllung gilt (Art. 212 Abs. 1 OR). Wird im Vertrag kein Preis vereinbart, ergänzt das Gericht diesen Punkt, indem es in Anwendung von Art. 212 Abs. 1 OR den mittleren Marktpreis festlegt (N 429).

240 4. Unter dem Stichwort der *clausula rebus sic stantibus* ist die Frage der **Anpassung des Vertrags** an «veränderte Verhältnisse» bekannt.[555] Die Antwort auf die Frage, ob und gegebenenfalls wie der Vertrag an diese Verhältnisse angepasst wird, kann sich aus dem Vertrag oder aus dem Gesetz[556] ergeben.[557] Ergibt sich weder aus Vertrag noch aus Gesetz eine (positive oder negative) Antwort auf die Frage der Anpassung, weisen also beide insofern eine Lücke auf, hat das Gericht die Frage, ob der Vertrag angepasst wird und gegebenenfalls wie, selbst zu entscheiden, und zwar nach Treu und Glauben.[558] Dabei kommen als Lösung sowohl die unveränderte Geltung des Vertrags, die Verlängerung oder Verkürzung der Vertragsdauer, die Auflösung und die inhaltliche Anpassung des Vertrags in Frage.[559] Diese Vertragsanpassung entspricht einer Ergänzung des Vertrags durch dispositives Gesetzesrecht oder durch eine ge-

---

[551] BGE 127 III 529 (531 ff.), E. 3; GAUCH, Auslegung, 226; JÄGGI/GAUCH/HARTMANN, ZüKomm, Art. 18 OR N 625; GAUCH/SCHLUEP/SCHMID, N 1278.
[552] GAUCH, Auslegung, 229.
[553] JÄGGI/GAUCH/HARTMANN, ZüKomm, Art. 18 OR N 622.
[554] BGE 100 II 330 f.; GAUCH, Auslegung, 230, m.w.H.
[555] GAUCH/SCHLUEP/SCHMID, N 1280.
[556] Dazu gehören die Bestimmungen mit Bezugnahme auf wichtige Gründe, etwa: Art. 121 Abs. 1, Art. 367 ZGB, Art. 266g, Art. 297, Art. 337, Art. 418r OR. Weiter berücksichtigen folgende Bestimmungen veränderte Umstände: Art. 736 ZGB, Art. 83, Art. 119 OR. Ausführlich dazu GAUCH/SCHLUEP/SCHMID, N 1286.
[557] GAUCH/SCHLUEP/SCHMID, N 1284 ff.
[558] GAUCH/SCHLUEP/SCHMID, N 1288 f.
[559] GAUCH/SCHLUEP/SCHMID, N 1291.

richtlich geschaffene Regel. Füllt das Gericht die Vertragslücke (Lücke mit Bezug auf die Anpassung) durch eine selbst gesetzte Regel, liegt ein Fall gerichtlicher Vertragsergänzung (N 90, N 238) vor.

5.[560] Zur **Auslegung** von Willenserklärungen und Verträgen im weiteren Sinn gehört auch die Auslegung von **Allgemeinen Geschäftsbedingungen** (AGB), die sich von gewöhnlichen Vertragsbestimmungen darin unterscheiden, dass sie vorformuliert sind und sich an eine grössere Anzahl zunächst noch unbestimmter Empfänger richtet. Da es sich bei AGB ebenfalls um Vertragsbestimmungen handelt, unterliegen sie grundsätzlich denselben Auslegungsregeln wie individuell formulierte Vertragsbestimmungen. Darüber hinaus unterliegen AGB zum Schutz der Konsumentinnen mit Bezug auf die Verbindlichkeit und mit Bezug auf den Inhalt einer gewissen Kontrolle, namentlich der Konsenskontrolle und der Auslegungskontrolle.[561] Mit der **Konsenskontrolle** wird geprüft, ob betreffend die vorformulierten Bestimmungen überhaupt Konsens vorlag, so dass diese zu einem Vertragsbestandteil geworden sind. Dazu dient insbesondere die sog. Ungewöhnlichkeitsregel. Diese besagt, dass bei bloss globaler Übernahme jener Teil der AGB nicht bindend ist, der ungewöhnliche Bestimmungen enthält, mit denen der Empfänger nach den Umständen nicht rechnen musste, weshalb diesbezüglich auch kein Konsens vorliegen konnte. Mit der **Auslegungskontrolle** wird der Inhalt der AGB nach den üblichen Regeln ausgelegt. Von besonderer Wichtigkeit ist dabei die sog. Unklarheitsregel. Danach werden inhaltlich unklare AGB im Zweifel zulasten ihres Verfassers ausgelegt.[562] In Ergänzung dazu ist seit Juli 2012 gestützt auf Art. 8 UWG eine **Inhaltskontrolle** i.S. von Treu und Glauben, eine eigentliche Fairnesskontrolle möglich.[563] Art. 8 UWG konkretisiert den allgemeinen lauterkeitsrechtlichen Grundsatz von Art. 2 UWG, der jedes täuschende oder in anderer Weise gegen den Grundsatz von Treu und Glauben verstossende Verhalten oder Geschäftsgebaren als unlauter und widerrechtlich bezeichnet, welches das Verhältnis zwischen Mitbewerbern oder zwischen Anbietern und Abnehmern beeinflusst.[564] Nach Art. 8 UWG handelt unlauter, «wer allgemeine Geschäftsbedingungen verwendet, die in Treu und Glauben verletzender Weise zum Nachteil der Konsumentinnen und Konsumenten ein erhebliches und ungerechtfertigtes Missverhältnis zwischen den vertraglichen Rechten und den vertraglichen Pflichten vorsehen». Das Verhältnis zwischen den Tatbestandsmerkmalen «in Treu und Glauben verletzender Weise» und «erhebliches und ungerechtfertigtes Missverhältnis» ist so zu verstehen, dass jedes erhebliche Missverhältnis vertraglicher Rechte und Pflichten zum Nachteil des Konsu-

---

[560] Ich danke Franziska Raaflaub, MLaw, für den Textentwurf zu diesen Ausführungen.
[561] Schmid, ZBJV 2012, 2; Hausheer/Aebi-Müller, BeKomm, Art. 2 ZGB N 113 ff.
[562] Schmid, ZBJV 2012, 3, mit Hinweis auf BGE 135 III 1 (12 f.), E. 3.2–3.5: Unter diesem Titel wurde bereits vor der offenen Inhaltskontrolle gemäss Art. 8 UWG eine «verdeckte Inhaltskontrolle» praktiziert. Hausheer/Aebi-Müller, BeKomm, Art. 2 ZGB N 114 f.
[563] Schmid, ZBJV 2012, 3.
[564] Schmid, ZBJV 2012, 17; BGE 133 III 431 (436), E. 4.3.

menten gegen Treu und Glauben verstösst.⁵⁶⁵ Fällt eine AGB-Klausel unter Art. 8 UWG, so weist sie einen Inhaltsmangel auf, ist damit unlauter und widerrechtlich (Art. 2 UWG) und nichtig i.S. von Art. 20 OR.⁵⁶⁶

242 6. **Mehrseitige Rechtsgeschäfte** (z.B. mehrseitige Verträge) sind ebenso nach dem Vertrauensprinzip auszulegen wie einseitige (N 234) oder zweiseitige (N 235). Besonderheiten gelten bei Statuten oder Stockwerkeigentumsreglementen, die Gemeinsamkeiten mit generell-abstrakten Normen (Rechtsnormen) aufweisen. Soweit sie sich an Dritte richten, die an der Begründung nicht mitwirkten, gelten die Regeln über die Gesetzesauslegung.⁵⁶⁷

d. Treu und Glauben als Grundlage von Verhaltenspflichten

aa. Vor- und nachvertragliche Verhaltenspflichten sowie vertragliche Nebenpflichten

243 1. Aus dem Grundsatz von Treu und Glauben werden verschiedene **vertragliche Pflichten** abgeleitet, die **über die Hauptleistungspflicht** hinausgehen und auch dann gelten, wenn sie nicht (explizit) vereinbart wurden. Die Pflicht zu einem Verhalten nach Treu und Glauben manifestiert sich regelmässig in zeitlicher oder sachlicher Nähe eines Vertrags, nämlich vor-, neben- oder nachvertraglich (N 244 ff.). Dementsprechend werden unterschieden: vor- und nachvertragliche Verhaltenspflichten, die der Hauptleistungspflicht zeitlich vor- oder nachgelagert sind, sowie Nebenpflichten, die sich von der Hauptleistungspflicht in sachlicher Hinsicht unterscheiden. Eine einheitliche Terminologie dazu besteht nicht.

244 a. *Vorvertragliche Verhaltenspflichten:* Aus Treu und Glauben ergeben sich vorvertraglich namentlich die Pflicht zu ernsthaftem Verhandeln, zur Erteilung von Auskünften und Ratschlägen, zur Rücksichtnahme, zur Sorgfalt und das Verbot der Täuschung.⁵⁶⁸ Die Verletzung einer dieser Pflichten kann zur Haftung für den aus der Verletzung von Treu und Glauben entstehenden Schaden führen, die sog. Haftung aus *culpa in contrahendo*.⁵⁶⁹

245 b. Die als *nachvertragliche Vertragspflichten* bezeichneten Pflichten sind genau genommen nachwirkende Vertragspflichten. Es handelt sich um «Vertragspflichten einer Partei, die nach Erlöschen ihrer Hauptleistungspflicht bestehen und relativ

---

⁵⁶⁵ STÖCKLI, BR/DC 2011, 184.
⁵⁶⁶ Botschaft UWG, 6180; BGE 133 III 431 (436), E. 4.3.
⁵⁶⁷ HAUSHEER/AEBI-MÜLLER, BeKomm, Art. 2 ZGB N 119 ff.
⁵⁶⁸ GAUCH/SCHLUEP/SCHMID, N 948 ff.
⁵⁶⁹ GAUCH/SCHLUEP/SCHMID, N 962a ff.; zu den verschiedenen Varianten der *culpa in contrahendo*, s. HARTMANN, ZBJV 2003, 523 f.

selbständig sind».⁵⁷⁰ MIDDENDORF teilt sie ein in nachwirkende Schutzpflichten (z.B. Geheimhaltungspflichten), Pflichten zur Förderung des Gebrauchszwecks (z.B. Reparatur- und Ersatzteillieferungspflicht) und Fortkommenspflichten (z.B. die Pflicht zur Zeugnis- und Referenzerteilung).⁵⁷¹ Sie beruhen – wie andere Vertragspflichten auch – entweder auf Vereinbarung, auf Gesetz oder auf Vertragsergänzung. Die Vertragsergänzung erfolgt auch hier zunächst nach dispositivem Gesetzesrecht, sofern dieses passt, sodann nach Gewohnheitsrecht, wenn solches besteht (Art. 1 Abs. 2 ZGB). Andernfalls ist eine gerichtliche Vertragsergänzung erforderlich, die nach Treu und Glauben erfolgt (N 90, N 238).⁵⁷² Da die Schutzpflichten ganz besonders mit der Beziehung zwischen den Parteien verbunden sind, ist diese für die Beantwortung der Frage, was nach Treu und Glaube erforderlich und zumutbar ist, ganz besonders relevant: Je mehr eine Partei sich selbst und ihre Rechtsgüter einer anderen Partei ausgeliefert hat, je enger die persönliche Beziehung ist, desto eher sind nachvertragliche Schutzpflichten der anderen Partei zu bejahen.⁵⁷³ Das zeigt sich ganz besonders in den gesetzlichen Folgen nach Auflösung einer Ehe durch Scheidung (Art. 120 ff. ZGB).

c. Als *vertragliche Nebenpflichten* können unterschieden werden: Obhuts-, Schutz- und Sicherungspflichten, Informations- und Aufklärungspflichten, Verschaffungspflichten und Mitwirkungspflichten.⁵⁷⁴ Obhuts-, Schutz- und Sicherungspflichten betreffen primär absolut geschützte Rechtsgüter der am Vertragsverhältnis beteiligten Parteien. So hat etwa ein Skiliftunternehmen nicht nur für den Transport zu sorgen, sondern auch die Pisten zu sichern und über Lawinengefahren zu informieren.⁵⁷⁵ Eine Schwimmbadbetreiberin hat nicht nur das Schwimmen zu ermöglichen, sondern auch die Sicherheit der Nutzerinnen und Nutzer zu gewährleisten.⁵⁷⁶ Aufklärungs- und Informationspflichten bestehen zwar nicht allgemein, können aber nach Treu und Glauben geboten sein, wenn das Vorliegen eines besonderen Vertrauensverhältnisses (z.B. Ärztin – Patient, Anwältin – Klient), die Natur des Vertrags oder sonstige besondere Umstände (etwa die Geschäftsunerfahrenheit eines Kunden im Zusammenhang mit Finanzgeschäften⁵⁷⁷) eine Information oder Aufklärung erfordern. Verschaffungs- und Mitwirkungspflichten sind sodann unter Umständen zur Abwicklung des Vertrags

246

---

⁵⁷⁰ MIDDENDORF, N 6.
⁵⁷¹ MIDDENDORF, N 74 ff.
⁵⁷² JÄGGI/GAUCH/HARTMANN, ZüKomm, Art. 18 OR N 597, N 601 ff.
⁵⁷³ MIDDENDORF, N 175.
⁵⁷⁴ GAUCH/SCHLUEP/EMMENEGGER, N 2637 ff.; siehe auch HAUSHEER/AEBI-MÜLLER, BeKomm, Art. 2 ZGB N 132, N 139.
⁵⁷⁵ BGE 130 III 193 (195 f.), E. 2.2.
⁵⁷⁶ GAUCH/SCHLUEP/EMMENEGGER, N 2644 mit Hinweis auf BGE 113 II 424 (427 f.), E. 1c.
⁵⁷⁷ BGE 124 III 155 (162 f.), E. 3a; 133 III 97 (102), E. 7.1; dazu GAUCH/SCHLUEP/EMMENEGGER, N 2646.

bzw. zur Erbringung der Vertragspflichten erforderlich. Dazu gehört etwa die Pflicht, die Wände freizustellen, damit der bestellte Maler seine Leistung erbringen kann.[578]

247   2. Die Verletzung einer vorvertraglichen Pflicht führt zur **Haftung aus *culpa in contrahendo*,** deren Rechtsnatur umstritten ist. Die Meinungen reichen von der Deliktshaftung nach Art. 41 ff. OR über die vertragliche oder vertragsähnliche Haftung bis hin zur Haftung eigener Art nach Art. 2 ZGB. Die Verletzung einer nachwirkenden Vertragspflicht oder einer vertraglichen Nebenpflicht führt zu einer Haftung aus Vertrag (Art. 97 Abs. 1 OR).[579] Zur Überwindung der Dichotomie von vertraglicher und ausservertraglicher Haftung bei Verletzung von (vertraglichen, vorvertraglichen und nachwirkenden) Schutzpflichten hat CANARIS das **einheitliche gesetzliche Schutzverhältnis** entwickelt.[580] Dieses Schutzverhältnis entsteht nicht erst mit Vertragsabschluss, sondern bereits bei den ersten geschäftlichen Kontakten und wird während des Vertrags und darüber hinaus als Kontinuum fortgesetzt. Aus diesen geschäftlichen bzw. sozialen Kontakten entsteht eine rechtliche Sonderverbindung, aus der sich besondere Schutzpflichten ergeben. Das Schutzverhältnis ist einheitlich, weil sich sämtliche Schutzpflichten (vor-, nach- und vertragliche) daraus ergeben. Es ist schliesslich insofern ein «gesetzliches», als es von Gesetzes wegen und unabhängig vom Willen der Parteien entsteht. Seine Geltungsberechtigung schöpft es **aus dem Vertrauensgrundsatz.** Die Haftung aus culpa in contrahendo ist in Deutschland seit der Schuldrechtsreform (in Kraft seit dem 1. Januar 2002) in § 311 Abs. 2 und 3 BGB geregelt.

248   3. Die Frage, ob sich vertragliche Nebenpflichten, namentlich Schutzpflichten, auch auf Dritte erstrecken, wird unter dem Titel des **Vertrags mit Schutzwirkungen zugunsten Dritter** gestellt:[581] Haftet etwa ein Unternehmer im Rahmen der Ausführung des Werkvertrags ausschliesslich seinem Vertragspartner (Besteller des Hauses) oder auch dessen Familienangehörigen?[582] In dieser Rechtsfigur zeigt sich das Bestreben, den Geschädigten zu den günstigeren vertragsrechtlichen Haftungsmodalitäten (z.B. Art. 127 OR) zu verhelfen. Das Bundesgericht hat zwar die Haftung aus Vertrag mit Schutzwirkungen zugunsten Dritter bereits geprüft, aber bisher immer abgelehnt.[583]

bb.   Ausservertragliche Sorgfalts- und Sicherungspflichten

249   1. Ausservertragliche Sorgfalts- und Sicherungspflichten ergeben sich primär im Zusammenhang mit dem Schutz absoluter Rechtsgüter. Über die gesetzlichen Haf-

---

[578] GAUCH/SCHLUEP/EMMENEGGER, N 2650 mit Hinweis auf BGE 59 II 305 (308), E. 5.
[579] So MIDDENDORF, N 226, für die nachwirkenden Vertragspflichten, und GAUCH/SCHLUEP/EMMENEGGER, N 2638 f., für die vertraglichen Nebenpflichten.
[580] CANARIS, JZ 1965, 478 ff.; DERS., FS Larenz, 102 ff.; siehe auch RUSCH, 12 f.; MIDDENDORF, N 209 ff.
[581] STEINAUER, SPR II/1, N 568 f.
[582] HAUSHEER/AEBI-MÜLLER, BeKomm, Art. 2 ZGB N 195.
[583] HAUSHEER/AEBI-MÜLLER, BeKomm, Art. 2 ZGB N 197; STEINAUER, SPR II/1, N 568.

tungsnormen hinaus hat das Bundesgericht aufgrund des Gefahrensatzes je nach der konkret geschaffenen Gefahr **Schutz- und Verkehrssicherungspflichten** entwickelt. Diese beruhen auf dem **Vertrauen der Verkehrsteilnehmer** in sichernde Vorkehrungen zum Schutz eines absolut geschützten Rechtsguts. Insofern gilt der Vertrauensgrundsatz auch für die ausservertragliche Haftung. Art. 2 Abs. 1 ZGB konkretisiert mithin im Zusammenhang mit dem Schutz absoluter Rechtsgüter Sorgfalts- und Verkehrssicherungspflichten, die je nach Gefahrenquelle oder je nach Person differenzierte Vertrauenspositionen begründen.[584]

2. Mitunter kann auch vertragsnahes Verhalten als ausservertragliches Verhalten qualifiziert werden, so etwa vorvertragliches Verhalten, das zu einer Haftung aus *culpa in contrahendo* führen kann (N 247). In Verallgemeinerung der Culpa-Haftung hat das Bundesgericht eine **Vertrauenshaftung** begründet, die nicht auf vorvertraglichem Verhalten und auch nicht auf der Verletzung eines absoluten Rechts beruht. Die Grundlage der Haftung besteht hier in einer rechtlich relevanten Sonderverbindung, im Rahmen deren schutzwürdiges Vertrauen geweckt wird.[585]

250

3. Über die Sorgfaltspflichten im Zusammenhang mit absoluten Rechtsgütern hinaus (N 249) könnte **Art. 2 Abs. 1 ZGB als eigenständige Schutznorm** und als Massstab von allgemeinen Verhaltenspflichten angerufen werden. So sah etwa Art. 46 Abs. 2 VE Revision und Vereinheitlichung Haftpflichtrecht vor: «Besteht die Schädigung im Verhalten einer Person, so ist dieses dann widerrechtlich, wenn es gegen ein Gebot oder Verbot der Rechtsordnung, gegen den Grundsatz von Treu und Glauben oder gegen eine vertragliche Pflicht verstösst.»[586] Mit dieser Bestimmung wäre jedes gegen Treu und Glauben verstossende Verhalten widerrechtlich und würde eine Haftung begründen. Die Vertrauenshaftung würde verallgemeinert zu einer Haftung für Verletzung von Treu und Glauben. Treu und Glauben erhielten gleichsam den Rang eines absoluten Rechts.[587] Die Revisionsvorhaben zum Haftpflichtrecht wurden indessen vom Bundesrat am 21. Januar 2009 eingestellt.[588]

251

cc. Verbot des Rechtsmissbrauchs

Auch das **Verbot des Rechtsmissbrauchs** und seiner Erscheinungsformen sind **Ausfluss des** Handelns nach Treu und Glauben und des darauf beruhenden **Ver-**

252

---

[584] Dazu und differenzierend nach objekt- und subjektbezogenen Sicherheitserwartungen: HAUSHEER/AEBI-MÜLLER, BeKomm, Art. 2 ZGB N 147 ff.
[585] BGE 142 III 84 (88), E. 3.3, m.w.H.; GAUCH/SCHLUEP/SCHMID, N 982a ff., N 982e ff.; HAUSHEER/AEBI-MÜLLER, BeKomm, Art. 2 ZGB N 141, N 175 ff.; HARTMANN, ZBJV 2003, 520, 536 f.; LOSER, N 124 ff., N 165 ff.
[586] WIDMER, ZBJV 1994, 389.
[587] WIDMER/WESSNER, 101 f.
[588] Bundesamt für Justiz, Obligationenrecht (Revision des Verjährungsrechts), Bericht zum Vorentwurf, August 2011, 6.

trauensschutzes:[589] Verboten sind etwa die schikanöse, nutzlose Rechtsausübung (z.B. «Neidmauer»), die Rechtsausübung, bei der die Interessen der ausübenden Partei in krassem Missverhältnis zu den Nachteilen der Gegenpartei stehen (z.B. Kündigung eines Arbeitsverhältnisses nach 44 Dienstjahren, kurz vor der Pensionierung, was zu erheblichen finanziellen Einbussen führt[590]), unredlicher Rechtserwerb, wie er z.B. in Art. 21 und Art. 31 Abs. 1, Art. 66 und Art. 156 OR positivrechtlich zum Ausdruck kommt, zweckwidrige Verwendung von Rechtsinstituten (z.B. Scheinehe)[591] und widersprüchliches Verhalten (*venire contra factum proprium*, z.B. bei Berufung auf Formungültigkeit nach beidseitiger irrtumsfreier Erfüllung des Vertrags mit vereinbarter Schwarzgeldzahlung)[592]. Aus dem Rechtsmissbrauchsverbot, das ein Schikaneverbot enthält, ergibt sich umgekehrt das Gebot der schonenden Rechtsausübung (z.B. Minderheitenschutz im Gesellschaftsrecht).[593]

4. Vertrauensschutz als Wertungsprinzip bei der Beweislastverteilung

253 1. Der Vertrauensschutz ist nach dem Gesagten ein Ausfluss der privatrechtlichen und verfassungsrechtlichen **Normierung von Treu und Glauben.** Er durchzieht die gesamte Rechtsordnung und ist Grundlage mehrerer Rechtsfiguren, die von Rechtsprechung und Lehre entwickelt wurden: Vertrauensschutz gegenüber staatlichem Handeln, im privatrechtlichen Rechtsverkehr, bei der Auslegung von Willenserklärungen und Verträgen, als Grundlage der *Culpa*-Haftung oder der Vertrauenshaftung sowie der Begründung von vertraglichen Nebenpflichten usw.

254 Es ist daher nur folgerichtig, ja sogar zwingend, dass sich auch die **Beweislastverteilung am Vertrauen orientiert.** Es wäre nicht konsequent, den Vertrauensschutz bei der Rechtssetzung, der Rechtsanwendung, der Auslegung von Willenserklärungen, der Lückenfüllung, bei der Begründung von Rechten und Pflichten sowie im Nachgang zu Rechtsbeziehungen (nachwirkende Vertragspflichten oder *clausula rebus sic stantibus*) heranzuziehen, im Streitfall bei der Beweislastverteilung aber diesen Aspekt aus den Augen zu verlieren.[594] Vielmehr erfordert das Wertungsprinzip, welches das gesamte Recht in allen Stadien durchzieht, von vor der Begründung bis nach der Beendigung von Rechtsbeziehungen, gerade auch dann Geltung, wenn eine streitige

---

[589] BAUMANN, ZüKomm, Art. 2 ZGB N 295 ff.; HAUSHEER/AEBI-MÜLLER, BeKomm, Art. 2 ZGB N 207 ff.; STEINAUER, SPR II/1, 471 ff.; MERZ, BeKomm, Art. 2 ZGB N 340 ff.
[590] BGE 132 III 115 ff., zit. nach HAUSHEER/AEBI-MÜLLER, BeKomm, Art. 2 ZGB N 215.
[591] BGE 141 III 1 (3 ff.), E. 4.
[592] HAUSHEER/AEBI-MÜLLER, BeKomm, Art. 2 ZGB N 300 ff.; KRAMER, BeKomm, Art. 18 OR N 191.
[593] HAUSHEER/AEBI-MÜLLER, BeKomm, Art. 2 ZGB N 219 ff.; BGE 117 II 290 (300 ff.), E. 4e.
[594] Zu diesen Phasen der Rechtsabläufe: BAUMANN, ZüKomm, Art. 2 ZGB N 2.

Tatsache nicht bewiesen werden kann. **Bei Beweislosigkeit muss daher das gelten, was Vertrauen verdient:** das Erwartungsgemässe, Redliche, Korrekte, Vernünftige.

2. Die (objektive) Beweislast entscheidet darüber, welche Partei den **Nachteil** tragen soll, wenn eine entscheidrelevante, streitige Tatsache **nicht bewiesen** werden kann. Da Vertrauen in das Erwartungsgemässe, Redliche, Korrekte, Vernünftige geschützt werden soll, muss bei Beweislosigkeit genau das gelten. Das heisst, die Beweislast muss tragen, wer **vom Redlichen, Korrekten, Üblichen, Vernünftigen Abweichendes geltend macht.** Das heisst: Den Nachteil der Beweislosigkeit trägt jene Partei, die das Abweichende behauptet. 255

Die Tatsache, dass wir bei der Beweislastverteilung vom regelkonformen Verhalten, vom Erwartungsgemässen, Redlichen, Korrekten, Vernünftigen ausgehen, hängt mit **Vertrauensschutz** zusammen: Wir vertrauen im Rechtsverkehr primär – tatsächlich – darauf, dass sich unsere Vertragspartner bzw. die anderen Teilnehmenden am Rechtsverkehr erwartungsgemäss, redlich, korrekt und vernünftig verhalten. Anders wäre eine Teilnahme am Rechtsverkehr gar nicht vorstellbar. Oder anders gesagt, die Komplexität, die Geschwindigkeit und alltägliche Notwendigkeit des Rechtsverkehrs setzen voraus, dass wir uns – auch normativ – darauf verlassen können müssen. Die Beweislastverteilung gibt Antwort auf die Frage, was gilt, wenn eine entscheidrelevante streitige Tatsache nicht bewiesen ist. Diese Frage ist **normativ** zu beantworten. Die Beweislastverteilung vermag in der Tat nichts darüber auszusagen, wie die Wirklichkeit tatsächlich ist, ob sie tatsächlich dem Erwartungsgemässen, Redlichen, Korrekten, Vernünftigen entspricht. Die Frage nach der Wirklichkeit kann und will die Regel zur Beweislastverteilung gar nicht beantworten. Ganz im Gegenteil: Sie gibt nur – aber immerhin – Antwort auf die Frage, was gelten soll, wenn man nicht weiss, wie die Wirklichkeit ist oder war. Und dazu gilt, dass das, **was Vertrauen verdient,** das Erwartungsgemässe, Redliche, Korrekte, Vernünftige, **jedenfalls schützenswerter** ist als das Abweichende, weshalb im Zweifelsfall (also bei Beweislosigkeit) eher jenes als dieses gelten soll. Das dient dem Vertrauens- und Verkehrsschutz.[595] 256

3. Die Kategorien des Erwartungsgemässen, Redlichen, Korrekten, Vernünftigen werden im Zusammenhang mit der Beweislastverteilung **von verschiedenen Autoren angerufen,** ohne dass daraus ein Konzept entstanden wäre: So unterscheidet etwa JÄGGI bei der Diskussion über den Anwendungsbereich des Vertrauensprinzips zwischen dem **Normalfall,** in dem der Wille richtig gebildet und die Erklärung entsprechend erfolgt sowie diese richtig wahrgenommen und gedeutet wird, und den anormalen Fällen, in denen entweder der Wille nicht richtig gebildet oder der richtig gebildete Wille nicht mit dem Erklärungsvorgang übereinstimmt oder ein Wille nicht vorhanden ist usw.[596] Völlig selbstverständlich geht er sodann davon aus, dass zu be- 257

---
[595] RUMO-JUNGO, FS Gauch, 579.
[596] JÄGGI, Vertrauensprinzip, 149 ff.

weisen hat, wer sich auf einen anormalen Fall beruft, was in die Aussage mündet: «Bei Unklarheit des Beweisergebnisses ist der Normalfall zu vermuten.»[597]

258 Wenn auch KUMMER diese Beweislastverteilung betreffend den Vertragsinhalt nicht teilt,[598] beruft er sich andernorts doch selbst auf den **Schutz des Rechtsverkehrs und den Vertrauensschutz:**[599] Er hält zunächst fest, die Urteilsfähigkeit sei die Regel, was auch die gesetzliche Formulierung in Art. 16 ZGB nahelege. Daher habe den Beweis zu erbringen, wer Urteilsunfähigkeit behaupte. Diese könne bei geistiger Behinderung unter Umständen durch die Notorietät einfach erbracht werden, worauf ein *lucidum intervallum* zu beweisen habe, wer dieses behaupte. Ebenso sei aus Gründen des Vertrauensschutzes als gesetzliche Regel die Mündigkeit (heute: Volljährigkeit) zu unterstellen. Zu beweisen sei ihr Fehlen. Daraus schliesst er: «Die Handlungs- und Deliktsfähigkeit ist *demnach* [Hervorhebung durch die Autorin] nicht rechtserzeugend, sondern ihr Fehlen rechtshindernd.» Derart leitet er die Einteilung in rechtshindernde und rechtsbegründende Tatsachen aus dem Vertrauensschutz ab und nicht etwa umgekehrt. Offensichtlich fanden also Kriterien des Vertrauensschutzes bei der Beweislastverteilung bereits bei KUMMER Eingang. Dies wurde damals aber weder benannt noch überhaupt erkannt.[600]

259 Auch WALTER anerkennt, dass die rechtspolitische Leitlinie der Unterscheidung zwischen erzeugenden und hindernden Tatsachen vorab durch **Vertrauenskriterien** gezogen wird. Danach dürfe Normalität vorausgesetzt werden, und es sei beweispflichtig, wer eine Anomalie behauptet.[601] KUMMER und WALTER berufen sich ferner bei der Frage der Beweislast bei Stellvertretung darauf, nach dem zu schützenden **Vertrauen in den Rechtsverkehr** gelte das Eigengeschäft als Regel, das Fremdgeschäft dagegen als Ausnahme.[602]

260 Entgegen KUMMER[603] hat die **vertrauensbasierte Beweislastverteilung** nichts Zufälliges, jedenfalls nichts Zufälligeres an sich als die Beweislastverteilung nach der Normentheorie. Wie erwähnt (N 58, N 188 f., N 205, N 209 f.), ist jede Beweislastverteilung ein Wertungsvorgang, der nach allgemeingültigen Regeln und Prinzipien erfolgen soll. Nachdem die Normentheorie gerade in den heiklen Fällen versagt, da die Qualifikation der rechtshindernden Tatsachen Schwierigkeiten bereitet, muss das Wertungsprinzip für die Einteilung der Tatsachen gesucht werden. Dieses wurde im **Vertrauensschutz** gefunden (N 253 ff.).

---

[597] JÄGGI, Vertrauensprinzip, 155.
[598] KUMMER, BeKomm, Art. 8 ZGB N 332.
[599] KUMMER, BeKomm, Art. 8 ZGB N 220 ff.
[600] So schon RUMO-JUNGO, FS Gauch, 581.
[601] WALTER, BeKomm, Art. 8 ZGB N 293 und ferner N 477; so auch GÖKSU, HandKomm, Art. 8 ZGB N 16.
[602] KUMMER, BeKomm, Art. 8 ZGB N 231; WALTER, BeKomm, Art. 8 ZGB N 517.
[603] KUMMER, BeKomm, Art. 8 ZGB N 120.

4. Fazit: Als **Regel** können wir demnach festhalten, dass grundsätzlich nicht das erwartungsgemässe, redliche, korrekte, vernünftige und das Treu und Glauben entsprechende Verhalten zu beweisen ist, sondern das davon abweichende Verhalten.[604] Somit orientiert sich neben der Rechtssetzung, der Rechtsanwendung, der Lückenfüllung und der Auslegung von Willenserklärungen auch die Beweislastverteilung an **Vertrauenskriterien.** Der Vertrauensschutz erweist sich mithin als ein unser ganzes Rechtssystem durchziehendes Wertungsprinzip. Ferner leitet sich der Vertrauensschutz von einem anderen Wertungsprinzip ab, nämlich von der Rechtssicherheit, welches als objektiv vorgegebener, als Wert an sich bezeichnet wird,[605] ebenso wie der Vertrauensschutz schlechthin ein Grundanliegen der schweizerischen Rechtsordnung ist.[606] Die **vertrauensbasierte Beweislastverteilung** passt folglich in das gesamte Wertungsgefüge unserer Rechtsordnung.

261

5. Ergebnis

1. Art. 8 ZGB regelt zwar die objektive Beweislast, klärt aber nicht, «wer Rechte ableitet», also welche Tatsachen im Einzelnen von wem zu beweisen sind bzw. wer bei Beweislosigkeit einer bestimmten Tatsache unterliegt. Die **vertrauensbasierte Beweislastverteilung** führt zum Unterliegen jener Person, die eine vom Erwartungsgemässen, Redlichen, Korrekten, Vernünftigen abweichende Tatsache behauptet und diese nicht beweisen kann. Da sich die traditionellen Kategorien «rechtsbegründend, rechtshindernd und rechtsaufhebend» längst eingebürgert haben sowie in vielen Fällen zu einer schlüssigen Antwort und überdies zu einem angemessenen Resultat führen, kann an sich weiterhin damit operiert werden.[607] Dabei darf aber nicht verkannt werden, dass sich die Beweislastverteilung nicht aus der Einteilung der Tatsachen in diese Kategorien ergibt und diese Einteilung auch nicht dem Gesetz entnommen werden kann. Vielmehr ergibt sich umgekehrt die Zuordnung der Tatsachen in die Kategorien aus dem Vertrauensschutz, aus Treu und Glauben. Das anerkennt auch WALTER, der zwar mit den Kategorien der rechtsbegründenden, rechtshindernden und rechtsaufhebenden Tatsachen operiert, gleichzeitig aber festhält, dass die rechtspolitische Leitlinie der Unterscheidung zwischen erzeugenden und hindernden Tatsachen vorab durch Vertrauenskriterien gezogen wird.

262

2. Die vertrauensbasierte Beweislastverteilung erfüllt alle Voraussetzungen, die an die Beweislastverteilung gestellt werden: Sie erfolgt nach einem **allgemeingültigen**

263

---

[604] RUMO-JUNGO, FS Gauch, 580; RUMO-JUNGO, Entwicklungen, 49; so wohl auch JÄGGI, Vertrauensprinzip, 150 ff., hinsichtlich des Vertragsinhalts.
[605] OTT, 115.
[606] WALTER, BeKomm, Art. 8 ZGB N 222.
[607] So wohl auch MEIER, ZSR 1987, 737.

Prinzip und dient so dem Vertrauen in die Rechtsverwirklichung, der Rechtssicherheit, der Abschätzbarkeit des Prozessrisikos und ganz allgemein der Voraussehbarkeit des Rechts.

264 3. Die **Legitimität** findet die vertrauensbasierte Beweislastverteilung in einer richterlich geschaffenen Regel i.S. von Art. 1 Abs. 2 ZGB: Bei der Konkretisierung von Art. 8 ZGB fällt das **Gericht** keinen blossen Einzelfallentscheid, sondern stellt eine generell-abstrakte **Regel** auf, die es als Gesetzgeber aufstellen würde. Diese Regel findet auf alle gleich gelagerten Fälle Anwendung.

265 4. Darüber hinaus ist diese Regel durch den **Vertrauensschutz** als solchen gerechtfertigt. Danach soll im täglichen Leben das Vertrauen in erwartungsgemässes, redliches, korrektes, vernünftiges Verhalten geschützt werden. Dieses Prinzip würde aber seines Sinnes entleert, wenn es nicht auch für die Rechtsdurchsetzung und mithin für die Beweislastverteilung gelten würde. Im Zweifel muss das gelten, was Vertrauen verdient, das Erwartungsgemässe, Redliche, Korrekte, Vernünftige, und gerade nicht das Abweichende.

266 5. Da die Kategorien der rechtsbegründenden und rechtshindernden Tatsachen häufig jenen der normkonformen, korrekten, erwartungsgemässen einerseits und der normwidrigen, fehlerhaften und unerwarteten Tatsachen andererseits entsprechen, deckt sich die Beweislastverteilung nach der Normentheorie in zahlreichen Fällen mit der vertrauensbasierten Beweislastverteilung. Letztere Theorie erlaubt aber gerade auch in den schwierigen Fällen klare Entscheide und stösst nicht auf die Schwierigkeit der Einteilung in rechtsbegründende, rechtshindernde und rechtsaufhebende Tatsachen. Sie legt darüber hinaus die **Wertungen offen,** die jeder Beweislastverteilung zugrunde liegen. Damit wird dem im Zeitalter des offen deklarierten Methodenpluralismus erhobenen und gerechtfertigten Postulat der (methoden-)ehrlichen, kontrollierbaren und **nachvollziehbaren Begründung** eines Entscheids[608] Rechnung getragen.

III. Sonderregeln zur Beweislastverteilung

1. Gesetzliche Sonderregeln im Allgemeinen

267 Das Gesetz kennt neben der Grundregel von Art. 8 ZGB einige Bestimmungen mit gesonderter Regelung der Beweislastverteilung. Es handelt sich entweder um **Bestätigungen der Grundregel oder um Abweichungen** davon. Als *leges speciales* gehen

---

[608] WALTER, recht 1999, 165 f.

die abweichenden Regeln der Grundregel vor: Beispielsweise ist in Art. 200 Abs. 1, Art. 248 Abs. 1 ZGB und in Art. 19 Abs. 1 PartG vorgeschrieben, dass den Beweis zu erbringen hat, wer sich darauf beruft, dass ein bestimmter Vermögenswert sein Eigentum ist. In der Regel versagt hier die Vermutung aus Art. 930 Abs. 1 ZGB, da nur Alleinbesitz die Vermutung von Alleineigentum begründet. Unter Eheleuten bzw. unter eingetragenen Partnern und Partnerinnen liegt aber häufig gerade Mitbesitz vor, was zur Vermutung von Miteigentum führt, wie dies Art. 200 Abs. 2 ZGB ausdrücklich festhält. Aus der Beweislastvorschrift von Art. 200 Abs. 1 ZGB ergibt sich, dass die Folgen der Beweislosigkeit zu tragen hat, wer das Vorliegen von Eigentum des einen oder anderen Ehegatten behauptet. Es handelt sich hierbei um eine Konkretisierung und Bestätigung der Grundregel von Art. 8 ZGB. Nach Vertrauenskriterien muss unter Eheleuten und eingetragenen Partnern und Partnerinnen, die zusammenwohnen, in der Regel von Miteigentum ausgegangen werden. Wer etwas anderes behauptet, weicht vom Regelmässigen und Üblichen ab und hat das zu beweisen. Das gilt auch für Art. 260b Abs. 1 ZGB, wonach bei einer Anfechtung der Vaterschaftsanerkennung der Kläger zu beweisen hat, dass der Anerkennende nicht der Vater ist. Ebenso enthalten namentlich folgende Bestimmungen eine Bestätigung der Grundregel von Art. 8 ZGB:

- Art. 3 Abs. 1, Art. 32, Art. 193 Abs. 2, Art. 333 Abs. 1, Art. 479 Abs. 2 ZGB;
- Art. 8 Abs. 2, Art. 17, Art. 40e Abs. 3, Art. 42 Abs. 1, Art. 54 Abs. 2, Art. 55 Abs. 1, Art. 56 Abs. 1, Art. 97 Abs. 1, Art. 103 Abs. 2, Art. 106 Abs. 1, Art. 204 Abs. 2, Art. 222 Abs. 1 und 2, Art. 427 Abs. 1, Art. 1043 Abs. 2 OR;
- Art. 5 Abs. 1 PrHG;
- Art. 7 Abs. 2 Gebührenordnung des IGE (SR 232.148);
- Art. 10 Sortenschutzgesetz (SR 232.16);
- Art. 5 Abs. 2 und 3 MVG.

2. Vermutungen und Fiktionen im Besonderen

Sonderregeln zur Beweislastverteilung enthalten auch die gesetzlichen Vermutungen (a.) und die Fiktionen (c.). Erstere erleichtern die Beweisführung für die beweisbelastete Partei (N 270), Letztere erübrigen die Beweislastverteilung (dazu aber N 287). Von den gesetzlichen Vermutungen sind die tatsächlichen Vermutungen (b.) zu unterscheiden:

268

Art. 8 ZGB

a. Gesetzliche Vermutungen

aa. Begriffe

269   1. Eine Vermutung schliesst von einer bekannten Tatsache (Vermutungsbasis, Prämisse, *factum probans*) auf eine unbekannte Tatsache (*factum probandum;* Tatsachenvermutung) oder Rechtsfolge (*ius probandum;* Rechtsvermutung).[609] Stellt das Gesetz die Vermutung auf, handelt es sich um eine **gesetzliche Vermutung** (*praesumptio iuris*), entweder um eine **Tatsachenvermutung** (bb.) oder um eine **Rechtsvermutung** (cc.). Im Unterschied dazu ergibt sich eine tatsächliche Vermutung aus der allgemeinen Lebenserfahrung (dazu N 278). Wie die tatsächlichen sind auch die gesetzlichen Vermutungen Ausdruck des Üblichen, des Regelmässigen, des der allgemeinen Lebenserfahrung Entsprechenden.[610] Gesetzliche Vermutungen sind normativer Ausdruck der Lebenserfahrung, tatsächliche Vermutungen sind Ausdruck der allgemeinen, tatsächlichen Lebenserfahrung.

270   2. Eine **gesetzliche Vermutung** ändert an sich **nichts an der Beweislastverteilung.** Sie besagt namentlich nicht, welche Partei für die Vermutungsbasis beweispflichtig ist und bei Nichtbeweis der Vermutungsbasis die Konsequenz der Beweislosigkeit trägt.[611] Sie hilft aber der beweisbelasteten Partei insofern, als diese nicht die behauptete Tatsache oder die Vermutungsfolge selbst, sondern bloss die Vermutungsbasis zu beweisen hat.[612] Kann sie diesen Beweis nicht erbringen, bleibt ihr noch der direkte Beweis des zu beweisenden Sachumstands. Gelingt auch dieser nicht, trägt sie die Folgen der Beweislosigkeit. Da hilft ihr auch die Vermutung nichts. Wird die Vermutungsbasis mit dem üblichen Beweismass bewiesen,[613] vollzieht das Gesetz alsdann den Schluss auf die Vermutungsfolge selbst. Sobald die Vermutungsfolge eintritt, muss die Vermutungsgegnerin den Beweis des Gegenteils erbringen. Man kann darin eine Umkehr der Beweislast erkennen.[614] Richtigerweise handelt es sich aber **nicht** um eine **Umkehr der Beweislast,** sondern (bloss) um eine Erleichterung des Beweises[615] jener Partei, die für den Sachumstand, der Gegenstand der Vermutungsfolge ist, beweisbelastet ist (bzw. bei einer Rechtsvermutung: jener Partei, die für die Rechtsfolge beweisbelastet ist, die Gegenstand der Vermutungsfolge ist).

---

[609] KUMMER, BeKomm, Art. 8 ZGB N 317; WALTER, BeKomm, Art. 8 ZGB N 387.
[610] WALTER, Art. 8 ZGB N 389; STEINAUER, SPR II/1, N 651.
[611] RUMO-JUNGO, Entwicklungen, 57; WALTER, BeKomm, Art. 8 ZGB N 391.
[612] LARDELLI, BaKomm, Art. 8 ZGB N 67; GÖKSU, HandKomm, Art. 8 ZGB N 18.
[613] HÜRLIMANN-KAUP/SCHMID, N 479.
[614] KUMMER, BeKomm, Art. 8 ZGB N 336; GÖKSU, HandKomm, Art. 8 ZGB N 17 f.; HAUSHEER/JAUN, ZGB-Komm, Art. 8–10 ZGB N 65; WALTER, BeKomm, Art. 8 ZGB N 412.
[615] So auch STEINAUER, SPR II/1, N 645 ff., 652; GRONER, 96. Siehe dagegen zu den Regeln, welche die Beweislast umkehren, STEINAUER, SPR II/1, N 661 ff.

Ein Beispiel: Nach Art. 195a ZGB wird ein öffentliches Inventar über die Vermögenswerte unter den Eheleuten als richtig vermutet, wenn es binnen eines Jahres seit Einbringen der Vermögenswerte errichtet wurde. Als Vermutungsbasis hat die beweisbelastete Person die Errichtung eines öffentlichen Inventars innert eines Jahres seit Einbringen der Vermögenswerte (in die Ehe) zu beweisen. Als Vermutungsfolge knüpft das Gesetz an diesen Beweis die Tatsachenvermutung der Richtigkeit des Inhalts der öffentlichen Urkunde, nämlich der Eigentumsverhältnisse und der Zuordnung der Vermögenswerte zu den Gütermassen.[616] Diese Vermutung kann entweder dadurch verhindert werden, dass der Beweis der Vermutungsbasis entkräftet oder verunmöglicht wird (Gegenbeweis; N 94), oder dadurch, dass das Gegenteil der vermuteten Tatsache bewiesen wird (Beweis des Gegenteils; N 93, N 276). Der Gegenbeweis kann durch den Beweis der verpassten Einjahresfrist erbracht werden, der Beweis des Gegenteils durch den Beweis der Unrichtigkeit des Urkundeninhalts. Kann weder der eine noch der andere Beweis erbracht werden, gilt als Vermutungsfolge die Richtigkeit des öffentlichen Inventars. Die Beweislosigkeit tritt demzufolge nie ein, sofern die Vermutungsbasis bewiesen ist.[617] Kann die Vermutungsbasis (z.B. die Einhaltung der Einjahresfrist) dagegen nicht bewiesen werden, tritt die Vermutungsfolge nicht ein. Die beweisbelastete Partei kann nun immer noch für jeden einzelnen Vermögensgegenstand die Eigentumsverhältnisse (Art. 200 Abs. 1 ZGB) und die Massenzugehörigkeit beweisen. Bei diesem direkten Beweis helfen ihr erneut gesetzliche Vermutungen: Art. 930 Abs. 1 und Art. 200 Abs. 2 ZGB für das Eigentum (N 589 ff.)[618] sowie Art. 200 Abs. 3 ZGB für die Massenzugehörigkeit.

271

bb. Tatsachenvermutung

Knüpft das Gesetz an das Vorliegen einer bestimmten Tatsache (Vermutungsbasis) eine andere Tatsache (Vermutungsfolge), spricht man von einer Tatsachenvermutung. Eine solche stellt das Gesetz z.B. in Art. 32 Abs. 2 ZGB auf, wonach bei zwei verstorbenen Personen, unter denen die Versterbensreihenfolge nicht bewiesen werden kann, die Gleichzeitigkeit ihres Todes vermutet wird. Eine Tatsachenvermutung liegt auch vor, wenn der Ehemann als Vater vermutet wird, sofern ein Kind während der Ehe geboren und während der Ehe gezeugt worden ist (Art. 255 Abs. 1 i.V.m. Art. 256a Abs. 1 ZGB). Die Vermutungsbasis der Zeugung während der Ehe ist ihrerseits die Vermutungsfolge in Art. 256a Abs. 2 ZGB, der als Vermutungsbasis die Geburt des Kindes

272

---

[616] Insofern geht Art. 195a ZGB über Art. 9 ZGB hinaus, der bloss die Richtigkeit des Erklärungsvorgangs, nicht aber die Richtigkeit des Urkundeninhalts vermutet: JUNGO, HandKomm, Art. 195a ZGB N 4. Diese gesteigerte Vermutungswirkung setzt allerdings die Einhaltung der Frist von einem Jahr voraus. Nach Ablauf dieses Jahres hat das öffentliche Inventar die Beweiskraft einer öffentlichen Urkunde nach Art. 9 ZGB.
[617] WALTER, BeKomm, Art. 8 ZGB N 391.
[618] WALTER, BeKomm, Art. 8 ZGB N 424.

frühestens 180 Tage nach Eheschluss und spätestens 300 Tage nach Auflösung der Ehe durch Tod vorsieht. Ist das Kind zwar während der Ehe geboren, aber nicht während der Ehe oder jedenfalls nach Auflösung des gemeinsamen Haushalts gezeugt worden, liegt keine Tatsachenvermutung im eigentlichen Sinn vor (entgegen dem Randtitel von Art. 255 Abs. 1 ZGB).[619] Das ergibt sich aus Art. 256b Abs. 1 ZGB, der für die Bestreitung der «Vermutung» keine Begründung verlangt.

273 Weitere Beispiele von Tatsachenvermutungen:

- Art. 9 Abs. 1 ZGB: Richtigkeitsvermutung der in der öffentlichen Urkunde beurkundeten Erklärungen;
- Art. 195a ZGB: Richtigkeitsvermutung des Urkundeninhalts;
- Art. 294 Abs. 2 ZGB: Vermutung der Unentgeltlichkeit des Pflegeverhältnisses;
- Art. 496 Abs. 2 ZGB: Vermutung betreffend die begünstigten Erben beim Erbverzicht zugunsten von Miterben;
- Art. 566 Abs. 2 ZGB: Vermutung der Ausschlagung bei amtlich festgestellter oder offenkundiger Zahlungsunfähigkeit des Erblassers;
- Art. 629 Abs. 2 ZGB: Vermutung der Begünstigung bei Heiratsausstattungen in üblichem Umfang an Nachkommen;
- Art. 668 Abs. 2 ZGB: Vermutung der Richtigkeit der Grundbuchpläne;
- Art. 2 Abs. 1 OR: Vermutung des Bindungswillens der Parteien bei Einigung in den wesentlichen Punkten;
- Art. 16 Abs. 1 OR: vorbehaltene Form als Vermutungsbasis, keine Verpflichtung ohne Einhaltung der Form als Vermutungsfolge;
- Art. 89 Abs. 1 OR: Vermutung der Erfüllung früherer periodischer Leistungen bei Quittung für eine spätere Leistung;
- Art. 89 Abs. 2 OR: Vermutung der Erfüllung der Zinse bei Quittung für eine Kapitalschuld;
- Art. 89 Abs. 3 OR: Vermutung der Tilgung der Schuld bei Rückgabe des Schuldscheins;
- Art. 116 Abs. 1 OR: keine Vermutung der Tilgung einer alten Schuld durch die Begründung einer neuen;

---

[619] Ähnlich WALTER, BeKomm, Art. 8 ZGB N 403; a.M. SCHWENZER/COTTIER, BaKomm, Art. 255 ZGB N 4.

- Art. 170 Abs. 3 OR: Subrogation bei Forderungszession: Vermutung, dass auch die rückständigen Zinse auf den Erwerber der Forderung übergehen;

- Art. 176 Abs. 3 OR: Schuldübernahme: Vermutung der Annahmeerklärung des Gläubigers, der vom Schuldübernehmer vorbehaltlos eine Zahlung annimmt oder einer anderen schuldnerischen Handlung zustimmt;

- Art. 189 Abs. 2 OR: Vermutung der Übernahme der Transportkosten durch den Verkäufer bei Vereinbarung von Frankolieferung;

- Art. 190 Abs. 1 OR: Vermutung, dass der Käufer auf die Erfüllung verzichtet und Schadenersatz wegen Nichterfüllung beansprucht;[620]

- Art. 220 OR: Vermutung des Übergangs von Nutzen und Gefahr auf den Käufer im vertraglich bestimmten Zeitpunkt der Übernahme des Grundstücks;

- Art. 269a OR:[621] Vermutung für die fehlende Missbräuchlichkeit des Mietzinses (Vermutungsfolge) unter den in lit. a–f enthaltenen Voraussetzungen (Vermutungsbasis);

- Art. 271a OR:[622] Vermutung der Missbräuchlichkeit der Kündigung des Mietvertrags; *keine gesetzliche Vermutung* für die Missbräuchlichkeit der Kündigung eines Arbeitsverhältnisses liegt vor im Fall von fehlender, unwahrer oder unvollständiger Begründung der Kündigung. Diese ist wirksam, unabhängig von Einhaltung oder Verletzung der Begründungspflicht;[623]

- Art. 314 Abs. 1 OR: Vermutung des ortsüblichen Zinsfusses (dazu N 432);

- Art. 322 Abs. 2 OR: Vermutung, wonach Kost und Logis Lohnbestandteile sind, wenn der Arbeitnehmer in Hausgemeinschaft mit dem Arbeitgeber lebt;

- Art. 388 Abs. 3 OR: Vermutung der Geltung derselben Honorar- und übrigen Vertragsbedingungen zwischen Verleger und Autorin für alle weiteren Auflagen;

---

[620] BGE 116 II 436 (438 f.), E. 1.
[621] BGE 124 III 310 (312), E. 2b: Die in Art. 269a OR enthaltene Vermutung der Nichtmissbräuchlichkeit des Mietzinses rechtfertigt sich nur, wenn die Missbräuchlichkeit gemäss Art. 269 OR nicht bewiesen ist oder objektiv nicht bewiesen werden kann (z.B. bei alten Mietliegenschaften). Der Mieter muss mithin zum Beweis der Missbräuchlichkeit zugelassen werden. Kann er den Beweis erbringen, greift die Vermutung nach Art. 269a OR nicht; so schon BGE 114 II 361 (365 ff.), E. 5. Siehe auch BGE 118 II 415 ff. zur Erschütterung der Vermutungsbasis in Art. 269a lit. b OR i.V.m. Art. 14 Abs. 1 Verordnung über Miete und Pacht von Wohn- und Geschäftsräumen vom 9. Mai 1990 durch die genaue Bestimmung des Anteils der wertvermehrenden Investitionen.
[622] BGE 131 III 33 (37), E. 3.4.
[623] BGE 121 III 60 (62), E. 3b.

- Art. 395 OR: Vermutung (keine Fiktion) der Annahme unter Abwesenden beim einfachen Auftrag als Sonderregel zu Art. 6 OR;[624]
- Art. 437 OR: Vermutung des Eintritts des Kommissärs in den Vertrag;
- Art. 481 Abs. 2 OR: Vermutung einer stillschweigenden Vereinbarung bei Übergabe einer unverschlossen übergebenen Geldsumme;
- Art. 960d Abs. 3 OR: Vermutung einer massgeblichen Beteiligung, wenn die Anteile 20 Prozent der Stimmrechte gewähren;
- Art. 1010 Abs. 2 OR: Vermutung des fristgerechten Indossaments (vor Ablauf der Protestfrist);
- Art. 1019 Abs. 1 OR: Vermutung der Streichung vor Rückgabe des Wechsels;
- Art. 1113 Abs. 2 OR: Vermutung des fristgerechten Indossaments;
- Art. 1122 Abs. 4 OR: Vermutung der Geldwährung des Zahlungsorts.

cc. Rechtsvermutung

274 Eine Rechtsvermutung liegt vor, wenn das Gesetz von einer bekannten Tatsache auf den Bestand oder Nichtbestand eines Rechts oder eines Rechtsverhältnisses schliesst.[625]

275 Rechtsvermutungen enthalten namentlich folgende Bestimmungen:
- Art. 255 Abs. 1 i.V.m. Art. 256a ZGB, Art. 262 Abs. 1 ZGB: Das ZGB vermutet zwar primär die genetische Vaterschaft, weshalb an sich eine Tatsachenvermutung vorliegt. Diese Tatsachenvermutung begründet aber gleichzeitig ein Rechtsverhältnis, nämlich das Eltern-Kind-Verhältnis, weshalb auch eine Rechtsvermutung vorliegt;
- Art. 670 ZGB: Vermutung von Miteigentum an Vorrichtungen zur Abgrenzung zweier Grundstücke;
- Art. 712b Abs. 3 ZGB: Vermutung der Ausscheidung zu Sonderrecht bei Stockwerkeigentum;
- Art. 930 ZGB: Vermutung des Eigentums des Besitzers einer beweglichen Sache;
- Art. 931 Abs. 2 ZGB: Vermutung des beschränkten dinglichen Rechts;
- Art. 937 Abs. 1 ZGB: Vermutung des im Grundbuch eingetragenen Rechts;
- Art. 21 Designgesetz: Berechtigung zur Hinterlegung;

---

[624] So FELLMANN, BeKomm, Art. 395 OR N 74; GEHRER CORDEY/GIGER, HandKomm, Art. 395 OR N 2; a.M. TERCIER/BIERI/CARRON, N 4384, die eine Fiktion annehmen.
[625] KUMMER, BeKomm, Art. 8 ZGB N 325; WALTER, BeKomm, Art. 8 ZGB N 404.

- Art. 6 GlG: Vermutung der geschlechtsbezogenen Diskriminierung, sobald diese (die Benachteiligung und die Geschlechtsbezogenheit) bloss glaubhaft gemacht wird (N 147, N 292);[626]
- Art. 543 Abs. 3 OR: Vermutung der Vollmacht: Die Ermächtigung zur Vertretung der Gesellschaft wird gemäss Art. 543 Abs. 3 OR gegenüber gutgläubigen Dritten unwiderlegbar vermutet, sobald dem Gesellschafter die Geschäftsführung der Gesellschaft überlassen ist;[627]
- Art. 978 Abs. 1 OR: Vermutung, dass die (rechtmässige) Besitzerin von Inhaberaktien die aus den Aktien berechtigte Person ist (Art. 930 ZGB). Das gilt auch für den fiduziarischen Eigentümer der Aktien.[628]

dd. Entkräftung einer gesetzlichen Vermutung

Die Gegnerin einer Vermutung kann diese auf zwei Arten entkräften: 1. Sie kann das **Gegenteil** beweisen und so die gesetzliche Vermutungsfolge beseitigen. Sie beweist z.B., dass der Besitzer nicht Eigentümer ist (ohne das Eigentum einer anderen Person beweisen zu müssen). 2. Sie kann aber auch durch den **Gegenbeweis** die Vermutungsbasis zerstören, so dass die Vermutungsfolge gar nicht greifen kann. Sie kann z.B. beweisen, dass der Besitz als Voraussetzung der Eigentumsvermutung mangelhaft ist, weil er auf Diebstahl beruht (dazu auch hinten N 590). Damit hat sie bewiesen, dass die Vermutung nicht gerechtfertigt ist.

276

Eine Besonderheit gilt für die **Entkräftung der Gutglaubensvermutung,** da hier keine Vermutungsbasis vorliegt bzw. diese in einer anderen Norm enthalten ist: Das Vorhandensein des guten Glaubens wird vermutet, wo das Gesetz eine Rechtswirkung

277

---

[626] RUMO-JUNGO, Entwicklungen, 56; WALTER, BeKomm, Art. 8 ZGB N 403; HAUSHEER/JAUN, ZGB-Komm, Art. 8–10 ZGB N 71; STAEHELIN, ZüKomm, Art. 322 OR N 29; STEIGER-SACKMANN, GlG-Komm, Art. 6 GlG N 59; DIES., Beweis, 120 f. A.M. LEUENBERGER, Glaubhaftmachen, 114 ff., der eine Vermutung mit Umkehr der Beweislast ablehnt und bloss eine Senkung des Beweismasses befürwortet.

[627] BGE 124 III 355 (357 ff.), E. 4; kritisch dazu FELLMANN/MÜLLER, AJP 2000, 639 ff. Fehlt es aber im Gesellschaftsvertrag an der Geschäftsführungsbefugnis (*in casu* des am Baukonsortium beteiligten Architekten), kommt die Vollmachtsvermutung des Art. 543 Abs. 3 OR nicht zum Tragen (BGE 118 II 313 [318], E. 3b; 124 III 355 [359], E. 4a). Massgeblich ist allerdings nicht unbedingt die tatsächliche Geschäftsführungsbefugnis; entscheidend ist vielmehr, ob die aussenstehende Drittperson durch das nach aussen hin kundgegebene Gesellschaftsverhältnis in guten Treuen die Geschäftsführungsbefugnis der handelnden Person ableiten kann (BGE 124 III 355 [358 f.], E. 4a); kritisch FELLMANN/MÜLLER, AJP 2000, 640. Im internen Verhältnis gegenüber den Gesellschaftern kann die gesetzliche Vermutung der Vertretungsmacht gemäss Art. 543 Abs. 3 OR widerlegt werden (so wohl BGE 124 III 355 [358 f.], E. 4a; VOGEL, ZBJV 1999, 443; FELLMANN/MÜLLER, AJP 2000, 638).

[628] Es liegt somit an der Aktiengesellschaft, diese Vermutung durch Beweis des Gegenteils zu zerstören, s. dazu BGE 109 II 239 (241 f.), E. 2a, b.

daran knüpft (Art. 3 Abs. 1 ZGB). Im Grunde genommen handelt es sich hierbei um eine schlichte Beweislastumkehr und nicht um eine echte gesetzliche Vermutung.[629] Die vom Gesetz so genannte «Vermutung» kann widerlegt werden, entweder indem die Gegenpartei den bösen Glauben oder aber die fehlende Aufmerksamkeit i.S. von Art. 3 Abs. 2 ZGB beweist, also die Nichtbeachtung der unter den konkreten Umständen gebotenen Aufmerksamkeit (N 331 f.).[630] Die gebotene Aufmerksamkeit beurteilt sich nach der Verkehrsübung in der konkreten Branche.[631] In gewissen Fällen ergibt sich eine Abklärungs- bzw. Erkundigungspflicht hinsichtlich der Verfügungsberechtigung des Veräusserers nicht erst bei konkretem Verdacht, sondern bereits, wenn aufgrund der Umstände Anlass zu Misstrauen besteht. Diese erhöhten Sorgfaltsanforderungen betreffen jeden branchenvertrauten Erwerber.[632] Es besteht keine allgemeine Erkundigungspflicht des Erwerbers nach dem Vorliegen der Verfügungsmacht des Veräusserers. Höhere Anforderungen sind indessen in jenem Geschäftszweig zu stellen, der dem Angebot von Waren zweifelhafter Herkunft und folglich mit Rechtsmängeln behafteter Sachen in besonderem Mass ausgesetzt ist. Das gilt für den Handel mit Gebrauchtwaren aller Art,[633] wird aber offengelassen mit Bezug auf den Kunsthandel ganz allgemein.[634] Der gute Glaube ist bei Verletzung der Sorgfaltsanforderungen allerdings nur dann zu verneinen, wenn die betreffenden Nachforschungen voraussichtlich zur Entdeckung des mangelnden Verfügungsrechts des Veräusserers geführt hätten. Die Nachforschungsmassnahme muss mit anderen Worten objektiv geeignet sein, den Mangel in der Verfügungsbefugnis zu entdecken.[635]

b. Tatsächliche Vermutungen

278 Tatsächliche Vermutungen werden nicht vom Gesetz aufgestellt, sondern beruhen auf der allgemeinen Lebenserfahrung. Der französische Begriff «présomptions de l'homme» (im Unterschied zu «présomptions légales») bringt das sehr bildhaft zum Ausdruck. Tatsächliche Vermutungen schliessen – wie gesetzliche – von einer bekann-

---

[629] WALTER, BeKomm, Art. 8 ZGB N 376. Der Unterschied liegt darin, dass es sich bei der Beweislastumkehr um eine reine Risikoverlagerung handelt, die keiner zu beweisenden Vermutungsbasis bedarf. Im Ergebnis bewirkt jedoch auch die gesetzliche Vermutung eine Beweislastumkehr, weshalb dieser Diskussionspunkt (nach HOFER, BeKomm, Art. 3 ZGB N 98, m.w.H.) keine praktischen Auswirkungen hat.
[630] BGE 143 III 653 (662), E. 4.3.3; STEINAUER, SPR II/1, N 811; HOFER, BeKomm, Art. 3 N 26, N 104; HÜRLIMANN-KAUP/SCHMID, N 335.
[631] BGE 139 III 305 (308 f.), E. 3.2.2; HOFER, BeKomm, Art. 3 ZGB N 116 ff.; HÜRLIMANN-KAUP/SCHMID, N 340 ff.
[632] BGE 139 III 305 (309), E. 3.2.2; 122 III 1 (3), E. 2aa in fine; 113 III 418 (422), E. 2.3.2.
[633] BGE 113 II 397 (399 f.), E. 2b; 139 III 305 (309), E. 3.2.2.
[634] BGE 139 III 305 (315), E. 5.2.1.
[635] BGE 139 III 305 (325), E. 5.4.2; HOFER, BeKomm, Art. 3 ZGB N 122 f.; HÜRLIMANN-KAUP/SCHMID, N 339.

ten Tatsache auf die unbekannte (zu beweisende) Tatsache, indem sie auf die allgemeine Lebenserfahrung abstellen (N 158).[636] Sie erleichtern – wie die gesetzlichen Vermutungen – den Beweis der beweisbelasteten Partei.

Zu unterscheiden sind tatsächliche Vermutungen mit normativer Bedeutung (aa.) von tatsächlichen Vermutungen im Einzelfall (bb.):[637]

aa. Tatsächliche Vermutungen mit normativer Bedeutung

Sofern eine **tatsächliche Vermutung** über den konkreten Sachverhalt hinaus Bedeutung erreicht und gleichsam die Funktion von Normen übernimmt, also **als Erfahrungssatz** normative Bedeutung erlangt, wird sie zu einer Regel des Bundesrechts, also zu einem **Rechtssatz**.[638] Daher überprüft das Bundesgericht ihre Anwendung im Rahmen der zivilrechtlichen Beschwerde frei (Art. 72 BGG).[639]

Solche allgemeingültigen tatsächlichen Vermutungen sind namentlich:

- die Vermutung der Urteilsfähigkeit einer erwachsenen Person;[640]
- die Vermutung, dass das Datum des Poststempels mit dem Datum der Postaufgabe übereinstimmt;[641]
- die Vermutung eines dauerhaften Schadens bei einer schweren Persönlichkeitsverletzung;[642]
- die Vermutung der Echtheit eines privaten Vertrags, der nicht von vornherein als verdächtig erscheint: Die beurkundeten Inhalte werden somit als richtig und die Unterschriften als authentisch vermutet;[643]

---

[636] WALTER, Art. 8 ZGB N 389; STEINAUER, SPR II/1, N 651.
[637] So STEINAUER, SPR II/1, N 652 ff.; HAUSHEER/JAUN, ZGB-Komm, Art. 8 ZGB N 75; LARDELLI, BaKomm, Art. 8 ZGB N 86 ff., insb. N 89; WALTER, BeKomm, Art. 8 ZGB N 99 und N 473; sowie ebenfalls das Bundesgericht, vgl. dazu BGE 117 II 256 (258 f.), E. 2b; 140 III 115 (116 f.), E. 2. Dagegen unterscheidet nicht: GÖKSU, HandKomm, Art. 8 ZGB N 18.
[638] BGE 117 II 256 ff.; 112 II 278 ff.; 111 II 72 (74), E. 3a; 123 III 241 (243), E. 3a; 139 II 316 (327), E. 8; 140 III 115 (117), E. 2; STEINAUER, SPR II/1, N 655; DESCHENAUX, SPR II, 238; WALTER, BeKomm, Art. 8 ZGB N 484 i.V.m. N 103 ff., nennt sie Normhypothesen.
[639] So zum damals geltenden Rechtsmittel der zivilrechtlichen Berufung: BGE 126 II 10 (13), E. 2b; 117 II 256 (258 f.), E. 2b; STEINAUER, SPR II/1, N 655; WALTER, BeKomm, Art. 8 ZGB N 688.
[640] Sie ergibt sich nicht etwa aus Art. 16 ZGB, ist also keine gesetzliche Vermutung: BGE 124 III 5 (8), E. 1b; 118 Ia 236 (238), E. 2b; STEINAUER/FOUNTOULAKIS, N 102 ff.
[641] BGE 142 V 389 (391), E. 2.2; 124 V 372 (375), E. 3b. Allerdings hält die Post fest, es gebe keine Garantie oder Verpflichtung, eingehende Sendungen unmittelbar nach ihrer Entgegennahme zu stempeln und so den jeweiligen Zeitpunkt zu vermerken. Das gelte besonders bei Aufgabe der Sendung am Wochenende oder am Abend nach der letzten Leerung des Briefkastens: BGE 142 V 389 (393), E. 3.1 und 3.2.
[642] BGE 123 III 385 (387), E. 4a; 122 III 449 (454), E. 2b.
[643] BGE 132 III 140 (143), E. 4.1.2.

- die Vermutung, dass eine Blutalkoholkonzentration von 2 bis 3‰ die Zurechnungsfähigkeit vermindert;[644]

- die Vermutung, dass Erwerbstätige ihre berufliche Tätigkeit in der Regel mit dem AHV-Alter beenden;[645]

- die Vermutung von Miteigentum bei der Vereinbarung von nicht näher spezifiziertem gemeinschaftlichem Eigentum;[646]

- die Vermutung einer Schenkung bei erkannter Differenz zwischen Verkehrswert und Preis im Veräusserungsgeschäft;[647]

- die Vermutung, dass im Zusammenhang mit dem nachehelichen Unterhalt ein dreijähriges Konkubinat eine stabile Lebensgemeinschaft begründet.[648]

bb. Tatsächliche Vermutungen im Einzelfall

282 Sofern eine tatsächliche Vermutung (bloss) **in einem konkreten Einzelfall** aufgestellt wird, hat sie keine normative Bedeutung über den Einzelfall hinaus. Ihr kommt aber Bedeutung im Rahmen der Beweiswürdigung (im konkreten Einzelfall) zu. Zwar führt sie weder zu einer Umkehr noch zu einer Erleichterung der Beweislast. Das Gericht kann aber im Rahmen der Beweiswürdigung aufgrund einer tatsächlichen Vermutung im Einzelfall erkennen, der Beweis sei erbracht. Das Bundesgericht kann die Beweiswürdigung im Rahmen von Art. 97 BGG auf Willkür hin überprüfen.[649] Nimmt ein Gericht allerdings zu Unrecht eine tatsächliche Vermutung mit normativem Gehalt an, stellt es zu Unrecht eine bundesrechtliche Norm auf und verletzt damit Bundesrecht. Diese Rechtsverletzung (Art. 97 BGG) überprüft das Bundesgericht mit freier Kognition.[650]

---

[644] BGE 122 IV 49 (50), E. 1b.
[645] BGE 136 III 310 (312), E. 4.2.2.
[646] BGE 94 II 96 (98 f.), E.a.
[647] BGer 5C.259/2000 vom 30. Januar 2001, E. 2d und e.
[648] BGE 138 III 157 (160 f.), E. 2.3.3; BGer 5A_81/2008 vom 11. Juni 2008, E. 4.1. und 5; BGer 5C_296/2001 vom 12. März 2002, E. 3b/bb. Unter dem alten Scheidungsrecht wurde ein stabiles Konkubinat nach fünfjährigem Zusammenleben angenommen: BGE 118 II 235.
[649] HAUSHEER/JAUN, ZGB-Komm, Art. 8–10 ZGB N 75; STEINAUER, SPR II/1, N 655; WALTER, BeKomm, Art. 8 ZGB N 688; Göksu, HandKomm, Art. 8 ZGB N 26; LARDELLI, BaKomm, Art. 8 ZGB N 97.
[650] STEINAUER, SPR II/1, N 655 f.; s. auch WALTER, BeKomm, Art. 8 ZGB N 473, N 686.

Beispiele:[651]

- Wenn eine in ihrer Persönlichkeit verletzte Person gegen die Verweigerung des Gegendarstellungsrechts nicht innert 20 Tagen das Gericht anruft, liegt vermutungsweise kein schutzwürdiges Interesse mehr vor.[652]
- Ein zugestellter Briefumschlag enthält vermutungsweise das streitige Dokument (z.B. den Mietvertrag und das offizielle Formular betreffend den Anfangsmietzins).[653]
- Dem Adressaten einer eingeschriebenen Sendung wurde die Abholungseinladung vermutungsweise in den Briefkasten oder in das Postfach gelegt, wenn dies im Zustellbuch so vermerkt wurde. Vermutungsweise wurde das Zustelldatum korrekt registriert.[654]
- Eine Versicherungsgesellschaft legt ihre Gelder vermutungsweise gewinnbringend an.[655]
- Ein Gläubiger konvertiert die an seinem Wohnsitz überwiesene Fremdwährung vermutungsweise in Landeswährung.[656]
- Ein Notar hat eine letztwillig verfügende Person vermutungsweise über Bestand und Umfang von Pflichtteilsansprüchen aufgeklärt.[657]
- Wenn die Injektion von Cortison-Präparaten zu einer Infektion führt, ist diese vermutungsweise auf eine Sorgfaltspflichtverletzung des Arztes zurückzuführen.[658]
- Wettbewerbsverstösse sind für den Schaden des betroffenen Konkurrenten vermutungsweise kausal.[659]
- Bei einer während mindestens drei Jahren vorbehaltlos ausgerichteten Gratifikation im Arbeitsverhältnis besteht vermutungsweise ein vertraglicher Anspruch auf die Gratifikation.[660]

---

[651] Zum Ganzen WALTER, BeKomm, Art. 8 ZGB N 478 ff.
[652] BGE 116 II 1 (6), E. 4b.
[653] BGE 124 V 400 (402 f.), E. 2c; 142 III 369 (373), E. 4.2.
[654] BGE 142 IV 201 (204 f.), E. 2.3; BGer 2C_670/2017 vom 22. August 2018, E. 2.4. Der aus der Zugangsvermutung gezogene Schluss stellt Beweiswürdigung dar, ebenso wie der Schluss, der Gegenbeweis sei nicht erbracht. Siehe auch BGer 4C.11/2007 vom 21. März 2007, E. 3.3; 9C_753/2007 vom 29. August 2008, E. 3; kritisch zur Umkehr der Beweislast durch das Bundesgericht im letzten Fall: LEUENBERGER, ZBJV 2010, 202.
[655] BGE 123 III 241 (243), E. 3b.
[656] BGE 117 II 256 (259), E. 2b.
[657] BGer 5P.347/2004 vom 11. Januar 2005, E. 2.1.
[658] BGE 120 III 248 (251), E. 2c.
[659] WALTER, BeKomm, Art. 8 ZGB N 479, mit Hinweis auf BAUMGÄRTEL/LAUMEN, Grundlagen, § 14 N 11.
[660] BGE 131 III 615 (620 f.), E. 5.2.

- Ein gegengezeichneter Regierapport des Unternehmers bei einem Werkvertrag ist vermutungsweise richtig.[661]

- Zwischen der Tätigkeit des Maklers und dem nachfolgenden Vertragsabschluss besteht vermutungsweise ein Zusammenhang.[662]

- Der Aktionär bedarf für die Ausübung seiner Rechte vermutungsweise der geforderten Einsicht oder Auskunft.[663]

- Bei Erfüllung durch eine andere als die geschuldete Leistung besteht ohne gegenteilige Vereinbarung zwischen Gläubigerin und Schuldner eine tatsächliche Vermutung dafür, dass diese Leistung erfüllungs- bzw. zahlungshalber erfolgt[664] und nicht an Erfüllungs bzw. Zahlungs statt[665].[666] Diese (tatsächliche) Vermutung (N 278 ff.) rechtfertigt sich auch bei Vereinbarung einer Zahlung in «WIR».[667] Sie kommt nur dann nicht zum Zug, wenn der Schuldner aus einer eindeutigen Willenserklärung der Gläubigerin auf die Vereinbarung einer Leistung an Zahlungs statt schliessen konnte.[668]

- Ergibt die Auslegung eines Sicherungsvertrags keine befriedigende Antwort darauf, ob eine Bürgschaft oder ein Garantievertrag vorliegt, spricht die Vermutung für die Annahme einer Bürgschaft.[669]

cc. Entkräftung einer tatsächlichen Vermutung

284 Eine **tatsächliche Vermutung mit Normgehalt** (280) ist in gleicher Weise zu widerlegen wie eine gesetzliche Vermutung, da einer tatsächlichen Vermutung mit Normgehalt die Bedeutung einer gesetzlichen Vermutung zukommt.[670] Beide können durch den Beweis des Gegenteils (N 93, 276) oder durch die Entkräftung der Vermutungsbasis (vorne N 192, N 270) widerlegt werden.

---

[661] BGer 4C.227/220 vom 24. Januar 2003, E. 4.
[662] BGer 4C.93/2006 vom 14. Juli 2006, E. 2.1; 4C.259/2005 vom 14. Dezember 2005, E. 2.
[663] BGE 132 III 71 (76 f.), E. 1.3.1.
[664] Die Leistung ist von der Gläubigerin zu verwerten und der Erlös auf die Schuld anzurechnen; Gauch/Schluep/Emmenegger, N 2282.
[665] Die Schuld wird durch die neue Leistung getilgt; Gauch/Schluep/Emmenegger, N 2277.
[666] Diese tatsächliche Vermutung beruht auf der Überlegung, dass die Gläubigerin, die vom Schuldner eine andere als eine Geldleistung anzunehmen bereit ist, nicht auch noch die Gefahr tragen soll, dadurch schlechter gestellt zu werden: BGE 119 II 227 ff. (230), E. 2a.
[667] BGE 119 II 227 (230 f.), E. 2b.
[668] BGE 119 II 227 (230 f.), E. 2b. Zur Vereinbarung der Leistung an Erfüllungs bzw. an Zahlungs statt: Gauch/Schluep/Emmenegger, N 2277.
[669] BGE 113 II 434 (437 f.), E. 2c.
[670] Steinauer, SPR II/1, N 655.

Dagegen ist eine **tatsächliche Vermutung im Einzelfall** (N 282) Gegenstand der Beweiswürdigung. Somit ist hier das Zustandekommen der gerichtlichen Überzeugung zu verhindern oder die gerichtliche Überzeugung zu erschüttern. Erforderlich ist kein positiver Beweis (des Gegenteils), sondern nur (aber immerhin) das Wecken von Zweifeln an der Wahrheit der Vermutungsbasis oder an der Richtigkeit der Vermutungsfolge.[671] Beispiel: Zur Verhinderung der natürlichen Vermutung, wonach eine Infektion nach einer Injektion von Cortison-Präparaten (Vermutungsbasis) auf eine Sorgfaltspflichtverletzung des Arztes zurückzuführen ist (Vermutungsfolge), muss der Arzt das Gericht davon abhalten, eine Sorgfaltspflichtverletzung anzunehmen. Das kann er tun, indem er nachweist, dass er alle Vorkehren getroffen hat, die nach den Regeln der ärztlichen Kunst bei solchen Injektionen geboten sind, und dass selbst bei Anwendung dieser Sorgfalt eine Infektion solcher Art nicht hätte vermieden werden können.[672]

285

c. Fiktionen

1. Eine Fiktion ist eine **unwiderlegbare gesetzliche Vermutung,** also eine unwiderlegbare Tatsachen- oder Rechtsvermutung. Das Gesetz knüpft an eine bestimmte Tatsache (Fiktionsbasis) die unumstössliche Fiktionsfolge einer anderen Tatsache (Umstand oder Willenserklärung) oder einer Rechtsfolge. Zu beweisen ist die Fiktionsbasis, also z.B. die treuwidrige Verhinderung einer Bedingung (Art. 156 OR). Die (unwiderlegbare) Folge ist der fingierte Eintritt der Bedingung (Art. 156 OR).

286

2. Die Fiktion **ändert die Beweislastverteilung an sich nicht,** hilft aber unter Umständen der beweisbelasteten Partei beim Beweis,[673] indem sie den Beweis des Gegenteils des Fingierten nicht zulässt. Erteilt etwa der Arbeitgeber der Arbeitnehmerin keine Arbeit, weil keine Aufträge eingehen, obwohl die Arbeitnehmerin ihre Arbeit gehörig anbietet, steht er in Annahmeverzug (Art. 324 Abs. 1 OR). Ist diese Tatsache bewiesen (Fiktionsbasis), fingiert das Gesetz die Erfüllung der Leistungspflicht durch die Arbeitnehmerin und gewährt ihr einen Lohnanspruch (Art. 324 OR).[674] Eine Rechtsfolge wird auch in Art. 6 OR fingiert: Die zu beweisende Fiktionsbasis umfasst die Offerte, die besonderen Verhältnisse und das Schweigen der Gegenpartei. Die Fik-

287

---

[671] WALTER, BeKomm, Art. 8 ZGB N 476; LARDELLI, BaKomm, Art. 8 ZGB N 87.
[672] BGE 120 II 248 (251), E. 2c.
[673] KUMMER, BeKomm, Art. 8 ZGB N 351; WALTER, BeKomm, Art. 8 ZGB N 438; HAUSHEER/JAUN, ZGB-Komm, Art. 8–10 ZGB N 73; LARDELLI, BaKomm, Art. 8 ZGB N 86; STEINAUER, SPR II/1, N 659.
[674] EMMEL, HandKomm, Art. 324 OR N 1 f.

288 3. Die Frage, ob eine Fiktion oder eine Vermutung vorliegt, ist durch **Auslegung** zu ermitteln. Selbst wenn das Gesetz das Wort «gilt» verwendet, liegt nicht immer eine Fiktion vor. Massgebend ist, ob der Beweis des Gegenteils offensteht. In Art. 200 Abs. 3 oder Art. 226 ZGB weist das Gesetz selbst auf das Vorliegen einer Vermutung hin, indem es den Beweis des Gegenteils zulässt. Auch die Vaterschaftsvermutung des Ehemannes der Mutter kann widerlegt werden, obwohl nach dem Gesetz der Ehemann als Vater «gilt» (Art. 255 ZGB).[676] Dagegen stellt Art. 156 OR eine Fiktion auf, indem eine Bedingung als erfüllt gilt, wenn ihr Eintritt von einer Partei wider Treu und Glauben verhindert worden ist. Eine Fiktion liegt auch vor, wenn das Gesetz in Art. 970 Abs. 4 ZGB jedermann die Einwendung verwehrt, einen Grundbucheintrag nicht gekannt zu haben. Damit wird die Kenntnis des Grundbuchs fingiert.[677]

3. Einzelne Beweislastregeln

289 Das Gesetz weist in einzelnen Regeln die Beweislast ausdrücklich einer bestimmten Partei zu, teils in Bestätigung, teils in Abweichung von der vertrauensbasierten Beweislastverteilung (oben N 213) als Grundregel.

a. Gesetzliche Beweislastregeln nach Vertrauenskriterien

290 Nach Art. 40e OR können Haustür- und ähnliche Geschäfte innert 14 Tagen widerrufen werden. Die Frist beginnt u.a. mit der Kenntnisnahme bestimmter Angaben zu laufen, die der Anbieter der Kundin zu liefern hat (Art. 40d Abs. 1 OR). Nach Art. 40e Abs. 3 OR obliegt der Beweis des Zeitpunkts der Kenntnisnahme dem Anbieter. Somit hat dieser die Verspätung des Widerrufs zu beweisen, sofern die Kundin den Widerruf als solchen beweisen kann.[678] Dies entspricht dem Vertrauensgrundsatz, wonach Willenserklärungen, Gestaltungsrechte und weitere Rechtshandlungen grundsätzlich

---

[675] WALTER, BeKomm, Art. 8 ZGB N 446; s. auch a.a.O. N 455, wo er auf die fehlende praktische Relevanz der Unterscheidung zwischen unwiderlegbarer Vermutung (Annahme der Offerte) und der Fiktion (Vertragsschluss) hinweist; KUMMER, BeKomm, Art. 8 ZGB N 350; STEINAUER, SPR II/1, N 659 Fn 52.
[676] WALTER, BeKomm, Art. 8 ZGB N 443; KUMMER, BeKomm, Art. 8 ZGB N 346; STEINAUER, SPR II/1, N 652 (zu Art. 200 Abs. 3 ZGB), 646 ff. (zu Art. 255 ZGB); HAUSHEER/JAUN, ZGB-Komm, Art. 8–10 ZGB N 73; zu Art. 200 Abs. 3 ZGB: AEBI-MÜLLER/JETZER, AJP 2011, 291, 298 ff.
[677] SCHMID/HÜRLIMANN-KAUP, N 460; s. auch DIES., N 459 f., zur Art der Eintragungen, auf die sich diese Fiktion bezieht.
[678] RUMO-JUNGO, Entwicklungen, 57.

als rechtzeitig gelten und die Verspätung von jener Person bewiesen werden muss, die sich darauf beruft. Nach herrschender Lehre wäre dagegen die Rechtzeitigkeit ihres Widerrufs von der Kundin zu beweisen.[679]

«Wer Schadenersatz beansprucht, hat den Schaden zu beweisen.» Diese in Art. 42 Abs. 1 OR enthaltene Regel entspricht dem Grundsatz, wonach im Normalfall, in der Regel, nach dem gewöhnlichen Verlauf der Dinge kein Schaden vorliegt, dieser also zu beweisen ist. 291

b. Gesetzliche Beweislastregeln ohne Vertrauenskriterien

In Art. 6 GlG wird eine Diskriminierung mit Bezug auf Aufgabenzuteilung, Gestaltung der Arbeitsbedingungen, Entlöhnung, Aus- und Weiterbildung, Beförderung, Entlassung usw. vermutet, wenn diese von der betroffenen Person bloss glaubhaft gemacht wird. Nach der vertrauensbasierten Beweislastverteilung wäre eine Diskriminierung zu beweisen, weil die Aufgabenzuteilung, Arbeitsbedingungen, Entlöhnung usw. als redlich, korrekt, vernünftig, billig gelten.[680] Art. 6 GlG kehrt diese Beweislast um, sobald eine Diskriminierung bloss glaubhaft gemacht wird. Glaubhaft zu machen sind die Benachteiligung sowie ihre Geschlechtsbezogenheit. Die Benachteiligung und ihre Geschlechtsbezogenheit sind glaubhaft gemacht, wenn Angehörige des einen Geschlechts für eine gleiche oder gleichwertige Arbeit einen auffallend (15–25%, je nach Umständen auch bloss 11%) tieferen Lohn erhalten als jene des anderen Geschlechts. Diese Frage ist anhand eines Vergleichs von Verdienstmöglichkeiten aus verschiedenen Tätigkeiten mit vergleichbaren Funktionen (Gleichwertigkeit) zu beurteilen.[681] Ist die geschlechtsbezogene Diskriminierung glaubhaft gemacht, hat die Arbeitgeberin zu beweisen, dass ihre Vorkehren entweder keine Benachteiligung enthalten oder diese jedenfalls nicht geschlechtsbezogen, sondern sachlich gerechtfertigt sind.[682] Diese Beweislasterleichterung trägt dem Umstand Rechnung, dass sich die Unterlagen über die Ausgestaltung der Lohnpolitik regelmässig im Besitz des Arbeitgebers befinden und diesem daher der Beweis zugemutet werden kann.[683] 292

Das Gesetz sieht in weiteren Regeln eine Abweichung von der Beweislastverteilung nach Vertrauenskriterien vor: Das gilt zunächst einmal für all jene Regeln, die den Beweis fehlenden Verschuldens vorschreiben. Nach vertrauensbasierter Beweislast- 293

---

[679] KUMMER, BeKomm, Art. 8 ZGB N 152, N 312; WALTER, BeKomm, Art. 8 ZGB N 624 (allgemein zum Beweis der Rechtzeitigkeit); LARDELLI, BaKomm, Art. 8 ZGB N 52; s. auch hinten N 460 ff. zur Mängelrüge.
[680] RUMO-JUNGO, Entwicklungen, 56.
[681] BGE 144 II 65 (70), E. 4.2.3, und (74), E. 7.2.
[682] BGE 144 II 65 (69), E. 4.2.1; 130 III 145 (161 f.), E. 4.2; 127 III 207 (212 f.), E. 3b; 125 I 71 (82), E. 4a; 125 II 541 (550 f.), E. 6a; RUMO-JUNGO, Entwicklungen, 56.
[683] BGE 144 II 65 (69), E. 4.2.1.

verteilung wäre von der geschädigten Person, die Schadenersatzansprüche stellt, das Verschulden zu beweisen. Davon weicht der Gesetzgeber namentlich in folgenden Bestimmungen ab:

- Art. 54 Abs. 2 OR: Haftung der urteilsunfähigen Person, wenn sie nicht beweist, dass sie unverschuldet urteilsunfähig ist;
- Art. 55 Abs. 1 OR: Haftung der Geschäftsherrin für ihr Personal, wenn sie nicht beweist, dass sie die erforderliche Sorgfalt aufgewendet hat;
- Art. 56 Abs. 1 OR: Haftung der Tierhalterin, wenn sie nicht beweist, dass sie die erforderliche Sorgfalt aufgewendet hat;
- Art. 97 Abs. 1 OR: Haftung des Schuldners für Unmöglichkeit oder Schlechterfüllung, wenn er nicht beweist, dass ihm keinerlei Verschulden zur Last fällt;
- Art. 103 Abs. 2 OR: Haftung des Schuldners für Zufall im Verzugsfall, wenn er nicht beweist, dass ihn kein Verschulden am Verzug trifft;
- Art. 106 Abs. 1 OR: Haftung des Schuldners für den über die Verzugszinse hinausgehenden Schaden im Verzugsfall, wenn er nicht beweist, dass ihm keinerlei Verschulden zur Last fällt;
- Art. 204 Abs. 2 OR: sofortige Feststellung der Mängel durch den Käufer, widrigenfalls ihm der Beweis obliegt, dass die behaupteten Mängel bereits beim Empfang der Sache vorhanden gewesen sind.

4. Sonderregel bei Beweisnot?

294 Keinen Einfluss auf die Beweislastverteilung hat die Beweisnot. Beweisnot kann vorliegen bei Schwierigkeiten betreffend die Beweismittel (a.) oder betreffend den Beweisgegenstand (b.).

a. Beweisnot mit Bezug auf die Beweismittel

aa. Keine Beweislastumkehr

295 Verfügt die beweisbelastete Partei nicht über die erforderlichen Beweismittel, die zum Beweis der streitigen Tatsache erforderlich sind, und können sie auch vom Gericht nicht beigezogen oder erhoben werden, liegt eine Beweisnot vor. Sofern prozessuale und materiellrechtliche Instrumente (aa.) oder die Mitwirkungspflicht der Gegenpartei (bb.) keine Abhilfe schaffen, führt sie zu einem *non liquet*: Die Tatsache bleibt unbewiesen. Eine Beweislastumkehr findet zur Überwindung der Beweisnot aber nicht

statt.⁶⁸⁴ Ein *non liquet* kommt mithin nicht nur bei fehlender Überzeugung des Gerichts, sondern auch bei fehlenden Beweismitteln zustande, wobei dieser Unterschied ein gradueller ist. Das ist in der Regel hinzunehmen und ist der objektiven Beweislast inhärent.⁶⁸⁵

bb. Prozessuale und materiellrechtliche Instrumente zur Überwindung der Beweisnot

Der Beweisnot ist in der Regel im Rahmen der Beweiswürdigung Rechnung zu tragen. Der gerichtlichen Beweiswürdigung dienen **prozessuale und materiellrechtliche Instrumente:** 296

1. **Prozessuale Instrumente** sind etwa die Parteibefragung als vollwertiges Beweismittel (Art. 168 Abs. 1 lit. f und Art. 191 ZPO; anders § 447 deutsche ZPO⁶⁸⁶), der Indizienbeweis, der *Prima-facie-Beweis* und die vom Gericht aufgestellte tatsächliche Vermutung.⁶⁸⁷ Ferner ermöglicht die vorsorgliche Beweisführung bei Gefährdung der Beweismittel oder bei Vorliegen eines schutzwürdigen Interesses (Art. 158 Abs. 1 lit. b ZPO) die vorprozessuale Sicherung von Beweismitteln oder die Klärung der Beweismöglichkeiten und Prozesschancen.⁶⁸⁸ Schliesslich wird zur Verhinderung einer Beweisnot mitunter das Beweismass herabgesetzt (glaubhaft machen: Art. 6 GlG),⁶⁸⁹ womit an die gerichtliche Überzeugung weniger grosse Voraussetzungen gestellt werden (N 41, N 147, N 292). Auch diese gesetzlich gewährte Wohltat ist Teil der Beweiswürdigung. 297

2. **Materiellrechtliche Instrumente** stellt das Recht zur Verfügung, indem es eine gesetzliche Vermutung (N 269 ff.) oder eine Fiktion (N 286) aufstellt, die Beweislast umkehrt (Art. 97 Abs. 1 OR: Beweis, dass kein Verschulden vorliegt, statt Beweis des Verschuldens), deren Umkehr ins Ermessen des Gerichts legt (Art. 13a UWG) oder für die Feststellung des Sachverhalts auf das Ermessen des Gerichts verweist (Art. 42 Abs. 2 OR für die Feststellung des Umfangs des Schadens, N 145). Eine Hilfe bietet das materielle Recht auch an, wenn es explizit eine Lösung für einen unbewiesen gebliebenen Sachverhalt vorsieht, indem es etwa bei unbewiesenem Alleineigentum eines Ehegatten Miteigentum annimmt (Art. 200 Abs. 2 und Art. 248 Abs. 2 ZGB) 298

---

⁶⁸⁴ KUMMER, BeKomm, Art. 8 ZGB N 184; GÖKSU, HandKomm, Art. 8 ZGB N 22.
⁶⁸⁵ BGE 137 III 226 (232), E. 3.2; WALTER, BeKomm, Art. 8 ZGB N 313; KUMMER, BeKomm, Art. 8 ZGB N 141 und N 184; LARDELLI, BaKomm, Art. 8 ZGB N 71; PIOTET, CommR, Art. 8 ZGB N 54; GÖKSU, HandKomm, Art. 8 ZGB N 22; DESCHENAUX, SPR II, 413 f.
⁶⁸⁶ Die Parteivernehmung ist im deutschen Recht ein subsidiäres Beweismittel: § 445 Abs. 1 ZPO.
⁶⁸⁷ WALTER, BeKomm, Art. 8 ZGB N 315. Gemäss GÖKSU, HandKomm, Art. 8 ZGB N 22, ist im Fall von Beweisnot einer Partei (insb. beim Beweis innerer Tatsachen) die andere Partei zum Gegenbeweis verpflichtet, wenn sie ohne Mühe plausible Erklärungen entgegensetzen kann.
⁶⁸⁸ WALTER, BeKomm, Art. 8 ZGB N 315; FELLMANN, ZPO-Komm, Art. 158 ZPO N 17.
⁶⁸⁹ WALTER, BeKomm, Art. 8 ZGB N 318.

oder Errungenschaft bzw. Gesamtgut bei unbewiesenem Eigengut (Art. 200 Abs. 3 und Art. 226 ZGB). Eine solche Lösung enthält auch die Annahme von Solidarhaftung bei alternativer Kausalität: Kann bei mehreren Schädigern gegenüber keinem die alleinige (ausschliessliche) Kausalität mit überwiegender Wahrscheinlichkeit bewiesen werden, erleichtert die (unechte) solidarische Haftung aller Schädiger die Beweisnot des Geschädigten, indem die Schädiger die fehlende Kausalität beweisen müssen.[690]

cc. Mitwirkungspflicht der Gegenpartei zur Überwindung der Beweisnot

299 1. Eine Beweisnot kann sodann in der Regel durch die **allgemeine Mitwirkungspflicht** der Gegenpartei verhindert oder gemildert werden:[691] Verfügt der Beweisgegner (und nur er) über Dokumente und Unterlagen, die für den Beweis erforderlich sind, so gehört es zu seiner Mitwirkungspflicht, diese im Prozess zu produzieren. Er ist indessen nicht verpflichtet, Dokumente, die nicht in seinem Besitz sind, zu beschaffen.

300 Für das Vorliegen einer Mitwirkungspflicht ist vorausgesetzt, dass Dokumente vorliegen oder vertraglich erstellt werden müssen. **Dokumentationspflichtig** sind aus medizinischer Sicht die für die ärztliche Behandlung wesentlichen medizinischen Fakten.[692] Ist eine Dokumentation vertraglich nicht erforderlich oder nicht üblich (z.B. eine Dokumentation der Rektaluntersuchung[693]), kann ihr Fehlen beweisrechtlich keine Folgen nach sich ziehen. Andernfalls würde gleichsam eine vertragliche Beweissicherungspflicht als Nebenpflicht statuiert.[694] Beweissicherung ist aber eine Folge und nicht der primäre Zweck der ärztlichen Dokumentation, weshalb aus Beweisgründen keine Dokumentationspflicht begründet wird, die nicht bereits vertraglich besteht.[695] Liegt jedoch eine Verletzung der vertraglichen Dokumentationspflicht vor, weil vertragswidrig kein Operationsbericht erstellt wurde, dieser manipuliert oder unvollständig ist, irreführend abgefasst oder später vernichtet wurde,[696] ist beweis-

---

[690] So § 830 Abs. 1 Satz 2 BGB; siehe dazu WALTER, BeKomm, Art. 8 ZGB N 149, N 248, N 316. Für das schweizerische Recht ebenso: HONSELL/ISENRING/KESSLER, § 3 N 67; ROBERTO, § 3 N 173; OFTINGER/STARK, Band I, § 3 N 116 ff.; QUENDOZ, 75, schlägt eine Anteilshaftung nach Wahrscheinlichkeit vor.

[691] BGE 139 III 13 (20), E. 3.2; GÖSKU, HandKomm, Art. 8 ZGB N 22; KAUFMANN, Beweisführung, 42 ff.; BAUMGÄRTEL/LAUMEN, Grundlagen, § 11 N 21, sehen als Rechtsgrundlage für die Sanktionierung einer Beweisvereitelung das Gebot der fairen Prozessführung. Ausführlich zur Mitwirkungspflicht im Steuerveranlagungsverfahren: SCHÄR, ASA 1998/99, 441.

[692] BGE 141 III 363 (365 f.), E. 5.1 mit Hinweis auf LANDOLT/HERZOG-ZWITTER, N 1061; FELLMANN, Arztrecht, 136 f.; HAUSHERR/JAUN, Arzthaftung, N 19.107 ff., S. 936 ff.; JETZER, ZBJV 2012, 311.

[693] BGE 141 III 363 (368), E. 5.3.

[694] BGE 141 III 363 (367 f.), E. 5.2.

[695] BGE 141 III 363 (365), E. 5.1.

[696] BGE 141 III 363 (367), E. 5.2, mit Hinweis auf BGer 4C.378/1999 vom 23. November 2004, E. 3.3. und 6.3, wo offengelassen wurde, ob eine Pflicht zur Aufnahme eines Operationsvideos besteht. Wird aber ein solches Video tatsächlich aufgenommen, darf es nicht einfach vernichtet werden; so auch JETZER, ZBJV 2012, 325 f.

rechtlich dann von einer Beweisvereitelung auszugehen, wenn dem Arzt oder der Ärztin die Bedeutung dieser (unersetzlichen) Beweismittel bewusst war.[697]

2. Die **Verletzung einer Mitwirkungspflicht** kann auf zwei Arten erfolgen, entweder vor dem Prozess oder während des Prozesses: 1. Vor dem Prozess werden taugliche Beweismittel vertragswidrig (z.B. in Verletzung der Dokumentationspflicht als vertraglicher Nebenpflicht: z.B. der Operationsbericht, Dokumente zur Ermittlung des Ertrags aus dem Mietobjekt) gar nicht erstellt, oder sie werden nachträglich vertragswidrig vernichtet (z.B. das Operationsvideo).[698] 2. Während des Prozesses werden vorhandene Dokumentationsmittel oder Objekte nicht vorgelegt oder werden Dritte nicht von ihrer Geheimhaltungspflicht entbunden.[699] 301

Bei Bejahung einer Beweisvereitelung bzw. der **Verletzung einer Mitwirkungspflicht** stellt sich die Frage der **Rechtsfolgen:** Die Verletzung einer Mitwirkungspflicht führt nicht zu einer Beweislastumkehr,[700] da sie dogmatisch mit der Beweislastverteilung nichts zu tun hat. Vielmehr wird der Verletzung im Rahmen der Beweiswürdigung Rechnung getragen.[701] Das Ergebnis ist faktisch dasselbe: Geht das Gericht im Rahmen der Beweiswürdigung im Extremfall davon aus, das vereitelte Beweismittel hätte den fraglichen Beweis erbracht,[702] muss die den Beweis vereitelnde Person das Gegenteil mit anderen Beweismitteln erbringen. Darüber hinaus würdigt das Gericht auch andere – bereits erhobene – Beweismittel, namentlich Zeugenaussagen. Das ermöglicht eine umfassende Prüfung und Würdigung aller Elemente und Fakten, einschliesslich des prozessualen Verhaltens, was bei einer schlichten Beweislastumkehr nicht möglich wäre.[703] Entgegen anderer Meinung[704] ist das Ermessen des Gerichts bei Berücksichtigung der Verletzung der Mitwirkungspflicht im Rahmen der Beweiswürdigung nicht grösser als bei der Entscheidung, ob die Beweislast wegen schuldhaften Verhaltens der dokumentationspflichtigen Partei umgekehrt werden soll. Es erlaubt 302

---

[697] Kummer, BeKomm, Art. 8 ZGB N 191; Jetzer, ZBJV 2012, 327; Trezzini, 167 ff.
[698] Siehe die zahlreichen Beispiele bei Baumgärtel/Laumen, Grundlagen, § 11 N 7.
[699] Baumgärtel/Laumen, Grundlagen, § 11 N 8; Walter, BeKomm, Art. 8 ZGB N 318. Zur Beweislastverteilung bei pflichtwidrigem Unterlassen der Mitwirkungspflicht im Steuerveranlagungsverfahren vgl. Schär, ASA 1998/99, 448 ff.
[700] Walter, BeKomm, Art. 8 ZGB N 321, N 594; Aebi-Müller/Fellmann/Gächter/Rütsche/Tag, § 7 N 61 ff.; differenziert: Beglinger, ZSR 1996, 487 ff.; Baumgärtel/Repgen, Handbuch, § 242 BGB N 90; BGE 120 II 248 (250), E. 2c; a.M. Hausheer/Jaun, ZGB-Komm, Art. 8–10 ZGB N 56; Gattiker, 93; Göksu, HandKomm, Art. 8 ZGB N 20; Jetzer, ZBJV 2012, 327 f., 330; Steinauer, SPR II/1, N 717; Lardelli, BaKomm, Art. 8 ZGB N 73; Huguenin-Dumittan, 173 f.; Wiegand, Arztvertrag, 116.
[701] Walter, BeKomm, Art. 8 ZGB N 320 f., mit dem zutreffenden Argument, die objektive Beweislast bleibe begriffsnotwendig von der Beweisvereitelung unberührt.
[702] Baumgärtel/Laumen, Grundlagen, § 11 N 41 ff.
[703] Walter, BeKomm, Art. 8 ZGB N 321.
[704] Jetzer, ZBJV 2012, 330 f.

aber eine differenziertere Beurteilung der Sachlage, unter Einbezug aller zu würdigenden Umstände und Handlungen der Parteien.

b. Beweisnot mit Bezug auf den Beweisgegenstand

303   1. Der Beweis von **negativen** Tatsachen sowie von **hypothetischen und künftigen Tatsachen** ist mitunter schwierig zu erbringen. Negative, hypothetische und künftige Tatsachen können **als solche** an sich gar **nicht bewiesen** werden. Das ändert nichts daran, dass sie Gegenstand des Beweises sind, denn die Regel, wonach Negativa nicht zu beweisen sind *(negativa non sunt probanda),* ist überholt. WALTER hat zu Recht darauf aufmerksam gemacht, dass sie auf einem Fehlverständnis der Digestenstelle «*ei incumbat probatio qui dicit, non qui negat*» beruht. Negare ist nicht als «Vorbringen einer negativen Tatsache», sondern als bestreiten zu verstehen.[705] Die Regel lautet: Beweisbelastet ist, wer behauptet, nicht wer bestreitet. Es bleibt daher dabei, dass auch negative Tatsachen zu beweisen sind, was sich allein schon daraus ergibt, dass das Gesetz selbst verschiedentlich einen Negativbeweis verlangt (z.B. die Nichtvaterschaft des Ehemannes im Anfechtungsprozess: Art. 256a Abs. 1 ZGB).[706]

304   2. Der **Beweis negativer Tatsachen** (z.B. das Fehlen eines Rechtsgrunds gemäss Art. 17, Art. 62 Abs. 2, Art. 67 Abs. 2 OR, das fehlende Verschulden gemäss Art. 97 Abs. 1, Art. 256e OR) erfolgt mittelbar über positive Tatsachenfeststellungen:[707]

305   a. Das gilt jedenfalls für sogenannte **bestimmte Negativa** (z.B. fehlendes Verschulden im Zusammenhang mit einem konkreten Schadensereignis). «Bestimmte Negativa lassen sich durch den Beweis positiver Sachumstände so eng einkreisen, dass das Gericht auf ihr Fehlen mit dem erforderlichen Überzeugungsgrad schliessen kann.»[708] So kann etwa das fehlende Verschulden bewiesen werden, indem nachgewiesen wird, dass die erforderliche Sorgfalt aufgewendet wurde; der fehlende Rechtsgrund kann mit der Unbegründetheit der *angenommenen Causa* (also nicht mit dem Fehlen jeder beliebigen *Causa*) bewiesen werden; die nicht mehr vorhandene Bereicherung kann mit der Verwendung der erhaltenen Vermögenswerte bewiesen werden (z.B. Art. 528 Abs. 1 ZGB, Art. 64 OR).[709] **Unbestimmte Negativa** sind nicht lückenlos und stringent

---

[705] WALTER, BeKomm, Art. 8 ZGB N 323; ebenso KUMMER, BeKomm, Art. 8 ZGB N 194 ff.; LARDELLI, BaKomm, Art. 8 ZGB N 72; STEINAUER SPR II/1, N 712; HAUSHEER/JAUN, ZGB-Komm, Art. 8–10 ZGB N 56.
[706] Siehe auch BGE 133 V 205 (216 f.), E. 5.5; 119 II 305 (305 f), E. 1; 131 III 268 (272 f.), E. 3.2.
[707] WALTER, BeKomm, Art. 8 ZGB N 327; KUMMER, BeKomm, Art. 8 ZGB N 194; LARDELLI, BaKomm, Art. 8 ZGB N 72; GÖKSU, Art. 8 ZGB N 19; STEINAUER, SPR II/1, N 711; ROSENBERG, 311; BAUMGÄRTEL/LAUMEN, Grundlagen, § 5 N 5.
[708] WALTER, BeKomm, Art. 8 ZGB N 337.
[709] WALTER, BeKomm, Art. 8 ZGB N 338.

zu beweisen, weil ihr Beweis eine hohe Dichte und unendliche Vielzahl von positiven Sachumständen erfordern würde. So kann beispielsweise kaum nachgewiesen werden, jemand habe bis zum 20. Altersjahr nicht geraucht oder bis zum 20. Altersjahr nie Sport getrieben.

b. Mit Bezug auf den Beweis negativer Tatsachen ist Folgendes zu ergänzen: Soweit das Gesetz für die Anwendung dispositiven Gesetzesrechts eine **fehlende vertragliche Abrede** (fehlende vertragliche Zinsabrede gemäss Art. 314 Abs. 1 OR, fehlende vertragliche Vergütungsabrede gemäss Art. 322 Abs. 1, Art. 374, Art. 394 Abs. 3, Art. 414 OR) voraussetzt, handelt es sich nicht um eine beweispflichtige negative Tatsache, da für die Anwendung dispositiven Rechts nicht das Fehlen der vertraglichen Abrede zu beweisen ist. Vielmehr dient der Beweis des Vorliegens einer vertraglichen Abrede dazu, die Anwendung dispositiven Rechts auszuschliessen (N 382, N 440).

3. Der **Beweis hypothetischer oder künftiger Tatsachen** ist nicht möglich, da es sich nicht um Feststellungen handelt, sondern um Mutmassungen, um Projektionen, Wahrscheinlichkeitsüberlegungen. Es liegt daher nicht eine Tatfrage vor, sondern eine Rechtsfrage, die aufgrund allgemeiner Lebenserfahrung, durch einen Indizienschluss aus bekannten Tatsachen, aufgrund von Hypothesen oder prospektivem Ermessen beantwortet wird.[710]

4. Auch der Beweis von **Quantitäten** erweist sich mitunter als schwierig. Das Haftpflichtrecht kennt mit Art. 42 Abs. 2 OR eine Norm, welche den Beweis erleichtert, indem sie das Gericht auf sein Ermessen verweist und das Beweismass reduziert.[711] Diese Bestimmung ist ausserhalb des Haftpflichtrechts analog anzuwenden und ermöglicht auch anderswo eine Schätzung statt eines strikten Beweises (N 40, N 79, N 145, N 353, N 423, N 469, N 536, N 568, N 573 f.).

5. Die **Überwindung der Beweisnot** erfolgt nicht durch die Umkehr der Beweislast, sondern durch die Mitwirkungspflicht der Beweisgegnerin, durch die Zulässigkeit eines Anscheinsbeweises sowie durch ein auf die überwiegende Wahrscheinlichkeit herabgesetztes Beweismass.[712] Bei unbestimmten Negativa hätte somit die Beweisgegnerin eine konkrete Verletzung der Bedingung inhaltlich substantiiert zu behaupten bzw. die Nichteinhaltung der Bedingung inhaltlich substantiiert zu bestreiten.[713]

---

[710] WALTER, BeKomm, Art. 8 ZGB N 359 ff., N 525.
[711] Zum Ganzen PASQUIER, 65; FELLMANN, Substantiierung I, 55, 60 f.; WALTER, Rechtsnatur, 684 f.
[712] WALTER, BeKomm, Art. 8 ZGB N 352 ff.; BAUMGÄRTEL/LAUMEN, Grundlagen, § 15 N 11 ff.
[713] WALTER, BeKomm, Art. 8 ZGB N 353; BAUMGÄRTEL/LAUMEN, Grundlagen, § 15 N 15.

Art. 8 ZGB

5. Sonderregel im summarischen Verfahren?

310 Die materiellrechtliche Beweislastverteilung hängt grundsätzlich nicht von der Verfahrensart ab. Im summarischen Verfahren erfährt sie aber eine Relativierung: Wer im Verfahren nach Art. 257 ZPO Rechtsschutz in klaren Fällen verlangt, weil einerseits der Sachverhalt unbestritten oder sofort beweisbar und andererseits die Rechtslage klar ist, hat den Sachverhalt «sofort» (grundsätzlich mit Urkunden) und voll zu beweisen.[714] Die andere Partei kann diesen sofortigen Beweis verhindern, indem sie substantiiert und schlüssig Einwendungen vorbringt, die «nicht haltlos» erscheinen.[715] Will die Klägerin trotz der Einwendungen liquide Verhältnisse schaffen, muss sie auch die bloss «nicht haltlosen» Einwendungen widerlegen, also den Beweis für den Nichtbestand der Tatsachen erbringen, die den Einwendungen zugrunde liegen.[716]

6. Beweisverträge

311 Als Beweisverträge werden einerseits Beweislastverträge (a.) und andererseits Beweisführungsverträge (b.) bezeichnet:

a. *Beweislastvertrag*

312 Die Beweislastverteilung wird gemeinhin vom materiellen Gesetzesrecht beherrscht, sei es, dass sie gestützt auf Art. 8 ZGB oder andere allgemeine Grundsätze oder aber gestützt auf besondere gesetzliche Beweislastregeln (N 289 ff.) vorgenommen wird. Die Beweislast kann aber unter bestimmten Voraussetzungen auch vertraglich geregelt werden: in einem sogenannten Beweislastvertrag.

313 **1. Inhalt** des Beweislastvertrags ist entweder eine Vereinbarung über die Folgen der Beweislosigkeit (a.) oder die Feststellung bzw. Vermutung bestimmter Tatsachen zur Verhinderung von Beweislosigkeit (b.):

314 a. Im ersten Fall (Beweislastvertrag im engeren Sinn) handelt es sich um die Regelung des *non liquet*:[717] Es wird bestimmt, *wer die Beweislast für eine bestimmte Tatsache trägt* (wen bei Beweislosigkeit der Nachteil belastet), entweder in Übereinstimmung mit dem Gesetz bzw. mit herrschender Lehre und Rechtsprechung (gleichsam zur Klärung) oder aber in Abweichung davon. So regelt z.B. Art. 174 Abs. 3 SIA-Norm 118 in

---

[714] SUTTER-SOMM/LÖTSCHER, ZPO-Komm, Art. 257 ZPO N 45; HOFMANN, BaKomm, Art. 257 ZPO N 10 ff.; GÖKSU, ZPO-Komm, Art. 257 ZPO N 5, N 20.
[715] BGE 138 III 620 (624), E. 5.1.1.
[716] BGE 138 III 620 (624 f.), E. 6.2.
[717] WALTER, BeKomm, Art. 8 ZGB N 649; LEU, ZPO-Komm, Art. 154 ZPO N 139.

Abweichung von der Beweislastverteilung nach herrschender Lehre und Rechtsprechung (N 452): «Wird streitig, ob ein behaupteter Mangel wirklich eine Vertragsabweichung darstellt und daher ein Mangel im Sinne dieser Norm ist, so liegt die Beweislast beim Unternehmer.» Danach trägt der Unternehmer auch bei unbeanstandeter Ablieferung des Werks während der zweijährigen Garantiefrist (Art. 179 Abs. 5 SIA-Norm 118) die Beweislast für die vertragskonforme (mängelfreie) Erstellung des Werks, also für das Fehlen eines Mangels, und nicht etwa der Bauherr für das Vorliegen eines Mangels.[718] Eine Beweislastabrede bildet auch die Vereinbarung zwischen Arbeitnehmer und Arbeitgeberin, wonach erst nach ein paar Tagen ein Arztzeugnis für gesundheitsbedingte Absenzen vorzuweisen ist. Während der Dauer der Karenzfrist trägt folglich die Arbeitgeberin die Beweislast für die Arbeitsfähigkeit des Arbeitnehmers.[719] Ferner betrifft auch die Abrede, wonach der Gläubiger entgegen Art. 97 Abs. 1 OR das Verschulden der Schuldnerin zu beweisen hat, die Beweislast.[720]

b. Im zweiten Fall (Beweislastverträge im weiteren Sinn) werden entweder *Tatsachenvermutungen* aufgestellt oder bestimmte Tatsachen unmittelbar oder unter Bezugnahme auf bestimmte *Experten* festgehalten. Diese Beweislastverträge betreffen nicht unmittelbar die Rechtslage bei Beweislosigkeit, sondern sie verhindern diese, indem sie durch private Beweislastregeln, nämlich durch Vermutungen, Feststellungen oder Expertisen, möglicherweise streitige Tatsachen klären und ein *non liquet* verhindern.[721] Im Unterschied zum Schiedsgutachtensvertrag (N 325) kann hier jeweils der Beweis des Gegenteils erbracht werden.[722]

2. Die **Zulässigkeit** von Beweislastverträgen ist heute weitgehend unbestritten.[723] Die Expertenkommission ZPO hatte in einem neuen Art. 8 Abs. 2 ZGB eine gesetzliche Grundlage für Beweislastverträge schaffen wollen: «Die Parteien können die Beweislast durch schriftliche Vereinbarung regeln, sofern sie über das Recht frei verfügen können.»[724] Diese Bestimmung ist zwar nicht in den bundesrätlichen Entwurf über-

315

316

---

[718] Walter, BeKomm, Art. 8 ZGB N 385 f., N 651; Gauch/Stöckli, SIA-Komm, Art. 174 SIA-Norm 118 N 9.1 f.; Pelli, 23 f.; Schmid, SJZ 2004, 478 f.
[719] OGer Zürich LA160043 vom 23. August 2017, E. 4.5.5.1; Schmid, SJZ 2004, 481.
[720] Walter, BeKomm, Art. 8 ZGB N 651, mit Hinweis auf Schmid, SJZ 2004, 480; Leu, ZPO-Komm, Art. 154 ZPO N 139.
[721] Schmid, SJZ 2004, 478; Walter, BeKomm, Art. 8 ZGB N 652; Pelli, 30; Baumgärtel/Laumen, Grundlagen, § 20 N 4.
[722] Walter, BeKomm, Art. 8 ZGB N 652.
[723] Walter, BeKomm, Art. 8 ZGB N 654; Pelli, 92 ff., mit einem Überblick über den Stand von Lehre und Rechtsprechung; Lardelli, BaKomm, Art. 8 ZGB N 91 (der die Frage der Zulässigkeit aber noch für umstritten hält); Schmid, SJZ 2004, 477 f.; Steinauer, SPR II/1, N 702; Hasenböhler, Beweisrecht, N 7.15; Leu, ZPO-Komm, Art. 154 ZPO N 14.
[724] Vorentwurf ZPO, Anhang: Aufhebung und Änderung bisherigen Rechts, II. Änderung bisherigen Rechts, 2. Zivilgesetzbuch, Art. 8 Abs. 2 ZGB.

nommen worden,⁷²⁵ was aber nicht gegen die Zulässigkeit von Beweislastverträgen spricht.⁷²⁶ Vielmehr bestand die Befürchtung, bei expliziter Regelung der Beweislastverträge würden solche zum Nachteil der schwächeren Person vermehrt Eingang in AGB finden.⁷²⁷

317 Die Zulässigkeit setzt allerdings voraus, dass sowohl die getroffene Beweislastregelung (oder auch eine gesetzliche Vermutung) als auch die betroffene Sachnorm der freien Disposition der Parteien untersteht.⁷²⁸ Weder zwingende gesetzliche Beweislastregeln (a.) noch zwingende Sachnormen (b.) dürfen verletzt werden.⁷²⁹

318 a. Von der Generalklausel von Art. 8 ZGB abweichende ausdrückliche *Beweislastregeln* sind nicht deswegen zwingend, weil sie im Verhältnis zu Art. 8 ZGB *leges speciales* sind. So ist etwa die in Art. 97 Abs. 1 OR enthaltene Regel, wonach der Schuldner sein Nichtverschulden beweisen muss, nicht zwingend.⁷³⁰ Mit dem Beweislastvertrag kann daher vereinbart werden, dass die Gläubigerin das Verschulden zu beweisen habe, wie das auch der Grundregel in Art. 41 Abs. 1 OR (N 348, N 401) entspricht. *Zwingend* ist dagegen Art. 6 GlG, wonach von einer Diskriminierung ausgegangen wird, wenn diese bloss glaubhaft gemacht wird. Zwingend ist auch Art. 40e Abs. 3 OR,⁷³¹ wonach der Anbieter den Zeitpunkt zu beweisen hat, in dem der Kunde von den für den Widerruf erforderlichen Angaben (Art. 40d OR) Kenntnis erhalten hat.

319 b. *Zwingende Sachnormen* sind etwa im Arbeitsrecht (Art. 361 und Art. 362 OR) und im Mietrecht (Art. 256 Abs. 2, Art. 266l, Art. 269 ff. OR)⁷³² zu finden, aber auch im Konsumentenschutzrecht (namentlich Art. 40a ff. OR; Art. 406a ff. OR; Art. 8 UWG; Bundesgesetz über die Produktehaftung, PrHG; Bundesgesetz über die Produktesicherheit, PrSG; Bundesgesetz über den Konsumkredit, KKG; Bundesgesetz über Pauschalreisen, PauRG)⁷³³.

---

⁷²⁵ Entwurf ZPO, Anhang: Aufhebung und Änderung bisherigen Rechts, II. Änderung bisherigen Rechts, 3. Zivilgesetzbuch.
⁷²⁶ WALTER, BeKomm, Art. 8 ZGB N 655; HASENBÖHLER, Beweisrecht, N 7.15; LEU, ZPO-Komm, Art. 154 ZPO N 140.
⁷²⁷ WALTER, BeKomm, Art. 8 ZGB N 655; LARDELLI, BaKomm, Art. 8 ZGB N 91; MEIER/MÜRNER, SJZ 2003, 602.
⁷²⁸ Im Arbeitsverhältnis ist es möglich, Abreden zuungunsten des Arbeitgebers zu treffen. Aufgrund der zahlreichen Vorschriften für den Schutz des Arbeitnehmers dürfte es dagegen kaum zu zulässigen Beweislastabreden kommen. Siehe dazu: SCHMID, SJZ 2004, 481.
⁷²⁹ WALTER, BeKomm, Art. 8 ZGB N 660, N 662; PELLI, 129; SCHMID, SJZ 2004, 481 ff.; HASENBÖHLER, Beweisrecht, N 7.16.
⁷³⁰ SCHMID, SJZ 2004, 482.
⁷³¹ KUT, HandKomm, Art. 40a–g OR N 9.
⁷³² WEBER, BaKomm, Art. 256 OR N 5; DERS., BaKomm, Art. 266l OR N 6; DERS., BaKomm, Art. 269 OR N 3.
⁷³³ KOLLER-TUMLER, 74 ff., zu den zwingenden Informationspflichten, den Formvorschriften, den Widerrufsrechten und zu den Beweiserleichterungen.

3. Mit Bezug auf die **Rechtsnatur** handelt es sich beim Beweislastvertrag um einen privatrechtlichen Vertrag, der durch einen Konsens (Art. 1 OR) und grundsätzlich – wie jeder Vertrag – formfrei (Art. 11 Abs. 1 OR) zustande kommt. Wenn in der Literatur die Schriftform verlangt wird, dient das primär zu Beweiszwecken. Der Beweislastvertrag ist stets akzessorisch zu einem anderen privatrechtlichen Vertrag, ist daher von diesem abhängig und hat keine eigenständige Bedeutung.[734] Seine Gültigkeit hängt mithin von der Gültigkeit des Hauptvertrags ab, auf den er sich bezieht. Unterliegt der Hauptvertrag einem Formerfordernis, erstreckt sich dieses auch auf den Beweislastvertrag.[735]

320

4. Wie alle Verträge unterliegt der Beweislastvertrag den üblichen **gesetzlichen Schranken:**[736] Er darf daher namentlich keinen unmöglichen oder widerrechtlichen Inhalt haben oder gegen die guten Sitten verstossen (Art. 20 Abs. 1 OR). Widerrechtlich ist ein Beweislastvertrag etwa dann, wenn er gegen zwingendes Recht verstösst. Sittenwidrig ist ein Beweislastvertrag, wenn er eine übermässige Bindung begründet (Art. 27 Abs. 2 ZGB)[737], was grundsätzlich zu verneinen ist.[738] Ist die Beweislastabrede Bestandteil von Allgemeinen Geschäftsbedingungen (AGB), stellt sich die Frage, ob sie vom Konsens erfasst sind. Im Rahmen der Vertragsauslegung nach dem Vertrauensprinzip hat das Bundesgericht die Ungewöhnlichkeitsregel und die Unklarheitsregel entwickelt (N 241): Danach sind von einer global erklärten Zustimmung zu allgemeinen Vertragsbedingungen alle ungewöhnlichen und unklaren Klauseln ausgenommen, wenn die schwächere oder weniger geschäftserfahrene Partei nicht gesondert auf deren Vorhandensein aufmerksam gemacht worden ist. Es ist nämlich davon auszugehen, dass ein unerfahrener Vertragspartner ungewöhnlichen Klauseln, die zu einer wesentlichen Änderung des Vertragscharakters führen oder in erheblichem Masse aus dem gesetzlichen Rahmen des Vertragstypus fallen, nicht ohne weiteres zustimmt.[739] Beweislastverträge sind in der Regel unüblich, also ungewöhnlich, weshalb sie bei Übernahme in AGB nur dann vom Konsens erfasst sind, wenn die schwächere Partei gesondert darauf aufmerksam gemacht worden ist.[740] Ferner sind nach der Un-

321

---

[734] PELLI, 4.
[735] PELLI, 204.
[736] LEU, ZPO-Komm, Art. 154 ZPO N 141.
[737] HÜRLIMANN-KAUP/SCHMID, N 833; GAUCH/SCHLUEP/SCHMID, N 658 und 685 ff.; a.M. BUCHER, BeKomm, Art. 27 ZGB N 162 ff. und N 545 ff., und nach ihm das Bundesgericht in BGE 129 III 209 (214), E. 2.2 und BGE 143 III 480 (486), E. 4.2, wonach eine übermässige Bindung nur dann zur (von Amtes wegen zu berücksichtigenden) Sittenwidrigkeit führt, wenn sie den höchstpersönlichen Kernbereich einer Person betrifft.
[738] SCHMID, SJZ 2004, 484; LEU, ZPO-Komm, Art. 154 ZPO N 145 ff., mit Hinweisen zur Rechtsprechung; PELLI, 214.
[739] BGE 119 II 443 (445), E. 1a; 135 III 225 (227), E. 1.3; 135 III 1 (7), E. 2.1, m.w.H.; BGer 4A_119/2015 vom 3. Juni 2015, E. 2.2.
[740] PELLI, 211 f.

Art. 8 ZGB

klarheitsregel mehrdeutige Formulierungen in vorformulierten Vertragsbedingungen im Zweifel zulasten jener Partei auszulegen, die sie verfasst hat.[741] Schliesslich unterliegt die Beweislastabrede in AGB der entsprechenden Inhaltskontrolle: Nach Art. 8 UWG handelt unlauter, «wer allgemeine Geschäftsbedingungen verwendet, die in Treu und Glauben verletzender Weise zum Nachteil der Konsumentinnen und Konsumenten ein erhebliches und ungerechtfertigtes Missverhältnis zwischen den vertraglichen Rechten und den vertraglichen Pflichten vorsehen.»[742]

b. Beweisführungsvertrag

322 Von den Beweislastverträgen sind die Beweisführungsverträge zu unterscheiden. Sie enthalten Vereinbarungen über die Beweisführung, also über die Beweismittel (z.B. über das Einholen eines Schiedsgutachtens zu einer bestimmten Tatsache), das Beweismass, die Beweiswürdigung, aber auch über den Beweisbedarf einer Tatsache.[743]

323 1. Vereinbarungen über **Beweismass** und **Beweiswürdigung** verstossen gegen die Grundsätze der freien Beweiswürdigung (Art. 157 ZPO) und der Rechtsanwendung von Amtes wegen (Art. 57 ZPO), welche die gerichtliche Überzeugung (also das Beweismass) der Parteidisposition entziehen. Sie sind daher **unzulässig**.[744]

324 2. Die Zulässigkeit von Abreden über **Beweismittel** ist **differenziert** zu beurteilen:[745]

325 a. Dass Beweismittelverträge nicht per se unzulässig sind, zeigt sich schon darin, dass das *Schiedsgutachten,* welches die verbindliche Feststellung einer Tatsache einer Drittperson aufträgt,[746] in Art. 189 Abs. 3 ZPO explizit vorgesehen, also *zulässig* und für das Gericht verbindlich ist, wenn (a.) die Parteien über das Rechtsverhältnis frei verfügen können, (b.) gegen die beauftragte Person kein Ausstandsgrund vorlag und (c.) das Schiedsgutachten ohne Bevorzugung einer Partei erstellt wurde und nicht offensichtlich unrichtig ist.

326 b. *Andere Beweismittelverträge* können im Rahmen der Verhandlungsmaxime zulässig sein, sofern sie Rechtsverhältnisse betreffen, die der freien Verfügbarkeit der Parteien unterliegen, und sofern sie nicht gegen die üblichen gesetzlichen Schranken (Art. 20 ff. OR) verstossen.[747] Wenn es einer Partei freisteht, Beweismittel zu nennen oder nicht zu nennen oder eine Forderung einzuklagen oder darauf zu verzichten,

---

[741] BGE 124 III 255 (258), E. 1b.
[742] SCHMID, SJZ 2004, 484; SCHMID, ZBJV 2012, 4 ff.
[743] WALTER, BeKomm, Art. 8 ZGB N 642 ff.; PELLI, 6.
[744] WALTER, BeKomm, Art. 8 ZGB N 648; a.M. PELLI, 157 f., mit Bezug auf die Beweismassverträge.
[745] Zum Meinungsstand in der Lehre: PELLI, 83 ff.
[746] PELLI, 11 ff.
[747] HASENBÖHLER, Beweisrecht, N 7.10 ff., N 7.13; WALTER, BeKomm, Art. 8 ZGB N 647; PELLI, 159 ff., 161, 184.

muss ihr auch eine verbindliche Abrede über Beweismittel (z.B. kein Einholen von Gutachten aus Kostengründen) oder über das Zugeständnis einer Tatsache möglich sein.[748] Im Bereich der unbeschränkten Untersuchungsmaxime (Kindesbelange, elterliche Sorge, persönlicher Verkehr, Kindesunterhalt, Statusprozesse, Art. 296 Abs. 1 ZPO)[749] sind Beweismittelverträge hingegen ausgeschlossen.[750] Im Bereich der beschränkten Untersuchungsmaxime[751] können Beweismittelverträge zulässig sein, wenn sie sich nicht gegen die sozial schwächere Partei richten, zu deren Gunsten die Untersuchungsmaxime vorgesehen ist (z.B. gemäss Art. 247 Abs. 2 i.V.m. Art. 243 Abs. 2 ZPO zugunsten des Arbeitnehmers oder der Mieterin).[752]

3. Die **Beschränkung des Beweisthemas** durch den Ausschluss des Beweises über eine bestimmte Tatsache unterliegt denselben Einschränkungen wie die Beweismittelverträge (N 324 ff.); ihre **Zulässigkeit** ist daher ebenfalls **differenziert** zu beurteilen.[753] Abgesehen davon bleibt es dem Gericht unbenommen, von Amtes wegen Beweis über eine nichtstreitige Tatsache abzunehmen, wenn an deren Richtigkeit erhebliche Zweifel bestehen (Art. 153 Abs. 2 ZPO).[754]

327

---

[748] WALTER, BeKomm, Art. 8 ZGB N 645, mit Hinweis auf BAUMGÄRTEL/LAUMEN, Grundlagen, § 20 N 13.
[749] HASENBÖHLER, Beweisrecht, N 3.35 Fn 255.
[750] HASENBÖHLER, Beweisrecht, N 7.13.
[751] HASENBÖHLER, Beweisrecht, N 3.34 Fn 251: Das betrifft alle Verfahren, in denen die Feststellung des Sachverhalts von Amtes wegen vorgesehen ist (namentlich Art. 247 Abs. 2, Art. 255, Art. 272 ZPO) und die nicht von der uneingeschränkten Untersuchungsmaxime gemäss Art. 296 ZPO (Kinderbelange in familienrechtlichen Angelegenheiten) erfasst sind. Zum Unterschied zwischen der eingeschränkten und der uneingeschränkten Untersuchungsmaxime: ARNDT, 125 ff., 128, 133 ff.
[752] HASENBÖHLER, Beweisrecht, N 7.14.
[753] WALTER, BeKomm, Art. 8 ZGB N 644; PELLI, 209 f.
[754] WALTER, BeKomm, Art. 8 ZGB N 58.

4. Teil:
Vertrauensbasierte Beweislastverteilung: Anwendung auf typische Beweislastfragen

I. Allgemeine Rechtsgrundsätze

1. Gebot von Treu und Glauben

Wie ausführlich dargelegt (N 215 ff.), durchziehen der Grundsatz von Treu und Glauben und als dessen Konkretisierung der Vertrauensschutz die gesamte Rechtsordnung als grundlegendes Wertungsprinzip (N 215, N 229 ff., N 243 ff.). Das Gebot von Treu und Glauben dient namentlich auch als Grundlage von besonderen Verhaltenspflichten (N 243 ff.). Nach Vertrauenskriterien (N 234, N 238) verhalten sich Menschen vernünftig, korrekt und redlich, also im Einklang mit dem Grundsatz von Treu und Glauben. Wer behauptet, eine Person habe sich **wider Treu und Glauben** verhalten, trägt die **Beweislast** dafür. 328

Das gilt namentlich auch für die Tatsachen, die treuwidriges Verhalten begründen und eine Culpa-Haftung auslösen: Nach Vertrauenskriterien ist davon auszugehen, dass eine Partei, die Vertragsverhandlungen aufnimmt, am Abschluss des Vertrags interessiert ist. Daher trägt jene Partei die Beweislast, die sich auf die vorvertragliche (die Culpa-)Haftung beruft. Sie hat also zu beweisen, dass die andere Partei **Vertragsverhandlungen ohne echten Vertragswillen** geführt hat.[755] 329

2. Verbot des Rechtsmissbrauchs

Wer sich auf Rechtsmissbrauch beruft, trägt die **Beweislast** für die Tatsachen, aufgrund deren der angebliche **Rechtsmissbrauch** vorliegt. Nach Vertrauenskriterien verhalten sich Menschen im Einklang mit dem Grundsatz von Treu und Glauben, also gerade nicht rechtsmissbräuchlich.[756] Rechtsmissbrauch ist somit von jener Person zu beweisen, die sich darauf beruft.[757] Das gilt etwa auch im Zusammenhang mit dem missbräuchlichen Mietzins im Mietvertrag (N 513, N 525)[758] oder mit der missbräuch- 330

---

[755] OGer Luzern, Urteil vom 22. Mai 1989, teilweise publiziert in: SJZ 86 (1990), 159 f., 159; HARTMANN, ZBJV 2003, 524.
[756] Im Ergebnis ebenso HAUSHEER/AEBI-MÜLLER, BeKomm, Art. 2 ZGB N 88; HONSELL, BaKomm, Art. 2 ZGB N 7.
[757] BGer 4A_709/2017 vom 6. April 2017, E. 2.3; KGer Freiburg 102 2016 223 vom 29. Mai 2017, E. 2c.
[758] BGE 139 III 13 (19), E. 3.1.3.2; BGer 4A_295/2016 vom 29. November 2016, E. 5.3.1.

lichen Kündigung eines Arbeitsvertrags (N 538).[759] Stehen die Rechtsmissbrauch begründenden Tatsachen fest, erfolgt die Verweigerung des Rechtsschutzes (Art. 2 Abs. 2 ZGB) von Amtes wegen.[760]

3. Schutz des guten Glaubens

331 Wo das Gesetz eine Rechtswirkung an den guten Glauben einer Person knüpft, ist dessen Dasein zu vermuten. Diese in Art. 3 Abs. 1 ZGB enthaltene Regel entspricht dem Grundsatz, wonach von der Richtigkeit, Korrektheit, Mängelfreiheit eines Verhaltens bzw. eines Rechtsverhältnisses auszugehen und das Vertrauen darin zu schützen ist. Daher ist nicht das Vorhandensein des guten Glaubens (also das fehlende Unrechts- oder Mangelbewusstsein) zu beweisen. Vielmehr ist das Fehlen des guten Glaubens bzw. das Vorliegen des Unrechts- oder Mangelbewusstseins zu beweisen. Die **Beweislast** trägt jene Person, die sich auf das **Fehlen des guten Glaubens** beruft (zum entsprechenden Beweis: N 277).[761] Nach WALTER handelt es sich hierbei um eine schlichte Beweislastumkehr und nicht um eine echte gesetzliche Vermutung.[762] Der Beweis des fehlenden guten Glaubens kann auf zwei Arten erfolgen: entweder durch den (direkten) Beweis des bösen Glaubens oder aber durch den Beweis, dass man bei Aufwendung der gebotenen Aufmerksamkeit nicht gutgläubig sein konnte. Dieses zweite Beweisthema ist Gegenstand von Abs. 2 des Art. 3 ZGB.

332 Auf den guten Glauben darf sich nicht berufen, wer bei der Aufmerksamkeit, wie sie nach den Umständen verlangt werden kann, nicht gutgläubig sein konnte (Art. 3 Abs. 2 ZGB). Wer demnach zwar gutgläubig war, aber bei Aufwendung der gebotenen Aufmerksamkeit (im Einzelnen dazu N 277) den Rechtsmangel erkennen musste und dem Rechtsschein nicht vertrauen durfte, wird nicht geschützt, sondern wie eine bösgläubige Person behandelt.[763] Mit Bezug auf die **Beweislast** gilt Folgendes: Nach Vertrauenskriterien ist eine Person grundsätzlich genügend aufmerksam. Somit hat nicht etwa die (angeblich) gutgläubige Person die genügende Aufmerksamkeit zu beweisen, sondern ihre Gegnerin die nach den Umständen **fehlende Aufmerksamkeit**.[764]

---

[759] KGer Freiburg 102 2016 223 vom 29. Mai 2017, E. 2c.
[760] BGE 134 III 52 (58), E. 2.1.
[761] Zum Ganzen siehe HOFER, BeKomm, Art. 3 ZGB N 97.
[762] WALTER, BeKomm, Art. 8 ZGB N 376. Der Unterschied liegt darin, dass es sich bei der Beweislastumkehr um eine reine Risikoverlagerung handelt, die keiner zu beweisenden Vermutungsbasis bedarf. Im Ergebnis bewirkt jedoch auch die gesetzliche Vermutung eine Beweislastumkehr, weshalb dieser Diskussionspunkt (nach HOFER, BeKomm, Art. 3 ZGB N 98, m.w.H.) keine praktischen Auswirkungen hat.
[763] HOFER, BeKomm, Art. 3 ZGB N 105 und – zur Kasuistik – N 124 ff.; HÜRLIMANN-KAUP/SCHMID, N 336 ff.
[764] HOFER, BeKomm, Art. 3 ZGB N 107 f.

II. Personenrecht

1. Handlungs- und Deliktsfähigkeit

Handlungsfähigkeit und Deliktsfähigkeit setzen **Urteilsfähigkeit** voraus (Art. 13 und 19 Abs. 3 ZGB). Darüber hinaus erfordert die Handlungsfähigkeit auch die **Volljährigkeit** (Art. 13 ZGB; dazu N 338). 333

a. Urteilsfähigkeit

1. Standardmässig halten Rechtsprechung und Lehre fest, die Urteilsfähigkeit sei die Regel und werde aufgrund der allgemeinen Lebenserfahrung vermutet. Folglich habe derjenige, der deren Nichtvorhandensein behaupte, dies zu beweisen.[765] Damit gehen Rechtsprechung und Lehre nicht von einer bloss tatsächlichen Vermutung (aufgrund der Lebenserfahrung) aus,[766] die durch den Gegenbeweis zerstört werden könnte. Vielmehr wird die Vermutung der Urteilsfähigkeit zur Beweislastverteilung verwendet:[767] Das zeigt exemplarisch Kummer, wenn er erklärt, die Urteilsfähigkeit sei als Regelfall, ihr Fehlen als Ausnahme zu betrachten, «wie das denn auch den Bedürfnissen des Rechtslebens» entspreche.[768] Bei rechtsgeschäftlichem Handeln solle die Urteilsfähigkeit vorausgesetzt werden dürfen. Damit trägt die **Beweislast**, wer die **Urteilsunfähigkeit** behauptet.[769] 334

2. Für den Beweis genügt eine **überwiegende Wahrscheinlichkeit** der Urteilsunfähigkeit, welche jeden ernsthaften Zweifel ausschliesst. Das gilt insbesondere dann, wenn es sich um den Geisteszustand einer verstorbenen Person handelt, weil in diesem Fall die Natur der Dinge selbst einen absoluten Beweis unmöglich macht.[770] In anderen Fällen ist der Beweis für das Fehlen der Urteilsfähigkeit einfacher: Bei Kindern, bei bestimmten psychischen Krankheiten oder bei altersschwachen Personen führt die allgemeine Lebenserfahrung zur **tatsächlichen Vermutung,** dass die betreffende Person im Normalfall und mit grosser Wahrscheinlichkeit **urteils*un*fähig** war. Damit ist 335

---

[765] BGE 134 II 235 (241), E. 4.3.3; 124 III 5 (8), E. 1b; 117 II 231 (234), E. 2b, m.w.H.; Kummer, BeKomm, Art. 8 ZGB N 220 ff.; Meier, Protection de l'adulte, N 396; Boente, ZüKomm, Art. 363 ZGB N 65 ff.; Bucher/Aebi-Müller, BeKomm, Art. 16 ZGB N 153; Hürlimann-Kaup/Schmid, N 610; Steinauer/Fountoulakis, N 102; Werro/Schmidlin, CommR, Art. 16 ZGB N 65.
[766] Bucher/Aebi-Müller, BeKomm, Art. 16 ZGB N 154, weisen darauf hin, dass vereinzelt in Lehre und Rechtsprechung sogar von einer gesetzlichen Vermutung ausgegangen wird.
[767] So explizit BGE 124 III 5 (8), E. 1b.
[768] Kummer, BeKomm, Art. 8 ZGB N 220.
[769] Kummer, BeKomm, Art. 8 ZGB N 220.
[770] BGE 144 III 264 (271), E. 5.5; 134 II 235 (240), E. 4.3.3; 124 III 5 (8 f.), E. 1b; 117 II 231 (234), E. 2b; BGer 5A_859/2014 vom 17. März 2015, E. 4.

der Beweispflicht für die fehlende Urteilsfähigkeit Genüge getan. Diese tatsächliche Vermutung kann alsdann durch den Beweis eines *lucidum intervallum* (in einem ganz bestimmten Zeitpunkt) zerstört werden.[771] Geht es dagegen um eine erwachsene (und geistig gesunde) Person, bei der die Urteilsfähigkeit grundsätzlich gegeben ist, muss der Beweis der Urteilsunfähigkeit im Interesse der Aufrechterhaltung eines Rechtsgeschäfts mit Strenge beurteilt werden.

336   3. Während bei Erwachsenen eine **tatsächliche Vermutung** für die **Urteilsfähigkeit,** bei Kindern eine natürliche Vermutung für die Urteilsunfähigkeit spricht, kann bei Jugendlichen keine allgemeine natürliche Vermutung für das eine oder das andere angenommen werden.[772] Vielmehr muss die Urteilsfähigkeit im konkreten Fall aufgrund der fraglichen Rechtshandlung und der betroffenen jugendlichen Person geprüft werden. Für bestimmte Rechtshandlungen kann auch für Jugendliche eine natürliche Vermutung greifen, etwa für Rechtsgeschäfte im Zusammenhang mit ihrem Taschengeld. In allen anderen Fällen ist im Sinn der vertrauensbasierten Beweislastverteilung die **Schutzbedürftigkeit der jugendlichen Person** ausschlaggebend: Erscheint eine jugendliche Person in einem konkreten Fall als schutzbedürftig, ist von deren Urteilsunfähigkeit auszugehen, folglich die Urteilsfähigkeit zu beweisen. Wird umgekehrt die Schutzbedürftigkeit verneint und die Willensäusserung einer jugendlichen Person ernst genommen, insbesondere im Zusammenhang mit dem Persönlichkeitsrecht (z.B. Einwilligung in eine medizinische Massnahme oder die Verweigerung derselben),[773] ist die Urteilsunfähigkeit zu beweisen. Daher wird eine gut 13-jährige Patientin im Zusammenhang mit der Vornahme einer endo-rektalen Steissbeinreposition grundsätzlich als urteilsfähig beurteilt, so dass ihr Widerstand gegen die Behandlung zu beachten ist. Der entgegen dem Willen der Patientin (aber mit Zustimmung ihrer Mutter) handelnde Osteopath hat daher die Urteilsunfähigkeit der Patientin zu beweisen.[774]

337   4. Zur Beurteilung der Urteilsfähigkeit im Zusammenhang mit dem Verfassen von **Testamenten** s. N 577.

---

[771] BGE 124 III 5 (8 f.), E. 1b sowie (15), E. 4b; s. dazu Druey, AJP 1998, 730 ff.; Kummer, BeKomm, Art. 8 ZGB N 220 ff.; Bucher/Aebi-Müller, BeKomm, Art. 16 ZGB N 158.
[772] Bucher/Aebi-Müller, BeKomm, Art. 16 ZGB N 160, stellen daher mit BGE 134 II 235 (240), E. 4.3.3, für die Beweislast darauf ab, wer sich auf die Urteilsfähigkeit oder die Urteilsunfähigkeit beruft und daraus Rechtsfolgen ableitet.
[773] BGE 134 II 235 (237), E. 4.1; 114 Ia 350 (360), E. 7a; Guillod Olivier, Le consentement éclairé du patient, Diss. Neuenburg 1986, 209; Thommen Marc, Medizinische Eingriffe an Urteilsunfähigen und die Einwilligung der Vertreter, Basler Studien zur Rechtswissenschaft, Bd. 15, Diss. Basel 2004, 7.
[774] BGE 134 II 235 (240), E. 4.3.3.

b. Volljährigkeit

1. Die Handlungsfähigkeit besitzt, wer volljährig und urteilsfähig ist (Art. 13 ZGB). Nach KUMMER war die Mündigkeit (heute: **Volljährigkeit**) im Zusammenhang mit dem Beweis der Handlungsfähigkeit aus Gründen des Vertrauensschutzes als Regel zu unterstellen; zu beweisen war deren **Fehlen** und **nicht** deren **Vorhandensein**.[775] Die Volljährigkeit als zweite Voraussetzung der Handlungsfähigkeit stellt meist keine besonderen beweisrechtlichen Probleme (siehe aber sogleich N 339), kann sie doch in der Regel mit einem Ausweis bewiesen werden, der als öffentliche Urkunde die Vermutung der Richtigkeit geniesst (Art. 9 ZGB). Die natürliche Vermutung des Vorliegens der Handlungs- und Deliktsfähigkeit ist daher bei Erwachsenen (Beweis der Volljährigkeit also vorausgesetzt) gerechtfertigt und entspricht der vertrauensbasierten Beweislastverteilung. Danach sind Rechtskontakte vermutungsweise nicht fehlerbehaftet. Dementsprechend hat das **Fehlen** bzw. die **Einschränkung der Handlungs- oder Deliktsfähigkeit** zu beweisen, wer sich darauf beruft.[776] Kann der Beweis nicht erbracht werden, ist das Rechtsgeschäft gültig zustande gekommen. Damit wird das Vertrauen in die Rechtsbeständigkeit von Rechtsakten geschützt. Folglich werden Handlungs- und Deliktsfähigkeit als Regel angenommen und muss jeweils ihr Fehlen bewiesen werden.[777]

338

2. Während die **Volljährigkeit** in einem bestimmten Zeitpunkt in der Regel einfach zu beweisen ist (N 338), kann der Zeitpunkt der Vornahme eines Rechtsgeschäfts schwierig zu beweisen sein. Der Beweis der Volljährigkeit dreht sich mithin um den Beweis des Zeitpunkts der Vornahme einer bestimmten Rechtshandlung.[778] Im Zweifel ist aber auch für diese Frage von der **gültigen Vornahme der Rechtshandlung** auszugehen. Sie entspricht der vertrauensbasierten Beweislastverteilung. Danach liegt die Beweislast bei jener Person, die behauptet, eine bestimmte Rechtshandlung sei noch **vor Eintritt der Volljährigkeit**, also ohne Handlungsfähigkeit vorgenommen worden.[779] Liegt eine schriftliche Urkunde zum Rechtsgeschäft vor, spricht eine natürliche Vermutung dafür, dass das darin angegebene Datum richtig ist.[780] Ist die Urkunde dagegen nicht datiert und kann der Zeitpunkt der Unterschrift nicht auf andere Weise erbracht werden, ist davon auszugehen, dass das Rechtsgeschäft nach Erlangen der Volljährigkeit abgeschlossen worden ist. Dies gilt jedenfalls dann, wenn feststeht, dass das Rechtsgeschäft um das Datum des Erreichens der Volljährigkeit herum

339

---

[775] KUMMER, BeKomm, Art. 8 ZGB N 222.
[776] Ähnlich, aber mit Bezug auf die Kategorien «rechtshindernd» und «rechtserzeugend», KUMMER, BeKomm, Art. 8 ZGB N 220 ff.; HEINRICH, 110, 114.
[777] So mit Bezug auf die Handlungsfähigkeit das Bundesgericht schon 1885 in BGE 11 I 69 (73 f.), E. 4.
[778] BUCHER/AEBI-MÜLLER, BeKomm, Art. 16 ZGB N 8 ff.
[779] A.M. BUCHER/AEBI-MÜLLER, BeKomm, Art. 16 ZGB N 6.
[780] BUCHER/AEBI-MÜLLER, BeKomm, Art. 16 ZGB N 10.

Art. 8 ZGB

abgeschlossen worden sein muss. In BGE 45 II 43 (48), E. 3 hielt das Bundesgericht zunächst fest: «die Handlungsfähigkeit gehört nicht zu den rechtsbegründenden, sondern ihr Mangel zu den rechtshindernden Tatsachen, so dass derjenige, welcher sich auf die Handlungsunfähigkeit beruft, sie zu beweisen hat.» Dagegen wies es der Gläubigerin des Hauptschuldners (der Bank) die Beweislast für den Abschluss des Bürgschaftsvertrags mit dem Bürgen nach Erreichen dessen Volljährigkeit zu. Das führte im Ergebnis aber doch dazu, dass die Handlungsfähigkeit im Zeitpunkt des Abschlusses des Rechtsgeschäfts zu beweisen war, was wiederum der ursprünglichen Feststellung zur Beweislast der Handlungs*un*fähigkeit widerspricht.

340 3. Richtigerweise trägt die **Beweislast** für die Handlungs*un*fähigkeit im Zeitpunkt des Rechtsgeschäfts jene Person, die sich auf die Ungültigkeit des Rechtsgeschäfts wegen fehlender Handlungsfähigkeit beruft. Für den Nachweis des **Zeitpunkts** des Vertragsabschlusses obliegt der Gegenpartei eine **Mitwirkungspflicht,** insbesondere wenn sie – wie in BGE 45 II 43 ff. – als Bank den Bürgschaftsvertrag initiiert hat. Kann (trotz Wahrnehmung der Mitwirkungspflicht) der Zeitpunkt des Vertragsabschlusses nicht mehr rekonstruiert werden, gelingt der Beweis der Handlungsunfähigkeit im Zeitpunkt des Rechtsgeschäfts nicht, was sich zulasten der angeblich handlungsunfähigen Person auswirkt. Das Bundesgericht hat im fraglichen Entscheid zugunsten dieser Person entschieden, weil es die Beweislast für das Datum der Urkunde der Gläubigerin auferlegt hatte. Obwohl das Urteil beweislastdogmatisch widersprüchlich erscheint (N 339 in fine), stimmt man dem Bundesgericht im Ergebnis gerne zu, da drei Söhne für die Schulden ihres Vaters faktisch von der Bank zu einer Bürgschaft gezwungen wurden. *De lege lata* würde ein solcher Fall im Zusammenhang mit Bürgschaften durch das Erfordernis der öffentlichen Urkunde (Art. 493 Abs. 2 OR) verhindert.[781]

2. Persönlichkeitsrechte

341 1. Die Persönlichkeit i.S. von Art. 28 ZGB und von Art. 12 Abs. 1 DSG (Art. 26 Abs. 1 E-DSG) umfasst die physische Persönlichkeit (körperliche Integrität und Bewegungsfreiheit), die affektive (emotionale) Persönlichkeit, die soziale Persönlichkeit (Ehre und informationelle Privatheit), das Recht auf wirtschaftliche Entfaltung sowie das Recht auf Namen.[782] Nach der vertrauensbasierten Beweislastverteilung hat die verletzte Person die **Verletzung** der körperlichen Integrität, der Ehre, des Gefühlslebens, des Namens zu beweisen. Sie hat die Sachumstände zu beweisen, aus denen sich die Verletzung der Persönlichkeit ergibt.

---

[781] Pestalozzi, BaKomm, Art. 493 OR N 13; ausführlich Fountoulakis, AJP 2010, 425 f.
[782] Hausheer/Aebi-Müller, Personenrecht, N 12.41; Hürlimann-Kaup/Schmid, N 852, N 863 ff.; Steinauer/Fountoulakis, N 516 ff.

2. Die Verletzung der Persönlichkeit als eines absolut geschützten Rechtsguts ist *per se* widerrechtlich.[783] Nach der vertrauensbasierten Beweislastverteilung hat demnach die verletzende Person **Rechtfertigungsgründe** nachzuweisen: Art. 28 Abs. 2 ZGB und Art. 13 Abs. 1 DSG (Art. 27 Abs. 1 E-DSG).[784] Rechtfertigungsgründe sind die Einwilligung der verletzten Person, ein überwiegendes privates oder öffentliches Interesse oder eine gesetzliche Grundlage. Das gilt etwa für den Nachweis, dass bestimmte Tatsachenaussagen in einem Medienbericht der Wahrheit entsprechen oder eine öffentlich erhobene Kritik begründet ist.[785] Dem Beweis unterliegt gegebenenfalls auch ein privates oder öffentliches Interesse, das dem grundsätzlich schutzwürdigen Interesse des Verletzten mindestens gleichwertig ist.[786] Schliesslich gehört zu den beweispflichtigen Tatsachen auch die Einwilligung der Person in eine ärztliche Heilbehandlung. Die Einwilligung rechtfertigt die ärztliche Heilbehandlung, die an sich eine widerrechtliche Körperverletzung darstellt (die Verletzung eines absolut geschützten Rechtsguts).[787]

342

3. **Kasuistik:** a. Die *Bekanntgabe von Personendaten ins Ausland* ist ohne einschlägige gesetzliche Grundlage, die einen angemessenen Schutz gewährleistet, nur unter den Voraussetzungen von Art. 6 Abs. 2 DSG zulässig. Im diesem Sinn erlaubt Art. 6 Abs. 2 lit. d DSG die Bekanntgabe von Personendaten ins Ausland, wenn sie sich im Einzelfall entweder für die Wahrung eines überwiegenden öffentlichen Interesses oder für die Feststellung, Ausübung oder Durchsetzung von Rechtsansprüchen vor Gericht als unerlässlich erweist. Der erste der beiden Rechtfertigungsgründe setzt voraus, dass erstens ein öffentliches, zweitens ein überwiegendes Interesse vorliegt und dass sich drittens die Bekanntgabe der Daten zum Schutz des öffentlichen Interesses als unerlässlich erweist. Die Beweislast für das Vorliegen dieser Elemente liegt bei der Bank, die Personendaten ins Ausland (hier: in die USA) bekanntgeben will.[788]

343

b. Eine vertraglich bindende *Einwilligung zum Eingriff in Persönlichkeitsrechte,* namentlich die Einwilligung zur Abtretung der Rechte am eigenen Bild, ist zulässig, soweit sie sich nicht als übermässig erweist.[789] Zulässig ist auch die Vereinbarung einer

344

---

[783] BGE 136 III 410 (414), E. 2.3.
[784] BGE 143 III 297 (312 f.), E. 6.7.1; 136 III 410 (412 f., 414), E. 2.2.1 und 2.3.
[785] BGE 143 III 297 (312 f.), E. 6.7.1; BGer 5A_658/2014 vom 6. Mai 2015, E. 8.2.
[786] BGE 143 III 297 (312 f.), E. 6.7.1; 126 III 305 (306), E. 4a. Während die Rechtsprechung auf ein mindestens gleichwertiges privates oder öffentliches Interesse abstellt, verlangt die Lehre – im Einklang mit dem Gesetzeswortlaut – ein überwiegendes Interesse: statt vieler HÜRLIMANN-KAUP/SCHMID, N 903.
[787] HAUSHEER/AEBI-MÜLLER, Personenrecht, N 12.49 ff.; HÜRLIMANN-KAUP/SCHMID, N 900; STEINAUER/FOUNTOULAKIS, N 562d.
[788] BGer 4A_516/2017 vom 10. April 2018, E. 2.1; 4A_514/2017 vom 10. April 2018, E. 2.1; 4A_390/2017 vom 23. November 2017, E. 4.1.
[789] HÜRLIMANN-KAUP/SCHMID, N 825; BGE 136 III 401 (407 f.), E. 5.4.

Rücktrittsentschädigung für den Fall des Widerrufs der Einwilligung.[790] Das entbindet den Störer vom Nachweis eines Schadens bei Widerruf der erteilten Bewilligung. Will dagegen die in ihrer Persönlichkeit gestörte Person die Rücktrittsentschädigung nicht bezahlen, muss sie Gründe nachweisen, die sie zum Rücktritt vom Vertrag berechtigen und sie von der Entrichtung der vereinbarten Rücktrittsentschädigung bzw. Konventionalstrafe befreien.[791]

3. Leben und Tod

345 Die Beweislast mit Bezug auf Leben und Tod ist in Art. 32 Abs. 1 ZGB explizit geregelt, und zwar wie folgt: Erstens hat **Leben und Tod zu beweisen,** wer sich darauf beruft. Zweitens hat den **Zeitpunkt** zu beweisen, wer sich darauf beruft, dass eine Person zu einem bestimmten Zeitpunkt gelebt habe bzw. (drittens) gestorben sei. Letzteres betrifft die **Versterbensreihenfolge** («eine andere Person überlebt habe») die von jener Person zu beweisen ist, die sich darauf beruft.[792]

346 Der Beweis der vollendeten Lebendgeburt oder des Todes (Art. 31 Abs. 1, Art. 33 ZGB) ist in verschiedener Hinsicht von **Bedeutung:** 1. Wird ein Kind lebend geboren, ist es vom Zeitpunkt seiner Empfängnis an rechtsfähig.[793] Das bedeutet, es kann – unter Vorbehalt der Lebendgeburt – bereits vor der Geburt eine Vaterschaftsklage (Art. 263 ZGB) anstrengen und Unterhaltsansprüche (Art. 279 ZGB) geltend machen. Ferner ist es Erbe (Art. 544 ZGB) und muss die Teilung der Erbschaft bis zur Geburt verschoben werden (Art. 605 Abs. 1 ZGB). 2. Der Erwerb der Erbschaft hängt davon ab, dass die Erbin den Erbgang in erbfähigem Zustand (also lebend) erlebt (Art. 542 Abs. 1 ZGB). Ist sie dagegen vorverstorben, also im Zeitpunkt des Erbgangs bereits tot, treten die Nachkommen oder die Miterben an ihre Stelle (Art. 457 Abs. 3, 458 Abs. 3 und 4, Art. 459 Abs. 3, 4 und 5 ZGB). Von Bedeutung ist der Todeszeitpunkt ferner im Privat- und im Sozialversicherungsrecht.[794]

347 Zum Beweis des Todes ist Folgendes zu ergänzen: Sofern die Versterbensreihenfolge nicht bewiesen werden kann, greift die gesetzliche **Vermutung des gleichzeitigen**

---

[790] BÜCHLER ANDREA, Persönlichkeitsgüter als Vertragsgegenstand? Von der Macht des Faktischen und der dogmatischen Ordnung, in: Honsell Heinrich/Portmann Wolfgang/Zäch Roger/Zobl Dieter (Hrsg.), Aktuelle Aspekte des Schuld- und Sachenrechts, Festschrift für Heinz Rey, Zürich/Basel/Genf 2003, 177 ff., insb. 187; AEBI-MÜLLER REGINA, Personenbezogene Informationen im System des zivilrechtlichen Persönlichkeitsschutzes, ASR 710, Bern 2005, N 220 ff.
[791] BGE 136 II 401 (406), E. 5.2.2.
[792] HÜRLIMANN-KAUP/SCHMID, N 756 f.
[793] HAUSHEER/AEBI-MÜLLER, N 3.15.
[794] HAUSHEER/AEBI-MÜLLER, N 3.36, m.H. auf BGE 101 V 257, wonach bei gleichzeitigem Todeseintritt von Ehemann und Kind die Ehefrau/Mutter kinderlos verwitwet ist und nach Art. 23 Abs. 1 AHVG keinen Anspruch auf eine Witwenrente hat.

Todes («Kommorientenvermutung») Platz (Art. 32 Abs. 2 ZGB). Diese Vermutung ist faktisch eine Fiktion (N 286), da sie bei fehlender Beweisbarkeit der Versterbensreihenfolge greift, also ihre Unwiderlegbarkeit begriffsinhärent ist.[795] Die Vermutung/Fiktion hat zur Folge, dass keine der beiden Personen und auch nicht ihre Erben aus dem Vorversterben der anderen Person Rechte ableiten können.[796] Ferner ist der Tod einer Person auch dann bewiesen, wenn zwar niemand die Leiche gesehen hat, die Person aber unter Umständen verschwunden ist, die ihren **Tod als sicher** erscheinen lassen (Art. 34 Abs. 1 ZGB).[797]

III. Rechtsgeschäfte und Delikte

1. Verschulden

1. Wer **Schadenersatz nach Art. 41 Abs. 1 OR** beansprucht, hat den Schaden (N 352 ff.), die widerrechtliche Handlung, den Kausalzusammenhang zwischen dem schädigenden Verhalten und dem Schaden sowie das **Verschulden** zu beweisen.[798] Im Bereich des **unlauteren Wettbewerbs,** der als Teil des allgemeinen Deliktsrechts gilt, verhält es sich gleich. Das Verschulden besteht im Mangel an objektiv gebotener Sorgfalt. Die Sorgfaltswidrigkeit ergibt sich aus dem Vergleich des (tatsächlichen) Verhaltens der schädigenden Person mit dem (hypothetischen) Verhalten eines durchschnittlich sorgfältigen Menschen in derselben Situation.

348

Den Regeln über die Haftung bei unerlaubter Handlung, also insbesondere Art. 41 OR, unterliegt nach bundesgerichtlicher Rechtsprechung auch die eine **Gefälligkeit** leistende Person. Wer ihr gegenüber Schadenersatz beansprucht, hat also namentlich ihr Verschulden zu beweisen. Das Mass der Haftung richtet sich gemäss Art. 99 Abs. 2 OR nach der besonderen Natur des Geschäfts und wird insbesondere milder beurteilt, wenn das Geschäft für den Schuldner keinerlei Vorteil bezweckt. Diese im Vertragsrecht eingeordnete Bestimmung findet *a fortiori* auch auf Gefälligkeitshandlungen Anwendung, bei denen ein rechtsgeschäftlicher Bindungswille fehlt. Bei Gefälligkeiten ist mithin grundsätzlich von einer verminderten Sorgfaltspflicht auszugehen.[799] Es muss somit genügen, dass die eine Gefälligkeit erbringende Person (z.B. die Nachbarin, die ein vierjähriges Kind hütet, während dessen Mutter Einkäufe erledigt)

349

---

[795] Ähnlich HAUSHEER/AEBI-MÜLLER, N 4.17.
[796] HAUSHEER/AEBI-MÜLLER, N 3.40.
[797] HAUSHEER/AEBI-MÜLLER, N 4.20; HÜRLIMANN-KAUP/SCHMID, N 759 f.
[798] FELLMANN/KOTTMANN, N 1435; BGE 132 III 122 (130), E. 4.1; BGer 4A_594/2009 vom 27. Juli 2010, E. 3.2; BGE 114 II 91 (96), E. 3.
[799] HÜRLIMANN-KAUP, Diss., N 385 f.

jene Sorgfalt aufwendet, die sie auch in eigenen Angelegenheiten beachtet *(diligentia quam in suis)*.[800]

350 2. Wer **Schadenersatz nach Art. 97 OR** beansprucht, hat den Schaden, die nachträgliche objektive Unmöglichkeit der Erfüllung bzw. die positive Vertragsverletzung[801] sowie den Kausalzusammenhang zu beweisen. Das Verschulden der Schuldnerin wird nach Art. 97 Abs. 1 OR vermutet. Will die **Schuldnerin** nicht mehr leisten, weil die Leistung nachträglich unmöglich geworden ist, hat sie diese Unmöglichkeit sowie ihr **fehlendes Verschulden** daran zu beweisen. Gegebenenfalls gilt die Forderung als erloschen (Art. 119 OR).[802]

351 Bleibt die Leistung der Schuldnerin aus, kann der **Gläubiger** entweder die nachträgliche Unmöglichkeit der Leistung nachweisen (das Verschulden der Schuldnerin wird vermutet; N 466 ff.) und Schadenersatz nach Art. 97 Abs. 1 OR verlangen oder – wenn er der Beweislast für die Unmöglichkeit ausweichen will – die Schuldnerin in Verzug setzen und nach unbenutztem Ablauf der Frist nachträglich auf die Leistung verzichten und Schadenersatz verlangen (Art. 107 Abs. 2 OR).[803] Diesfalls hat er neben dem Schaden einzig die Verspätung und die verpasste Nachfrist zu beweisen, nicht aber zusätzlich die fehlende Leistungsunmöglichkeit.[804]

2. Schaden

352 1. Wer Schadenersatz **nach Art. 41 Abs. 1 oder Art. 97 Abs. 1 OR** beansprucht, hat namentlich den **Schaden** zu beweisen (Art. 42 Abs. 1 OR). Dieser ist auch zu beweisen bei der Geltendmachung eines Verspätungs- oder weiteren Schadens wegen Schuldnerverzugs (Art. 103 Abs. 1, Art. 106 OR), beim Anspruch auf Ersatz des positiven Vertragsinteresses (also des Erfüllungsinteresses: Ersatz der dahingefallenen Leistung und des entgangenen Gewinns; Art. 107 Abs. 2 OR) oder des negativen Vertragsinteresses (Ersatz des Schadens aus dem Dahinfallen des Vertrags; Art. 107 Abs. 2, Art. 109 Abs. 2 OR), beim Schaden aufgrund eines Produktefehlers (Art. 1 PrHG) oder beim

---

[800] BGE 137 III 539 (544 f.), E. 5.1, 5.2.
[801] GAUCH/SCHLUEP/EMMENEGGER, N 2524 ff., N 2615 ff.
[802] GAUCH/SCHLUEP/EMMENEGGER, N 2613 mit Hinweis auf AEPLI, ZüKomm, Art. 119 OR N 156 ff.
[803] Ist die Käuferin einer Etikettiermaschine insofern in Verzug, als sie die Annahme der Maschine kategorisch verweigert, kann die Verkäuferin gemäss Art. 107 Abs. 2 i.V.m. Art. 108 Ziff. 1 OR ohne Ansetzung einer Nachfrist auf die nachträgliche Erfüllung des Vertrags gemäss Art. 107 Abs. 2 OR verzichten. Macht die Verkäuferin einen Entschädigungsanspruch geltend, «falls» die Käuferin weiterhin die Erfüllung verweigert, übt sie ihr (unwiderrufliches) Gestaltungsrecht nach Art. 107 Abs. 2 OR aus und verzichtet auf die Erfüllung: BGer 4A_691/2014 vom 1. April 2015, E. 3.
[804] GAUCH/SCHLUEP/EMMENEGGER, N 2612 mit Hinweis auf WEBER, BeKomm, Art. 97 OR N 315 ff.

Schaden, den ein Geschäftsherr der geschädigten Person zufügt (Art. 55 OR)[805], sowie bei weiterem aufgrund deliktischen Handelns entstandenen Schaden (N 357).

2. Die in Art. 42 Abs. 1 OR enthaltene Beweislastregelung betreffend den Schaden ist eine Bestätigung von Art. 8 ZGB. Sie entspricht auch der vertrauensbasierten Beweislastverteilung: Danach hat die (angebliche) Gläubigerin Entstehung und Umfang ihrer Forderung zu beweisen. Die **Entstehung** der Schadenersatzforderung setzt den Beweis des Schadens voraus. Ebenso ist der **Umfang des Schadens** zu beweisen, um die Höhe der Schadenersatzforderung zu ermitteln. Dafür ist in aller Regel ein **voller, strikter Beweis** zu erbringen (Regelbeweismass; N 37).[806] Eine Ausnahme sieht Art. 42 Abs. 2 OR vor[807]: «Der nicht ziffernmässig nachweisbare Schaden ist nach Ermessen des Richters mit Rücksicht auf den gewöhnlichen Lauf der Dinge und auf die vom Geschädigten getroffenen Massnahmen abzuschätzen.» Kann der Umfang des Schadens nicht genau nachgewiesen werden, sei es, weil die Belege schlicht fehlen, sei es, weil deren Beibringen unzumutbar ist,[808] kann vom Regelbeweismass abgewichen und der Schaden geschätzt werden. Damit wird das Beweismass auf die **überwiegende Wahrscheinlichkeit** reduziert.[809] Diese Regel ist auf sämtliche privatrechtlichen Schadenersatzforderungen anwendbar, seien sie ausservertraglicher oder vertraglicher Natur (Art. 99 Abs. 3 OR), seien sie im OR (z.B. Art. 423 OR[810]) oder spezialgesetzlich geregelt (z.B. Art. 73 PatG, Art. 62 Abs. 2 URG, Art. 9 Abs. 3 UWG).[811] Sie ist darüber hinaus auch ausserhalb des Schadensrechts anwendbar.[812] Sie enthält mithin einen **allgemeingültigen Grundsatz**, wonach bei Beweisnot (Unmöglichkeit oder Unzumutbarkeit des strikten Beweises) eine Beweismasserleichterung gilt.[813] Diese Regel ist aber dann nicht anwendbar, wenn es für die beweisbelastete Person möglich und zumutbar gewesen wäre, den Beweis mit einer gehörig geführten Buchhaltung

353

---

[805] Art. 55 OR ist aufgrund der bundesgerichtlichen Rechtsprechung zum Auffangtatbestand der Produktehaftpflicht geworden: Massgebend dafür waren der sog. Schachtrahmen-Fall (BGE 110 II 456 [461], E. 2b und [464], E. 3b) sowie der Klappstuhl-Fall (BGer C.564/1984 vom 14. Mai 1985, E. 3c = JdT 1986 I 571). Siehe auch den Gasheizkessel-Fall: BGer 4C.139/2005 vom 29. März 2006, E. 2.4. Im Unterschied zur Herstellerin, die nach Art. 1 PrHG für Personenschäden und nur eingeschränkt für Sachschäden haftet, besteht im Rahmen von Art. 55 OR für den Geschäftsherrn eine unbeschränkte Haftung für Schäden: FELLMANN/KOTTMANN, N 813, N 1110. Da zwischen den Schadenersatzansprüchen nach PrHG und nach Art. 55 OR Anspruchskonkurrenz besteht, hat die geschädigte Person gegebenenfalls die Wahl, nach welchen Bestimmungen sie vorgehen will: FELLMANN/KOTTMANN, N 1220.
[806] PASQUIER, N 44 ff.; FELLMANN/KOTTMANN, N 1450.
[807] FELLMANN/KOTTMANN, N 1460.
[808] PASQUIER, N 172 ff.
[809] PASQUIER, N 42 ff.; BERGER-STEINER, N 06.82 ff.
[810] BGE 134 III 306 (312), E. 4.2.
[811] PASQUIER, N 147; BGE 132 III 379 (381), E. 3.1; 131 III 360 (363 f.), E. 5.1.
[812] PASQUIER, N 271 ff.
[813] PASQUIER, N 362.

zu erbringen.[814] Ferner sind auch bei Anwendung von Art. 42 Abs. 2 OR – soweit möglich und zumutbar – alle Umstände zu behaupten, die Indizien für den Bestand des Schadens darstellen und die Schätzung des Umfangs des Schadens erlauben.[815] Die Voraussetzungen der Unmöglichkeit oder Unzumutbarkeit des strikten Beweises sind mindestens glaubhaft zu machen. Unmöglichkeit oder Unzumutbarkeit liegen dann nicht vor, wenn ursprünglich Beweise vorhanden waren, diese aber durch höhere Gewalt (z.B. durch das Schadensereignis selbst) vernichtet oder von der beweispflichtigen Person nicht genügend gesichert wurden.[816]

354 3. **Kasuistik:** Ein Schaden liegt auch bei **Arbeits- und Erwerbsunfähigkeit**[817] vor, deren Beweis im Versicherungsvertrags- oder Sozialversicherungsrecht von Bedeutung ist:

355 a. Die versicherte Person trägt die Beweislast für den *Erwerbsausfall* als Voraussetzung des Bezugs von Krankentaggeld. Ein Erwerbsausfall liegt vor, wenn eine erwerbstätige Person *arbeitsunfähig* ist (was nicht mit der Erwerbsunfähigkeit zu verwechseln ist; siehe N 356). Auch eine arbeitslose Person, die keinen Anspruch auf Taggelder der Arbeitslosenversicherung (mehr) hat, kann einen Erwerbsausfall erleiden. Vorausgesetzt ist allerdings, dass sie ohne Krankheit eine Erwerbstätigkeit ausüben würde. Dieser Umstand gehört zum Nachweis des Erwerbsausfalls, ist also von der versicherten Person zu beweisen.[818]

356 b. Wer eine Invalidenrente beantragt, trägt die Beweislast für die eigene *Erwerbsunfähigkeit,* denn grundsätzlich ist von der Validität einer versicherten Person auszugehen.[819] Nach Art. 7 ATSG besteht die Erwerbsunfähigkeit im gänzlichen oder teilweisen Verlust der Erwerbsmöglichkeiten auf dem in Betracht kommenden ausgeglichenen Arbeitsmarkt. Massgebend ist der Verlust, der durch die Beeinträchtigung der körperlichen, geistigen oder psychischen Gesundheit verursacht wird und nach zumutbarer Behandlung und Eingliederung verbleibt. Die Unzumutbarkeit der Ausübung einer angepassten Arbeit gehört zum Beweis der Erwerbsunfähigkeit. Daher hat die versicherte Person die Nachteile zu tragen, wenn die Unzumutbarkeit einer angepassten Arbeit nicht bewiesen ist. Im Zusammenhang mit einer Schmerzstörung geht das

---

[814] BGE 134 III 306 (312 f.), E. 4.4.
[815] BGE 143 III 297 (323), E. 8.2.5.2; 140 III 409 (416), E. 4.3.1; BGer 4A_586/2017 vom 16. April 2018, E. 2.3.
[816] Fellmann/Kottmann, N 1464 ff.; siehe auch Brehm, BeKomm, Art. 42 OR N 47 ff.
[817] Eine Arbeitsunfähigkeit ist die Unfähigkeit, im bisherigen Beruf oder Aufgabenbereich zumutbare Arbeit zu leisten (Art. 6 ATSG). Eine Erwerbsunfähigkeit ist die Unfähigkeit, auf dem ausgeglichenen Arbeitsmarkt, nach zumutbarer Behandlung und Eingliederung, Erwerbsmöglichkeiten auszuschöpfen (Art. 7 ATSG).
[818] BGE 141 III 241 (242 f.), E. 3.1.
[819] BGE 142 V 106 (110 f.), E. 4.4; s. auch N 625.

Bundesgericht nicht (mehr) davon aus, sie sei nicht invalidisierend.[820] Vielmehr ist zu beurteilen, ob die versicherte Person trotz des ärztlich diagnostizierten Leidens einer angepassten Arbeit zumutbarerweise ganz oder teilweise nachgehen kann.[821] Diese Frage ist anhand einer Liste von Standardindikatoren zu beantworten.[822] Das ändert nichts an der Beweislast der rentenansprechenden Person sowie an der ausschliesslichen Berücksichtigung der gesundheitlichen Beeinträchtigung und der objektivierten Zumutbarkeitsprüfung.[823]

3. Kausalzusammenhang

Wer eine Schadenersatzforderung geltend macht, hat den natürlichen bzw. den hypothetischen **Kausalzusammenhang** zwischen dem schädigenden/vertragswidrigen Verhalten und dem Schaden (N 352) zu beweisen.[824] Nach ständiger Rechtsprechung genügt für den Nachweis des natürlichen bzw. hypothetischen Kausalzusammenhangs der Beweisgrad der **überwiegenden Wahrscheinlichkeit**.[825] Die überwiegende Wahrscheinlichkeit für das Vorliegen des Kausalzusammenhangs ist zu verneinen, wenn nach den besonderen Umständen des konkreten Falls neben den Ursachen des fraglichen Schadensereignisses weitere Ursachen eine massgebende Rolle spielen oder vernünftigerweise in Betracht fallen.[826]

357

Das **Dahinfallen** des ursprünglich gegebenen Kausalzusammenhangs, also das Erreichen des *Status quo ante,* hat die Versicherung zu beweisen.[827]

358

Kein Beweisthema ist die **adäquate Kausalität,** handelt es sich doch um einen wertenden Zurechnungsentscheid, also um eine Rechtsfrage.[828]

359

---

[820] BGE 141 V 281 (295), E. 3.5.
[821] BGE 141 V 281 (296), E. 3.7.3.
[822] BGE 141 V 281 (297 f.), E. 4.1.3.
[823] BGE 141 V 281 (307 f.), E. 6.
[824] BGer 4A_658/2016 vom 5. April 2017, E. 3.2; Fellmann/Kottmann, N 412; Walter, Tat- und Rechtsfrage, 19.
[825] BGE 132 III 715 (720 f.), E. 3.2, insb. E. 3.2.1; 128 III 271 (275), E. 2b/aa; 121 III 358 (363), E. 5; 107 II 269 (272 f.), E. 1b.
[826] BGE 130 III 321 (325), E. 3.3; 107 II 269 (273), E. 1b; BGer 4A_658/2016 vom 5. April 2017, E. 3.2.1; Fellmann/Kottmann, N 413.
[827] BGer 8C_187/2017 vom 11. August 2017, E. 2.2.
[828] Berger-Steiner, Kausalitätsbeweis, 36; Walter, Tat- und Rechtsfrage, 19; BGE 123 II 110 (112 ff.), E. 3a, b.

4. Vertragsabschluss und Vertragsinhalt

360 Der Vertragsabschluss setzt übereinstimmende Willenserklärungen der Parteien voraus (Art. 1 Abs. 1 OR). Diese Willenserklärungen enthalten einen endgültigen übereinstimmenden Geschäftswillen sowie den Willen, einen Vertrag mit einem bestimmten Inhalt abzuschliessen (Abschlusswillen). Die Übereinstimmung muss sich auf alle wesentlichen Vertragspunkte beziehen.[829] Die übereinstimmenden Willenserklärungen zum Abschluss eines Vertrags begründen einen **Konsens**.[830] Der Konsens ist einerseits für den Vertragsabschluss (a.), andererseits aber auch für den Vertragsinhalt (b.) massgeblich, soweit dieser im reinen Auslegungsstreit (N 366 ff.)[831] gesondert festgestellt wird.

a. Vertragsabschluss

361 1. Zu unterscheiden sind der **tatsächliche Konsens**[832] und der **normative (rechtliche) Konsens**.[833] Dem normativen Konsens liegt die Anwendung des Vertrauensprinzips zugrunde, wonach die Willenserklärung (mindestens) einer Partei so auszulegen ist, wie sie die andere Partei in guten Treuen verstehen durfte und musste (Vertrauensprinzip). Stimmen so ausgelegte Willenserklärungen überein, liegt (nur dann und nur im Rahmen der Übereinstimmung) ein normativer Konsens mit einem bestimmten Inhalt vor.[834] Die Auslegung nach dem Vertrauensprinzip kann aber auch zum Ergebnis führen, dass normativ kein Konsens zustande gekommen ist.

362 2. **Materiellrechtlich** geht der tatsächliche Konsens dem normativen Konsens vor: Steht fest, dass sich die Parteien tatsächlich richtig verstanden haben, liegt ein tatsächlicher Konsens vor, so dass für die Anwendung des Vertrauensprinzips kein Raum bleibt.[835] Nach der Rechtsprechung des Bundesgerichts ist die Prüfung des Vorliegens eines normativen Konsenses nur dann erforderlich, «wenn der übereinstimmende wirkliche Wille der Parteien unbewiesen bleibt».[836] «Le juge doit tout d'abord s'attacher à rechercher la réelle et commune intention des parties, le cas échéant em-

---

[829] GAUCH/SCHLUEP/SCHMID, N 308.
[830] GAUCH/SCHLUEP/SCHMID, N 309.
[831] Wurde der Konsensstreit vom Gericht entschieden und wurde das Zustandekommen eines Vertrags aufgrund eines normativen Konsenses bejaht, ist der Vertrag mit dem vom Gericht festgestellten Inhalt zustande gekommen (GAUCH/SCHLUEP/SCHMID, N 1198).
[832] GAUCH/SCHLUEP/SCHMID, N 311 ff.
[833] GAUCH/SCHLUEP/SCHMID, N 315 ff.
[834] GAUCH/SCHLUEP/SCHMID, N 316.
[835] GAUCH/SCHLUEP/SCHMID, N 214 f., N 309 ff.
[836] BGE 143 III 157 (159), E. 1.2.2; 138 III 659 (666), E. 4.2.1; 137 III 145 (148), E. 3.2.1; 131 III 606 (611), E. 4.1; 131 III 467 (469), E. 1.1; 127 III 444 (445), E. 1b; 121 III 118 (123), E. 4b.

piriquement …».⁸³⁷ Materiellrechtlich ist das richtig, weil ein tatsächlicher Konsens einen davon abweichenden normativen Konsens verdrängt. **Methodisch** ist im Konsensstreit allerdings anders vorzugehen: Ist streitig, ob ein Konsens vorliegt, ist zunächst nach dem objektiven Sinn der Willenserklärungen zu suchen (Auslegung nach Vertrauensprinzip). Stimmen die nach dem Vertrauensprinzip ausgelegten Willenserklärungen überein, kommt ein normativer Konsens zustande, der vermutungsweise dem tatsächlichen Willen der Parteien entspricht, da diese als vernünftige, redliche, korrekt denkende Menschen gelten und Willenserklärungen gemäss ihrem objektiven Sinn verstehen.⁸³⁸ Mit Bezug auf die **Beweislast** gilt daher Folgendes: Wer sich darauf beruft, es liege **ein vom normativen Konsens abweichender tatsächlicher Konsens** oder überhaupt kein Konsens vor, hat dies zu beweisen.⁸³⁹ Solange dieser Beweis nicht erbracht ist, bleibt es beim normativen Konsens. Schon deswegen ist es richtig, im Prozess primär vom normativen Konsens auszugehen.⁸⁴⁰

3. Dieses von der materiellrechtlichen Lage abweichende methodische Vorgehen ist richtig und entspricht der **vertrauensbasierten Beweislastverteilung**: Danach ist vom Vernünftigen, Korrekten, Redlichen, Erwartungsgemässen auszugehen, und es trägt die Beweislast, wer davon Abweichendes behauptet: 363

a. Mit Bezug auf eine *Willenserklärung* bedeutet dies: Eine Willenserklärung gilt so, wie sie von einer redlichen, korrekt handelnden und vernünftigen Person verstanden werden kann und muss (N 234). Wer ein davon abweichendes tatsächliches Verständnis behauptet, trägt dafür die Beweislast. 364

b. Mit Bezug auf das *Zustandekommen eines Vertrags* bedeutet dies: Ein Vertrag kommt zustande, wenn die objektiven, nach dem Vertrauensprinzip ausgelegten Willenserklärungen übereinstimmen (normativer Konsens; N 235). Wer einen davon abweichenden tatsächlichen Konsens geltend macht, hat diesen tatsächlichen Konsens zu beweisen. Macht er das Fehlen eines Konsenses überhaupt geltend, hat er auch dies zu beweisen. Gelingt dieser Beweis nicht, liegt also Beweislosigkeit vor, gilt der Vertrag – wenn überhaupt – gestützt auf den normativen Konsens. 365

4. **Fazit:** Wer sich für sein Klagebegehren darauf beruft, es liege ein vom normativen Konsens abweichender **tatsächlicher Konsens** vor, hat diesen zu beweisen (N 362). Solange dieser Beweis nicht erbracht ist, bleibt es beim normativen Konsens. Wird das 366

---

⁸³⁷ BGE 140 III 86 (90), E. 4.1; s. auch BGE 144 III 93 (99), E. 5.4; s. auch die in der amtlichen Sammlung nicht publizierte E. 5.3.3, in BGer 4A_635/2016 vom 22. Januar 2018; BGer 4A_290/2017 vom 12. März 2018, E. 5.1.
⁸³⁸ So auch GAUCH/SCHLUEP/SCHMID, N 324. Mit Bezug auf die Vertrags*auslegung*: GAUCH, Auslegung, 214; JÄGGI/GAUCH/HARTMANN, ZüKomm, Art. 18 OR N 358.
⁸³⁹ So mit Bezug auf die Vertrags*auslegung*: GAUCH, Auslegung, 214; JÄGGI/GAUCH/HARTMANN, ZüKomm, Art. 18 OR N 358.
⁸⁴⁰ Ähnlich: GAUCH/SCHLUEP/SCHMID, N 324.

Klagebegehren auch durch den **normativen Konsens** gestützt, kann sich die fragliche Partei darauf beschränken, sich auf den normativen Konsens zu berufen. Dieser wird aufgrund der Auslegung der beiderseitigen Willenserklärungen ermittelt und entspricht vermutungsweise dem tatsächlichen Willen der Parteien. Dabei handelt es sich um eine Rechts- und nicht um eine Beweisfrage.[841] Beweisfragen sind dagegen die konkreten Umstände zur Feststellung des tatsächlichen oder normativen Parteiwillens.[842]

b. Vertragsinhalt

aa. Subjektive und objektivierte Auslegung

367 1. Der Vertrag kommt mit dem Vertragsinhalt zustande, der dem normativen bzw. dem tatsächlichen Konsens (N 361) zugrunde liegt. Mit Bezug auf das im **Konsensstreit** erzielte Ergebnis (N 365) bleibt in der Folge kein Raum für **Vertragsauslegung**. Stellen die Parteien nicht das Zustandekommen des Vertrags (also den Konsens) in Frage, sondern (bloss) den Vertragsinhalt, handelt es sich um einen reinen **Auslegungsstreit**.

368 2. Im Auslegungsstreit geltend die Regeln über die **Vertragsauslegung**:

369 a. Das primäre Ziel der Vertragsauslegung ist der *übereinstimmende wirkliche Parteiwille* (subjektive Auslegung), den die Parteien ausdrücklich oder stillschweigend erklärt haben. Lässt sich dieser tatsächliche Wille ermitteln (Tatfrage), so bestimmt sich der Vertragsinhalt gemäss diesem übereinstimmenden Willen (Art. 18 OR). Sofern kein übereinstimmender wirklicher Parteiwille vorliegt, ist der objektivierte (normativ) ausgelegte, der *mutmassliche Parteiwille* massgebend. Es handelt sich um jenen Parteiwillen, den vernünftig und redlich (korrekt) handelnde Parteien unter den gegebenen Umständen und unter Verwendung der auszulegenden Worte gewollt haben würden (objektivierte Auslegung).[843]

370 b. Zu unterscheiden sind mithin die *subjektive und die objektivierte Auslegungsmethode*: **Materiellrechtlich** geht die subjektive Auslegungsmethode der objektivierten vor:[844] Nur wenn kein übereinstimmender wirklicher (subjektiver) Wille vorliegt, ist aufgrund der objektivierten Auslegungsmethode zu ermitteln, welchen Willen vernünftige, redliche und korrekt handelnde Parteien in der Situation und mit den Kenntnissen der Vertragsparteien mutmasslich gehabt hätten.[845] Für eine objektivierte Ver-

---

[841] BGE 144 III 93 (96 f.), E. 5.1.1; 4A_290/2017 vom 12. März 2018, E. 5.1.
[842] BGer 4A_610/2017 vom 29. Mai 2018, E. 4.1, E. 4.2.2.
[843] Gauch/Schluep/Schmid, N 1201.
[844] BGE 140 III 86 (90), E. 4.1; 138 III 659 (666), E. 4.2.1; 137 III 145 (148), E. 3.2.1; 131 III 606 (611), E. 4.1; 131 III 467 (469), E. 1.1; 127 III 444 (445), E. 1b; 121 III 118 (123), E. 4b.
[845] Jäggi/Gauch/Hartmann, ZüKomm, Art. 18 OR N 356.

tragsauslegung besteht also dann kein Raum, wenn ein übereinstimmender wirklicher Wille feststeht. Diese Rangordnung entspricht der materiellen Rechtslage (Art. 18 OR). *Methodisch* steht dagegen die objektivierte Vertragsauslegung im Vordergrund. Denn bei vernünftigen, redlichen Parteien ist davon auszugehen, dass ihr übereinstimmender wirklicher Wille der objektivierten Vertragsauslegung entspricht.[846] Wer daher einen von der objektivierten Auslegung abweichenden tatsächlichen Parteiwillen behauptet, hat ihn zu beweisen.

c. Dieses von der materiellrechtlichen Lage abweichende methodische Vorgehen ist nicht nur im Zusammenhang mit dem Zustandekommen des Vertrags (N 235, N 361 f.), sondern auch im Zusammenhang mit der Vertragsauslegung richtig und entspricht der **vertrauensbasierten Beweislastverteilung:** Danach gilt ein Vertragsinhalt so, wie ihn vernünftige, redlich und korrekt handelnde Parteien in derselben Situation verstehen können und müssen (N 237, N 369). Wer einen **von der objektivierten Auslegung abweichenden tatsächlichen Parteiwillen** geltend macht, hat diesen tatsächlichen Willen zu beweisen. Gelingt der Beweis nicht, liegt also Beweislosigkeit vor, gilt der Vertragsinhalt gemäss der objektivierten Vertragsauslegung. Denn: Bei Beweislosigkeit soll das gelten, was Vertrauen verdient, nämlich die objektivierte Auslegung, die Auslegung nach Vertrauensprinzip.

371

bb. Auslegungsmittel und Auslegungsregeln

Im Zusammenhang mit der Auslegung des Vertragsinhalts sind verschiedene **Auslegungsmittel und Auslegungsregeln** von Bedeutung.[847] Sie dienen der Ermittlung dessen, wie redliche und vernünftige Parteien die Erklärungen verstehen durften und mussten.

372

aaa. Auslegungsmittel

1. Zu den **Auslegungsmitteln**[848] zählen primär der Wortlaut und der allgemeine Sinngehalt eines sozialtypischen Verhaltens (zur Auslegung einer Erklärung durch schlüssiges Verhalten). Ergänzende Auslegungsmittel sind namentlich die Begleitumstände des Vertragsabschlusses, die Entstehungsgeschichte des Vertrags oder die Interessenlage der Parteien.[849] Unter Umständen lässt auch das nachvertragliche Verhalten der Parteien, namentlich eine Erfüllungshandlung, Rückschlüsse auf den

373

---

[846] JÄGGI/GAUCH/HARTMANN, ZüKomm, Art. 18 OR N 358.
[847] Sie sind beide nur oder jedenfalls primär im Rahmen der objektivierten Auslegung von Bedeutung, da sie die Willens*erklärungen* zum Gegenstand haben und nicht den Parteiwillen; so auch JÄGGI/GAUCH/HARTMANN, ZüKomm, Art. 18 OR N 370, N 443.
[848] GAUCH/SCHLUEP/SCHMID, N 1205 ff.; JÄGGI/GAUCH/HARTMANN, ZüKomm, Art. 18 OR N 370 ff.
[849] JÄGGI/GAUCH/HARTMANN, ZüKomm, Art. 18 OR N 385 ff.

vereinbarten Vertragsinhalt zu.[850] Weiter sind auch die **Verkehrsübung** und die **Verkehrsauffassung** Auslegungsmittel. Die Verkehrsübung kann auch ausdrücklich oder stillschweigend zum **Vertragsbestandteil** gemacht werden. Die Verkehrsauffassung ist eine allgemein unter den jeweils (im konkreten Personenkreis) Beteiligten bestehende Ansicht über die Bedeutung eines bestimmten Worts (Wortauffassung) oder darüber, was in Bezug auf eine bestimmte Frage das korrekte, richtige, Treu und Glauben entsprechende Verhalten ist (Rechtsauffassung).[851] Die Verkehrsübung ist die einheitliche Auffassung der jeweils Beteiligten zu einer bestimmten Frage, die allgemeine tatsächliche Übung während eines gewissen Zeitraums. Eine allgemeine Verkehrsübung betrifft die gesamte Bevölkerung in einem bestimmten Gebiet. Der Handelsbrauch ist die Verkehrsübung unter Handelsleuten allgemein, entweder unabhängig von der Branche oder je nach Branche (Branchenübung). Ortsgebrauch ist die Verkehrsübung in einem bestimmten räumlich begrenzten Gebiet.[852]

374 2. Mit Bezug auf die **Beweislast** hinsichtlich der **Verkehrsübung und Verkehrsauffassung** verhält es wie folgt:

375 a. Verkehrsübung und Verkehrsauffassung als Auslegungsmittel sind grundsätzlich *beweispflichtige Tatsachen*.

376 b. Vermutungsweise stellen vernünftige, redlich und korrekt handelnde Parteien (auf deren Verständnis es bei der objektivierten Vertragsauslegung ankommt; N 235, N 369) auf eine Verkehrsübung oder Verkehrsauffassung ab. Sofern diese *allgemein bekannt oder gerichtsnotorisch* sind, gehört ihre Kenntnis zur allgemeinen Lebenserfahrung, so dass sie weder behauptet noch bewiesen werden müssen.[853] Das Gericht stellt bei der objektivierten Vertragsauslegung von Amtes wegen darauf ab. Beruft sich dagegen die Partei auf eine *nicht allgemein bekannte oder nicht gerichtsnotorische* Verkehrsübung, die geeignet ist, die objektivierte Vertragsauslegung zu beeinflussen (die mithin eine rechtsrelevante Tatsache ist: N 89), trägt sie dafür die Beweislast.[854]

377 c. Wer sich darauf beruft, eine Verkehrsübung sei *Vertragsbestandteil* geworden und sie beeinflusse deswegen die objektivierte Vertragsauslegung, trägt dafür die Beweislast.[855] Zur Bedeutung der Verkehrsübung bei der Vertragsergänzung vgl. vorne N 90.

---

[850] GAUCH, Auslegung, 212; JÄGGI/GAUCH/HARTMANN, ZüKomm, Art. 18 OR N 396. Der Rückschluss führt zum tatsächlichen Parteiwillen oder – so GAUCH, Auslegung, 213 – zur eigenen an Treu und Glauben orientierten Auslegung. Solche Rückschlüsse sind nur zurückhaltend anzunehmen, da die Parteien später womöglich eine falsche Vorstellung über ihren damaligen Willen haben und das spätere Verhalten auch anders motiviert sein kann als durch die Vorstellung über das Vereinbarte.
[851] JÄGGI/GAUCH/HARTMANN, ZüKomm, Art. 18 OR N 420 ff.
[852] JÄGGI/GAUCH/HARTMANN, ZüKomm, Art. 18 OR N 423 ff.
[853] JÄGGI/GAUCH/HARTMANN, ZüKomm, Art. 18 OR N 431.
[854] Siehe auch HAUSHEER/JAUN, ZGB-Komm, Art. 8–10 ZGB N 28 f.
[855] JÄGGI/GAUCH/HARTMANN, ZüKomm, Art. 18 OR N 442.

d. Etwas anderes gilt, wenn Übung oder Ortsgebrauch als *subsidiäre Rechtsquellen* von Art. 5 Abs. 2 ZGB erfasst werden. Diese hat das Gericht von Amtes wegen festzustellen.[856] Dabei hat die Partei, die sich auf eine bestimmte Verkehrsübung beruft, bei der Feststellung der Sachumstände, die eine Verkehrsübung zu begründen vermögen, mitzuwirken. Es verhält sich hier ähnlich wie bei der Anwendung von Gewohnheitsrecht (N 85).

bbb. Auslegungsregeln

1. Zu den **Auslegungsregeln** gehören namentlich die Regeln der Auslegung ex tunc, der objektivierten Auslegung (gemäss dem mutmasslichen Vertragswillen, gemäss dem Vertrauensprinzip[857]), die ein Anwendungsfall der Auslegung nach Treu und Glauben ist[858] und der gesetzeskonformen Auslegung.[859]

Das Prinzip der **gesetzeskonformen Auslegung** gilt für **dispositive Regeln,** soweit sie überhaupt auf den konkreten Vertrag (namentlich auf einen konkreten Innominatvertrag) passen. Unter dieser Prämisse ergibt sich, dass im Zweifel jener Auslegung der Vorzug zu geben ist, die dem dispositiven Recht entspricht, da dieses vermutungsweise eine Regel enthält, die auch vernünftige, redlich und korrekt handelnde Parteien vereinbart hätten.[860] Ferner ist eine vom dispositiven Recht abweichende Vereinbarung eng auszulegen.[861] Wer mithin vom dispositiven Recht abweichen will, hat das «mit hinreichender Deutlichkeit zum Ausdruck zu bringen».[862] Dies entspricht der vertrauensbasierten Beweislastverteilung, wonach von jener Auslegung des Vertrags auszugehen ist, wie ihn vernünftige und korrekt handelnde Parteien gewollt haben und verstehen würden (N 235, N 369).[863] Genau dieser vernünftige Sinn ist im dispositiven Recht vermutungsweise enthalten.

---

[856] Jäggi/Gauch, ZüKomm, Art. 18 OR N 151 ff.; Jäggi/Gauch/Hartmann, ZüKomm, Art. 18 OR N 525, N 531, m.w.H.; zum Zusammentreffen von gerichtlicher Vertragsergänzung und gerichtlicher Lückenfüllung vgl. dies., ZüKomm, Art. 18 OR N 533 ff.
[857] Jäggi/Gauch/Hartmann, ZüKomm, Art. 18 OR N 458.
[858] Auch die Auslegung nach Vertrauensprinzip ist ein Anwendungsfall der Auslegung nach Treu und Glauben. Sie beschlägt aber nur die einzelne Willenserklärung und deren Auslegung: Gauch/Schluep/Schmid, N 1226.
[859] Gauch/Schluep/Schmid, N 1224 ff.; Jäggi/Gauch/Hartmann, ZüKomm, Art. 18 OR N 487; Kramer, BeKomm, Art. 1 OR N 102 und Art. 18 OR N 40 f.; BGE 113 II 49 (51), E. 1b.
[860] Jäggi/Gauch/Hartmann, ZüKomm, Art. 18 N 492; BGE 119 II 368 (372), E. 4b; 117 II 609 (621), E. 6c.
[861] Jäggi/Gauch/Hartmann, ZüKomm, Art. 18 OR N 493; Gauch/Schluep/Schmid, N 1230.
[862] Jäggi/Gauch/Hartmann, ZüKomm, Art. 18 OR N 492; Gauch/Schluep/Schmid, N 1230, mit Hinweis auf BGE 122 III 118 (121), E. 2a; 119 II 368 (372 f.), E. 4b; 117 II 609 (621 f.), E. 6c, sowie N 1235.
[863] Jäggi/Gauch/Hartmann, ZüKomm, Art. 18 OR N 458.

381　2. Aus der Regel der gesetzeskonformen Vertragsauslegung ergibt sich mithin folgende **Beweislastverteilung:** Wer sich auf eine **vom dispositiven Recht abweichende Vereinbarung** beruft, hat zu beweisen, dass eine solche Vereinbarung tatsächlich getroffen wurde und welchen Inhalt sie hat (N 380).[864] Die Richtigkeit dieser Beweislastregel ergibt sich aus folgenden Überlegungen: Methodisch ist primär der mutmassliche Parteiwille zu ermitteln (N 362 f.). Mit den dispositiven Regeln stellt das Gesetz einen subsidiären Regelungsinhalt zur Verfügung, der immer dann gilt, wenn nichts (Vertragslücke: N 238) oder nichts anderes vereinbart ist. Allein schon in den Fällen fehlender (abweichender) Vereinbarung gelten zwischen Vertragsparteien grundsätzlich die dispositiven Regeln. Aber selbst dann, wenn Vertragspartner eine ausdrückliche Vereinbarung treffen, entspricht diese (gemäss Auslegung) in der Regel dem Inhalt der dispositiven Bestimmungen, denn das Gesetz stellt vermutungsweise Regeln zur Verfügung, welche die Interessen der Parteien genügend, angemessen und ausgewogen wahren, mit anderen Worten: dem mutmasslichen Willen der Parteien entsprechen.[865] Diese Regeln entsprechen regelmässig dem Vernünftigen, Redlichen, Korrekten, Erwartungsgemässen.[866] Wer sich auf eine davon abweichende tatsächliche Vereinbarung beruft, trägt die Beweislast für deren Zustandekommen und für deren Inhalt.[867] Diese Beweislastverteilung gilt umso mehr für zwingende Regeln, allerdings mit der Folge, dass ein Konsens, der **von zwingenden Regeln abweicht,** zur Nichtigkeit des fraglichen Vertrags führt (Art. 20 OR). Betrifft der Mangel bloss einzelne Teile des Vertrags, so sind nur diese nichtig. Dabei lässt Art. 20 Abs. 2 OR die Folge der Teilnichtigkeit nur dann eintreten, wenn nicht anzunehmen ist, der Vertrag wäre ohne den nichtigen Teil überhaupt nicht geschlossen worden (Art. 20 Abs. 2 OR). Der Einwand, der Vertrag wäre ohne den nichtigen Teil, an dessen Stelle unmittelbar die zwingende Gesetzesbestimmung tritt, überhaupt nicht geschlossen worden, ist einer Partei allerdings im Fall des Verstosses gegen zwingende Gesetzesbestimmungen verwehrt.[868] Denn bei einem Verstoss gegen zwingende Regeln tritt von Gesetzes wegen unmittelbar die zwingende an die Stelle der nichtigen Regel. Das Ergebnis ist dasselbe, wenn die Parteien zu einer vom Gesetz zwingend geregelten Frage überhaupt keine Abrede getroffen haben (auch keine nichtige): Auch hier greift unmittelbar die zwingende Gesetzesbestimmung anstelle der Regelungslücke. Weder im einen (nichtige Teilvereinbarung) noch im anderen Fall (Regelungslücke) kann sich eine Partei darauf berufen, sie hätte den Vertrag mit der zwingenden Regel nicht getroffen.[869]

---

[864]　So auch Kummer, BeKomm, Art. 8 ZGB N 255, N 343.
[865]　Gauch/Schluep/Schmid, N 1254, mit Hinweis auf BGE 119 II 368 (372 f.), E. 4b; 115 II 264 (268 f.), E. 5a; 113 II 49 (51), E. 1b.
[866]　Vgl. auch Jäggi, Vertrauensprinzip, 150 ff.
[867]　Kummer, BeKomm, Art. 8 ZGB N 255 ff.
[868]　BGer 4A_404/2008 vom 18. Dezember 2008, E. 5.6.2.
[869]　Gauch/Schluep/Schmid, N 712a; a.M. Kramer, BeKomm, Art. 19–20 OR N 355.

ccc. Beispiel

Nach der dispositiven Regel von Art. 374 OR bestimmt sich die von der Bestellerin geschuldete Vergütung nach dem Aufwand des Unternehmers.[870] Wer eine **Vereinbarung** (insbesondere eine Festpreisabrede) behauptet, welche diese **Dispositivregel verdrängt,** trägt hiefür die **Beweislast**.[871] Das gilt insbesondere für den Fall, dass der **Unternehmer** eine im Verhältnis zum Aufwand **höhere** (Festpreis-)Vereinbarung oder die **Bestellerin** eine im Verhältnis zum Aufwand **tiefere** (Festpreis-)Vereinbarung behauptet.[872]

382

Eine Vereinbarung, welche die dispositive Regel verdrängt, liegt auch vor bei der Vereinbarung eines ungefähren Preises; es handelt sich um den sogenannten **Circa-Preis**.[873] Damit bestimmen die Parteien eine untere und eine obere Grenze des Preises, der innerhalb dieses Rahmens nach Massgabe des Werts der Arbeit und der Aufwendungen (Art. 374 OR) bestimmt wird und für die Parteien in diesem Sinn verbindlich ist.[874] Auch die Vereinbarung des Circa-Preises ist von der Partei zu beweisen, die sich darauf beruft.[875] Ist streitig, ob eine Preisvereinbarung einen Festpreis (N 382) oder bloss einen Circa-Preis enthält, so liegt die Beweislast bei jener Partei, die sich auf den Festpreis beruft, da der Circa-Preis die dispositive Regel von Art. 374 OR zwar einschränkt, aber nur innerhalb eines bestimmten Rahmens.

383

Im Unterschied zum Circa-Preis handelt es sich beim **ungefähren Kostenansatz** i.S. von Art. 375 OR um einen unverbindlichen Kostenvoranschlag.[876] Ist streitig, ob ein Circa-Preis oder ein ungefährer Kostenansatz verabredet wurde, so liegt die Beweislast bei jener Partei, die sich auf den Circa-Preis beruft,[877] weil der ungefähre Kostenansatz die Anwendung von Art. 374 OR überhaupt nicht einschränkt.

384

cc. Vertragsergänzung

Liegt nach der Ermittlung des mutmasslichen Willens der Parteien bzw. nach dem Nachweis des davon abweichenden tatsächlich (subjektiv) übereinstimmenden Willens (zum methodischen Vorgehen: N 370) der Parteien eine Lücke im Vertrag (und kein qualifiziertes Schweigen) vor, muss das Gericht den Vertrag ergänzen. Das Gericht orientiert sich bei der Vertragsergänzung an vernünftigen, redlich und korrekt

385

---

[870] GAUCH, Werkvertrag, N 1014; ZINDEL/PULVER/SCHOTT, BaKomm, Art. 373 OR N 37; a.M. KUMMER, BeKomm, Art. 8 ZGB N 250.
[871] GAUCH, Werkvertrag, N 1014.
[872] BGer 4A_458/2016 vom 29. März 2017, E. 6.1; GAUCH, Werkvertrag, N 1015.
[873] GAUCH, Werkvertrag, N 940.
[874] GAUCH, Werkvertrag, N 941, mit Hinweis auf abweichende Meinungen.
[875] GAUCH, Werkvertrag, N 1018.
[876] GAUCH, Werkvertrag, N 937.
[877] GAUCH, Werkvertrag, N 1018.

handelnden Parteien in der Situation der konkreten Vertragsparteien. Dieser hypothetische Parteiwille ergibt sich zunächst aus dem **dispositiven Gesetzesrecht** sowie gegebenenfalls aus dem ausnahmsweise bestehenden Gewohnheitsrecht. Beides ist nur dann heranzuziehen, wenn es zum vereinbarten Vertragsinhalt passt.[878] Weiter ist die Verkehrsübung relevant, falls das anwendbare Gesetzesrecht selbst auf die **Verkehrsübung** verweist (z.B. Art. 112 Abs. 2, Art. 257c, Art. 266b, Art. 267a Abs. 2 OR; N 88).[879] Liegt weder dispositives Gesetzesrecht noch ein Verweis auf die Verkehrsübung vor, hat das Gericht die Lücke nach einer selbst geschaffenen Vertragsregel zu füllen (dazu N 90, N 238).[880] Die gerichtliche Vertragsergänzung ist eine **Rechtsfrage,** ist also nicht Gegenstand der Beweislastverteilung (zu den übrigen Beweislastfragen im Zusammenhang mit der Vertragsergänzung s. N 238).

c. Willensmängel

386 Fehlerhafte Willensbildung gibt der betroffenen – der irrenden, der getäuschten oder bedrohten – Partei gegebenenfalls das Recht, unter Berufung auf Willensmängel die Ungültigkeit des Vertrags geltend zu machen.[881] Der Vertrag ist zwar für beide Parteien ungültig *(ex tunc);* die Ungültigkeit kann aber nur von der geschützten Partei geltend gemacht werden (Ungültigkeitstheorie).[882] Nach anderer Ansicht (Anfechtungstheorie) ist der Vertrag für beide Parteien gültig. Die betroffene Partei kann den Vertrag aber unter Berufung auf einen Willensmangel anfechten. Ist die Anfechtung erfolgreich, wird der Vertrag mit Wirkung *ex tunc* aufgehoben.[883] Mit Bezug auf die Beweislast ist dieser Theorienstreit ohne Belang: Das **Vorliegen von Willensmängeln** hat jene Person zu beweisen, die sich darauf beruft,[884] denn nach Vertrauenskriterien ist von einer redlichen, vernünftigen, korrekt denkenden und handelnden Person auszugehen, deren Willensbildung mängelfrei erfolgt. Will sie sich auf einen Willensmangel, auf Grundlagenirrtum, auf Täuschung oder Drohung berufen, hat sie diesen Mangel zu beweisen. Tatbestandsmerkmal der absichtlichen Täuschung i.S. von Art. 28 OR ist u.a. der Täuschungserfolg. Die Täuschung muss also für den Vertragsab-

---

[878] Gauch, Auslegung, 223; Gauch/Schluep/Schmid, N 1265; Jäggi/Gauch/Hartmann, ZüKomm, Art. 18 OR N 567 ff., mit Hinweis auf die Kontroverse in der Lehre, N 586; Gauch/Schluep/Schmid, N 1265.
[879] Jäggi/Gauch/Hartmann, ZüKomm, Art. 18 OR N 593.
[880] Jäggi/Gauch/Hartmann, ZüKomm, Art. 18 OR N 601 ff.
[881] Gauch/Schluep/Schmid, N 888 ff. In BGE 114 II 131 (143) E. 3b hat sich das Bundesgericht explizit zur Ungültigkeitstheorie bekannt.
[882] Gauch/Schluep/Schmid, N 892 f.
[883] Gauch/Schluep/Schmid, N 896. In BGE 129 III 320 (326), E. 6.2 und 105 II 23 (25 f.), E. 2b scheint das Bundesgericht die Anfechtungstheorie zu vertreten.
[884] BGer 4A_141/2017 vom 4. September 2017, E. 3.1.3, in BGE 143 III 495 nicht publizierte Erwägung.

schluss das kausale Motiv sein.⁸⁸⁵ Das Vorliegen des Kausalzusammenhangs zwischen dem Willensmangel und dem Vertragsabschluss hat jene Partei zu beweisen, die sich auf den Willensmangel beruft.⁸⁸⁶ Der Gegenpartei steht der Gegenbeweis offen: Sie kann Zweifel am Vorliegen dieses Kausalzusammenhangs schüren oder auch direkt das Fehlen des Kausalzusammenhanges beweisen, nämlich die Tatsache, dass der Vertrag trotz des Willensmangels geschlossen worden wäre.

5. Entstehung und Umfang einer Obligation (Forderung)

a. Entstehung

Wer eine **Forderung** (Obligation) gegenüber einer anderen Person behauptet, hat deren Entstehung zu beweisen. Denn nach dem Vertrauensgrundsatz schulden Rechtssubjekte einander nichts, es sei denn, es liege ein bestimmter Rechtsgrund vor. Wer demnach den Bestand einer Forderung beweisen will, hat den Beweis ihrer Entstehung, namentlich aus Rechtsgeschäft, aus rechtsgeschäftsähnlichen Tatbeständen, aus unerlaubter Handlung oder ungerechtfertigter Bereicherung zu erbringen.⁸⁸⁷ Beispielhaft sei die Entstehung aus Vertrag (aa.), aus unerlaubter Handlung (bb.), aus Geschäftsführung ohne Auftrag (cc.), aus ungerechtfertigter Bereicherung (dd.) und aus Gesetz (ee.) dargestellt.

387

aa. Entstehung aus Vertrag

aaa. Beweisthemen

Wer eine Forderung aus Vertrag behauptet, hat das **Zustandekommen des Vertrags** (N 361 ff.) und dessen **Inhalt** zu beweisen.⁸⁸⁸ Zum Inhalt gehören die vereinbarten Leistungen, inklusive der streitigen Forderung. Gegebenenfalls sind neben dem Zustandekommen des Vertrags zusätzliche Voraussetzungen für die Entstehung der Forderung zu beweisen, z.B. der Eintritt eines Versicherungsfalls im Fall eines Versicherungsvertrags.⁸⁸⁹ Wer die Kürzung oder Verweigerung oder den Untergang der Forderung geltend macht, hat den Eintritt der Voraussetzungen zur Kürzung, Verweigerung

388

---

⁸⁸⁵ GAUCH/SCHLUEP/SCHMID, N 856; BGer 4A_141/2017 vom 4. September 2017, E. 3.1.3, in BGE 143 III 495 nicht publizierte Erwägung.
⁸⁸⁶ BGE 129 III 320 (326), E. 6.3.
⁸⁸⁷ GAUCH/SCHLUEP/SCHMID, N 33, N 271 ff.
⁸⁸⁸ WEBER, BeKomm, Art. 97 OR N 317; SCHRANER, ZüKomm, Art. 88 OR N 2; WALTER, Leistungsstörungen, 72; DERS., BeKomm, Art. 8 ZGB N 498; implizit: HOHL, CommR, Vorbem. Art. 68–83 OR N 4.
⁸⁸⁹ BGE 130 III 321 (323), E. 3.1; BGer 4A_211/2017 vom 4. Dezember 2017, E. 3.1; 4A_333/2016 vom 18. August 2016, E. 3.3.

Art. 8 ZGB

oder zum Untergang der Forderung zu beweisen (z.B. die schuldhafte Herbeiführung des Versicherungsfalls gemäss Art. 14 VVG oder die betrügerische Begründung des Versicherungsanspruchs gemäss Art. 40 VVG).[890]

389 Nach herrschender Lehre[891] und gängiger Rechtsprechung[892] führt die in Art. 17 OR geregelte abstrakte Schuldanerkennung (ohne Nennung des Rechtsgrunds)[893] zu einer Umkehr der Beweislast, und zwar dergestalt, dass der Gläubiger mit dem Vorlegen einer **Schuldanerkennung** den Beweis für sämtliche rechtsbegründenden Tatsachen seiner Forderung erbringt. Der Schuldner, der diesen Hauptbeweis zerstören will, muss beweisen, dass der Rechtsgrund der Schuldanerkennung nicht gültig ist, z.B. weil er nichtig (Art. 20 OR), ungültig (bzw. einseitig unverbindlich: Art. 23 ff. OR)[894] oder simuliert (Art. 18 OR)[895] ist. Ferner kann der Schuldner gegenüber der Schuldanerkennung das Erlöschen der Forderung behaupten und beweisen (N 489 ff.).[896] Nach der **vertrauensbasierten Beweislastverteilung** ist von der **Richtigkeit der Schuldanerkennung** auszugehen, also vom gültigen Bestehen der anerkannten Forderung im Zeitpunkt ihrer Anerkennung: Nach Vertrauenskriterien bezeugt ein Schuldner mit einer Schuldanerkennung eine tatsächlich bestehende Schuld.[897] Daher hat nicht die Gläubigerin einen gültigen Rechtsgrund für die Schuldanerkennung zu beweisen, sondern der Schuldner die Ungültigkeit oder das Fehlen des Rechtsgrundes.[898] Dafür muss er zuerst substantiiert darlegen, welches der Rechtsgrund für die anerkannte Schuld ist.[899] Danach kann er alle Einreden und Einwendungen aus dem Grundverhältnis erheben, z.B. die Nichtigkeit, die Ungültigkeit (einseitige Unverbindlichkeit), die Simulation, die Erfüllung oder das gänzliche Fehlen dieses Rechtsgrunds beweisen.

---

[890] BGer 4A_211/2017 vom 4. Dezember 2017, E. 3.2.
[891] BUCHER, OR AT, 59 f.; GAUCH/SCHLUEP/SCHMID, N 1183; KRAUSKOPF, N 60, m.w.H.; SCHÖNENBERGER/JÄGGI, ZüKomm, Art. 17 OR N 17 ff.; SCHMIDLIN, BeKomm, Art. 17 OR N 50 f.; SCHWENZER, BaKomm, Art. 17 OR N 8.
[892] BGE 131 III 268 (273), E. 3.2; 105 II 183 (187), E. 4a; BGer 4A_459/2013 vom 22. Januar 2014, E. 3.3; 4A_152/2013 vom 20. September 2013, E. 2.3; 4C.59/2002 vom 18. Juni 2002, E. 3a. Siehe auch BGE 142 III 720 (722 f.), E. 4.1, zur Beweislast im Zusammenhang mit einer Schuldanerkennung i.S. von Art. 82 SchKG.
[893] GAUCH/SCHLUEP/SCHMID, N 1179.
[894] GAUCH/SCHLUEP/SCHMID, N 890 ff.
[895] GAUCH/SCHLUEP/SCHMID, N 1013 ff.; JÄGGI/GAUCH/HARTMANN, ZüKomm, Art. 18 OR N 136 ff.
[896] OGer Zürich PP 160017 vom 19. Mai 2016, E. 2.4.
[897] KRAUSKOPF, N 63, der daraus aber eine tatsächliche Vermutung ableitet, die zu ihrer Widerlegung einen Gegenbeweis erfordert: DERS., N 68, 91.
[898] SCHMIDLIN, BeKomm, Art. 17 OR N 50.
[899] GAUCH/SCHLUEP/SCHMID, N 1183; KRAUSKOPF, N 91; SCHMIDLIN, BeKomm, Art. 17 OR N 51.

bbb. Vergütungsanspruch als Beispiel

Mit dem Zustandekommen eines Vertrags wird in der Regel auch dessen Inhalt bewiesen, da sich ein Konsens mindestens auf die wesentlichen Vertragspunkte beziehen muss.[900] Diese definieren den wesentlichen Vertragsinhalt. Der Beweis der Entstehung einer Forderung aus Vertrag ist am **Beispiel des Vergütungsanspruchs** zu veranschaulichen:

390

1. Zum Vertragsinhalt gehört auch die Frage der Vereinbarung einer Vergütung (die Entgeltlichkeit der Leistung). Die vereinbarte Vergütung, also das Vorliegen einer Forderung, hat zu beweisen, wer die Vergütung fordert. Die Vereinbarung einer Vergütung ergibt sich nicht aus dem in Frage stehenden Vertrag, sondern es verhält sich umgekehrt: Von der **Entgeltlichkeit** einer Leistung hängt nicht selten die **Qualifikation eines Vertrags** ab. So sind die meisten Verträge auf Arbeitsleistung (Arbeitsvertrag, inkl. Handelsreisenden- und Heimarbeitsvertrag, Werkvertrag, Verlagsvertrag, Mäklervertrag, Kommissionsvertrag) gemäss Legaldefinition entgeltlicher Natur, nicht aber der Auftrag (vgl. Art. 394 Abs. 3 OR)[901] und die Geschäftsführung ohne Auftrag (vgl. Art. 419 ff. OR).[902]

391

2. Der **Beweis des Vergütungsanspruchs** ist eine Frage des Konsenses: Entweder liegt ein tatsächlicher oder ein normativer Konsens zu dieser Frage vor. Beruft sich eine Partei auf einen **tatsächlichen Konsens** über eine Vergütung, hat sie ihn zu **beweisen** (N 365 f.). Andernfalls ist ein Vergütungsanspruch gegebenenfalls aufgrund eines normativen Konsenses (Rechtsfrage) zustande gekommen (N 365 f.). Der Beweis des tatsächlichen Konsenses über die Entgeltlichkeit einer Leistung wird unter Umständen durch eine **tatsächliche Vermutung** erleichtert: War etwa die Herstellung eines Werks nach den Umständen nur gegen Vergütung zu erwarten, spricht eine tatsächliche Vermutung für eine stillschweigende Vergütungsvereinbarung.[903] Entgeltlichkeit ist namentlich zu vermuten, wenn die Leistung im Rahmen eines Gewerbebetriebs oder einer Berufsausübung erbracht wird.[904] Bei Leistungen von einem gewissen Umfang gilt dies selbst unter Freunden.[905] Entgeltlichkeit kann auch aufgrund anderer Umstände vermutet werden, etwa bei Üblichkeit einer Gegenleistung im konkreten Zusammenhang.[906] Ausgangspunkt ist der normative Konsens, sofern keine Partei ei-

392

---

[900] GAUCH/SCHLUEP/SCHMID, N 330.
[901] WERRO, N 149.
[902] GAUTSCHI, BeKomm, Art. 419 OR N 2b, der darauf hinweist, dass der Anwendungsbereich der unentgeltlichen Geschäftsführung ohne Auftrag mit dem Aufkommen moderner Kommunikation an Bedeutung verloren hat.
[903] GAUCH, Werkvertrag, N 111b.
[904] GAUCH, Werkvertrag, N 111c.
[905] GAUCH, Werkvertrag, N 111c.
[906] GAUCH, Werkvertrag, N 112, m.w.H.

nen davon abweichenden tatsächlichen Konsens geltend macht (N 365 f.). Der normative Konsens beschlägt eine Rechtsfrage (die nicht dem Beweis unterliegt; N 77).

393   3. Die **vertrauensbasierte Beweislastverteilung** erfordert den **Beweis der Vereinbarung einer Vergütung** von jener Person, die einen entsprechenden **Anspruch behauptet.** Denn: Nach Vertrauenskriterien schuldet eine Person einer anderen grundsätzlich nichts. Bei Beweislosigkeit muss die Beweislast tragen, wer eine Forderung stellt. Insofern kann auch gesagt werden, das Bestehen einer Forderung sei eine rechtsbegründende Tatsache.[907] Die Beweislast für das Bestehen eines Vergütungsanspruchs liegt also bei jener Person, die ihn behauptet. Das ist grundsätzlich der Gläubiger. Behauptet dieser jedoch ausnahmsweise keinen Vergütungsanspruch, weil ihm daraus ein Haftungsvorteil erwächst (Art. 99 Abs. 2 OR),[908] und beruft sich dagegen der Schuldner auf eine Vergütungsvereinbarung (weil für ihn gegebenenfalls der Haftungsvorteil des Gläubigers ungünstig ist), hat dieser die vereinbarte Entgeltlichkeit (also die eigene Schuld) zu beweisen.

394   4. Kann **kein** tatsächlicher **Konsens** zum Vergütungsanspruch bewiesen werden und liegt auch kein normativer Konsens vor, ist zu prüfen, ob ein **qualifiziertes Schweigen** («Vereinbarung» der Unentgeltlichkeit durch qualifiziertes Schweigen betreffend Vergütung) oder ob eine **Vertragslücke** vorliegt, die ergänzt werden kann und muss. Das allerdings ist eine Rechts- und keine Tatfrage, steht also ausserhalb der Beweislastthematik. Daher müssen an dieser Stelle wenige Überlegungen dazu genügen: Eine Vertragsergänzung ist nach einem Teil der Lehre auch dann möglich, wenn es sich bei der Vergütung um einen objektiv wesentlichen Vertragspunkt handelt.[909] Richtigerweise ist zunächst die Frage zu stellen, *ob überhaupt* ein objektiv wesentlicher Vertragspunkt vorliegt. Das ist nur dann der Fall, wenn es sich um Punkte handelt, die zwingend durch die Parteien selbst geregelt werden müssen, weil sie weder durch das Gesetz noch durch Gewohnheitsrecht noch durch gerichtliche Vertragsergänzung geregelt werden können. Ein Vertragspunkt ist nach GAUCH deswegen objektiv wesentlich, weil der Vertrag in diesem Punkt auch nicht durch das Gericht ergänzt werden kann.[910] Handelt es sich um einen gerichtlich ergänzungsfähigen Vertragspunkt, erfolgt die Ergänzung primär durch die Anwendung dispositiven Gesetzesrechts, sekundär, wenn nicht ausnahmsweise Gewohnheitsrecht vorliegt, durch eine vom Ge-

---

[907] KUMMER, BeKomm, Art. 8 ZGB N 147 ff.; implizit auch GAUCH, Werkvertrag, N 112; HEINRICH, 166.
[908] GAUCH, Werkvertrag, N 115, N 318 ff.
[909] KOLLER, BeKomm, Art. 363 OR N 75; STÖCKLI, Synallagma, N 188; ablehnend: GAUCH, Werkvertrag, N 111b; GAUCH/SCHLUEP/SCHMID, N 1274.
[910] GAUCH, Auslegung, 229. Somit kann die Frage des Mietzinses im einen Fall ein objektiv wesentlicher Vertragspunkt, weil nicht ergänzungsfähig, sein; im anderen Fall dagegen kein wesentlicher Vertragspunkt sein, da die Frage ergänzungsfähig ist. Ergänzungsfähig ist die Frage, wenn ein bestehender Mietvertrag um zehn Jahre verlängert wird, ohne den Mietzins zu vereinbaren: BGE 100 II 330 f.

richt geschaffene Regel (*modo legislatoris;* N 90, N 238).[911] Hierbei lässt sich das Gericht durch andere bestehende Gesetzesregeln inspirieren und wendet sie analog an, z.B. Art. 320 Abs. 2 oder Art. 394 Abs. 3 OR. Die Vertragsergänzung *modo legislatoris* und die Annahme einer stillschweigenden Vergütungsvereinbarung aufgrund einer tatsächlichen Vermutung, wonach die Herstellung eines Werks nach den Umständen nur gegen Vergütung zu erwarten war (N 392),[912] führen allerdings in vielen Fällen zum gleichen Ergebnis, weil die tatsächliche Vermutung eine Vertragslücke verhindert, so dass sich die Frage einer gerichtlichen Vertragsergänzung gar nicht erst stellt.

ccc. Qualifikation des Vertrags und Beweis der Entgeltlichkeit

Vom Beweis der Entgeltlichkeit hängt also unter Umständen die **Qualifikation eines Vertrags** ab: 395

1. Durch den **Werkvertrag** verpflichtet sich der Unternehmer zur Herstellung eines Werks und der Besteller zur Leistung einer Vergütung (Art. 363 OR). Mit der Behauptung, es liege ein Werkvertrag vor, kann mithin nicht die Entgeltlichkeit der Leistung bewiesen werden. Vielmehr gehört die Vereinbarung einer Vergütung zum Beweis des Vertragsinhalts, der gegebenenfalls zur Qualifikation eines Werkvertrags führt. Daher hat die Unternehmerin zu beweisen, dass eine Vergütung geschuldet ist, weil sie ausdrücklich oder stillschweigend vereinbart ist (tatsächlicher oder normativer Konsens; N 392).[913] Für eine stillschweigende Vereinbarung spricht unter Umständen die Verkehrsübung (N 392), die ihrerseits Gegenstand des Beweises sein kann (N 373). Wird «die Leistung von einem Unternehmer im Rahmen seines Gewerbebetriebes oder seiner Berufsausübung erbracht, wofür z.B. die Übernahme der SIA-Norm 118 sprechen kann», besteht eine tatsächliche Vermutung (N 282) für die Vereinbarung einer Vergütung.[914] Eine verwandtschaftliche oder freundschaftliche Beziehung unter den Vertragsparteien spricht bei gewerblicher oder berufsmässig erbrachter Werkleistung nicht gegen diese tatsächliche Vermutung.[915] Kann der Beweis einer Vergütungsvereinbarung nicht erbracht werden, liegt kein Werkvertrag, sondern ein Innominatkontrakt vor.[916] Art. 374 OR, wonach der Preis nach dem Wert der Arbeit festgesetzt wird, sofern er zum Voraus nicht oder nur ungefähr bestimmt worden ist, findet mithin nur Anwendung, wenn klar ist, dass eine Vergütung geschuldet ist und somit ein Werkvertrag vorliegt. 396

---

[911] GAUCH/SCHLUEP/SCHMID, N 1265.
[912] GAUCH, Werkvertrag, N 111b.
[913] GAUCH, Werkvertrag, N 112; BGE 127 III 519 (522), E. 2a; s. auch BGE 125 III 78 (79 f.), E. 3b.
[914] GAUCH, Werkvertrag, N 111c.
[915] GAUCH, Werkvertrag, N 111c.
[916] BGE 127 III 519 (523), E. 2b.

397 2. Ist die **Besorgung von Geschäften** vereinbart worden (Art. 394 Abs. 1 OR), was zum Beweis des Vertragsinhalts gehört, ist eine Vergütung geschuldet, wenn sie verabredet oder üblich ist (Art. 394 Abs. 3 OR). Nach der dispositiven Regel von Art. 394 Abs. 1 OR ist keine Vergütung geschuldet. Wer eine solche behauptet, hat eine entsprechende Vereinbarung zu beweisen (Art. 394 Abs. 3 OR). Eine Vergütung ist auch dann geschuldet, wenn sie üblich ist. Mit dem gesetzlichen Verweis auf die Übung erhält diese den Charakter von objektivem Recht, welches das Gericht von Amtes wegen anwendet (N 88). Die Partei, die sich darauf beruft, hat allerdings in ihrem eigenen Interesse bei der Feststellung der Übung mitzuwirken (N 89). Dabei hilft eine tatsächliche Vermutung, wonach insbesondere gewerbsmässig oder berufsmässig erbrachte Dienstleistungen in der Regel entgeltlich erbracht werden.[917] Das Vorliegen eines Näheverhältnisses (Familie oder Freundeskreis) kann gegen diese tatsächliche Vermutung sprechen. So erbringt in der Regel eine Anwältin eine rechtliche Beratung, die wenige Stunden Aufwand erfordert, für ihren Ehemann im Rahmen der ehelichen Beistandspflicht (Art. 159 ZGB), also ohne Vergütung. Kann weder die Vereinbarung noch die Übung einer Vergütung bewiesen werden, liegt mit Bezug auf den Vergütungsanspruch Beweislosigkeit vor und ist eine Vergütung nicht geschuldet.

398 3. Die eine Lohnforderung geltend machende Arbeitnehmerin hat den Bestand des **Arbeitsvertrags** sowie die Höhe der Lohnforderung zu beweisen.[918] Hierbei kann sie sich auf die gesetzliche Fiktion (N 286) eines Arbeitsverhältnisses berufen (Art. 320 Abs. 2 OR): Nimmt der Arbeitgeber Arbeit in seinem Dienst entgegen, die nur gegen Entgelt zu erwarten ist, liegt ein Arbeitsvertrag vor (Fiktion).[919] Hat die Arbeitnehmerin (auf diese Weise) ein Arbeitsverhältnis bewiesen, ergibt sich die Dauer des Ferienanspruchs aus Gesetz (Art. 329a Abs. 1 OR) oder gegebenenfalls aus einer günstigeren Parteivereinbarung. Stützt die Arbeitnehmerin ihren Ferienanspruch auf eine Parteivereinbarung, hat sie auch diese sowie gegebenenfalls den Umfang des Ferienanspruchs aufgrund der Dauer des Arbeitsverhältnisses zu beweisen.[920] Die Entgegnung des Arbeitgebers, dass er den Lohn bezahlt und den Ferienanspruch (Befreiung von der Arbeitsleistung bei gleichzeitiger Lohnzahlung) bereits gewährt, also seine Schulden bereits erfüllt habe, hat er zu beweisen.[921] Er hat also die Erfüllung der Forderung zu beweisen, nämlich dass und wie viele Ferientage er der Arbeitnehmerin bereits gewährt hat (N 491).[922]

---

[917] FELLMANN, BeKomm, Art. 394 OR N 380; WERRO, N 158.
[918] BGE 125 III 78 (79 f.), E. 3b = Pra 88 (1999) Nr. 91 S. 506 ff.; STAEHELIN, ZüKomm, Art. 322 OR N 42.
[919] Nach FELLMANN, BeKomm, Art. 394 OR N 129 ff., N 134, kann allerdings selbst bei längerfristiger Verpflichtung, die einen wesentlichen Teil der Arbeitskapazität der betroffenen Person auslastet, ein Auftrag vorliegen.
[920] BGer 4A_590/2016 vom 20. Juni 2016, E. 3.4.
[921] BGE 128 III 271 (274), E. 2a/bb.
[922] BGer 4A_590/2016 vom 20. Juni 2016, E. 3.4.

4. Behauptet eine Partei ein **Darlehen** und fordert sie gestützt darauf dessen Rückzahlung, während die Gegenpartei eine **Schenkung** behauptet und eine Schuld bestreitet, ist zu prüfen, was sie nach subjektiver oder objektivierter Auslegung ihrer Willenserklärungen vereinbart haben (N 234). Kann und muss die Gegenpartei den Erhalt eines bestimmten Geldbetrags nach guten Treuen, nach objektivierter Auslegung, als Schenkung verstehen und kann kein davon abweichender tatsächlicher (subjektiver) Wille (über ein Darlehen) bewiesen werden, ist von einer Schenkung auszugehen und besteht kein Anspruch auf (Rück-)Forderung.[923] Wer eine Rückforderung aus Darlehen behauptet, hat dieses zu beweisen: Die Tatsache, dass eine Schenkung nicht vermutet wird, führt umgekehrt nicht zu einer Vermutung eines Darlehens.[924] Massgebend ist die subjektive bzw. die objektivierte (normative) Auslegung des Vertrags (N 236 ff., N 369).

5. Fordert der Ehemann von seiner Ehefrau Aktien zurück, die er ihr übertragen hatte, und macht er als Rechtsgrund «**treuhänderische Verwaltung**» geltend, während sich die Ehefrau auf eine **Schenkung** beruft, ist der Rechtsgrund der Übertragung zu ermitteln.[925] Hierfür ist zu prüfen, was die Parteien nach subjektiver oder objektivierter Auslegung vereinbart haben (N 370). Behauptet die Ehefrau einen übereinstimmenden **wirklichen Willen** (gemäss subjektiver Auslegung) betreffend die Schenkung, trägt sie dafür die **Beweislast** (N 371). Eine Schenkung kann aber auch aufgrund eines normativen Konsenses (N 235, N 361) zustande kommen oder der normativen (objektivierten) Auslegung des Vertrags entsprechen (N 369),[926] was eine Rechtsfrage ist. Diesfalls hat die Ehefrau alle **Umstände** zu beweisen, die nach **normativer Auslegung** zur Annahme eines Schenkungsvertrags führen.

bb. Entstehung aus unerlaubter Handlung

1. Eine Forderung kann nicht nur durch Vertrag, sondern namentlich auch durch **unerlaubte Handlung** entstehen (N 387): Eine Schadenersatzforderung aus unerlaubter Handlung gemäss Art. 41 Abs. 1 OR setzt einen Schaden (N 352), ein schädigendes Verhalten, einen Kausalzusammenhang zwischen Schaden und schädigendem Verhalten, ein Verschulden sowie die Widerrechtlichkeit voraus. Wer eine Schadenersatzforderung geltend macht, trägt die Beweislast betreffend **Schaden, Verschulden**

---

[923] BGE 144 III 93 (99), E. 5.4, s. auch die in der amtlichen Sammlung nicht publizierte E. 5.3.3, in BGer 4A_635/2016 vom 22. Januar 2018.
[924] BGer 4A_639/2015 vom 28. Juli 2016, E. 5.1.
[925] BGer 5A_454/2015 vom 5. Februar 2016, E. 3.3. Das Bundesgericht weist die Angelegenheit zur Abklärung dieser Frage an die Vorinstanz zurück und äussert sich nicht zur Beweislast.
[926] BGE 144 III 93 (99), E. 5.4, s. auch die in der amtlichen Sammlung nicht publizierte E. 5.3.3, in BGer 4A_635/2016 vom 22. Januar 2018.

und Kausalzusammenhang (N 348) zwischen schädigender Handlung und Schaden (N 357).[927] Die Frage der Widerrechtlichkeit ist eine Rechtsfrage.

402 2. Vom Grundsatz der Beweislast für das **Verschulden** (N 348) gibt es **Ausnahmen**:

403 a. *Kausalhaftungen* setzen kein Verschulden voraus, weshalb ein solches nicht zu beweisen ist. Das gilt namentlich für die Billigkeitshaftung urteilsunfähiger Personen (Art. 54 OR), für die Geschäftsherrenhaftung (Art. 55 OR) oder die Werkeigentümerhaftung (Art. 58 OR). Eine Besonderheit gilt für die Haftung des Familienhaupts (Art. 333 ZGB) oder die Tierhalterhaftung (Art. 56 OR). In beiden Fällen ist ein sogenannter Exkulpationsbeweis möglich: Das Familienhaupt bzw. der Tierhalter kann sich mit dem Beweis der üblichen und nach den Umständen gebotenen Sorgfalt in der Beaufsichtigung (oder bei Tieren: in der Verwahrung) von der Haftung befreien. Die Beweislast für die genügende Sorgfalt (also für das Nichtverschulden) trägt das Familienhaupt bzw. der Tierhalter. Diese Beweislage ist vergleichbar mit jener bei Haftung aus Vertrag.[928] Der Tierhalter kann sich auch durch den Beweis entlasten, dass der Schaden auch bei Anwendung dieser Sorgfalt eingetreten wäre.[929]

404 b. Was die (kausale) *Produktehaftung* anbelangt, leitet das Bundesgericht aus Art. 8 ZGB – und im Einklang mit der vertrauensbasierten Beweislastverteilung – ab, dass die geschädigte Person den Mangel am Produkt zu beweisen hat. Dieser besteht darin, dass das Produkt nicht den durchschnittlich erwarteten Sicherheitsansprüchen genügt.[930] Kann sie beweisen, dass das – angeblich mangelhafte – Produkt bei der Herbeiführung des Schadens eine Rolle gespielt hat, besteht ein wichtiges Indiz für das Bestehen eines Produktemangels. Hierfür sind die Umstände des Schadensereignisses – mit dem Beweisgrad der überwiegenden Wahrscheinlichkeit – zu beweisen,[931] nicht aber nicht die Ursache des Mangels.[932] Der geschädigten Person hilft sodann die in Art. 5 Abs. 1 lit. b PrHG implizit enthaltene Vermutung, dass der Fehler, der den

---

[927] LARDELLI, BaKomm, Art. 8 ZGB N 45; BGE 98 II 34 (36 f.), E. 2. Für den Beweis der Schadenssumme genügt es nicht, eine Expertise zu beantragen, vielmehr muss der Schaden grundsätzlich ziffernmässig durch den Geschädigten nachgewiesen werden (Art. 42 Abs. 1 OR). Das setzt zunächst eine substantiierte Behauptung voraus, bevor eine Expertise als Beweis angeordnet wird: BGer 4A_125/2012 vom 16. Juli 2012, E. 4.4.1; s. auch BGE 132 III 715 (722), E. 3.2.2, mit Bezug auf die Prospekthaftung.

[928] Bei diesem Verständnis des Sorgfaltsbeweises handelt es sich (entgegen dem Bundesgericht: BGE 133 II 556 [556 f.], E. 4; 103 II 24 [26 f.], E. 3) nicht um eine eigentliche Kausalhaftung, sondern um eine Verschuldenshaftung mit Exkulpationsbeweis. Ein Teil der Lehre stellt daher sehr strenge Anforderungen an den Sorgfaltsbeweis und fordert *de lege ferenda* die Aufhebung der Exkulpationsmöglichkeit: FELLMANN/KOTTMANN, N 669 ff., m.w.H., N 873 ff.

[929] FELLMANN/KOTTMANN, N 885.

[930] BGE 133 III 81 (86 f.), E. 3.3., E. 4.1; FELLMANN/KOTTMANN, N 1174.

[931] BGE 133 III 81 (89), E. 4.2.3; kritisch dazu WALTER, Beweis und Beweislast, 65; bejahend: BÜHLER, Jusletter 2010, N 34; CHAPPUIS/WERRO, 17 f.; WERRO FRANZ, Le défaut du produit, ses catégories, sa preuve et les instructions du fabricant, SJZ 104 (2008), 257 ff., 259.

[932] Ausführlich FELLMANN/KOTTMANN, N 1175 ff.

Schaden verursacht hat, bei Inverkehrbringen des Produkts bereits vorhanden war, also der Herstellerin zuzurechnen und nicht erst später entstanden ist. Die Herstellerin kann aber den Gegenbeweis erbringen und beweisen, dass der Fehler noch nicht vorlag, als sie das Produkt in Verkehr brachte (Art. 5 Abs. 1 lit. b PrHG).[933]

c. Bei der *Geschäftsherrenhaftung* (Art. 55 OR) liegt der Haftungsgrund in der unsorgfältigen Auswahl, Instruktion, Überwachung, Ausrüstung der Arbeitnehmenden oder anderer Hilfspersonen oder der unsorgfältigen Organisation der Arbeit und des Unternehmens überhaupt.[934] Ist ein Schaden durch Hilfspersonen in Ausübung ihrer dienstlichen oder geschäftlichen Tätigkeit entstanden, so wird die Unsorgfalt der Geschäftsherrin vermutet, denn Art. 55 OR entbindet sie nur dann von der Haftung, wenn sie sich entlasten kann: Die Geschäftsherrin trägt die Beweislast für die von ihr aufgewendete Sorgfalt in den erwähnten Bereichen. Sie kann aber auch beweisen, dass die angeblich fehlende Sorgfalt für den Eintritt des Schadens gar nicht kausal war.[935] 405

3. Stellt das vertragswidrige Verhalten zugleich eine unerlaubte (widerrechtliche) Handlung, dar, so besteht zwischen vertraglicher und ausservertraglicher Schadenersatzforderung **Anspruchskonkurrenz.** Das heisst, die Gläubigerin kann zwischen den beiden Ansprüchen wählen,[936] was mit Blick auf die Beweislage von Bedeutung ist: Während bei der Haftung aus Vertrag das Verschulden vermutet wird und das Nichtverschulden zu beweisen ist (N 350), muss bei der Haftung aus unerlaubter Handlung gemäss Art. 41 Abs. 1 OR das Verschulden von der Ansprecherin bewiesen (N 348, N 401) werden. Anspruchskonkurrenz besteht auch zwischen der Produkte- und der Geschäftsherrenhaftung. Auch hier ist die Beweislage unterschiedlich (N 404 f.), was die geschädigte Person bei der Wahl ihrer Anspruchsgrundlage beachten wird. 406

cc. Entstehung aus Geschäftsführung ohne Auftrag

1. Bei der Geschäftsführung ohne Auftrag (GoA) **haftet der Geschäftsführer** für schuldhafte Herbeiführung eines Schadens (Art. 420 Abs. 1 OR). Der Geschäftsherr trägt die Beweislast für das Vorliegen einer Geschäftsführung ohne Auftrag, den widerrechtlichen Schaden sowie das Verschulden des Geschäftsführers. Mit diesen Elementen ist das Entstehen einer Schadenersatzforderung aus GoA bewiesen. 407

2. Was den Ersatz von **Aufwendungen,** die Befreiung von **Verbindlichkeiten** und die Herausgabe von **Vorteilen** anbelangt, gilt Folgendes: 408

---

[933] FELLMANN/KOTTMANN, N 1174.
[934] FELLMANN/KOTTMANN, N 787 ff.
[935] FELLMANN/KOTTMANN, N 804 ff.
[936] GAUCH/SCHLUEP/EMMENEGGER, N 2941.

409 a. Erfolgte die GoA im *Interesse des Geschäftsherrn,* hat der Geschäftsherr dem Geschäftsführer alle nützlichen und notwendigen Verwendungen zu ersetzen und ihn von den Verbindlichkeiten zu befreien (Art. 422 Abs. 1 OR). Da der *Geschäftsführer* eine Forderung erhebt, trägt er die Beweislast für deren Entstehung. Dazu gehört der Beweis der Geschäftsführung ohne Auftrag, der notwendigen und nützlichen Verwendungen sowie der übernommenen Verbindlichkeiten.

410 b. Erfolgte die GoA im *Interesse des Geschäftsführers,* so hat der Geschäftsherr dennoch Anspruch auf die Vorteile aus der Führung seiner Geschäfte (Art. 423 Abs. 1 OR). Da der *Geschäftsherr* eine Forderung erhebt, hat er die Geschäftsführung ohne Auftrag im Interesse des Geschäftsführers und den Bruttoerlös aus der Führung seiner Geschäfte zu beweisen. Damit ist die Entstehung der Forderung, aber regelmässig auch deren Umfang bewiesen. Zur Ersatzleistung an den Geschäftsführer und zu dessen Befreiung von Verbindlichkeiten ist der Geschäftsherr nur insoweit verpflichtet, als er bereichert ist (Art. 423 Abs. 2 OR). Die Verwendungen sind insofern zu ersetzen und die Befreiung von Verbindlichkeiten erfolgt insofern, als sie vom Bruttoerlös gedeckt sind. In diesem Umfang ist nämlich der Geschäftsherr bereichert (Art. 423 Abs. 2 OR). Den Verwendungsersatz sowie die Verbindlichkeiten (von denen Befreiung verlangt wird) hat der *Geschäftsführer* zu beweisen, da er damit den Umfang der Forderung nach Art. 423 Abs. 1 OR reduziert (N 443).[937]

dd. Entstehung aus ungerechtfertigter Bereicherung

411 1. Wer in ungerechtfertigter Weise aus dem Vermögen eines anderen bereichert worden ist, hat die Bereicherung zurückzuerstatten (Art. 62 Abs. 1 OR). Die **Voraussetzungen** für eine **Rückforderung** aus ungerechtfertigter Bereicherung sind mithin folgende:[938]

412 – eine Bereicherung (der Schuldnerin): Es handelt sich um eine Vergrösserung oder um eine Nichtverminderung des Vermögens.

413 – aus dem Vermögen einer anderen Person (des Gläubigers): Es hat eine Vermögensverschiebung stattgefunden (zur Entreicherung des Gläubigers s. N 457).

414 – in ungerechtfertigter Weise:[939] Ungerechtfertigt ist die Bereicherung, weil sie entweder auf einer rechtsgrundlosen Leistung des Entreicherten beruht (Leistung ohne gültigen Grund [*sine causa*], Leistung aus einem nicht verwirklichten Rechtsgrund [*causa non secuta*] oder aus einem nachträglich weggefallenen Grund

---

[937] BGE 134 III 306 (310), E. 4.1.3.
[938] GAUCH/SCHLUEP/SCHMID, N 1470 ff.; CHAPPUIS, CommR, Art. 62 OR N 2.
[939] Im Einzelnen GAUCH/SCHLUEP/SCHMID, N 1480 ff.; CHAPPUIS, CommR, Art. 62 OR N 17 ff. A.M. BGE 105 II 104 (106), E. 2, wo das Bundesgericht von der rückforderungsbeklagten Person den Beweis eines gültigen Rechtsgrundes verlangte.

[*causa finita*]), auf einem Eingriff der bereicherten Person (z.B. unberechtigte Nutzung fremder Sachen), auf einem Verhalten Dritter oder auf einem Naturereignis (Schulbeispiel: die Kühe grasen die Weide des Nachbarn ab[940]). Dementsprechend unterscheidet man zwischen der Leistungs-, der Eingriffs- und der Zufallskondiktion oder auch schlicht nur zwischen der Leistungs- und der Nichtleistungskondiktion.[941]

2. Nach der obenerwähnten Regel (N 387) hat die Entstehung der Forderung zu beweisen, wer eine solche geltend macht. Der **Beweis** einer **Forderung aus ungerechtfertigter Bereicherung** setzt mithin ein Dreifaches voraus: a. den Beweis der Bereicherung der Schuldnerin, b. in ungerechtfertigter Weise, c. aus dem Vermögen des Gläubigers.[942] Soweit man auch die Entreicherung auf der Seite des Gläubigers zu den Voraussetzungen der Rückforderung zählen will, hat der Gläubiger auch diese zu beweisen. Diese Frage ist in der Lehre umstritten.[943] Das Bundesgericht und die wohl herrschende Lehre verneinen sie.[944] Ein Verschulden der bereicherten Schuldnerin ist nicht vorausgesetzt.[945]

415

3. Was den Beweis des Tatbestandselements der **ungerechtfertigten Weise** anbelangt, ist zwischen der Leistungs- und der Eingriffskondiktion zu unterscheiden:

416

a. *Leistungskondiktion:* Beim Beweis des fehlenden gültigen Rechtsgrunds handelt es sich um den Beweis einer negativen Tatsache (N 303). Der *Gläubiger* hat hierfür allerdings nicht den Beweis zu erbringen, dass jeder erdenkliche Rechtsgrund ausser Betracht fällt. Vielmehr wird der Beweis des fehlenden Rechtsgrunds zweifach erleichtert: Erstens kann der Gläubiger positive Sachumstände geltend machen, die Zweifel am Fehlen des Rechtsgrunds wecken (z.B. bei Vorlegen des formgültigen Vertrags bei angeblich fehlender Einhaltung des Formerfordernisses). Zweitens unterliegt die Schuldnerin einer Mitwirkungspflicht: Sie hat die in Betracht fallenden Rechtsgründe

417

---

[940] GAUCH/SCHLUEP/SCHMID, N 1494.
[941] GAUCH/SCHLUEP/SCHMID, N 1498 f.; CHAPPUIS, CommR, Art. 62 OR N 2.
[942] BGE 106 II 29 (31), E. 2, bestätigt in BGE 132 III 432 (434), E. 2.1, sowie erneut bestätigt in BGE 135 III 513 (535), E. 9.5.3; GAUCH/SCHLUEP/SCHMID, N 1478b; KUMMER, BeKomm, Art. 8 ZGB N 241; WALTER, BeKomm, Art. 8 ZGB N 529 ff.
[943] Ausführlich zum Streit in der Lehre und zur Entwicklung der Rechtsprechung: BÜRGI-WYSS, 106 ff.; s. auch GAUCH/SCHLUEP/SCHMID, N 1564 ff.; SCHMID, N 1325 ff.; SCHMID, ZüKomm, Art. 423 N 180 ff.
[944] BGE 129 III 422 (425), E. 4; 129 III 646 (652), E. 4.2; s. schon BGE 119 II 437 (442 ff.), E. 3b/cc; GAUCH/SCHLUEP/SCHMID, N 1566; SCHLUEP, FS Piotet, 173, 179, 181; SCHMID, N 1328; SCHMID, ZüKomm, Art. 423 OR N 181; SCHULIN, BaKomm, Art. 62 OR N 23; SCHWENZER, N 55.08; HUWILER, 66 f., gestützt auf die historische Auslegung; differenziert: CHAPPUIS, CommR, Art. 62 OR N 15 f.
[945] GAUCH/SCHLUEP/SCHMID, N 1478a; BUCHER, OR AT, 662; BÜRGI-WYSS, 116 f.; SCHMID, ZüKomm, Art. 423 OR N 179; BGE 129 III 422 (425), E. 4; 129 III 646 (653), E. 4.4.

Art. 8 ZGB

zu behaupten und zu substantiieren.[946] Darüber hinaus kann sich der Gläubiger auf die Bestreitung der offensichtlichen (der «auf der Hand liegenden») Rechtsgründe beschränken.

418 b. *Eingriffskondiktion:* Der *Gläubiger* hat den rechtsgrundlosen bzw. den störenden Eingriff der Schuldnerin in seinen Vermögensbereich zu beweisen und nicht die Schuldnerin die Berechtigung ihres Tuns.[947] Nach dem Vertrauensgrundsatz ist nämlich eine Handlung gerechtfertigt, rechtmässig, zulässig. Zu beweisen ist also das Gegenteil: der störende, rechtswidrige, ungerechtfertigte Eingriff.

419 4. Eine **Rückforderung** aus einer allfälligen ungerechtfertigten Bereicherung ist nach Art. 66 OR **ausgeschlossen,** wenn der Gläubiger in der Absicht geleistet hat, einen rechtswidrigen oder unsittlichen Erfolg herbeizuführen.[948] Beruft sich die *Schuldnerin* darauf, dass die Rückforderung des Gläubigers ausgeschlossen ist, weil dieser mit seiner Leistung einen rechtswidrigen oder unsittlichen Erfolg beabsichtigte, trägt sie für diese Absicht die Beweislast und unterliegt, wenn sie den Beweis nicht erbringen kann.[949] Denn nach dem Vertrauensgrundsatz erfolgt eine Leistung grundsätzlich in sittlicher und rechtmässiger Absicht.

420 5. **Beispiel:** Zur ungerechtfertigten Bereicherung des Versicherten nach unzulässiger Barauszahlung durch die Vorsorgeeinrichtung s. N 455 ff.

ee. Entstehung aus Gesetz (Familien- und Erbrecht)

421 1. Im Familien- und im Erbrecht entstehen verschiedene Forderungen von Gesetzes wegen aufgrund eines familienrechtlichen Rechtsverhältnisses: der Ehe, des Kindesverhältnisses, der Scheidung. Zwar stellen auch Eheschliessung und Scheidung Rechtsgeschäfte dar. In Abgrenzung von den schuldrechtlichen Rechtsgeschäften handelt es sich hier aber um sogenannte Statusgeschäfte.[950] Aus dem **Status** entstehen von Gesetzes wegen familien- und erbrechtliche Forderungen. Dazu gehören die eherechtliche Unterhaltsforderung (Art. 163, Art. 175 ZGB), die Unterhaltsforderung der Kinder gegenüber ihren Eltern (Art. 276 f. ZGB), die nacheheliche Unterhaltsforderung (Art. 125 ZGB), unter Umständen eine Vorsorgeausgleichsforderung (Art. 122 ff. ZGB),[951] aber auch der gesetzliche erbrechtliche Anspruch (Art. 457 ff. ZGB).

---

[946] BGE 106 II 29 (31), E. 2; WALTER, BeKomm, Art. 8 ZGB N 532.
[947] So auch WALTER, BeKomm, Art. 8 ZGB N 536.
[948] Dazu BGE 124 III 253 (255), E. 2 und 3d.
[949] RÜEDI, BeKomm, Art. 66 OR N 593 f.
[950] GAUCH/SCHLUEP/SCHMID, N 239.
[951] Diese entstehen in der Regel nicht zwischen den Ehegatten, sondern zwischen ihren jeweiligen Vorsorgeeinrichtungen (Art. 122–124a ZGB), unter Umständen zwischen der Vorsorgeeinrichtung und dem berechtigten Ehegatten (Art. 124a ZGB), ausnahmsweise direkt zwischen den Ehegatten (Art. 124d und 124e ZGB).

2. Die gesetzlichen Voraussetzungen für die **Entstehung** der Forderung hat jene Person zu beweisen, die eine Leistung beansprucht, der (angebliche) **Gläubiger:** So setzt die Entstehung der nachehelichen Unterhaltsforderung – neben der Scheidung – voraus, dass es der leistungsansprechenden Person aufgrund ihrer fehlenden «Eigenversorgungskapazität» nicht zumutbar ist, selbst für den ihr gebührenden Unterhalt unter Einschluss einer angemessenen Altersvorsorge aufzukommen (Art. 125 ZGB; im Einzelnen dazu N 571).[952] Die Vorsorgeausgleichsforderung setzt den Beweis der beidseitigen Austrittsleistungen voraus, der durch die Bestätigungen der jeweiligen Vorsorgeeinrichtungen erbracht wird. Abgesehen davon, dass hier der Untersuchungsgrundsatz gilt (Art. 277 Abs. 3 ZPO), sind die Vorsorgeeinrichtungen zur Abgabe dieser Bestätigungen verpflichtet (Art. 24 Abs. 3 FZG), so dass kaum je Beweislosigkeit vorliegen sollte. Der gesetzliche erbrechtliche Anspruch setzt den Beweis des Todes (Art. 32 ff. ZGB; N 345 ff.) des Erblassers sowie den eigenen Verwandtschaftsgrad voraus. Wer eine lebzeitige Zuwendung behauptet, hat diese sowie ihren Umfang zu beweisen.

422

b. Umfang

aa. Im Allgemeinen

Der **Umfang einer Forderung** ist ebenfalls von der Gläubigerin zu beweisen. Der Umfang der Forderung ergibt sich aus dem Anspruch auf Leistung bzw. auf Vergütung. Nach der Gerichtspraxis hat die Gläubigerin z.B. nachzuweisen: die Höhe des Arbeitslohns,[953] des Kaufpreises[954] oder des Mietzinses,[955] den Wert einer Liegenschaft in einem bestimmten Zeitpunkt,[956] die Anzahl geleisteter Überstunden,[957] den Wert eines während des Transports gestohlenen Gemäldes,[958] die Kosten für die Sanierung einer Halle[959]. Der Umfang der Forderung ist grundsätzlich konkret nachzuweisen.[960] Kann die Höhe nicht **strikte nachgewiesen** werden und ist ein strikter Beweis nach der Natur der Sache auch nicht möglich oder jedenfalls nicht zumutbar

423

---

[952] BGE 140 III 485 (488), E. 3.3.
[953] BGE 125 III 78 (80), E. 3b = Pra 88 (1999) Nr. 91 S. 506 ff.
[954] Siehe auch Art. 73 SchKG, der dem Schuldner im Betreibungsverfahren erlaubt, vom Gläubiger die Beweismittel für seine Forderung während der Bestreitungsfrist zu verlangen. Dagegen hat der Käufer die Leistung der Kaufpreiszahlung nachzuweisen und nicht der Verkäufer den Nichterhalt der Zahlung bzw. die Kreditierung des Kaufpreises: BGer 4D_6/2015 vom 22. Mai 2015, E. 4.2.
[955] BGE 114 II 361 (362 f.), E. 3.
[956] BGE 116 II 225 (229 f.), E. 3b.
[957] BGer 4C.381/1996 vom 20. Januar 1997, E. 4, nicht publiziert in BGE 123 III 84.
[958] BGer 4A_154/2009 vom 8. September 2009, E. 4.1.
[959] BGer 4A_294/2009 und 4A_296/2009 vom 25. August 2009, E. 4.
[960] BGE 134 III 306 (311), E. 4.1.5.

und hat gleichzeitig die beweisbelastete Partei die prozessualen Obliegenheiten hinsichtlich Behauptung und Beweis[961] erfüllt, so rechtfertigt sich in analoger Anwendung von Art. 42 Abs. 2 OR (N 308, N 353) eine Herabsetzung des Beweismasses auf die **überwiegende Wahrscheinlichkeit**.[962] Diese Bestimmung befreit die Gläubigerin aber nicht davon, die für die Schätzung wesentlichen Elemente und Indizien vorzulegen. So genügt etwa die Bezifferung eines Schadens ohne präzise Angaben diesen Erfordernissen nicht.[963] Der Hinweis darauf, das Gemälde «Le Pélerin de l'absolu» des belgischen Malers Marc Eemans sei an einer Ausstellung im Jahr 1999 zu einem Wert von CHF 375 000 zum Verkauf angeboten worden, begründet keine Schadenersatzforderung für das (später) gestohlene Bild, wenn feststeht, dass kein Käufer zu diesem Preis gefunden werden konnte. Damit blieb der Umfang der Schadenersatzforderung unbewiesen.[964]

424 Die ermessensweise Schätzung erfordert Hypothesen, prospektives Ermessen im Sinn von Art. 4 ZGB. Daher handelt es sich um eine Rechtsfrage und nicht um eine Tatfrage; sie unterliegt – unter Berücksichtigung des Ermessensspielraums – der rechtlichen Überprüfung (N 49).[965]

bb. Dispositive Regeln zur Bestimmung des Umfangs

aaa. Im Allgemeinen

425 Mitunter stellt das Gesetz dispositive Regeln zur Bemessung der Forderungshöhe auf. So verhält es sich etwa mit Bezug auf die vom Besteller geschuldete Vergütung des Werkunternehmers (Art. 374 OR) oder für die Höhe des Zinses einer Zinsschuld (Art. 73 Abs. 1, Art. 314 Abs. 1 OR).

---

[961] BGE 122 III 219 (221 f.), E. 3a, m.w.H.
[962] Zum Ganzen Pasquier, N 150 ff.
[963] BGer 4A_154/2009 vom 8. September 2009, E. 4.1. In BGer 4A_294/2009 und 4A_296/2009 vom 25. August 2009, E. 5.3, stellt das Bundesgericht fest, mit den angemessenen Beweismitteln (Belege oder Zeugen) hätte der Schaden klar bewiesen werden können.
[964] BGer 4A_154/2009 vom 8. September 2009, E. 4.1 und 5. Das Bundesgericht hielt es nicht für willkürlich, dass auch nicht der beim Transport angegebene Preis von CHF 50 000 als Beweis für den Wert angesehen wurde; kritisch Chappuis/Werro, 32.
[965] Ebenso BGE 133 III 201 (211), E. 5.4; Walter, BeKomm, Art. 8 ZGB N 94, N 525; Walter Hans Peter, Zur Rechtsnatur des Ermessensbegriffs in Art. 42 Abs. 2 OR, in: Fuhrer Stephan (Hrsg.), Festschrift Schweizerische Gesellschaft für Haftpflicht- und Versicherungsrecht (SGHVR), Zürich 2010, 677 ff., 680; 684 ff. Berger-Steiner, N 03.82; Bühler, Jusletter 2010, N 26 f.; Fellmann/Kottmann, N 1481, aber a.M. N 1459; differenziert: Dürr, ZüKomm, Art. 4 ZGB N 56; a.M. BGE 128 III 271 (277), E. 2b/aa; BGer 4A_586/2017 vom 16. April 2018, E. 2.2.1, welcher die Schätzung der Feststellung des Sachverhaltes und damit dem Tatbestandsermessen zurechnet; ebenso: BGE 143 III 297 (323), E. 8.2.5.2; Werro, CommR, Art. 42 OR N 24; Pasquier, N 204 ff.

4. Teil: Vertrauensbasierte Beweislastverteilung: Anwendung auf typische Beweislastfragen

1. Im Vertragsrecht, auf das ich mich nachfolgend konzentriere, dient das dispositive Gesetzesrecht der vertraglichen Lückenfüllung[966], was zugleich bedeutet, dass eine dispositive Bestimmung nur insoweit zur Anwendung kommt, als die Vertragsparteien es unterlassen haben, die vom dispositiven Gesetzesrecht geregelte(n) Rechtsfrage(n) durch tatsächliche oder normative Vereinbarung (gültig) zu regeln.[967] Wer sich auf dispositives Recht beruft, hat indes nicht zu beweisen, dass die angerufene Gesetzesbestimmung im konkreten Fall zur Anwendung kommt, es also an einer einschlägigen Parteivereinbarung fehlt. Vielmehr trägt die Beweislast, wer sich darauf beruft, dass eine **vertragliche Vereinbarung** getroffen wurde, welche die vom dispositiven Recht erfasste Frage regelt, so dass sie **das dispositive Gesetzesrecht verdrängt** (N 306, N 380, N 438, N 476).[968] Zu beweisen ist das Vorliegen einer tatsächlichen oder normativen Vereinbarung, was nach richtiger Auffassung bedeutet, dass die tatsächliche Vereinbarung oder (mangels Beweises einer solchen) alle Umstände zu beweisen sind, die zur Annahme einer normativen Vereinbarung führen (N 366).

426

2. Von praktischer Bedeutung ist die beschriebene Beweislastverteilung namentlich für Vereinbarungen, die inhaltlich vom dispositiven Gesetzesrecht abweichen. So entspricht es denn auch allgemeiner Auffassung, dass jene Partei die Beweislast trägt, die sich im konkreten Fall auf eine **vom dispositiven Gesetzesrecht abweichende Vereinbarung** beruft (N 306, N 380). Der zu erbringende Beweis beschlägt die Tatsache der Vereinbarung sowie deren Inhalt. Die Beweislast kann einmal diese, einmal jene Partei treffen, je nach Interessenlage (N 429, 433). Diese Verteilung der Beweislast steht mit der Prämisse im Einklang, wonach das Gesetz mit den dispositiven Regeln einen subsidiären Regelungsinhalt für Verträge zur Verfügung stellt.

427

Das Gesagte ist anhand von drei Beispielen zu erläutern: am Beispiel des Kaufpreises (bbb.), des Darlehenszinses (ccc.) und der Vergütung im Werkvertrag (ddd.)

428

bbb. Kaufpreis

1. Ein Kaufvertrag kommt durch die Einigung zwischen Verkäuferin und Käufer über den Austausch einer Sache gegen Entgelt zustande (Art. 184 Abs. 1 OR). Der Kaufpreis muss vertraglich bestimmt oder nach den Umständen bestimmbar sein (Art. 184 Abs. 3 OR). Liegt keine bestimmte oder bestimmbare Preisvereinbarung vor, enthält der Vertrag eine Lücke, die im Sonderfall von Art. 212 Abs. 1 OR durch dispositives Gesetzesrecht gefüllt wird. «Hat der Käufer fest bestellt, ohne den Preis zu nennen, so wird» nach dieser Bestimmung «vermutet, es sei der mittlere Marktpreis gemeint, der

429

---

[966] Keine Lücke weist der Vertrag auf, wenn die zu regelnde Frage durch zwingendes Gesetzesrecht geregelt ist: Jäggi/Gauch/Hartmann, ZüKomm, Art. 18 OR N 547.
[967] Jäggi/Gauch/Hartmann, ZüKomm, Art. 18 OR N 540, N 565 ff.; Gauch/Schluep/Schmid, N 629; Heinrich, 148 ff., 151.
[968] So auch Kummer, BeKomm, Art. 8 ZGB N 255, N 343.

zur Zeit und am Orte der Erfüllung gilt». Entgegen der Diktion des Art. 212 Abs. 1 OR handelt es bei der besagten «Vermutung» jedoch nicht um eine gesetzliche Vermutung, sondern um eine **dispositive Gesetzesregel** in der Formulierung einer Vermutung (s. aber N 430). Dispositiv gilt, dass der Käufer bei einer festen Bestellung ohne Nennung des Preises den mittleren Marktpreis zur Zeit und am Ort der Erfüllung schuldet. Nach der Auffassung des Gesetzgebers, die der Regel zugrunde liegt, entspricht dies offenbar dem hypothetischen Parteiwillen.[969] Für die Anwendung der Regel vorausgesetzt ist, dass der abgeschlossene Kaufvertrag keine (allenfalls stillschweigend) vereinbarte Abrede enthält, die den geschuldeten Kaufpreis bestimmt.[970] Wer sich von den Vertragsparteien auf eine solche **Abrede** beruft, trägt dafür die **Beweislast**.[971]

430 2. Würde man die Bestimmung dennoch als **Vermutung** auffassen, würde sich mit Bezug auf die Beweislast nichts ändern, denn auch die Vermutung weicht dem ergänzenden Vertragsrecht: Wer die Anwendung der Vermutung verhindern wollte, hätte daher eine Nennung des Preises durch den Käufer oder eine vertragliche Abrede zu beweisen, welche die Frage regelt. Darauf hat schon JÄGGI hingewiesen: Zwischen den Vermutungen eines bestimmten Erklärungsinhalts und dem ergänzenden dispositiven Vertragsrecht besteht kein sachlicher Unterschied, denn beide weichen dem **Nachweis einer vertraglichen Abrede**.[972]

431 3. Wird die Bestimmung schliesslich als **Auslegungsregel** verstanden,[973] verhält es sich wie folgt: In diesem Fall wäre eine feste Bestellung ohne Nennung des Preises als Erklärung so auszulegen, dass gemäss hypothetischem Parteiwillen der mittlere Marktpreis gemeint ist. Auch hier schliesst der **Nachweis einer vertraglichen Abrede** die Anwendung dieser Auslegungsregel aus.

ccc. Darlehenszins

432 1. Das Gesetz befasst sich im Vertragstypenrecht auch mit der Höhe des vom Darlehensnehmer geschuldeten Darlehenszinses. Nach dem einschlägigen Art. 314 Abs. 1 OR bestimmt sich der Darlehenszins primär nach **Vertrag**. «Wenn der Vertrag die Höhe des Zinsfusses nicht bestimmt, so ist» nach Art. 314 Abs. 1 OR «derjenige Zinsfuss zu vermuten, der zur Zeit und am Ort des Darlehensempfanges für die betreffende

---

[969] KOLLER, BaKomm, Art. 212 OR N 2.
[970] BGer 4A_229/2009 vom 25. August 2009, E. 4.1; HRUBESCH-MILLAUER, HandKomm, Art. 212 OR N 3.
[971] Nach KOLLER, BaKomm, Art. 212 OR N 2, findet Art. 212 Abs. 1 OR auch dann keine Anwendung, wenn die Parteien eine vertragliche Preisabrede vorbehalten haben, die Abrede aber mangels Einigung über den Preis nicht zustande gekommen ist. In diesem Fall hat der Käufer einen Preis genannt und ist die Voraussetzung «ohne Nennung eines Preises» nicht erfüllt. Unerheblich ist, dass keine Einigung über den Preis möglich war.
[972] JÄGGI, ZüKomm, Art. 1 OR N 275, 278.
[973] JÄGGI/GAUCH/HARTMANN, N 487 ff.

Art von Darlehen üblich war.»⁹⁷⁴ Auch bei dieser Vermutung, die auf den **üblichen Zins**⁹⁷⁵ abstellt, handelt es sich in Wirklichkeit um eine dispositive Gesetzesbestimmung (N 429), die gegebenenfalls einer vertraglichen Vereinbarung weicht. Wer von den Vertragsparteien eine solche Vereinbarung (insbesondere die Vereinbarung eines höheren oder eines tieferen Zinsfusses als üblich) behauptet, trägt hierfür die Beweislast. Insofern ergeben sich keine besonderen Schwierigkeiten.

2. Schwieriger wird die Rechtslage dann, wenn es im konkreten Fall nicht nur an einer einschlägigen Vereinbarung, sondern auch an einer einschlägigen Übung fehlt, weil es am Ort des Darlehensempfangs keinen üblichen Zinsfuss für die betreffende Art von Darlehen gibt. In einem solchen Fall ist auf den allgemeinen Art. 73 Abs. 1 OR zurückzugreifen und anstelle des üblichen Zinsfusses, an dem es fehlt, die **dispositive 5%-Regel** dieser Bestimmung anzuwenden.⁹⁷⁶ Wer von den Vertragsparteien eine Vereinbarung behauptet, welche die Anwendung der 5%-Regel ausschliesst, hat die **Vereinbarung zu beweisen**. 433

Die soeben aufgestellte These (N 433), bei Fehlen sowohl einer einschlägigen Vereinbarung als auch einer einschlägigen Übung betrage der Zinsfuss 5%, ist wie folgt begründet: 1. Art. 314 Abs. 1 OR ist die besondere Regel im Vertragstypenrecht. Sie geht der allgemeinen Regel von Art. 73 Abs. 1 OR vor.⁹⁷⁷ 2. Soweit – bei Fehlen von vertraglicher Vereinbarung oder einschlägiger Übung – Art. 73 OR Anwendung findet, gilt Folgendes: Ist die Höhe der Zinsen «weder durch Vertrag noch Gesetz oder Übung bestimmt, so sind Zinse zu fünf vom Hundert für das Jahr zu bezahlen.»⁹⁷⁸ Es gilt somit die Stufenordnung: Vertrag – Gesetz – Übung – dispositive Regel von 5%.⁹⁷⁹ Auf den Fall der Darlehenszinse angewendet, für die weder eine vertragliche Vereinbarung noch eine einschlägige Übung besteht, bedeutet dies Folgendes: Der Vertrag enthält keine Regelung. Die einschlägige gesetzliche Bestimmung ist Art. 314 Abs. 1 OR. Auch sie enthält keine Zinsangabe. Fehlt es sodann an einer Übung i.S. von Art. 314 Abs. 1 434

---

⁹⁷⁴ HIGI, ZüKomm, Art. 314 OR N 28 ff.; OSER/SCHÖNENBERGER, ZüKomm, Art. 314 OR N 3.
⁹⁷⁵ Der übliche Zinsfuss ist der für die Art des Darlehens (z.B. Höhe der Darlehenssumme, Zweck, Sicherheiten, Dauer), für die Zeit des Darlehensempfangs und den Ort des Darlehensempfangs übliche Zinsfuss: HIGI, ZüKomm, Art. 314 OR N 32 ff.; OSER/SCHÖNENBERGER, ZüKomm, Art. 314 OR N 3.
⁹⁷⁶ SCHRANER, ZüKomm, Art. 73 OR N 87; WEBER, BeKomm, Art. 73 OR N 117; GAUCH/SCHLUEP/EMMENEGGER, N 2359.
⁹⁷⁷ JÄGGI/GAUCH/HARTMANN, ZüKomm, Art. 18 OR N 574; GAUCH/SCHLUEP/SCHMID, N 1251 ff.; GAUCH/SCHLUEP/EMMENEGGER, N 2197 ff.
⁹⁷⁸ SCHRANER, ZüKomm, Art. 73 OR N 87; WEBER, BeKomm, Art. 73 OR N 117; GAUCH/SCHLUEP/EMMENEGGER, N 2359.
⁹⁷⁹ A.M. SCHRANER, ZüKomm, Art. 73 OR N 90; WEBER, BeKomm, Art. 73 OR N 120; OSER/SCHÖNENBERGER, ZüKomm, Art. 314 OR N 3: Sie setzen die Übung auf die zweite Stufe und den gesetzlichen Zinsfuss auf die dritte Stufe. Nach richtiger Lesart von Art. 73 OR kommt aber der gesetzliche Zinssatz von 5% erst dann zum Zug, wenn kein anderer Zinssatz durch Gesetz oder Übung bestimmt ist.

OR, fehlt es regelmässig auch an einer Übung i.S. von Art. 73 Abs. 1 OR. Daher findet schliesslich die dispositive Regel des Zinssatzes von 5% Anwendung.

435   3. **Zusammenfassend** ergibt sich: Wer von den Vertragsparteien behauptet, die Anwendung der 5%-Regel werde durch eine einschlägige **Übung** ausgeschlossen, hat diese zwar nicht zu beweisen, da sie durch den gesetzlichen Verweis zu mittelbarem Gesetzesrecht geworden ist und von Amtes wegen angewendet wird (N 89).[980] Dennoch besteht gegebenenfalls eine Mitwirkungspflicht zu ihrer Feststellung, wenn sich eine Partei auf die Übung beruft (N 90). Wer von den Vertragsparteien eine **Vereinbarung** behauptet, welche die Anwendung der 5%-Regel ausschliesst, hat sie zu beweisen. Das bedeutet, dass der Darleiher, der einen höheren Zinssatz als 5% behauptet, die entsprechende vertragliche Vereinbarung zu beweisen hat. Der Borger, der einen tieferen Zinssatz als 5% behauptet, hat seinerseits die entsprechende vertragliche Vereinbarung zu beweisen.

436   4. Das **Bundesgericht** hat sich mit der Beweislast betreffend den Darlehenszins in zwei publizierten Urteilen befasst:

437   a. In BGE 126 III 189[981] hat es die Beweislast für den Umfang der Zinsschuld zu Recht dem Darleiher überbunden: Vereinbart war der Zinssatz von Hypotheken im zweiten Rang, der während der Dauer der Darlehensverträge galt. Zwar konnte der Darleiher den genauen Zinssatz nicht beweisen. Fest stand aber, dass der vereinbarte Zinssatz für Hypotheken im zweiten Rang im fraglichen Zeitraum zwischen 6% und 8.5%, also über dem dispositiven Zinssatz von 5% lag. Streitig war also ausschliesslich, ob vertraglich ein höherer Zinssatz als der gesetzliche Zinssatz von 5% vereinbart wurde.[982] Für das Vorliegen einer solchen Vereinbarung trägt der **Darleiher** die Beweislast, da er sich auf die **vertragliche Abweichung** vom gesetzlichen Zinssatzes von 5% beruft. Die Beweislosigkeit richtet sich daher gegen den Darleiher. Kann er die vertragliche Vereinbarung nicht beweisen und besteht auch keine einschlägige Übung (die das Gericht von Amtes wegen anwenden muss; N 89), gilt der gesetzliche Zinssatz von 5%.[983]

438   b. Im Unterschied dazu berief sich in BGE 134 III 224 nicht der Darleiher darauf, dass ein Zinssatz vereinbart war, der höher als der dispositive Zinssatz von 5% war. Vielmehr berief sich der Borger auf eine vertragliche Vereinbarung über einen tieferen Zinssatz. Beruft sich der **Borger** auf eine **vertragliche Abweichung** vom gesetzlichen Zinssatzes von 5%, trägt er die Beweislast für die entsprechende vertragliche Vereinbarung. Gelingt ihm der Beweis der vertraglichen Abweichung von 5% nicht, ist dieser dispositive Zinssatz anwendbar. Anders entschied das Bundesgericht: Es hielt fest, die

---

[980] JÄGGI/GAUCH, ZüKomm, Art. 18 OR N 522; JÄGGI/GAUCH/HARTMANN, ZüKomm, Art. 18 OR N 593; MARTI, ZüKomm, Art. 5 ZGB N 217.
[981] Dazu KOFMEL EHRENZELLER, ZBJV 2001, 820 f.
[982] Auf diesen Unterschied verweist das Bundesgericht in BGE 134 III 224 (234), E. 7.2, selbst.
[983] So auch BGE 121 III 176 (182), E. 5.

dispositiven Regeln in Art. 314 Abs. 1 und 73 Abs. 1 OR blieben ausgeschlossen, wenn der vertraglich vereinbarte Darlehenszins bzw. der für seine Berechnung massgebende Faktor nicht bewiesen werden könne. Denn die Parteien hätten ja eben gerade eine von der dispositiven Regel abweichende Vereinbarung getroffen, deren Elemente zu beweisen seien. Könne der vertraglich vereinbarte Zinssatz (der für sechsmonatige Anlagen in ECU [heute Euro] geltende Liborzinssatz) nicht ermittelt werden,[984] weil die Berechnungsfaktoren nicht bewiesen seien, bleibe der Inhalt der Vereinbarung unbewiesen. Bleibe der Umfang der Zinsforderung unbewiesen, liege diesbezüglich Beweislosigkeit vor, weshalb überhaupt kein Zins geschuldet sei.[985] Das Bundesgericht hielt die dispositive Regel auch deswegen nicht für anwendbar, weil nicht klar war, ob der vertraglich vereinbarte Zinssatz den dispositiven Zinssatz von 5% überhaupt erreichte. Bei Anwendung der dispositiven Regel hätte daher die Beweislosigkeit des Zinssatzes dem (gemäss Bundesgericht) beweisbelasteten Darleiher sogar Vorteile gebracht.

Bei richtiger Betrachtungsweise hätte das Bundesgericht auch in diesem Fall die Beweislast jener Partei auferlegen müssen, die sich auf die vertragliche Abweichung von der dispositiven Regel beruft. Das war hier der Borger und nicht der Darleiher. Die Beweislosigkeit musste sich daher zulasten des Ersteren auswirken, weshalb er sich den subsidiären gesetzlichen Zinssatz von 5% hätte gefallen lassen müssen.

ddd. Vergütung im Werkvertrag

«Ist der Preis [für das vom Unternehmer geschuldete Werk] zum voraus entweder überhaupt nicht oder nur ungefähr bestimmt worden, so wird er» nach Art. 374 OR «nach Massgabe des Wertes der Arbeit und der Aufwendungen des Unternehmers festgesetzt». Das bedeutet: Nach der dispositiven Regel, die Art. 374 OR enthält, bestimmt sich die von der Bestellerin geschuldete Vergütung nach dem Aufwand des Unternehmers.[986] Wer eine **Vereinbarung** (insbesondere eine Festpreisabrede) behauptet, welche diese **Dispositivregel verdrängt**, trägt hiefür die **Beweislast**.[987]

Das gilt insbesondere für den Fall, dass der **Unternehmer** eine im Verhältnis zum Aufwand **höhere** (Festpreis-)Vereinbarung oder die **Bestellerin** eine im Verhältnis zum Aufwand **tiefere** (Festpreis-)Vereinbarung behauptet. Die Beweislast für die Höhe der Forderung durch den Unternehmer wird also durch die dispositive Regel in Art. 374 OR insofern erleichtert, als immer dann die Vergütung nach Aufwand gilt, wenn keine

---

[984] Der Liborzins hätte – bei einem eingeschränkten Personenkreis – u.U. auch als offenkundige Tatsache angenommen werden können; s. auch KAUFMANN, Beweisführung, 14.
[985] BGE 134 III 224 (234), E. 7.2.
[986] GAUCH, Werkvertrag, N 1014; ZINDEL/PULVER/SCHOTT, BaKomm, Art. 373 OR N 37; a.M. KUMMER, BeKomm, Art. 8 ZGB N 250.
[987] GAUCH, Werkvertrag, N 1014.

abweichende Vereinbarung bewiesen ist (dazu N 382 ff.). Wer dem Unternehmer die Beweislast für die abweichende Vereinbarung auch dann überbinden will, wenn diese (gemäss Behauptung der Bestellerin) eine tiefere Vergütung enthalten soll, missachtet den Grundsatz, wonach dispositives Recht in der Regel enthält, was vernünftige, redliche Parteien vereinbaren würden, und daher die Abweichung zu beweisen hat, wer sich auf eine entsprechende Vereinbarung beruft. Ferner würde dem Unternehmer damit ein negativer Beweis (fehlende Festpreisabrede) obliegen. Schliesslich wäre es für die Bestellerin ein Leichtes, eine tiefere Festpreisabrede zu behaupten und damit die Beweislast auf den Unternehmer abzuwälzen.[988] Zum Circa-Preis und zum ungefähren Kostenansatz s. N 383 f.

cc. Vereinbarte Berechnungsfaktoren

442 Bestimmt sich die Höhe der Forderung nach dem Wert der Arbeit sowie nach den Aufwendungen (Art. 374 OR), so hat der Gläubiger diese Elemente sowie deren **Berechnungsfaktoren** nachzuweisen.[989] Zum Beweis des Arbeitsumfangs sowie der Aufwendungen dienen dem Gläubiger im Bausektor namentlich die sogenannten Regierapporte, welche die Arbeitsstunden der Handwerker, die Einsatzstunden der Maschinen sowie das verwendete Material aufzählen. Werden diese Regierapporte von der Bestellerin ohne Vorbehalte unterschrieben, so spricht eine tatsächliche Vermutung (N 282) für ihre Richtigkeit.[990] Ist streitig, ob der vom Gläubiger (Unternehmer) geltend gemachte Aufwand sowie die Ausgaben notwendig waren, liegt die **Beweislast** für deren **Unnötigkeit beim Schuldner** (Besteller).[991] Denn nach Vertrauenskriterien ist bewiesener Aufwand grundsätzlich auch notwendiger Aufwand.[992]

dd. Herabsetzung des Forderungsumfangs

443 Wer die **Herabsetzung der Forderung** geltend macht, also behauptet, die Forderung sei aufgrund bestimmter Umstände herabzusetzen oder gar zu verweigern, hat die entsprechenden Voraussetzungen zu beweisen.[993] Das gilt namentlich für die Herabsetzung der Schadenersatzforderung aufgrund des Verschuldens der haftpflichtigen

---

[988] Zu diesen Argumenten GAUCH, Werkvertrag, N 1016, m.w.H.
[989] Zum Ganzen GAUCH, Werkvertrag, N 1014, N 1019, N 1024 f.
[990] GAUCH, Werkvertrag, N 1020, N 1028; ZINDEL/PULVER/SCHOTT, BaKomm, Art. 374 OR N 18.
[991] GAUCH, Werkvertrag, N 1022, überbindet die Beweislast dem Unternehmer, hilft diesem aber mit einer tatsächlichen Vermutung der Erforderlichkeit des im unterschriebenen Regierapport ausgewiesenen Aufwandes. Der Besteller kann mit dem Gegenbeweis die Vermutung der Erforderlichkeit entkräften.
[992] A.M. GAUCH, Werkvertrag, N 1021, wonach der Unternehmer die (anspruchsbegründende) Tatsache zu beweisen habe, dass sein Aufwand nötig war, um das Werk vertragsgemäss auszuführen.
[993] BGer 4A_333/2016 vom 18. August 2016, E. 3.3 (Kürzung wegen schuldhafter Herbeiführung des versicherten Ereignisses); BGE 143 III 1 (2), E. 4.1; BGer 4A_268/2016 vom 14. Dezember 2016, E. 4.1 (Reduktion der Konventionalstrafe); 4A_552/2015 vom 25. Juni 2016, E. 3.5 (Re-

Person (Art. 43 Abs. 1 OR) oder wegen der besonderen Natur des Geschäfts (Art. 99 Abs. 2 OR), die Kürzung oder Verweigerung der Forderung wegen schuldhafter Herbeiführung des Schadens (Art. 44 OR) oder des Versicherungsfalls (Art. 14 VVG) durch die geschädigte Person, die Herabsetzung einer Konventionalstrafe (Art. 163 Abs. 3 OR) oder aber weil bei einer Geschäftsführung ohne Auftrag der Geschäftsführer gehandelt hat, um einen dem Geschäftsherrn drohenden Schaden abzuwenden (Art. 420 Abs. 2 OR). Die Voraussetzungen für die Haftungsreduktion hat die haftpflichtige Person zu beweisen: Der Geschäftsführer hat folglich zu beweisen, dass dem Geschäftsherrn ein Schaden drohte, den er abwendete oder abwenden wollte.[994] Die haftpflichtige Person hat gegebenenfalls das Verschulden der geschädigten Person zu beweisen.

Zum Umfang der Forderung im Familienrecht s. N 567 ff. 444

6. Leistungsstörung

Erfüllung bedeutet **gehörige Leistung,** also zeitlich, örtlich, persönlich, inhaltlich 445 (auch umfangmässig) richtige und mängelfreie Leistung.[995] Für das Beweisthema kommt es darauf an, ob die Leistung durch die Schuldnerin bereits erbracht worden ist oder nicht, ob sie verspätet oder gar unmöglich geworden ist. Die Tatbestände und Folgen der Nichterfüllung sind in Art. 97 ff. OR geregelt. Nichterfüllung[996] liegt vor, wenn die Erfüllung «nicht oder nicht gehörig bewirkt werden» *kann,* also bei nachträglicher Unmöglichkeit. Nicht oder nicht richtige Erfüllung liegt aber auch dann vor, wenn die Leistung erbracht werden kann (keine Unmöglichkeit) und auch (rechtzeitig) erbracht wird, aber nicht gehörig: Dazu gehören die Schlechterfüllung (N 449 ff.), die Verletzung von Nebenpflichten (N 472), der antizipierte Vertragsbruch (N 473) oder die Verletzung einer Unterlassungspflicht (N 474). Diese Tatbestände werden unter dem Stichwort der positiven Vertragsverletzung zusammengefasst.[997] Schliesslich ist auch der Verzug des Schuldners, also dessen Spätleistung, eine (vorübergehende) Nichterfüllung. Mit Bezug auf die Beweislast ist zwischen der Nichterfüllung wegen Leistungsunmöglichkeit (a.), der Nichterfüllung durch Schlechtleistung (b.), den anderen Fällen positiver Vertragsverletzung (c.) und der Spätleistung (d.) zu unterscheiden:

---

duktion des Schadenspostens «Anwaltskosten» wegen Möglichkeit des Vorsteuerabzugs aufgrund der bezahlten Mehrwertsteuer).
[994] SCHMID, ZüKomm, Art. 420 OR N 34; HÉRITIER LACHAT, CommR, Art. 420 OR N 8.
[995] GAUCH/SCHLUEP/EMMENEGGER, N 2001.
[996] WEBER, BeKomm, Vorbem. zu Art. 97–109 OR N 11 f.
[997] GAUCH/SCHLUEP/EMMENEGGER, N 2616, N 2619.

Art. 8 ZGB

a. Leistungsunmöglichkeit

446 Gemäss dem Grundsatz des Vertrauensschutzes ist eine Leistung grundsätzlich möglich. Zu beweisen ist die Unmöglichkeit, nicht die Möglichkeit. Die **Unmöglichkeit** hat demnach[998] zu beweisen, wer sich darauf beruft:[999] Auf die Nichterfüllung wegen Unmöglichkeit berufen sich, **je nach Interessenlage**, Gläubiger oder Schuldnerin. Massgeblich ist, wer von beiden (noch) ein Interesse an der Leistung des primär Versprochenen hat:

447 1. Der **Gläubiger** beruft sich auf die Nichterfüllung wegen Unmöglichkeit der Erfüllung, wenn er ohne Umweg über die Verzugsregeln (Art. 102, Art. 107 und Art. 109 OR) sogleich Schadenersatz nach Art. 97 OR fordert[1000] oder sogleich zurücktritt[1001]. Die **Beweislast** für die **Unmöglichkeit** der Leistung, den Schaden und die Kausalität obliegt dem Gläubiger, der Schadenersatz verlangt (Art. 97 OR). Die Schuldnerin kann dagegen in zweifacher Weise vorgehen: Sie kann erstens gegen die behauptete Unmöglichkeit des Gläubigers substantiiert einwenden, die Erfüllung sei weiterhin möglich und sie könne und wolle die Leistung erbringen. Hierauf kann der Gläubiger gegebenenfalls nach den Verzugsregeln vorgehen, um der Beweislast der Unmöglichkeit zu entgehen (N 351).[1002] Zweitens kann die Schuldnerin sich von der Schadenersatzpflicht befreien, wenn sie nachweist, dass sie keinerlei Verschulden trifft (Art. 97 Abs. 1 OR).

448 2. Die **Schuldnerin** beruft sich auf die Unmöglichkeit, wenn sie tatsächlich nicht erfüllen kann oder will, der Gläubiger aber weiterhin auf Erfüllung beharrt und nach den Verzugsregeln vorgeht. In diesem Fall ist unbestritten, dass (noch) nicht erfüllt

---

[998] Entsprechend dem Grundsatz der Übereinstimmung von Behauptungs- und Beweislast: KUMMER, BeKomm, Art. 8 ZGB N 43.

[999] WALTER, BeKomm, Art. 8 ZGB N 548 ff.; unklar aber KUMMER, BeKomm, Art. 8 ZGB N 281 f., der den Beweis für die Vertragsverletzung (Nichterfüllung) dem Gläubiger und den Beweis der Erfüllung dem Schuldner überbindet.

[1000] GAUCH/SCHLUEP/EMMENEGGER, N 2612; WEBER, BeKomm, Art. 97 OR N 146; WALTER, Leistungsstörungen, 78; KUMMER, BeKomm, Art. 8 ZGB N 281.

[1001] Obwohl Art. 97 Abs. 1 OR das Rücktrittsrecht des Gläubigers als Rechtsfolge einer durch den Schuldner verursachten Unmöglichkeit nicht erwähnt, befürwortet die herrschende Lehre unter bestimmten Voraussetzungen ein solches: Im Vordergrund stehen Fälle der nachträglichen Unmöglichkeit, verbunden mit grober Pflichtverletzung des Schuldners, die das Vertrauensverhältnis der Parteien so stark erschüttert, dass eine Fortsetzung des Vertragsverhältnisses als unzumutbar erscheint. Folglich geht es primär um den Rücktritt bei noch nicht beidseits erfüllten Verträgen sowie bei Dauerschuldverhältnissen. Gegebenenfalls erfolgt der Rücktritt *ex nunc*; s. dazu schon BGE 78 II 32 (38 f.); GAUCH/SCHLUEP/EMMENEGGER, N 2587; WEBER, BeKomm, Art. 97 OR N 269 ff.; WIEGAND, BaKomm, Art. 97 OR N 58; SCHWENZER, N 64.27.

[1002] WALTER, BeKomm, Art. 8 ZGB N 554 ff.; DERS., Leistungsstörungen, 79; WEBER, BeKomm, Art. 97 OR N 318; GAUCH/SCHLUEP/EMMENEGGER, N 2612; BUCHER, OR AT, 340; s. auch SCHMID/RÜEGG, 351.

wurde. Die Schuldnerin behauptet nichts anderes, kann aber nicht (mehr) leisten und beruft sich auf das Erlöschen ihrer Schuld nach Art. 119 Abs. 1 OR. Diesfalls trägt sie die **Beweislast** für die **Unmöglichkeit** sowie für ihr fehlendes Verschulden.[1003] Kann die Schuldnerin die Unmöglichkeit, aber nicht ihre Schuldlosigkeit beweisen, kann sich die Gläubigerin auf die bewiesene Unmöglichkeit berufen und Schadenersatz nach Art. 97 Abs. 1 OR (oder Art. 101 Abs. 1 OR) verlangen.[1004]

b. Schlechterfüllung als positive Vertragsverletzung

aa. Beweislast im Allgemeinen

1. Neben der Leistungsunmöglichkeit erfasst Art. 97 Abs. 1 OR weitere Fälle der **Nichterfüllung oder nicht richtigen Erfüllung:** In diesen Fällen kann die Leistung zwar erbracht werden (es liegt keine Unmöglichkeit vor), und sie wird auch rechtzeitig erbracht (Verzug liegt nicht vor), aber nicht gehörig. Es handelt sich um die Schlechterfüllung, um die Verletzung von Nebenpflichten, den antizipierten Vertragsbruch oder die Verletzung einer Unterlassungspflicht. Diese Leistungsstörungen werden unter dem Begriff der positiven Vertragsverletzung zusammengefasst, die mithin einen Anwendungsfall von Art. 97 Abs. 1 OR darstellt (N 445).[1005] Die **Schlechterfüllung** ist der Hauptfall einer positiven Vertragsverletzung, nämlich die Verletzung einer Hauptleistungspflicht.[1006] Weil als Folgen einer Schlechterfüllung einerseits eine Schadenersatzforderung nach Art. 97 Abs. 1 OR, andererseits aber auch die Mängelrechte aus dem Besonderen Teil des OR entstehen, ist sie hier gesondert von den anderen Fällen positiver Vertragsverletzung (c.; N 471 ff.) zu behandeln.

449

2. Mit Bezug auf die **Beweislastverteilung** verhält es sich wie folgt:

450

a. Eine *Leistung* gilt nach Vertrauenskriterien grundsätzlich als zeitlich und sachlich *richtig und gehörig* erbracht. Somit ist nicht die gehörige Leistung (Erfüllung), sondern die Leistungsstörung (Nichterfüllung, Schlechterfüllung) zu beweisen. Erfüllung und Nichterfüllung sind – wie Rechtzeitigkeit und Verspätung – antinomische Begriffe.[1007] Die klassische Regel der Beweislastverteilung nach der Normentheorie gelangt hier wie dort an ihre Grenzen. Für die Schuldnerin ist die (gehörige) Erfüllung eine rechtsvernichtende, für die Gläubigerin die Leistungsstörung eine rechtsbegründende Tatsache. Mit dieser Qualifikation ist für die Beweislastverteilung nichts gewonnen. Bei der Beweislastverteilung nach Vertrauenskriterien ist die gehörige Leistung – also

451

[1003] AEPLI, ZüKomm, Art. 119 OR N 156 ff.; WEBER, BeKomm, Art. 97 OR N 318; GAUCH/SCHLUEP/EMMENEGGER, N 2613; SCHMID/RÜEGG, 351; WALTER, Leistungsstörungen, 79.
[1004] Zum Verhältnis zwischen Art. 97 Abs. 1 und Art. 119 OR vgl. auch KÄLIN, 1343.
[1005] GAUCH/SCHLUEP/EMMENEGGER, N 2616.
[1006] GAUCH/SCHLUEP/EMMENEGGER, N 2626 ff.
[1007] WALTER, BeKomm, Art. 8 ZGB N 540 f., der von kommunizierenden Begriffen spricht.

die Erfüllung – das Korrekte, Normale, Übliche, während die Leistungsstörung das Abweichende, Anormale, Unübliche ist. Folglich hat nicht der Schuldner die gehörige Leistung, sondern die Gläubigerin die Leistungsstörung bzw. die Schlechterfüllung zu beweisen.[1008]

452 b. Diese (vertrauensbasierte) Beweislastverteilung gilt ungeachtet der *Annahme der Leistung* durch die Gläubigerin, weil die Leistung nicht nur dann als gehörig erbracht gilt, wenn die Gläubigerin sie angenommen hat, sondern – nach Vertrauenskriterien – ganz generell. Die Gläubigerin trägt somit die Beweislast für die mangelhafte Leistung immer dann, wenn die Leistung bzw. das Leistungsangebot bewiesen ist. Im Unterschied dazu sind sich Rechtsprechung und herrschende Lehre (nur, aber immerhin) darin einig, dass die Gläubigerin mit der (vorbehaltlosen) Annahme der Leistung die Beweislast für die *Schlechterfüllung* sowie für die Verspätung (N 460) übernimmt.[1009] Dieser Grundsatz ist im deutschen Recht in § 363 BGB explizit geregelt[1010] und auch im schweizerischen Schuldrecht allgemein anerkannt.[1011]

453 c. Ist die *Leistung* als solche (angeblich) noch *nicht erbracht* und klagt die Gläubigerin auf Erfüllung, hat der Schuldner zu beweisen, dass die Leistung noch nicht fällig ist, er die Leistung bereits erbracht oder jedenfalls angeboten hat.[1012] So hat etwa der Schuldner (auch beim Handkauf) zu beweisen, dass er den Kaufpreis bezahlt hat.[1013] Der Schuldner hat aber nicht zu beweisen, dass seine Leistung gehörig und mängelfrei war. Er hat nur die Leistung als solche bzw. deren Angebot zu beweisen. Gelingt dieser Beweis, obliegt der Beweis der mangelhaften Leistung der Gläubigerin (N 451). Bun-

---

[1008] Ebenso GAUCH/SCHLUEP/EMMENEGGER, N 2653, wonach die Gläubigerin die (positive) Vertragsverletzung (also z.B. die Schlechtleistung) zu beweisen hat; GAUCH, Werkvertrag, N 1507; STUDER, 44 ff.; BGer 4A_610/2017 vom 29. Mai 2018, E. 5.2. Zur Problematik des Beweises von unsorgfältiger Erfüllung und Verschulden vgl. KÄLIN, 1344 f., und hinten N 552.

[1009] BGE 130 III 258 (264 ff.), E. 5.3; 128 III 271 (274), E. 2a/aa; KUMMER, BeKomm, Art. 8 ZGB N 275 f., N 283; SCHRANER, ZüKomm, Art. 88 OR N 4; WEBER, BeKomm, Art. 88 OR N 10; WALTER, BeKomm, Art. 8 ZGB N 548 ff.; WALTER, Leistungsstörungen, 77 f.; WEBER, BeKomm, Art. 97 OR N 320; a.M. offenbar BGE 111 II 263 (265), E. 1b.

[1010] STAUDINGER/OLZEN, BGB-Komm, § 363 BGB N 11; FETZER, MünchKomm, § 363 BGB N 2. Zur Kontroverse im deutschen Recht s. NIERWETBERG, 911 ff.; im belgischen Recht s. VAN OMMESLAGHE, N 1666.

[1011] WALTER, BeKomm, Art. 8 ZGB N 551, mit Hinweis auf Art. 204 Abs. 2 OR, den er systematisch-verallgemeinernd heranzieht; WEBER, BeKomm, Art. 88 OR N 10; KUMMER, BeKomm, Art. 8 ZGB N 275.

[1012] So ist wohl auch KUMMER, BeKomm, Art. 8 ZGB N 281, zu verstehen; ebenso WEBER, BeKomm, Art. 97 OR N 316; WIEGAND, BaKomm, Art. 97 OR N 60; s. auch WALTER, Leistungsstörungen, 76, der aber – wie die herrschende Lehre (Fn 1009) – zur Leistung auch deren Mängelfreiheit zählt, dem Schuldner also auch die Beweislast auferlegt, dass die Leistung gehörig erfolgt ist.

[1013] BRUNNER/VISCHER, Jusletter 2016, N 3, mit Hinweis auf BGer 4D_6/2015 vom 22. Mai 2015, E. 4.2.

desgericht und herrschende Lehre überbinden in diesem Fall die Beweislast für die gehörige Leistung dem Schuldner.[1014]

3. Die Schlechterfüllung ist ein **Anwendungsfall der Nichterfüllung** gemäss Art. 97 Abs. 1 OR. Daher stellt sich die Frage nach dem Verhältnis zwischen der Schadenersatzforderung nach Art. 97 Abs. 1 OR (bb.) und den Mängelrechten im Besonderen Teil des OR (cc.). Nach der Rechtsprechung des Bundesgerichts können diese Rechtsfolgen teils alternativ angerufen werden (für den Kaufvertrag und den Lizenzvertrag[1015]), teils werden die Regeln über die Mängelrechte des Besonderen Teils ausschliesslich angewendet (für den Werkvertrag, die Miete und die Pacht[1016]).[1017] Darauf ist sogleich zurückzukommen (N 458 ff.). Vorher sei die Beweislast bei Schlechterfüllung anhand eines Beispiels dargestellt: 454

4. **Beispiel:** Eine Schlechterfüllung liegt vor, wenn eine Vorsorgeeinrichtung (bei einem vertraglichen Vorsorgeverhältnis) eine **Barauszahlung nach Art. 5 Abs. 2 FZG ohne schriftliche Zustimmung der Ehegattin** ausrichtet. 455

a. Im *Schadenersatzprozess der Ehegattin* gegen die Vorsorgeeinrichtung des Ehemannes gilt für die Beweislast Folgendes: Die fehlende Zustimmung der Ehegattin führt nicht zur Nichtigkeit der Auszahlung (anders als im Bürgschaftsrecht: Art. 494 Abs. 1 und 3 OR, im Mietrecht: Art. 266m i.V.m. Art. 266o OR, im Eherecht: Art. 169 ZGB, wo die fehlende oder formungültige Zustimmung der Ehegattin zur Nichtigkeit des Rechtsgeschäfts führt, ohne dass sich der Vertragspartner des anderen Ehegatten auf 456

[1014] BGE 130 III 258 (264 ff.), E. 5.3: Obwohl es sich um einen Anwendungsfall des Wiener UN-Kaufrechts handelt, würde gestützt auf Art. 8 ZGB dasselbe gelten. In der Tat gilt auch im Rahmen des UN-Kaufrechts das Prinzip, dass die Partei die Voraussetzungen einer für sie günstigen Norm, also die rechtsbegründenden Tatsachen, nachweisen muss. Zur Lehre: WALTER, BeKomm, Art. 8 ZGB N 548; DERS., Leistungsstörungen, 76; WEBER, BeKomm, Art. 97 OR N 320; WIEGAND, BaKomm, Art. 97 OR N 60.

[1015] Für den Kaufvertrag: BGE 133 III 335 (339), E. 2.4.1, befürwortet die alternative Anwendung, wendet aber auch auf die Schadenersatzforderung nach Art. 97 Abs. 1 OR die strengen Prüfobliegenheiten (Art. 201 OR) und die kurze Verjährungsfrist (Art. 210 Abs. 1 OR) an. Für den Lizenzvertrag: BGE 115 II 255 (258), E. 2b.

[1016] Für den Werkvertrag: BGE 133 III 335 (341), E. 2.4.4; 122 III 420 (423), E. 2c; 116 II 454 (455), E. 2a; GAUCH, Werkvertrag, N 1848 ff.; WALTER, BeKomm, Art. 8 ZGB N 564. Für Miete und Pacht: GAUCH/SCHLUEP/EMMENEGGER, N 2632; WIEGAND, BaKomm, Art. 97 OR N 30; BGE 132 III 109 (113), E. 5. Im Anwendungsbereich von Art. 257f OR (fehlende Sorgfalt im Umgang mit der Mietsache oder fehlende Rücksichtnahme gegenüber den Nachbarn, aber auch vertragswidriger Gebrauch der Sache: BGE 123 III 124 [126], E. 2a) ist die Anwendung der allgemeinen Bestimmungen, namentlich von Art. 107 OR, ausgeschlossen. Im Zusammenhang mit Art. 257d OR (Zahlungsrückstand des Mieters) ist die Anwendung der allgemeinen Verzugsregeln von Art. 107 OR ebenfalls ausgeschlossen.

[1017] GAUCH/SCHLUEP/EMMENEGGER, N 2629 ff.; differenziert: WALTER, Leistungsstörungen, 86 ff.

seinen guten Glauben berufen könnte).[1018] Die Auszahlung trotz fehlender Zustimmung stellt aber eine nicht gehörige Leistung da. Die *Beweislast* für das Vorliegen einer nicht gehörigen Leistung, also für die Unrechtmässigkeit der Barauszahlung, obliegt der zustimmungsverpflichteten Ehegattin. Es ist dagegen nicht an der Vorsorgeeinrichtung, die Beweislast für die Rechtmässigkeit der Barauszahlung zu tragen.[1019] Erhebt die *Ehegattin* Anspruch auf Schadenersatz, trägt sie die Beweislast für die *fehlende Unterschrift* bzw. deren Fälschung. Da es sich bei der fehlenden Unterschrift um eine negative Tatsache handelt, trifft die Vorsorgeeinrichtung eine substantiierte Behauptungspflicht. Sie hat mithin das Formular vorzuweisen, auf dem die Unterschrift enthalten ist. Kann sie dieses nicht mehr auffinden, kommt sie damit ihrer Substantiierungspflicht nicht nach, was sich zugunsten der beweisbelasteten Ehefrau auswirkt. Die Vorsorgeeinrichtung kann sich umgekehrt entlasten, indem sie nachweist, dass sie die erforderliche Sorgfalt bei der Prüfung der Unterschrift angewendet, dass sie also nicht schuldhaft gehandelt hat.[1020]

457 b. Im *Rückforderungsprozess der Vorsorgeeinrichtung* gegen den Ehemann verhält es sich mit Bezug auf die Beweislast gerade umgekehrt: Wird die Vorsorgeeinrichtung gegenüber der geschädigten (nicht zustimmenden) Ehegattin ebenfalls leistungspflichtig, weil diese um den Betrag, der ihr bei der Scheidung oder im Vorsorgefall zustünde, geschädigt wurde,[1021] kann die Vorsorgeeinrichtung den Betrag, den sie ein zweites Mal leisten musste, vom Versicherten zurückverlangen, da sie insofern (im Rahmen der doppelten Leistung) geschädigt ist. Der Versicherte ist seinerseits ungerechtfertigt bereichert, weil er einen Betrag erhalten hat, der seiner Ehegattin zustünde. Er hat daher diesen Betrag der Vorsorgeeinrichtung aus ungerechtfertigter Bereicherung (Art. 62 OR) zurückzuerstatten.[1022] Die *Vorsorgeeinrichtung,* die eine *Forderung aus ungerechtfertigter Bereicherung* an den Versicherten stellt, trägt die *Beweislast* für den fehlenden Rechtsgrund der Barauszahlung (N 417), also dafür, dass sie zu Recht ein zweites Mal (dieses Mal an die geschädigte Ehegattin) geleistet hat. Sie hat hier also zu beweisen, dass die Ehegattin der Auszahlung an den Ehemann *nicht zugestimmt* hatte (dass also z.B. die Unterschrift auf dem entsprechenden Formular nicht von ihr stammte), denn nur in diesem Fall fehlt der Rechtsgrund für die Barauszahlung an den Ehemann und steht ihr eine Rückforderung aus ungerechtfertigter Bereicherung zu. Hätte die Ehefrau nämlich zugestimmt, wäre die Barauszahlung zu Recht erfolgt und hätte die Vorsorgeeinrichtung gegebenenfalls zu Unrecht doppelt geleistet.[1023]

[1018] BGE 130 V 103 (109), E. 3.2, mit Hinweis auf BGE 106 II 161 (165), E. 2d, 2e (Bürgschaftsrecht), BGE 118 II 489 (491), E. 2 (Kündigung der Familienwohnung), BGE 115 II 361 (364), E. 4a (Kündigung der Familienwohnung).
[1019] So aber offenbar die Vorinstanz in BGE 133 V 205 (207), Sachverhalt A.
[1020] Vgl. dazu BGE 130 V 103 (109 f.), E. 3.3, der sich aber nicht mit der Beweislast befasst.
[1021] BGE 133 V 205 (209 f.), E. 4.3 f.
[1022] BGE 133 V 205 (210), E. 4.4.
[1023] BGE 133 V 205 (215 f.), E. 5.3.

Dafür könnte sie sich nicht beim Versicherten schadlos halten. Auch hier (wie im Schadenersatzprozess der Ehegattin gegen die Vorsorgeeinrichtung: N 456) ist eine negative Tatsache zu beweisen, weshalb die Gegenpartei (*in casu* der angeblich bereicherte Versicherte), welche die Barauszahlung erhalten hat, einer substantiierten Behauptungspflicht unterliegt.

bb. Schadenersatzforderung

Macht die **Gläubigerin** als Folge der Schlechterfüllung eine Schadenersatzforderung nach Art. 97 Abs. 1 OR geltend, hat sie die entsprechenden Voraussetzungen zu beweisen (N 350), wozu auch der Beweis der **Schlechterfüllung**, also des Mangels, gehört. Eine Falscherfüllung (die Leistung eines *Aliud*) kann eine Nichterfüllung darstellen. In diesem Fall kommen die Regeln nach Art. 97 ff. OR zur Anwendung, nicht dagegen die Mängelrechte. Bei Falscherfüllung gerät der Schuldner in Verzug, sofern die geschuldete Leistung noch möglich ist und die Gläubigerin ihn mahnt (Art. 102 ff. OR). Ist die geschuldete Leistung nicht mehr möglich, gelten die Art. 97 Abs. 1 oder Art. 119 Abs. 1 OR (N 448).

458

cc. Mängelrechte im Allgemeinen

Wie erwähnt (N 451) ist eine Leistung nach Vertrauenskriterien als inhaltlich, örtlich und persönlich richtig, also gehörig erbracht anzusehen. Demnach hat die Gläubigerin, die sich auf Schlechterfüllung beruft, die mangelhafte Leistung zu beweisen (N 451 f.).

459

1. Der einen Mangel behauptende **Gläubiger** (Käufer/Besteller) hat somit den **Mangel** sowie gegebenenfalls dessen **Rüge** zu beweisen (vgl. Art. 367 Abs. 1 und Art. 201 Abs. 1 OR).[1024] Zum Beweis der Rüge gehört auch deren **Zeitpunkt**. Der Gläubiger hat mithin zu beweisen, dass und wann er gerügt hat.[1025] Eine bewiesene Rüge gilt nach Vertrauenskriterien als rechtzeitig erhoben (N 290),[1026] weil für ein Zuwarten jeder sachliche Grund fehlt.[1027] Daher hat die **Schuldnerin** (Unternehmerin/Verkäuferin) **die Verspätung** der Mängelrüge zu behaupten und zu beweisen, nicht die Gläubigerin deren Rechtzeitigkeit.[1028]

460

[1024] KUMMER, BeKomm, Art. 8 ZGB N 277, N 283; SPIRO, Band II, N 369.
[1025] GAUCH, Werkvertrag, N 2170; BIEGER, 116 f.; BUCHER, ZSR 1983, 251 ff., 343; REETZ, 149 ff.; SCHÖNLE/HIGI, ZüKomm, Art. 201 OR N 28; WALTER, Leistungsstörungen, 90.
[1026] Im Ergebnis auch BGE 107 II 50 (54 f.), E. 2b: Das der Verhandlungsmaxime verpflichtete Gericht darf die Frage der Verspätung der Mängelrüge nicht von Amtes wegen prüfen, sondern muss von der Rechtzeitigkeit der Mängelrüge ausgehen, wenn die Verspätung nicht behauptet wird. Dazu GAUCH, Werkvertrag, N 2168; a.M. WALTER, BeKomm, Art. 8 ZGB N 576.
[1027] REETZ, 150.
[1028] Ebenso GAUCH, Werkvertrag, N 2168 ff.; DERS., BR/DC 1993, 41 f.; BIEGER, 116 f.; BUCHER, ZSR 1983, 343; BÜHLER, Bauprozess, 329 ff.; PICHONNAZ, BR/DC 2013, 124; REETZ, 149 ff.; RUMO-

461 a. Bei *offenen Mängeln* erbringt die Schuldnerin den Beweis der Verspätung durch den Nachweis des Übereignungszeitpunkts. Sie hat auch zu beweisen, dass es sich tatsächlich um offene Mängel handelt, da dieses Beweisthema zum Beweis der Verspätung gehört.[1029] Ob die zeitliche Distanz zwischen der Übergabe und der Rüge dem Gebot der Unverzüglichkeit (Art. 201 Abs. 1 und 367 Abs. 1 OR) genügt (Bestimmung der Rügefrist), ist eine Rechtsfrage.[1030]

462 b. Bei *versteckten Mängeln* hängt der Beginn der Frist vom Zeitpunkt der Entdeckung des Mangels ab. Dabei ist zu unterscheiden: (i) Die Schuldnerin kann zunächst einmal von der *sofortigen Entdeckung* ausgehen und die Verspätung beweisen, indem sie zeigt, dass die Rüge in dem von der Gläubigerin bewiesenen (oder von der Schuldnerin nicht bestrittenen) Zeitpunkt zu spät erfolgt ist, weil sie nicht dem Gebot der Unverzüglichkeit (Art. 201 Abs. 3 und Art. 370 Abs. 3 OR) genügt. (ii) Die Gläubigerin kann sich alsdann auf die *spätere Entdeckung* berufen: Der Zeitpunkt der Entdeckung muss zwar von der Schuldnerin bewiesen werden, welche die Beweislast für die Verspätung trägt.[1031] Da die Entdeckung eine subjektive, innere Tatsache ist, die im Bereich der Gläubigerin (Käuferin/Bestellerin) liegt, ist von ihr zu verlangen, dass sie substantiiert behauptet, ab wann sie Kenntnis hatte,[1032] so dass die Rüge (deren Zeitpunkt sie bewiesen hat) rechtzeitig war. Daraufhin muss die Schuldnerin (Verkäuferin/Unternehmerin) den Beweis erbringen, dass die Entdeckung bereits früher erfolgte.[1033] Der Beweis ist erbracht, wenn das Gericht von der Entdeckung des Mangels zum fraglichen Zeitpunkt durch die Gläubigerin überzeugt ist. Die Gläubigerin (Käuferin/Bestellerin) kann die gerichtliche Überzeugung verhindern oder erschüttern, indem sie darlegt, dass sie den Mangel zu diesem Zeitpunkt nicht entdeckt hatte oder entdecken konnte.[1034] Wird z.B. eine neue Küche eingebaut und funktioniert der Dampf-

---

Jungo, Entwicklungen, 47; dies., FS Gauch, 584 ff.; Schönle/Higi, ZüKomm, Art. 201 OR N 28; Tercier/Bieri/Carron, N 3542 f.; wohl auch Spiro, Band II, N 423, N 426; a.M. Walter, BeKomm, Art. 8 ZGB N 572; Bühler, ZüKomm, Art. 367 OR N 58 ff.; Brönnimann, Diss., 150; Hohl, FZR 1994, 262 f.; Kummer, BeKomm, Art. 8 ZGB N 151, N 277, N 312 ff., N 351; Zindel/Pulver/Schott, BaKomm, Art. 367 OR N 33. Siehe sodann BGE 107 II 172 (176), E. 1a; 118 II 142 (147), E. 3a: «Entgegen der Auffassung von Bucher (ZSR 1983, 343) ist die Verspätung der Rüge nicht eine rechtshindernde, sondern ihre Rechtzeitigkeit eine rechtsbegründende Tatsache.» In BGer 4D_4/2011 vom 1. April 2011, E. 3, hat das Bundesgericht seine Rechtsprechung bestätigt.

[1029] Gauch, Werkvertrag, N 2170.
[1030] Walter, BeKomm, Art. 8 ZGB N 574; Hohl, FZR 1994, 255.
[1031] Gauch, Werkvertrag, N 2170 und N 2192; Schönle/Higi, ZüKomm, Art. 201 OR N 28; Rumo-Jungo, Entwicklungen, 47; dies., FS Gauch, 584 ff.; Bieger, N 336 ff.; Bucher, ZSR 1983, 343; Bühler, Bauprozess, 330 sowie 326, Fn 171 zum Zeitpunkt der Entdeckung; Reetz, 150 N 79; im Ergebnis ähnlich BGE 118 II 142 (147), E. 3a.
[1032] Sie muss also behaupten, aber nicht beweisen: Reetz, 151; Gauch, BR/DC 1993, 42.
[1033] So auch BGer 4C.159/1999 vom 28. Juli 2000, E. 1b/bb; Kummer, BeKomm, Art. 8 ZGB N 316; Rumo-Jungo, FS Gauch, 585; Walter, Leistungsstörungen, 90 f.
[1034] Gauch, Werkvertrag, N 2170; Hohl, FZR 1994, 260; Kummer, BeKomm, Art. 8 ZGB N 313.

abzug (von Anfang an) nicht (z.B. weil er nicht richtig an den Strom angeschlossen ist), erscheint eine Rüge ein halbes Jahr nach Lieferung der Küche *a priori* als zu spät, da davon auszugehen ist, dass ein Dampfabzug in einer Küche auch benutzt und sein Nichtfunktionieren sofort entdeckt wird. Kann aber die Bestellerin beweisen, dass sie unmittelbar nach der Lieferung der Küche für ein halbes Jahr im Ausland war und daher den Dampfabzug erstmals nach ihrer Rückkehr benutzt hat, kommt der Beweis, dass sie den Mangel frühzeitig hätte entdecken können, nicht zustande. Bleibt die *Verspätung unbewiesen,* trägt die Schuldnerin (Verkäuferin/Unternehmerin) die Last, was bedeutet, dass sie für die (bewiesenen) Mängel einzustehen hat.

c. Die Beweislastverteilung gestaltet sich nicht anders, wenn eine *vertragliche Rügefrist* (Garantiefrist) vereinbart wurde: Auch hier hat der Gläubiger die Verspätung nachzuweisen, also die Nichteinhaltung der Frist.[1035] Eine Vereinfachung der Beweislage liegt aber insofern vor, als nicht die Kenntnis des Mangels, sondern die Übergabe der (mangelhaften) Sache den Fristbeginn auslöst.

2. **Anderer Ansicht** sind das Bundesgericht und ein grosser Teil der Lehre: Danach hat der **Gläubiger** (Käufer/Besteller) die **Rechtzeitigkeit** der Mängelrüge zu beweisen, wenn der Schuldner (Verkäufer/Unternehmer) deren Verspätung behauptet. Die Rechtzeitigkeit kann er mit dem Zeitpunkt, in dem er den Mangel entdeckt hatte, beweisen. Alsdann hat der Schuldner einen früheren Zeitpunkt der Kenntnis nachzuweisen, um den Beweis der Rechtzeitigkeit zu verhindern.[1036] Bleibt der Beweis der Rechtzeitigkeit zweifelhaft, trägt der Gläubiger (Käufer/Besteller) die Last, was bedeutet, dass ihm die Mängelrechte bloss wegen unbewiesener Rechtzeitigkeit versagt bleiben, obwohl er die Mängel und die Rüge bewiesen hat.[1037]

3. **Differenziert** argumentiert WALTER:[1038] Er will der dem Gläubiger (Käufer/Besteller) überbundenen Beweislast der Rechtzeitigkeit mit einer sachgerechten Beweiserleichterung begegnen. Danach haben Käufer und Besteller den von ihnen behaupteten Zeitpunkt ihrer ersten Kenntnisnahme des Mangels mit geeigneten Indizien und mit hoher Wahrscheinlichkeit zu beweisen. Misslingt der Beweis, ist davon auszugehen, Käufer und Besteller hätten den Mangel bereits vor diesem Zeitpunkt entdeckt.

[1035] GAUCH, Werkvertrag, N 2167; SCHÖNLE/HIGI, ZüKomm, Art. 201 OR N 26 ff., N 68 f.; RUMO-JUNGO, Entwicklungen, 47; DIES., FS Gauch, 584 f.

[1036] BGer 4A_28/2017 vom 28. Juni 2017, E. 4; BGE 118 II 142 (147), E. 3a; 107 II 172 (176), E. 1a in fine; KUMMER, BeKomm, Art. 8 ZGB N 277; LARDELLI, BaKomm, Art. 8 ZGB N 52; GIGER, BeKomm, Art. 201 OR N 99; BÜHLER, ZüKomm, Art. 370 OR N 51; HONSELL, BaKomm, Art. 201 OR N 14; MÜLLER-CHEN, HandKomm, Art. 201 OR N 26; wohl auch HÜRLIMANN/SIEGENTHALER, HandKomm, Art. 367 OR N 5. ZINDEL/PULVER/SCHOTT, BaKomm, Art. 367 OR N 32 und Art. 370 OR N 27, unterscheiden zwischen der Rechtzeitigkeit der Mängelrüge (Art. 367 OR), die vom Besteller zu beweisen ist, und der Verspätung der Mängelrüge (Art. 370 Abs. 2 und 3 OR), die vom Unternehmer zu beweisen ist.

[1037] Ebenso kritisch GAUCH, Werkvertrag, N 2170.

[1038] WALTER, BeKomm, Art. 8 ZGB N 577.

Art. 8 ZGB

Andernfalls haben Verkäufer/Unternehmer substantiiert darzulegen, zu welchem früheren Zeitpunkt Käufer/Besteller Kenntnis vom Mangel erhalten haben sollen.[1039] Im Ergebnis läuft diese partielle Verteilung der Beweislast, die einer Umkehr der Beweislast nahekommt, auf den Beweis der Verspätung durch den Verkäufer/Unternehmer hinaus. Das ist richtig, weil eine andere Beweislastverteilung den Käufer/Besteller schon deswegen um seine Mängelrechte bringen würde, «weil er vielleicht (!) zu spät gerügt hat».[1040]

466 Sind Mangel und Rüge bewiesen und deren Rechtzeitigkeit nicht widerlegt, stehen dem Käufer/Besteller zwei alternative Gestaltungsrechte zur Verfügung (Art. 205, Art. 368 Abs. 1 und 2 OR): die Wandelung (dd.) oder die Minderung (ee.). Bei einem Werkvertrag besteht zudem unter Umständen das Recht, Nachbesserung zu verlangen (Art. 368 Abs. 2 OR).

dd. Wandelung im Besonderen

467 Das Wandelungsrecht als Gestaltungsrecht[1041] bei Vorliegen von Mängeln ist im Kaufvertrag und im Werkvertrag vorgesehen: Weist eine Sache einen Mangel auf und hat der Verkäufer dafür Gewähr zu leisten (Art. 197 ff. OR), so kann der Käufer mit der Wandelungsklage den Kauf rückgängig machen (Art. 205 Abs. 1 OR). Leidet das Werk an erheblichen Mängeln oder weicht es sonst massgeblich vom Vertrag ab, so dass es für den Besteller unbrauchbar ist oder ihm die Annahme billigerweise nicht zugemutet werden kann, so darf er die Annahme verweigern (Art. 368 Abs. 1 OR). Dabei gestaltet sich die **Beweislast** wie folgt: Da eine Leistung nach Vertrauenskriterien grundsätzlich als gehörig und mängelfrei gilt, hat der die Annahme verweigernde **Käufer** die Gewährleistungspflicht des Verkäufers (Art. 197 ff. OR) zu beweisen. Er hat also zu beweisen, dass der von ihm geltend gemachte körperliche oder rechtliche Mangel den **Wert** oder die **Tauglichkeit** zum vorausgesetzten Gebrauch aufhebt oder erheblich mindert (Art. 197 OR). Der **Werkbesteller** hat zu beweisen, dass der Mangel so erheblich ist oder dass das Werk sonst so sehr vom Vertrag abweicht, dass ihm die **Annahme billigerweise nicht zugemutet** werden kann (Art. 368 Abs. 1 OR). Zwar erwähnt Art. 368 Abs. 1 OR zwei alternative Voraussetzungen des Wandelungsrechts: die Unbrauchbarkeit des Werks für den Besteller und die Unzumutbarkeit der Annahme. Bei richtigem Verständnis der Bestimmung wird die Unzumutbarkeit der Annahme (bzw. die Unzumutbarkeit des Behaltens) vorausgesetzt und stellt die Unbrauchbarkeit des Werks einen (gesetzlich geregelten) Anwendungsfall der Unzumutbarkeit dar.[1042] Ist nämlich das Werk für den Besteller unbrauchbar, kann ihm die Annahme bzw. das

---

[1039] WALTER, BeKomm, Art. 8 ZGB N 577.
[1040] GAUCH, Werkvertrag, N 2170.
[1041] So GAUCH, Werkvertrag, N 1549 f.
[1042] GAUCH, Werkvertrag, N 1558, N 1565.

Behalten des Werks nicht zugemutet werden. Die Zumutbarkeit bzw. die Unzumutbarkeit beurteilt sich nach den gegenseitigen Interessen der Parteien, «die nach den Grundsätzen der Billigkeit gegeneinander abzuwägen sind».[1043] **Beweisthema** sind hier die **beiderseitigen Interessen**, wozu die **Art und das Ausmass des Mangels** sowie sämtliche **Umstände** des konkreten Falls gehören. Die Beweislast hierfür liegt beim Besteller. Dagegen stellt die Frage, ob die Annahme aufgrund der bewiesenen Faktoren unzumutbar ist, eine Rechtsfrage dar.

ee. Minderung im Besonderen

1. Neben dem Wandelungsrecht ist im Kaufvertrag und im Werkvertrag das Minderungsrecht vorgesehen (ebenso im Mietvertrag: Art. 259d OR; dazu hinten N 516): Weist die Sache aufgrund des Mangels einen Minderwert auf, so kann der Gläubiger (Käufer/Besteller) einen dem Minderwert entsprechenden Abzug am Preis (Minderung) machen (Art. 205 Abs. 1 OR, Art. 368 Abs. 2 OR). Da eine erfolgte Leistung als gehörig, richtig und vollständig erbracht gilt, liegt die **Beweislast** für den entsprechenden **Mangel** sowie das **Vorliegen eines Minderwerts,** für dessen **Höhe** sowie für die **verlangte Minderung** beim **Gläubiger** (Käufer/Besteller).[1044]

468

2. Der **Minderwert** entspricht der Differenz zwischen dem objektiven Wert der mängelfreien und jenem der mängelbehafteten Sache. Im Einzelfall kann eine tatsächliche Vermutung dafür bestehen, dass diese Differenz den Kosten für die Behebung des Mangels entspricht.[1045] Diese Vermutung wird durch den Gegenbeweis (N 94) zerstört. Tatsächlich ist der Minderwert möglicherweise grösser als die Reparaturkosten, weil nicht alle Mängel repariert werden können, oder der Minderwert ist kleiner als die Reparaturkosten, weil ein Werkmangel unter Umständen überhaupt keinen Minderwert nach sich zieht.[1046] Gelingt dem Gläubiger der Gegenbeweis, dass der Minderwert grösser ist, oder der Schuldnerin der Gegenbeweis, dass der Minderwert kleiner ist, so bleibt es bei der Beweislast des Gläubigers betreffend den Minderwert (N 469). Zu ergänzen ist ein Zweifaches: 1. Beruft sich die Schuldnerin auf einen Minderwert, der kleiner ist als die Reparaturkosten, hat sie entsprechende Substantiierungen vorzubringen, denn diese können naturgemäss nicht vom Gläubiger verlangt werden. 2. Ist der Beweis des genauen Minderwerts nicht möglich, muss dieser in analoger Anwendung von Art. 42 Abs. 2 OR geschätzt werden (N 308, N 353).[1047]

469

[1043] GAUCH, Werkvertrag, N 1559.
[1044] So auch GAUCH, Werkvertrag, N 1667.
[1045] GAUCH, Werkvertrag, N 1684; KUMMER, BeKomm, Art. 8 ZGB N 363; BGE 111 III 162 (164), E. 3c; 116 II 305 (313 f.), E. 4a.
[1046] GAUCH, Werkvertrag, N 1684.
[1047] GAUCH, Werkvertrag, N 1652, N 1667.

470 3. Vom Minderwert ist die **Minderung** zu unterscheiden.[1048] Die Minderung stellt einen dem Minderwert entsprechenden Abzug dar (vgl. Art. 368 Abs. 2 OR).[1049] Die Minderung hat dem Verhältnis zwischen dem vereinbarten Preis und dem objektiven Wert der mängelfreien Sache Rechnung zu tragen. Wurde etwa ein Fahrrad mit einem objektiven Wert von CHF 1000 für CHF 800 verkauft und beträgt der Minderwert aufgrund eines Mangels CHF 100, erfolgt die Minderung aufgrund des Minderwerts im Verhältnis 8/10 = 4/5. Der Minderwert von CHF 100 führt demnach zu einer Minderung von CHF 80.[1050] Deckt sich der Preis mit dem objektiven Wert der mängelfreien Sache, so entspricht die Minderung betragsmässig dem Minderwert der mangelhaften Sache.[1051] Wer hat nun die Beweislast betreffend das Verhältnis zwischen objektivem Wert und Preis zu tragen? Nach Vertrauenskriterien **stimmen Preis und objektiver Wert** der Sache in mangelfreiem Zustand **überein**.[1052] Die **Beweislast** trifft jene Partei, die eine **Abweichung** davon behauptet, also den Gläubiger (Käufer/Besteller), der geltend macht, der objektive Wert sei tiefer als der vereinbarte Preis (und aufgrund dessen eine dementsprechend höhere Minderung beansprucht), oder aber die Schuldnerin, die sich auf das Umgekehrte beruft (und aufgrund dessen eine dementsprechend tiefere Minderung geltend macht). Im Fall der Beweislosigkeit bleibt es bei der Übereinstimmung zwischen Preis und objektivem Wert der Sache.[1053]

c. *Weitere Fälle positiver Vertragsverletzung*

471 Neben der Schlechtleistung als Verletzung einer Hauptleistungspflicht werden folgende Fälle von nicht gehöriger Erfüllung (positiver Vertragsverletzung) unterschieden: die Verletzung von Nebenpflichten (1.), der antizipierte Vertragsbruch (2.) und die Verletzung von Unterlassungspflichten (3.).[1054]

472 1. **Vertragliche Nebenpflichten** sind etwa Obhuts- und Schutzpflichten (Sorge für die Sicherheit der Schwimmbadbenutzerinnen durch die Schwimmbadbetreiberin), Informations- und Aufklärungspflichten (der Ärztin; N 547 ff.), Verschaffungspflichten (Verschaffen des Konnossements beim Versendungskauf) oder Mitwirkungspflichten (Freistellen der Wände bei Bestellung eines Malers).[1055] Mit Bezug auf die Beweislast sind vertragliche Nebenpflichten wie ihre konnexen Hauptleistungspflichten zu

---

[1048] GAUCH, Werkvertrag, N 1660.
[1049] GAUCH, Werkvertrag, N 1661.
[1050] BGE 116 II 305 (313), E 4a; 111 II 162 (163), E. 3a; zum Ganzen GAUCH, Werkvertrag, N 1660 ff.
[1051] BGE 116 II 305 (313), E. 4a; GAUCH, Werkvertrag, N 1676.
[1052] Ähnlich: BGE 111 II 162 (163), E. 3a und b; GAUCH, Werkvertrag, N 1677 ff.; a.M. VENTURI, 239, 256 ff.
[1053] So auch BGE 111 II 162 (163) E. 3b und c.
[1054] GAUCH/SCHLUEP/EMMENEGGER, N 2625 ff.
[1055] GAUCH/SCHLUEP/EMMENEGGER, N 2643 ff.

behandeln: Die Beweislast für die Erfüllung (bzw. die Schlecht- oder Nichterfüllung) gilt für Nebenpflichten wie für Hauptleistungspflichten gleichermassen.[1056]

2. Ein **antizipierter Vertragsbruch** liegt vor, wenn die Schuldnerin bereits vor der Fälligkeit klar zu verstehen gibt, dass sie die Erfüllung verweigern wird. In analoger Anwendung von Art. 107 ff. OR kann die Gläubigerin entweder immer noch auf Erfüllung beharren und sich bei Fälligkeit auf die allgemeinen Verzugsfolgen berufen (Art. 103–106 OR; zur Beweislast s. N 478 ff.). Sie kann aber auch auf die Vertragserfüllung verzichten und entweder Schadenersatz wegen Nichterfüllung verlangen oder vom Vertrag zurücktreten (Art. 107 Abs. 2 OR; zur Beweislast s. N 482). 473

3. Die **Verletzung einer Unterlassungspflicht** ist zwar in Art. 98 Abs. 2 OR ausdrücklich geregelt. Da diese Verletzung nicht immer zur Leistungsunmöglichkeit führt und Bezüge zur Schlechtleistung aufweist, ist sie den Fällen positiver Vertragsverletzungen zuzuordnen. Mit Bezug auf die **Beweislast** verhält es sich wie folgt: Ist vertraglich z.B. ein Konkurrenzverbot vereinbart (Art. 98 Abs. 2 OR) und verlangt die Gegenpartei Schadenersatz aus Verletzung des Verbots, hat sie das Bestehen der Schadenersatzforderung zu beweisen. Das setzt nicht nur den Nachweis des vertraglichen Konkurrenzverbots (Bestand und Inhalt des Vertrags; N 360 ff.), sondern auch dessen Verletzung voraus. Nach der vertrauensbasierten Beweislastverteilung ist nicht die Einhaltung des Vertrags, sondern dessen Verletzung, hier also die Verletzung des Konkurrenzverbots, zu beweisen. Anders als bei Anwendung der Normentheorie, die den Beweis der Erfüllung des Konkurrenzverbots verlangt, daher bei Unterlassungspflichten in Beweisnot gelangt und deswegen (teils generell, teils unter bestimmten Voraussetzungen) die Umkehr der Beweislast postuliert,[1057] stellen sich bei der vertrauensbasierten Beweislastverteilung keine solchen Beweisschwierigkeiten: Stets ist die **Vertragsverletzung** zu beweisen, also die Schlechtleistung, die Spätleistung oder die positive Vertragsverletzung (z.B. Verletzung einer Unterlassungspflicht). 474

d. Schuldnerverzug

Leistungsstörungen umfassen das Ausbleiben der Erfüllung (Nichterfüllung) wegen Unmöglichkeit inklusive die Schlechterfüllung und weitere Fälle positiver Vertragsverletzungen (Art. 97–101 OR) sowie das Ausbleiben der Erfüllung (Nichterfüllung) 475

[1056] WALTER, Leistungsstörungen, 80; s. auch STUDER, 109 ff.
[1057] KUMMER, BeKomm, Art. 8 ZGB N 196; WALTER, BeKomm, Art. 8 ZGB N 345 f. und N 543; STEINAUER, SPR II/1, N 714; GÖKSU, HandKomm, Art. 8 ZGB N 19; LARDELLI, BaKomm, Art. 8 ZGB N 73; PIOTET, CommR, Art. 8 ZGB N 53; MEIER, ZSR 1987, 734; VON GREYERZ, 42 ff. – Andere beurteilen den Beweis von Negativa als Thema der Beweiswürdigung: HAUSHEER/JAUN, ZGB-Komm, Art. 8–10 ZGB N 56; WOHLFAHRT, 26 ff.; HOHL, Procédure I, N 1978; HUGUENIN-DUMITTAN, 161.

trotz Leistungsmöglichkeit,[1058] nämlich die Spätleistung (Art. 102–109 OR). Die **Spätleistung führt zum Schuldnerverzug,** wenn die Forderung fällig und die Nichtleistung pflichtwidrig ist. Die Nichtleistung ist bei möglicher, fälliger und angemahnter Leistung immer pflichtwidrig, wenn nicht die Gläubigerin im Verzug steht (Art. 91 OR) oder der Schuldner Einreden erheben kann (z.B. die Verjährungseinrede: Art. 82 f. OR).[1059]

476 1. Geht die Gläubigerin nach den Regeln des Schuldnerverzugs vor, gestaltet sich die **Beweislastverteilung** wie folgt: Nach dem Grundsatz des Vertrauens ist eine Leistung grundsätzlich gehörig und rechtzeitig erfolgt, weshalb die **Verspätung** zu beweisen ist. Da eine Forderung grundsätzlich sogleich fällig ist,[1060] es sei denn, die Zeit der Erfüllung ergebe sich aus dem Vertrag oder aufgrund der Natur des Rechtsgeschäfts (Art. 75 OR), ist sie vom Gläubiger nicht zu beweisen. Vielmehr kann er die Leistung sogleich verlangen. Es liegt also nicht an der Gläubigerin, das Bestehen einer Erfüllungsfrist und deren Ablauf im Zeitpunkt der Mahnung zu beweisen.[1061] Vielmehr trägt der **Schuldner** die Beweislast für die **Abweichung von der sofortigen Fälligkeit,** also für eine Erfüllungsfrist, die sich aus Vertrag oder aus der Natur des Rechtsgeschäfts ergibt, die im Zeitpunkt der Mahnung noch nicht abgelaufen ist. Verlangt die Gläubigerin die Erfüllung vor Ablauf der rechtsgeschäftstypischen Frist, hat sie die frühere Fälligkeit zu beweisen.[1062] Für die **Inverzugsetzung** obliegt der **Gläubigerin** darüber hinaus die Beweislast der **Mahnung** und der **Fristansetzung**[1063] sowie des unbenutzten Fristablaufs. Erfolgt die Inverzugsetzung durch Ablauf eines **Verfalltags** (Art. 102 Abs. 2 OR), so obliegt der Beweis für dessen vertragliche Vereinbarung (wie für jeden Vertragsinhalt; N 371) ebenfalls der **Gläubigerin**.[1064]

477 2. **Nach Inverzugsetzung** und unbenutztem Ablauf der Nachfrist hat die Gläubigerin verschiedene Wahlrechte:

478 a. Will die *Gläubigerin* immer noch *auf Erfüllung* klagen (Art. 107 Abs. 1 OR) und Schadenersatz wegen Verspätung (Art. 103 Abs. 1, Art. 106 Abs. 1 OR) und/oder Verzugszins (Art. 104 OR) verlangen, hat sie den *Verspätungsschaden* und die (gesetzli-

---

[1058] Gauch/Schluep/Emmenegger, N 2658.
[1059] Gauch/Schluep/Emmenegger, N 2664 f.
[1060] Walter, BeKomm, Art. 8 ZGB N 545.
[1061] A.M. Kummer, BeKomm, Art. 8 ZGB N 199, N 287; Weber, BeKomm, Art. 107 OR N 241 und Art. 109 OR N 105.
[1062] Im Ergebnis ebenso Walter, BeKomm, Art. 8 ZGB N 545.
[1063] Mahnung und Ansetzen einer Nachfrist sind allerdings nicht immer notwendig (Art. 102 Abs. 2 und Art. 108 OR): Gauch/Schluep/Emmenegger, N 2710 ff., N 2740 ff. Das Ansetzen einer Nachfrist ist ferner nicht für alle Verzugsfolgen erforderlich (z.B. nicht für das Bezahlen von Verzugszinsen, Art. 104 Abs. 1 OR).
[1064] Walter, BeKomm, Art. 8 ZGB N 580.

chen oder vertraglich vereinbarten) *Verzugszinse* zu beweisen.[1065] Der Anspruch auf Verspätungsschaden[1066] setzt ein Verschulden des Verzugsschuldners voraus, das – wie in Art. 97 Abs. 1 OR – vermutet wird. Der *Schuldner* kann sich davon befreien, indem er sein *fehlendes Verschulden* beweist (Art. 103 Abs. 2 OR). Der Erfüllungsklage der Gläubigerin kann der Schuldner einerseits den Beweis der bereits erfolgten Erfüllung (N 490) oder den Beweis der von ihm unverschuldeten Leistungsunmöglichkeit entgegenhalten (Art. 119 Abs. 1 OR).[1067]

b. *Verzichtet* dagegen die *Gläubigerin auf* die (noch nicht erfolgte) *Leistung* und erklärt sie diesen Verzicht unverzüglich (Art. 107 Abs. 2 OR),[1068] entsteht ein weiteres Wahlrecht:[1069] 479

aa. Sie kann nun entweder – unter Aufrechterhaltung des Vertrags – Ersatz der ausgebliebenen Leistung (Erfüllungsinteresse/positives Vertragsinteresse: Art. 107 Abs. 2 OR) und Ersatz des Verspätungsschadens (Art. 103 Abs. 1) 480

bb. oder – unter Verzicht auf den Vertrag (Rücktritt) – Ersatz des Schadens aus dem Dahinfallen des Vertrags (negatives Vertragsinteresse: Art. 107 Abs. 2, Art. 109 Abs. 2 OR) verlangen. 481

Je nach getroffener Wahl (aa. oder bb.) hat die Gläubigerin das *positive oder das negative Vertragsinteresse,* also den Verspätungsschaden oder den Schaden aus dem Dahinfallen des Vertrags,[1070] *zu beweisen.* Dagegen hat sie nicht den Beweis der Nichterfüllung zu erbringen, denn die Forderung gilt so lange als nicht erfüllt, als ihre Erfüllung durch den Schuldner nicht bewiesen wird (N 490). Der Schuldner hat somit seine Erfüllung oder die von ihm unverschuldete Leistungsunmöglichkeit (Art. 119 OR) zu beweisen (N 448), wenn er sich der Forderung nach Schadenersatz entziehen will. 482

[1065] GAUCH/SCHLUEP/EMMENEGGER, N 2612; KUMMER, BeKomm, Art. 8 ZGB N 199; WEBER, BeKomm, Art. 106 OR N 11.
[1066] Dagegen ist die Pflicht zur Zahlung von Verzugszinsen verschuldensunabhängig: GAUCH/SCHLUEP/EMMENEGGER, N 2686.
[1067] GAUCH/SCHLUEP/EMMENEGGER, N 2613; AEPLI, ZüKomm, Art. 119 OR N 156 ff.
[1068] GAUCH/SCHLUEP/EMMENEGGER, N 2760; WEBER, BeKomm, Art. 107 OR N 142 ff.; WIEGAND, BaKomm, Art. 107 OR N 14 ff.
[1069] Zu diesen Wahlrechten: GAUCH/SCHLUEP/EMMENEGGER, N 2767 ff.; Weber, BeKomm, Art. 107 OR N 109, N 154 ff.
[1070] GAUCH/SCHLUEP/EMMENEGGER, N 2767, N 2900 (zum positiven Vertragsinteresse), N 2808, N 2899 (zum negativen Vertragsinteresse).

7. Verjährung und Verwirkung

483 1. Ist die Entstehung einer Forderung bewiesen, so gilt diese – nach Vertrauenskriterien – als nicht verjährt. Folglich hat der **Schuldner**, der sich darauf beruft, den Zeitablauf und mithin die **Verjährung** zu beweisen. Im Einzelnen:

484 a. Der *Beginn der Verjährung* hängt von der Entstehung der fraglichen Forderung ab. Der Beweis, dass eine Forderung begründet wurde, obliegt der Gläubigerin (N 422). Der Schuldner, der sich auf einen bestimmten Beginn der Verjährung beruft, hat den Zeitpunkt der Entstehung der Forderung zu beweisen.[1071] Eine Forderung ist grundsätzlich sogleich, also mit ihrer Entstehung fällig (Art. 75 OR). Die ordentliche Verjährung beginnt also ebenfalls sogleich (Art. 130 OR). Will die Gläubigerin einen aufgeschobenen Verjährungsbeginn geltend machen, obliegt ihr die Beweislast dafür, nämlich z.B. für eine vertraglich vereinbarte aufgeschobene Fälligkeit oder für eine suspensiv bedingte Forderung.[1072] Kann die Gläubigerin den Aufschub beweisen, obliegt es dem Schuldner, den Eintritt der Bedingung oder den Eintritt des vertraglich vereinbarten Fälligkeitstermins zu beweisen.[1073] Im Fall *vertraglicher Haftung* entsteht die Schadenersatzforderung aus positiver Vertragsverletzung im Zeitpunkt der Vertragsverletzung, unabhängig vom Eintritt des Schadens oder der Kenntnis der geschädigten Person von ihrem Anspruch.[1074] Bei laufender Vertragsverletzung beginnt die zehnjährige Verjährung grundsätzlich spätestens mit dem Ende des Vertrags zu laufen.[1075] Im Fall *ausservertraglicher Haftung* setzt der Beginn der einjährigen Verjährung der Schadenersatz- oder der Genugtuungsforderung die Kenntnis des Schadens und der ersatzpflichtigen Person voraus (Art. 60 Abs. 1 OR).[1076] Die Beweislast für diese Kenntnis obliegt dem Schuldner, der sich auf einen bestimmten Verjährungsbeginn beruft.[1077] Es gilt hier nichts anderes als für den Beginn der Verjährung einer vertraglichen Forderung, für den die Beweislast ebenfalls dem Schuldner obliegt (s. soeben). *Mutatis mutandis* hat der Schuldner auch den Zeitpunkt der schädigenden Handlung als Beginn der zehnjährigen Verjährungsfrist zu beweisen, wenn er sich darauf beruft.

[1071] WALTER, BeKomm, Art. 8 ZGB N 621; KUMMER, BeKomm, Art. 8 ZGB N 304.
[1072] SPIRO, Band I, N 360; wohl a.M. WALTER, BeKomm, Art. 8 ZGB N 621, und KUMMER, BeKomm, Art. 8 ZGB N 304, beide aber ohne expliziten Bezug auf besondere, von Art. 73 OR abweichende Fälligkeitszeitpunkte.
[1073] SPIRO, Band I, N 360.
[1074] BGE 137 III 16 (19 f.), E. 2.3, und (21 f.), E. 2.4.1 und 2.4.3; 106 II 134 (136), E. 2a; BGer 4A_558/2017 vom 29. Mai 2018, E. 5.3.1; GAUCH/SCHLUEP/EMMENEGGER, N 3308 ff.
[1075] BGer 4A_558/2017 vom 29. Mai 2018, E. 5.3.1; BGE 106 II 134 (139), E. 2d.
[1076] FELLMANN/KOTTMANN, N 3043 ff., N 3048 ff.; GAUCH/SCHLUEP/EMMENEGGER, N 3310. Die Revision des Obligationenrechts (Revision des Verjährungsrechts) vom 15. Juni 2018, BBl 2018, 3537 ff., ändert daran nichts.
[1077] SPIRO, Band I, N 360; a.M. WALTER, BeKomm, Art. 8 ZGB N 621; KUMMER, BeKomm, Art. 8 ZGB N 304.

b. Will der Schuldner den *Ablauf der Verjährungsfrist* beweisen, darf er vom Zeitpunkt der Erhebung der Leistungsklage (oder des Einreichens des Schlichtungsgesuchs; Art. 197, Art. 202 ZPO) als erster den Verjährungslauf unterbrechender Handlung ausgehen (Art. 135 Ziff. 2 OR). Es liegt an der Gläubigerin, bereits früheres, also ihr Handeln vor Verjährungseintritt (und damit die Unterbrechung der Verjährung vor Erhebung der Leistungsklage bzw. der Einreichung des Schlichtungsgesuchs) zu beweisen.[1078] Ebenso hat die Gläubigerin die Voraussetzungen und die Dauer des Stillstands der Verjährung (Art. 134 OR) zu beweisen.[1079]

485

c. Ist die Dauer der *Verjährungsfrist* streitig, ist für vertragliche Forderungen von der allgemeinen zehnjährigen Verjährungsfrist (Art. 127 OR) auszugehen. Beruft sich der Schuldner auf die kürzere Verjährungsfrist von fünf (Art. 128 OR) oder von drei Jahren (Art. 128a OR[1080]), hat er die entsprechenden Voraussetzungen zu beweisen.[1081] Beruft sich die Gläubigerin auf eine längere Verjährungsfrist, z.B. auf die zwanzigjährige Frist für Verlustscheinforderungen (Art. 149a SchKG) oder auf die Unverjährbarkeit von Forderungen, für die ein Grundpfand eingetragen ist (Art. 807 ZGB), trägt sie dafür die Beweislast.[1082] Bei ausservertraglichen Forderungen ist von der dreijährigen (relativen) bzw. der zehnjährigen (Art. 60 Abs. 1 OR) oder der zwanzigjährigen (Art. 60 Abs. 1bis OR[1083]) (absoluten) Verjährungsfrist auszugehen. Beruft sich der Gläubiger auf die längere strafrechtliche Verjährungsfrist (Art. 60 Abs. 2 OR), hat er die Voraussetzungen dieser längeren Frist, nämlich das Vorliegen einer strafbaren Handlung, zu beweisen.[1084]

486

2. Die Beweislage bei der Verjährung ist vergleichbar mit dem Beweis der **Verwirkung** eines Rechts, beispielsweise mit der Verwirkung der Mängelrüge (N 460).[1085] Der Beweis für die Rechtzeitigkeit der Mängelrüge obliegt dem Gläubiger ebenso wenig wie jener für die Rechtzeitigkeit der Geltendmachung bzw. für die Nichtverjäh-

487

[1078] SPIRO, Band I, N 358 f.; WALTER, BeKomm, Art. 8 ZGB N 621 f.
[1079] SPIRO, Band I, N 359; WALTER, BeKomm, Art. 8 ZGB N 621 f.
[1080] Änderung des Obligationenrechts (Revision des Verjährungsrechts) vom 15. Juni 2018, BBl 2018, 3537 ff.
[1081] SPIRO, Band I, N 361; WALTER, BeKomm, Art. 8 ZGB N 621.
[1082] WALTER, BeKomm, Art. 8 ZGB N 621; KUMMER, BeKomm, Art. 8 ZGB N 321. A.M. SPIRO, Band I, N 361, der dem Gläubiger die Beweislast nur für die Unverjährbarkeit der Forderung überbinden will, während für die Verkürzung und die Verlängerung der Verjährungsfrist der Schuldner die Beweislast trägt, da er den Beweis leichter erbringen könne.
[1083] Änderung des Obligationenrechts (Revision des Verjährungsrechts) vom 15. Juni 2018, BBl 2018, 3537 ff.
[1084] SPIRO, Band I, N 361.
[1085] A.M. WALTER, BeKomm, Art. 8 ZGB N 624. Soll dagegen der Schuldner durch eine Verwirkungsfrist vor verzögerter Rechtsausübung (vor Rechtsmissbrauch) durch den Gläubiger geschützt werden, trägt dieser die Beweislast für die verspätete Gläubigerhandlung und nicht der Gläubiger für seine rechtzeitige Handlung (WALTER, BeKomm, Art. 8 ZGB N 627).

rung seiner Forderung.[1086] Denn nach der vertrauensbasierten Beweislastverteilung ist vom Grundsatz auszugehen, dass ein Recht, z.B. eine Mängelrüge, rechtzeitig geltend gemacht und eine entstandene Forderung nicht verjährt ist. Mit anderen Worten ist nicht der Fortbestand des Rechts, z.B. des Rügerechts, oder der Fortbestand der Forderung, sondern deren Untergang durch Erfüllung oder deren Verjährung zu beweisen. Eine **Handlung**, ein Vorgehen, die Erhebung der Rüge wird als **rechtzeitig** und richtig unterstellt, da es das erwartungsgemässe, redliche und korrekte Verhalten ist. Daher ist es die Schuldnerin, welche die Verjährung der Forderung oder die Verwirkung eines Rechts, namentlich der Mängelrüge (also den Zeitablauf), zu behaupten und zu beweisen hat. Das geschieht durch den Nachweis des Beginns des Fristenlaufs (Art. 130 Abs. 1 i.V.m. Art. 75 OR) sowie der einschlägigen Dauer der Frist (Art. 127 f., Art. 210 Abs. 1, Art. 371 Abs. 2 OR) und deren Ablauf mit der Klageeinreichung oder gegebenenfalls einem anderen Leistungsbegehren (Art. 135 Abs. 2 OR).[1087] Dem Gläubiger obliegt der Beweis der rechtzeitigen Unterbrechung des Fristenlaufs (der Verjährungs- oder Verwirkungs-, namentlich der Mängelrügefrist). Dafür ist der Nachweis der Unterbrechungshandlung (Art. 135 Ziff. 1 und 2 OR) bzw. der früheren Rüge (dazu N 461 f.) und deren Datum erforderlich, aber auch genügend.[1088]

488 **Beispiel:** Mit Bezug auf die Beweislast der Verwirkung der Eintragung des **Bauhandwerkerpfandrechts** (Art. 837 Abs. 1 Ziff. 3 ZGB) gilt Folgendes: Das Pfandrecht der Handwerker und Unternehmer muss in das Grundbuch eingetragen werden. Die Eintragung kann frühestens ab dem Zeitpunkt erfolgen, in dem sich die Pfandberechtigten zur Arbeitsleistung verpflichtet haben. Sie muss spätestens vier Monate nach der Vollendung der Arbeit erfolgen (Art. 839 Abs. 2 ZGB). Der Beweis der Rechtzeitigkeit des Eintragungsbegehrens obliegt nicht dem Unternehmer oder dem Handwerker.[1089] Vielmehr hat die **Werkeigentümerin** als Schuldnerin die **Verspätung zu beweisen.** Dazu hat sie den Beginn der Frist, also die Vollendung der Arbeit (Art. 839 Abs. 2 ZGB), sowie den Ablauf von vier Monaten im Zeitpunkt der Klageeinreichung oder einer anderen Unterbrechungshandlung zu beweisen. Der Gläubiger hat alsdann zu beweisen, dass er vor Ablauf von vier Monaten diese Frist gewahrt hat, indem der Grundbuchverwalter die Eintragung in das Grundbuch (auch nur in Form der vorläufigen Eintragung, nämlich der Vormerkung; Art. 76 Abs. 3 GBV) vorgenommen hat.[1090]

[1086] Die Vergleichbarkeit der Beweislage bei Verjährung und Verwirkung wird auch von SPIRO, Band II, N 426, bejaht, jedoch von KUMMER, BeKomm, Art. 8 ZGB N 312, WALTER, BeKomm, Art. 8 ZGB N 623 f., und HOHL, FZR 1994, 270, abgelehnt.
[1087] SPIRO, Band I, N 360 f.; vgl. auch BGE 118 II 142 (149), E. 4.
[1088] Siehe dazu auch SCHMID, Beweislast, 25, mit guten Gründen.
[1089] A.M. KGer Freiburg 101 2016 262 vom 24. Mai 2017, E. 2b. Wohl auch a.M. SCHUMACHER, FS Eichenberger, 184; REETZ, 140 N 56.
[1090] SCHMID/HÜRLIMANN-KAUP, N 1762 ff.

8. Erlöschen der Obligation

Ist die Entstehung einer Forderung bewiesen, hat ihr **Erlöschen** zu beweisen, wer es behauptet. Dies gilt für die Erfüllung der Forderung (Art. 114 Abs. 1 OR) ebenso wie für den Erlass (Art. 115 OR), die Neuerung (Art. 116 OR), die Vereinigung (Art. 117 OR), die Unmöglichkeit der Leistung ohne Verschulden des Schuldners (Art. 119 OR) und die Verrechnung (Art. 120 OR). Das entspricht der vertrauensbasierten Beweislastverteilung, wonach das Vertrauen in das Bestehen bzw. in die Klagbarkeit einer Forderung zu schützen ist, solange nicht deren Erlöschen bewiesen ist. Wie es sich im Einzelnen im Zusammenhang mit der Erfüllung (a.), der Aufhebung durch vertragliche Vereinbarung (b.) und der Kündigung (c.) als besonderem Erlöschensgrund bei Dauerverträgen verhält, ist nachstehend darzustellen: 489

a. Erfüllung

Erfüllung ist die gehörige Bewirkung der geschuldeten Leistung. Ist die Entstehung einer Forderung (und deren Umfang) unbestritten bzw. bewiesen (N 387 ff.), so gilt nach Vertrauenskriterien Folgendes: Die Forderung besteht vorerst einmal und ist noch nicht – durch Erfüllung (Art. 114 OR), Erlass (Art. 115 OR), Unmöglichkeit (Art. 119 OR) oder Verrechnung (Art. 120 OR) – erloschen und auch nicht verjährt (Art. 127 ff. OR). Dies entspricht dem Normalfall, dem Üblichen. Wer die Erfüllung einer Forderung verlangt, hat bloss das Bestehen der Forderung zu beweisen und nicht etwa deren Nichterfüllung.[1091] Gelingt der Beweis der Forderung, hat alsdann die **Schuldnerin** die **Erfüllung zu beweisen** (wozu nicht die Mängelfreiheit der Leistung gehört; N 451).[1092] Anstelle der Erfüllung kann auch ein hinreichendes Leistungsangebot (Art. 82 OR) oder eine zulässige Hinterlegung (Art. 92 OR) bewiesen werden.[1093] 490

In Anwendung dieser Grundsätze hat z.B. der **Arbeitnehmer** das Bestehen eines **Ferienanspruchs** (durch den Beweis eines Arbeitsverhältnisses: Art. 329a OR) zu beweisen, nicht aber die Tatsache, dass er die Ferien nicht bezogen hat. Vielmehr obliegt die Beweislast für bereits bezogene Ferien (also für Erfüllung) dem Arbeitgeber (N 398).[1094] Das entspricht der vertrauensbasierten Beweislastverteilung: Kann 491

[1091] WALTER, BeKomm, Art. 8 ZGB N 542.
[1092] BGer 4A_298/2017 vom 8. Februar 2018, E. 5.1 (die angebliche Unmöglichkeit, die einzelnen bereits erbrachten Leistungen zu substantiieren, entbindet nicht von der Beweislast, insb. dann nicht, wenn das eigene Unvermögen im selbst gewählten Beizug Dritter zur Vertragserfüllung liegt); BGer 4D_6/2015 vom 22. Mai 2015, E. 4.2. Siehe auch KUMMER, BeKomm, Art. 8 ZGB N 161, N 282, N 287, N 298 f.; WALTER, BeKomm, Art. 8 ZGB N 542: Beide unterscheiden nicht zwischen der Leistung als solcher und der gehörigen Leistung (i.S. der Erfüllung).
[1093] WALTER, BeKomm, Art. 8 ZGB N 544.
[1094] BGE 128 III 271 (274), E. 2a/bb.

die Erfüllung nicht bewiesen werden, trägt der Schuldner die Beweislast. Für diese Beweislastverteilung sprechen auch die Prinzipien der Rechtsfolgeabwägung und der einfacheren Beweismöglichkeit:[1095] Die Schuldnerin kann die Erfüllung einfacher beweisen als der Gläubiger die Nichterfüllung, da die entsprechenden Beweismittel regelmässig im Herrschaftsbereich der Schuldnerin liegen.

b. Aufhebung durch vertragliche Vereinbarung

aa. Verzicht

492 Mit dem vertraglichen oder einseitigen Verzicht auf eine Forderung erlischt die Forderung. Wer den Verzicht geltend macht, trägt für dessen **Vereinbarung** die **Beweislast**. Die Gültigkeit der Verzichtsvereinbarung ist ebenso wenig zu beweisen wie die Gültigkeit eines anderen Vertrags. Nach Vertrauenskriterien gilt sie vielmehr als gültig und ist ihre Ungültigkeit bzw. ihre Unzulässigkeit zu beweisen. Das sei anhand des Verzichts auf die Herausgabe von Retrozessionen dargestellt:

493 Der Vermögensverwaltungsvertrag unterliegt grundsätzlich dem Recht des einfachen Auftrags.[1096] Gemäss Art. 400 Abs. 1 OR besteht die Pflicht des Beauftragten, alle ihm im Zusammenhang mit der Auftragsausführung zugekommenen direkten oder indirekten Vorteile, namentlich Retrozessionen, an den Auftraggeber abzuliefern. Ein im Voraus oder nachträglich erklärter Verzicht durch den Auftraggeber ist zulässig. Ein gültiger Vorausverzicht setzt die Kenntnis der massgebenden Berechnungsparameter durch den Auftraggeber voraus.[1097] Nach dem Bundesgericht hat der Beauftragte neben dem ausdrücklichen Verzicht auch die Voraussetzung der hinreichenden Informationen über die massgebenden Berechnungsparameter zu beweisen.[1098] Im Einzelfall ist nach dem Bundesgericht eine aktive Aufklärung durch den Beauftragten erforderlich, damit die Kenntnis des Auftraggebers hinsichtlich der Retrozessionen für einen gültigen Verzicht ausreicht. Der Geschäfts(un)erfahrenheit des Auftraggebers ist Rechnung zu tragen.[1099] Nach der vertrauensbasierten Beweislastverteilung hat dagegen **der Auftraggeber zu beweisen,** dass er keine Kenntnis über die massgebenden Berechnungsparameter hatte, dass er also nicht genügend informiert und gegebenenfalls nicht aktiv aufgeklärt wurde und somit sein **Verzicht ungültig** ist. Da es sich dabei um den Beweis negativer Tatsachen handelt, trifft den Beauftragten eine Substantiierungspflicht (N 25).

[1095] Im Ergebnis ebenso KUMMER, BeKomm, Art. 8 ZGB N 298.
[1096] BGE 132 III 460 (464 f.), E. 4.1.
[1097] BGE 138 III 755 (759 ff.), E. 4.2, 5.3; 137 III 393 (395 f.), E. 2.1 ff.; 132 III 460 (466 f.), E. 4.3.
[1098] BGE 137 III 393 (401), E. 2.5.
[1099] BGE 137 III 393 (401), E. 2.5.

bb. Schulderlass

Eine Forderung kann durch Übereinkunft ganz oder teilweise aufgehoben werden (Art. 115 OR). Diese Übereinkunft zwischen Gläubigerin und Schuldner wird auch Aufhebungsvertrag oder (Schuld-)Erlassvertrag genannt.[1100] Ist das Bestehen einer Forderung bewiesen (z.B. aufgrund eines Vertrags), so gilt sie nach Vertrauenskriterien als nicht erlassen. Daher hat den **Schulderlass zu beweisen,** wer sich darauf beruft. 494

cc. Neuerung

Mit der Begründung einer Schuld kann vereinbart werden, dass gleichzeitig eine bestehende Schuld aufgehoben (getilgt) wird und an ihre Stelle die neu begründete Schuld tritt.[1101] Das ist der Neuerungsvertrag, der als solcher im OR nicht umschrieben wird. In Art. 116 OR wird einzig das Ergebnis der Neuerung umschrieben und eine gesetzliche Vermutung gegen die Neuerung aufgestellt: Mit der Begründung einer neuen Schuld wird vermutungsweise nicht eine alte Schuld getilgt. Diese Vermutung bestätigt das Vertrauen in das Bestehen einer (bewiesenen) Schuld. Wer die **Aufhebung der Schuld durch Neuerung** behauptet, trägt dafür die **Beweislast**.[1102] 495

c. Kündigung

Wer sich im Zusammenhang mit der **Beendigung eines Dauerschuldverhältnisses** auf Kündigung, Aufhebungsvertrag oder Befristung beruft, hat diese Beendigungsgründe zu beweisen. Das Fortdauern eines Rechtsverhältnisses ist nicht zu beweisen (N 487).[1103] 496

1. Behauptet etwa die Arbeitgeberin die **Kündigung** des Arbeitsvertrags, unterstellt sie damit ein unbefristetes Verhältnis. Ein solches dauert gemäss dem Vertrauensgrundsatz an, solange es nicht gekündigt wird. Wer die Kündigung behauptet, hat die Ausübung dieses Gestaltungsrechts, die **Kündigungserklärung,** zu beweisen. Die natürliche Vermutung für das Fortdauern des Arbeitsvertrags kann nach den Umständen umkippen, nämlich z.B. dann, wenn eine Arbeitnehmerin ins AHV-Alter eintritt. Nach allgemeiner Lebenserfahrung werden Arbeitsverhältnisse mit dem Eintritt des AHV-Alters der Arbeitnehmenden gekündigt (tatsächliche Vermutung mit normativer 497

[1100] GAUCH/SCHLUEP/EMMENEGGER, N 3111; zu den Abgrenzungen s. DIES., N 3132.
[1101] GAUCH/SCHLUEP/EMMENEGGER, N 3140; AEPLI, ZüKomm, Art. 116 OR N 11; BGer 4A_604/2011 vom 22. Mai 2012, E. 3.1; BGE 131 III 586 (592), E. 4.2.3.3; 116 II 259 (264 f.), E. 5.
[1102] GAUCH/SCHLUEP/EMMENEGGER, N 3153.
[1103] BGE 125 III 78 (79 f.), E. 3b; KUMMER, BeKomm, Art. 8 ZGB N 156 ff.; LARDELLI, BaKomm, Art. 8 ZGB N 43; DESCHENAUX, SPR II, 254.

Bedeutung; N 280 f.). Daher hat unter diesen Umständen jene Person die Fortsetzung des Arbeitsverhältnisses zu beweisen, die sich darauf beruft.

498 2. Die **Kündigungsfrist** wird als eingehalten vermutet, weil es dem Erfahrungsgemässen, dem Vernünftigen, dem redlich und korrekt Handelnden entspricht. Daher muss die **Verletzung der Frist beweisen,** wer sich auf das Nichteinhalten der Kündigungsfrist beruft. Das entspricht auch Art. 6 Abs. 2 VVG, wonach das Kündigungsrecht mit der Anzeigepflichtverletzung entsteht und vier Wochen, nachdem der Versicherer von der Verletzung der Anzeigepflicht Kenntnis erhalten hat, erlischt (Art. 6 Abs. 1 und 2 VVG). Daher ist die Nichteinhaltung der Kündigungsfrist von der versicherten Person und (wie das Bundesgericht unterstellt) nicht die Einhaltung der Frist von der Versicherung zu beweisen.[1104]

499 3. Ist die Kündigung unbestritten, wird aber ihre **Missbräuchlichkeit** behauptet, trägt die Arbeitnehmerin bzw. der Mieter die Beweislast für eine missbräuchliche Kündigung,[1105] denn eine Kündigung gilt nach dem Vertrauensgrundsatz als korrekt und zulässig. Das Motiv einer Kündigung ist eine Tatfrage. Lässt das Gericht diese Tatfrage aufgrund einer Beweislosigkeit offen, verletzt es Art. 8 ZGB nur dann, wenn es taugliche und formgültig beantragte Beweise nicht abgenommen hat.[1106] Andernfalls trägt die Arbeitnehmerin die Beweislast für eine unbewiesen gebliebene Missbräuchlichkeit der Kündigung.

500 Das verpönte Motiv (z.B. das Geschlecht einer Person) muss für die Kündigung **kausal** gewesen sein, was ebenfalls zum Beweisthema der Missbräuchlichkeit gehört, wofür die Arbeitnehmerin die Beweislast trägt. Wer eine **Geschlechterdiskriminierung** geltend macht, muss diese nur **glaubhaft** machen, worauf das Gesetz das Vorliegen einer Diskriminierung (Art. 6 GlG) und mithin eine missbräuchliche Kündigung gemäss Art. 336 Abs. 1 lit. a OR vermutet.[1107] Abgesehen davon gilt generell eine gewisse Beweiserleichterung, da es sich beim Motiv für eine Kündigung um einen inneren Vorgang im Bereich des Arbeitgebers handelt, der schwierig nachzuweisen ist. Daher kann das Gericht die Missbräuchlichkeit aufgrund der allgemeinen Lebenserfahrung vermuten, wenn die Arbeitnehmerin aufgrund bestimmter Indizien das vom Arbeitgeber vorgebrachte Motiv als unglaubwürdig darstellen kann.[1108]

[1104] BGer 4A_150/2015 vom 29. Oktober 2015.
[1105] BGE 139 III 13 (19), E. 3.1.3.2, mit Hinweis auf BGE 123 III 246 (252), E. 4b; 120 II 105 (111), E. 3c in fine.
[1106] BGE 115 II 484 (486 f.), E. 2b.
[1107] BGer 4A_46/2016 vom 20. Juni 2016, E. 7.3.3.
[1108] BGE 130 III 699 (703), E. 4.1; BVerwGer A-662/2017 vom 31. August 2017, E. 5.1.5; KGer Freiburg 102 2016 223 vom 29. Mai 2017, E. 2c; WYLER/HEINZER, 643 f.

9. Bedingung und Befristung

a. Bedingung

Eine Obligation kann nicht nur durch Erfüllung, Aufhebungsvereinbarung oder Kündigung (N 490 ff.), sondern auch aufgrund einer Bedingung erlöschen, nämlich im Fall einer auflösenden Bedingung (Art. 154 OR). Eine Bedingung kann aber auch aufschiebende Wirkung haben (Art. 151 OR). Aus diesem Grund werden die Bedingungen separat und nicht im Zusammenhang mit dem Erlöschen der Obligation (N 489 ff.) behandelt. Zu unterscheiden ist die Beweislast betreffend die Vereinbarung (aa.) und gegebenenfalls die Art und den Eintritt (bb.) der Bedingung.

501

aa. Vereinbarung

Nach Vertrauenskriterien sind obligatorische oder dingliche Rechte (üblicherweise, erwartungsgemäss, nach der allgemeinen Lebenserfahrung) **unbedingt.**[1109] Wer das Zustandekommen eines Vertrags behauptet, hat das zu beweisen. Dazu gehört aber nicht die Tatsache, dass der Vertrag bedingungslos geschlossen wurde. Ist das Zustandekommen des Vertrags bewiesen, muss jene Partei die Vereinbarung einer **Bedingung beweisen,** die sich darauf beruft, der Vertrag sei unter aufschiebender Bedingung geschlossen worden bzw. unterliege einer auflösenden Bedingung.

502

Diese (vertrauensbasierte) Beweislastverteilung entspricht der herrschenden Lehre[1110] und Rechtsprechung[1111] in der Schweiz. In Deutschland[1112] wird dagegen gestützt auf die sog. Leugnungstheorie die Unbedingtheit des Vertragsschlusses der Beweislast jener Partei zugeschlagen, die sich auf den (unbedingten) Vertragsschluss beruft. Wer also im Prozess den Vertragsabschluss behauptet, hat nicht nur diesen, sondern auch seine Unbedingtheit zu beweisen. Diese Beweislast für eine negative Tatsache (N 303) wird mit einer Pflicht der Gegenpartei verbunden, das Vorliegen einer Bedingung substantiiert zu behaupten.[1113]

503

[1109] Kummer, BeKomm, Art. 8 ZGB N 262, und Walter, BeKomm, Art. 8 ZGB N 609, bezeichnen die Bedingung als Ausnahme.
[1110] Kummer, BeKomm, Art. 8 ZGB N 261; Walter, BeKomm, Art. 8 ZGB N 609 f.; Piotet, CommR, Art. 8 ZGB N 33; Ehrat/Widmer, BaKomm, Art. 151 OR N 14; Pichonnaz, CommR, Art. 151 OR N 61; Meier, ZSR 1987, 729; Gauch/Schluep/Emmenegger, N 4022; wohl auch Göksu, HandKomm, Art. 8 ZGB N 16; a.M. Lardelli, BaKomm, Art. 8 ZGB N 45a; Oser/Schönenberger, ZüKomm, Vorbem. Art. 151–157 OR N 19; Guldener, Beweiswürdigung, 66.
[1111] BGer 4C.264/2004 vom 20. Oktober 2004, E. 3.4; 4C.212/2004 vom 25. Oktober 2004, E. 3.1; 5A_167/2017 vom 11. September 2017, E. 6.2.
[1112] Baumgärtel/Laumen, Handbuch, § 158 BGB N 5 und 7; a.M. Heinrich, 161 ff., 163.
[1113] Walter, BeKomm, Art. 8 ZGB N 610, fordert die substantiierte Bestreitung der Unbedingtheit.

bb. Art und Eintritt

504 Die Bedingung kann aufschiebend oder auflösend sein. Ist der Vertragsabschluss bewiesen, liegt die Beweislast für das Vorliegen einer Bedingung bei der Schuldnerin, die ihre Schuldpflicht aus diesem Vertrag bestreitet. Sie bestreitet mit der Bedingung ihre vertragliche Verpflichtung, entweder vorläufig (aufschiebende Bedingung) oder endgültig (auflösende Bedingung). Wer die Bedingung behauptet, hat mithin nicht nur deren Vereinbarung, sondern auch die **Art der Bedingung** sowie deren **Eintritt zu beweisen.** Das gilt auch für die Gläubigerin, die unter Berufung auf den Eintritt einer auflösenden Bedingung eine Rückforderung geltend macht.[1114]

b. *Befristung*

505 Ein Rechtsverhältnis, eine Forderung oder ein Gestaltungsrecht ist **nach Vertrauenskriterien** nicht nur unbedingt, sondern auch **unbefristet.** Daher hat – wie bei der Bedingung – die Befristung zu beweisen, wer sich darauf beruft. Das gilt sowohl für den Anfangstermin *(dies a quo)* wie auch für den Endtermin *(dies ad quem)*.[1115] Ist etwa ein Kaufs-, Rückkaufs- oder Vorkaufsrecht vertraglich befristet vereinbart worden, muss die verspätete Geltendmachung des Rechts behaupten und beweisen, wer sich darauf beruft. Gleiches gilt für die verspätete Genehmigung des hinkenden Rechtsgeschäfts durch die gesetzliche Vertreterin (Art. 19a ZGB), für die verspätete Anfechtung wegen eines Willensmangels oder wegen Übervorteilung (Art. 31 und 21 OR), für die verspätete Kündigung durch den Erwerber der Mietsache (Art. 261 OR) oder den verspäteten Widerruf bei Haustürgeschäften (Art. 40e Abs. 2 OR) oder des Konsumenten (Art. 16 KKG) sowie für die verspätete Geltendmachung von Mängelrechten.[1116] Die **Beweislast** trägt, wer die **Verspätung** nicht beweisen kann (s. dazu N 460 ff.).

10. Stellvertretung

506 1. Die Beweislast trägt, wer sich auf ein **Fremdgeschäft** beruft, da nach dem zu schützenden Vertrauen in den Rechtsverkehr das Eigengeschäft die Regel, das Fremdgeschäft dagegen die Ausnahme darstellt.[1117] Daher hat der **Gläubiger als Vertragspartei** das Fremdgeschäft zu beweisen, wenn er gegen den (angeblich) Vertretenen vorgeht: Er hat zu beweisen, dass ein Dritter mit ihm einen Vertrag im Namen des

---

[1114] KUMMER, BeKomm, Art. 8 ZGB N 265; WALTER, BeKomm, Art. 8 ZGB N 610; s. auch HEINRICH, 165.
[1115] WALTER, BeKomm, Art. 8 ZGB N 617, mit Hinweis auf die entsprechende explizite Regel in § 163 BGB; GAUCH/SCHLUEP/EMMENEGGER, N 4035.
[1116] SPIRO, Band II, N 423, N 426.
[1117] WALTER, BeKomm, Art. 8 ZGB N 517.

Vertretenen abgeschlossen hat und über die entsprechende Vertretungsmacht (Vollmacht) verfügte. Dagegen hat der **Gläubiger als Vertretener** das Fremdgeschäft zu beweisen, wenn er gegen den angeblichen Vertragspartner vorgeht. Schliesslich hat der **Vertreter** das Fremdgeschäft zu beweisen, wenn er gegenüber dem Vertragspartner, der gegen ihn vorgeht, geltend macht, den Vertrag mit Wirkung für einen Dritten abgeschlossen zu haben. Er hat dabei nachzuweisen, dass sein Handeln in fremdem Namen dem Vertragspartner nach Treu und Glauben bewusst sein musste oder dass er es ihm offenbart hatte.[1118]

Diese Beweislast entspricht dem **Vertrauensgrundsatz,** wonach Vertragsparteien in der Regel für sich selbst kontrahieren, also ein **Eigengeschäft** abschliessen. Daher trägt die Beweislast, wer ein Fremdgeschäft behauptet. Damit erübrigt sich die unter der Normentheorie geführte Diskussion, ob ein Eigengeschäft als rechtserzeugende oder das eingewendete Fremdgeschäft als rechtshindernde Tatsache zu beweisen sei.[1119] Diesen Streit entscheiden KUMMER und WALTER zu Recht mit dem Hinweis darauf, nach dem zu schützenden Vertrauen in den Rechtsverkehr gelte das Eigengeschäft als Regel, das Fremdgeschäft dagegen als Ausnahme.[1120] Mit diesem Fazit schliessen sie sich im Ergebnis der hier vertretenen Beweislastverteilung nach Vertrauenskriterien an.

507

2. **Tatsächliche Vermutungen** können diesen Beweis erleichtern. Sie können namentlich für den Beweis des Fremdgeschäfts sprechen: So werden unternehmensbezogene Rechtsgeschäfte vermutungsweise für den Betriebsinhaber abgeschlossen, bestellt die Bauleitung werkvertragliche Leistungen im Namen des Bauherrn oder lässt der Hausverwalter kleinere Reparaturarbeiten für den Hauseigentümer ausführen.[1121]

508

3. Diese Grundsätze der Beweislastverteilung gelten auch für den **Kommissionsvertrag.** Der Kommissionär schliesst im eigenen Namen, aber auf fremde Rechnung einen Kaufvertrag mit dem Vertragspartner ab (Art. 425 Abs. 1 OR). Er trägt die Beweislast des Vertragsabschlusses auf **fremde Rechnung,** da nach dem Vertrauensgrundsatz Verträge auf eigene und nicht auf fremde Rechnung abgeschlossen werden. Ist der Kommissionär befugt, die Ware, die er besorgen muss, als Verkäufer selbst zu liefern oder die Ware, die er verkaufen muss, als Käufer selbst zu erwerben (Art. 436 Abs. 1 OR), so wird dieser **Selbsteintritt (gesetzlich) vermutet,** wenn der Kommissionär die Ausführung des Auftrags meldet, ohne eine andere Person als Verkäuferin oder als Käuferin zu bezeichnen (Art. 437 OR). Das Gesetz vermutet mit anderen Worten (zu Recht und gemäss dem Vertrauensgrundsatz) ein Direktgeschäft zwischen Kommissionär und Kommittent. Diese gesetzliche Vermutung muss durch den Beweis des

509

[1118] WALTER, BeKomm, Art. 8 ZGB N 513 ff.
[1119] KUMMER, BeKomm, Art. 8 ZGB N 229 ff.
[1120] KUMMER, BeKomm, Art. 8 ZGB N 231; WALTER, BeKomm, Art. 8 ZGB N 517.
[1121] WALTER, BeKomm, Art. 8 ZGB N 518.

Art. 8 ZGB

Gegenteils widerlegt werden, nämlich z.B. durch den Beweis des Kommissionärs, dass er die zu besorgenden Wertpapiere an der Börse besorgt hat.[1122]

IV. Ausgewählte Schuldverträge

1. Mietvertrag

a. Mietzins

510 Nach Vertrauenskriterien sind Mietzinse korrekt und angemessen. Ferner erfolgt nach Vertrauenskriterien eine Mietvertragskündigung nach den üblichen bzw. den vertraglichen Kündigungsfristen form- und fristgerecht. Wer eine Abweichung davon behauptet, hat das zu beweisen. Im Einzelnen:

aa. Meldeformular betreffend Anfangsmietzins

511 Fehlt das offizielle Meldeformular des Kantons (Art. 270 Abs. 2 OR), ist der vereinbarte Mietzins nichtig (Teilnichtigkeit des Vertrags).[1123] Nach **Vertrauenskriterien** ist davon auszugehen, dass der **Anfangsmietzins gehörig,** also auf dem offiziellen Meldeformular, **mitgeteilt** worden ist. Wer sich darauf beruft, der vereinbarte Mietzins sei wegen Fehlens des Formulars nichtig, trägt dafür die Beweislast. Nach der Rechtsprechung des Bundesgerichts hat dagegen der Vermieter zu beweisen, dass er das Formular tatsächlich ausgehändigt hat, weil der Gesetzgeber im Mietrecht von der Rechtsunkenntnis des Mieters ausgehe, so dass dieser nicht wisse, dass der Anfangsmietzins auf dem offiziellen Formular mitgeteilt werden müsse.[1124] Der Beweis des Vermieters werde vereinfacht, wenn auf dem Mietvertrag das offizielle Formular als Anhang erwähnt werde und dieses Formular mit den entsprechenden Angaben in Kopie ins Recht gelegt werden könne. Diesfalls sei es am Mieter zu beweisen, dass der Briefumschlag mit dem Mietvertrag das offizielle Formular nicht enthielt, weil nach der allgemeinen Lebenserfahrung davon auszugehen sei, dass das Formular effektiv mit dem Mietvertrag in den Briefumschlag gelegt worden sei.[1125] Wird im Mietvertrag das offizielle Formular nicht erwähnt, muss der Vermieter mit anderen Mitteln beweisen, dass das Formular ausgehändigt wurde. Erforderlich ist ein strikter Beweis.[1126]

[1122] BGE 138 III 781 (783 f.), E. 3.5.3; WALTER, BeKomm, Art. 8 ZGB N 412, N 418.
[1123] BGE 140 III 583 (586), E. 3.1.
[1124] BGer 4A_607/2015 vom 4. Juli 2016, E. 3.2.
[1125] BGE 142 III 369 (372 f.), E. 4.2; BGer 4A_607/2015 vom 4. Juli 2016, E. 3.2.1.
[1126] BGer 4A_607/2015 vom 4. Juli 2016, E. 3.2.2.1.

Nach vertrauensbasierter Beweislastverteilung trägt der **Mieter** die Beweislast für die **Nichtverwendung des offiziellen Formulars.** Da es sich dabei um eine negative Tatsache handelt, deren Beweis nicht einfach zu erbringen ist, genügt der Beweisgrad der überwiegenden Wahrscheinlichkeit.[1127] Ferner muss der **Vermieter** die Aushändigung des Formulars **substantiiert behaupten,** z.B. mit dem Hinweis auf die Erwähnung als Anhang zum Mietvertrag. Diese Beweislastverteilung kommt im Ergebnis der Beweislastverteilung des Bundesgerichts (N 511) sehr nahe.

bb. Missbräuchlicher Mietzins

Beruft sich der Vermieter für die Erhöhung des Mietzinses auf die orts- oder quartierüblichen Mietzinse und macht der **Mieter** die Missbräuchlichkeit des Mietzinses geltend, trägt er die **Beweislast für die Missbräuchlichkeit** (z.B. wegen eines übersetzten Mietertrags oder eines offensichtlich übersetzten Kaufpreises [Art. 269, Art. 270a OR[1128]]) und nicht der Vermieter die Beweislast für die Orts- oder Quartierüblichkeit des Mietzinses.[1129] Dafür kann der Mieter entweder beweisen, dass sich die Erhöhung nicht im Rahmen orts- oder quartierüblicher Mietzinse bewegt oder dass der Mietzins trotz Orts- oder Quartierüblichkeit missbräuchlich[1130] ist. Im Rahmen seiner **Mitwirkungspflicht** hat allerdings der **Vermieter** die Dokumente und Unterlagen beizubringen, über die alleine er verfügt (vgl. Art. 247 Abs. 1 ZPO).[1131] Eine Verletzung der Mitwirkungspflicht ist nicht leichthin anzunehmen. Sie setzt voraus, dass der Mieter sich in Beweisnot befindet und der Vermieter nach Treu und Glauben gehalten ist, zur Klärung des Sachverhalts mitzuwirken. Verweigert oder vernachlässigt der Vermieter seine Pflicht zur Produktion der einschlägigen Dokumente grundlos, legt er bloss einen «ungeordneten Berg von Dokumenten» vor[1132] oder zerstört er diese, verletzt er seine Mitwirkungspflicht. Diese Pflichtverletzung beschlägt nicht die Beweislastverteilung, sondern die Beweiswürdigung: In Würdigung der Verletzung der Mitwirkungspflicht wird das Gericht allenfalls den Behauptungen des Vermieters nicht glauben oder umgekehrt den Behauptungen des Mieters glauben. Gleichwohl hat das Gericht gegebenenfalls statistische Angaben beizuziehen, um den zulässigen Mietzins zu ermitteln. Begründet dagegen der Vermieter die fehlende Produktion

---

[1127] BGE 142 III 369 (372 f.), E. 4.2.
[1128] HULLIGER/HEINRICH, HandKomm, Art. 269–269a OR N 26, Art. 270 OR N 4; WEBER, BaKomm, Art. 269 OR N 12a, Art. 269a OR N 5, Art. 270 OR N 8; LACHAT, CommR, Art. 269 OR N 7 f., Art. 269a OR N 2; DAÏNA, 99.
[1129] BGE 142 III 568 (576), E. 2.1; BGE 139 III 13 (19), E. 3.1.3.2; BGer 4A_17/2017 vom 7. September 2017, E. 2.2.1; HIGI, ZüKomm, Art. 269 OR N 262 ff., N 402, Art. 270 OR N 79.
[1130] Dieser Beweis konnte in BGE 139 III 13 (19), E. 3.1.4, erbracht werden.
[1131] BGE 139 III 13 (18 f.), E. 3.1.3.2; BGer 4A_576/2008 vom 19. Februar 2009, E. 2.4; HIGI, ZüKomm, Art. 270 OR N 79 f., N 86; DERS., ZüKomm, Art. 274d N 93; WEBER, BaKomm, Art. 270 OR N 8; DAÏNA, 100 ff.
[1132] WEBER, BaKomm, Art. 269 OR N 12.

einschlägiger Dokumente (z.B. weil er im Rahmen der Schenkung des Mietobjekts keine Unterlagen zur Berechnung des Ertrags erhalten hat), liegt keine Verletzung der Mitwirkungspflicht vor. Auch hier hat das Gericht gegebenenfalls auf Statistiken abzustellen, um den zulässigen Mietzins zu ermitteln.[1133] Die Mitwirkungspflicht erfordert vom Vermieter nicht etwa, dass dieser sich die Unterlagen bei Dritten beschafft.[1134] Diese Beweislastverteilung gilt sowohl im Fall eines umstrittenen Anfangsmietzinses wie auch im Fall einer verlangten Mietzinsreduktion.[1135]

514 Verlangt der Mieter die Senkung des Mietzinses unter Geltendmachung von dessen Missbräuchlichkeit, trägt er ebenfalls die Beweislast für die Missbräuchlichkeit. Dazu kann er namentlich einen übersetzten Ertrag aus der Mietsache wegen Kostensenkung geltend machen und beweisen (Art. 270a OR). Auch hier hat der Vermieter eine Mitwirkungspflicht (N 513).

cc. Erhöhung des Mietzinses

515 Beruft sich der **Vermieter** für die Begründung der **Mietzinserhöhung** auf die Orts- und Quartierüblichkeit des Mietzinses, auf Kostensteigerungen und Mehrleistungen des Vermieters, auf eine kostendeckende Bruttorendite, auf die Teuerung auf dem risikotragenden Kapital oder auf weitere in Art. 269a OR genannte Faktoren, die eine Mietzinserhöhung zu begründen vermögen, hat er die angerufenen Tatsachen zu beweisen. Ausgangspunkt ist der geltende Mietzins. Dieser gilt nach Vertrauenskriterien als angemessen. Will der Vermieter davon abweichen, hat er die Faktoren zu beweisen, welche die Abweichung begründen.[1136]

b. *Mängel an der Mietsache*

aa. Mängel während der Mietdauer

516 Der **Mieter** trägt die Beweislast für die Tatsachen, aus denen auf das **Vorliegen eines Mangels** an der Mietsache geschlossen werden muss.[1137] Bei Vorliegen eines schweren oder mittleren Mangels kann sich der Mieter entweder auf die Nichterfüllung oder auf die Erfüllung und damit die entsprechenden Reinigungs-, Ausbesserungs-, Beseitigungs-, Minderungs- und Schadenersatzansprüche (Art. 259a–f OR) berufen. Kleinere Mängel muss der Mieter selbst und auf eigene Kosten beheben (Art. 259 OR).[1138] Die

---

[1133] BGE 142 III 568 (576 f.), E. 2.1; WALTER, BeKomm, Art. 8 ZGB N 318 f.
[1134] BGE 142 III 568 (578), E. 2.2.
[1135] BGE 142 III 568 (577), E. 2.1.
[1136] HIGI, ZüKomm, Art. 269 OR N 263, Art. 269a OR N 188.
[1137] Ausführlich dazu: BOHNET/JEANNIN, N 97. Siehe auch WEBER, BaKomm, Art. 258 OR N 8, Art. 259d OR N 2a.
[1138] BOHNET/JEANNIN, N 97.

Vermieterin kann sich grundsätzlich mit dem Beweis entlasten, dass die **Mängel vom Mieter zu verantworten** sind (Art. 259a OR) und dieser insofern eine Vertragsverletzung (Art. 97 OR) begangen hat.[1139] Verlangt der Mieter die **Beseitigung des Mangels,** so muss er der Vermieterin dazu schriftlich eine Frist ansetzen und ihr androhen, widrigenfalls die künftig fällig werdenden Mietzinse zu hinterlegen. Für die Voraussetzungen der Hinterlegung trägt er die Beweislast.[1140] Verlangt der Mieter **Ersatz** für den durch den Mangel erlittenen **Schaden,** haftet die Vermieterin dafür, sofern sie nicht beweist, dass sie kein Verschulden trifft. Diese in Art. 259e OR enthaltene Beweislastverteilung entspricht Art. 97 OR. Verlangt der Mieter eine **Herabsetzung des Mietzinses** (Art. 259d OR), trägt er die Beweislast für den Umfang der Herabsetzung. Hierfür ist der objektive Wert der mangelfreien Mietsache mit dem objektiven Wert der mangelhaften Mietsache zu vergleichen. Die Mietzinsreduktion erfolgt in demselben Verhältnis.[1141] Kann der Umfang der Herabsetzung nicht genau beziffert werden, kann er in analoger Anwendung von Art. 42 OR geschätzt werden. Bundesgericht und Lehre befürworten teilweise eine Schätzung gestützt auf Art. 4 ZGB.[1142]

bb. Meldepflicht des Mieters

Der Mieter muss Mängel, die er nicht selbst zu beseitigen hat, der Vermieterin melden.[1143] Unterlässt er diese Meldung oder erstattet er sie zu spät, haftet er für der Vermieterin daraus entstehenden Schaden.[1144] Dabei trägt der Mieter die **Beweislast für die Meldung und deren Zeitpunkt.**[1145] Eine bewiesene Meldung gilt nach Vertrauenskriterien als rechtzeitig erfolgt, weil für ein Zuwarten jeder sachliche Grund fehlt.[1146] Daher trägt die Vermieterin die Beweislast für die Verspätung und gegebenenfalls für den daraus entstehenden Schaden.[1147] Diese Beweislastverteilung entspricht jener bei der Mängelrüge im Kauf- oder Werkvertrag (N 459 ff.).

517

cc. Mängel bei der Rückgabe der Mietsache

Der Vermieter hat den Zustand der Mietsache bei Rückgabe zu prüfen und Mängel, für die der Mieter einzustehen hat, diesem sofort zu melden (Art. 267a Abs. 1 OR).

518

[1139] BOHNET/JEANNIN, N 98; WEBER, BaKomm, Art. 259a OR N 4; BGer 4C.106/2002 vom 18. Juni 2002, E. 3.4.
[1140] WEBER, BaKomm, Art. 259g OR N 9.
[1141] BOHNET/JEANNIN, N 100.
[1142] BGE 130 III 504 (507 f.), E. 4.1; BOHNET/JEANNIN, N 100; WEBER, BaKomm, Art. 259d OR N 6; LACHAT, CommR, Art. 259d OR N 2.
[1143] BOHNET/JEANNIN, N 97, N 100.
[1144] WEBER, BaKomm, Art. 257g OR N 5; HIGI, ZüKomm, Art. 257g OR N 23.
[1145] BOHNET/JEANNIN, N 100.
[1146] REETZ, 150.
[1147] WEBER, BaKomm, Art. 257g OR N 5.

Entdeckt der Vermieter Mängel erst später (versteckte Mängel), hat er sie ebenfalls sofort zu melden (Art. 267a Abs. 3 OR). Nach der vertrauensbasierten Beweislastverteilung hat der **Mieter** zu beweisen, dass die **Meldung** des Vermieters nicht sofort, also **zu spät,** erfolgt ist (zur rechtzeitigen Mängelrüge im Werkvertrag; s. N 460),[1148] was nach Art. 267a Abs. 2 OR zum Verlust der Ansprüche des Vermieters führt. Er hat auch zu beweisen, dass es sich tatsächlich um offene (bei der Rückgabe sofort erkennbare) Mängel handelt,[1149] da dieses Beweisthema zum Beweis der Verspätung gehört (N 460). Für **offene Mängel** dauert die Meldefrist zwei bis drei Werktage, so dass die Meldung jedenfalls nach einer Woche beim Mieter sein muss.[1150] Für **versteckte Mängel** gilt dieselbe Frist, die aber erst nach deren Entdeckung zu laufen beginnt. Da die Entdeckung des Mangels eine subjektive, innere Tatsache ist, die im Bereich des Vermieters liegt, hat er substantiiert zu behaupten, wann er vom Mangel Kenntnis erlangt hat (N 462).[1151] Daraufhin muss der Mieter den Beweis erbringen, dass ausgehend von diesem Kenntniszeitpunkt die Rüge zu spät ist oder aber der Mangel bereits früher entdeckt wurde bzw. entdeckt werden konnte (N 462).[1152] Der Vermieter kann die gerichtliche Überzeugung betreffend den (früheren) Zeitpunkt der Kenntnis des Mangels verunmöglichen oder erschüttern, indem er darlegt, dass er den Mangel zu diesem Zeitpunkt nicht entdeckt hatte oder entdecken konnte (N 462).[1153]

c. Untermiete

519 Der Mieter darf die Sache mit Zustimmung des Vermieters untervermieten (Art. 262 Abs. 1 OR). Der Vermieter kann die Zustimmung verweigern (Art. 262 Abs. 2 OR), wenn sich der Mieter weigert, dem Vermieter die Bedingungen der Untervermietung bekannt zu geben (lit. a), wenn die Bedingungen der Untermiete im Vergleich zu denjenigen des Hauptmietvertrags missbräuchlich sind (lit. b) oder wenn dem Vermieter aus der Untermiete wesentliche Nachteile entstehen (lit. c). Die Beweislast für das Vorliegen der **Verweigerungsgründe** trägt der **Vermieter.**[1154]

[1148] A.M. Higi, ZüKomm, Art. 267a OR N 37; BGE 107 II 172 (176), E. 1.
[1149] Ebenso Higi, ZüKomm, Art. 267a OR N 23; a.M. Weber, BaKomm, Art. 267a OR N 4a, und Hulliger/Heinrich, HandKomm, Art. 267–267a OR N 10, welche die Beweislast für das Vorliegen eines versteckten Mangels dem Vermieter auferlegen wollen. – Die Frage, ob ein Mangel offen oder versteckt war, hängt nicht vom Rückgabeprotokoll ab, sondern ist nach objektiven Massstäben zu beurteilen: Weber, BaKomm, Art. 267a OR N 4.
[1150] Higi, ZüKomm, Art. 267a OR N 33 ff.
[1151] Zu behaupten, aber nicht zu beweisen: Reetz, 151; Gauch, BR/DC 1993, 42, beide zum Werkvertrag; a.M. Weber, BaKomm, Art. 267a OR N 4a zum Mietrecht.
[1152] So auch BGer 4C.159/1999 vom 28. Juli 2000, E. 1b/bb; Kummer, BeKomm, Art. 8 ZGB N 316; Rumo-Jungo, FS Gauch, 585; Walter, Leistungsstörungen, 90 f.
[1153] Gauch, Werkvertrag, N 2170; Hohl, FZR 1994, 260; Kummer, BeKomm, Art. 8 ZGB N 313.
[1154] Weber, BaKomm, Art. 262 OR N 5.

d. Übertragung der Miete auf eine Drittperson

Mit schriftlicher Zustimmung des Vermieters kann der Mieter von Geschäftsräumen das Mietverhältnis auf eine Drittperson übertragen (Art. 263 OR). Die Schriftform ist reines Beweiserfordernis, nicht aber Gültigkeitserfordernis: Bei nachgewiesener (mündlicher) Zustimmung ist die Berufung auf die fehlende Schriftlichkeit rechtsmissbräuchlich.[1155] Die Beweislast für das Vorliegen der **Zustimmung** liegt beim **Mieter**.

520

e. Kündigung

aa. Kündigung einer Familienwohnung

Ein Ehegatte oder eine eingetragene Partnerin kann den Mietvertrag für eine Familienwohnung nur mit der Zustimmung seiner Ehegattin bzw. der anderen Partnerin kündigen (Art. 266m OR). Das Vorliegen einer Familienwohnung ist gerade nicht das Übliche, Regelmässige, Erwartungsgemässe. Daher ist das **Vorliegen einer Familienwohnung** und nicht der Verlust des Charakters einer Familienwohnung zu **beweisen**.[1156] Folglich trägt für das Vorliegen einer Familienwohnung jene Partei die Beweislast, die sich darauf beruft.[1157] Anschliessend trägt der kündigende Mieter die Beweislast dafür, dass seine Ehegattin bzw. sein eingetragener Partner der Kündigung zugestimmt hat.[1158]

521

Will die **Vermieterin** eine Familienwohnung kündigen, so hat sie ihre Kündigung sowie die Ansetzung einer Zahlungsfrist mit Kündigungsandrohung (Art. 257d OR) der Mieterin und ihrem Ehegatten in zwei separaten Sendungen mitzuteilen (Art. 266n OR). Für das Vorliegen einer Familienwohnung trägt die Mieterin die Beweislast, für das Einhalten der entsprechenden Kündigungsvorschriften die Vermieterin.[1159]

522

bb. Ausserordentliche Kündigung

Eine fristlose Kündigung ist zulässig, wenn der Mieter seine Pflicht zur Sorgfalt im Gebrauch der Mietsache sowie zur Rücksicht auf die Hausbewohner und Nachbarin-

523

[1155] HIGI, ZüKomm, Art. 263 OR N 28; WEBER, BaKomm, Art. 263 OR N 3, mit Hinweis auf BGE 125 III 226 (269), E. 2b.
[1156] BGE 139 III 7 (10), E. 2.2; BOHNET/JEANNIN, N 122. Dagegen spricht auch nicht BGE 136 III 257 (259), E. 2.2, wonach der Verlust des Charakters einer Familienwohnung zu beweisen ist, wenn klar ist, dass sich der Streit zwischen zwei Ehegatten um die Familienwohnung dreht.
[1157] Nach BGE 139 III 7 (10), E. 2.2, ist das Vorliegen einer Familienwohnung eine Ausnahme; s. auch WEBER, BaKomm, Art. 266m OR N 1.
[1158] BOHNET/JEANNIN, N 122.
[1159] BOHNET/JEANNIN, N 121; WEBER, BaKomm, Art. 266n OR N 6.

nen verletzt, wenn er die Verletzung auch nach schriftlicher Mahnung der Vermieterin fortsetzt und wenn der Vermieterin oder den Hausbewohnern die Fortsetzung des Mietverhältnisses nicht mehr zumutbar ist (Art. 257f Abs. 3 OR). Nach der vertrauensbasierten Beweislastverteilung hat die fristlos kündigende **Vermieterin** das **vertragswidrige Verhalten des Mieters** sowie ihre **Mahnung zu beweisen.**[1160]

cc. Vorzeitige Kündigung wegen dringenden Eigenbedarfs

524 Den **Eigenbedarf** für sich selbst, nahe Verwandte oder Verschwägerte hat die neue Eigentümerin zu **beweisen,** die gestützt auf Art. 261 Abs. 2 OR eine vorzeitige Kündigung vornimmt.[1161]

dd. Gegen Treu und Glauben verstossende Kündigung

525 Die Kündigung des Mietverhältnisses kann angefochten werden, wenn sie gegen den Grundsatz von Treu und Glauben verstösst (Art. 271 OR). Im Vordergrund steht die Kündigung durch den Vermieter. Sie verstösst namentlich dann *gegen Treu und Glauben* und ist *missbräuchlich,* wenn sie auf einem der in Art. 271a OR erwähnten Gründe beruht. Nach der Rechtsprechung liegt Missbräuchlichkeit auch dann vor, wenn die Kündigung wegen Renovations-, Umbau- oder Sanierungsarbeiten erfolgt, ohne dass schon feststehen würde, dass die Fortsetzung der Miete die Arbeiten tatsächlich stört, verlängert oder verteuert. Dasselbe gilt, wenn sich das Projekt als unmöglich erweist, namentlich weil es gegen die öffentlichrechtlichen Regeln verstösst, und daher eine Baubewilligung nicht erteilt wird.[1162] Die Tatsachen, aus denen sich die angebliche Missbräuchlichkeit ergibt, hat der **Mieter zu beweisen,**[1163] weil nach Vertrauenskriterien eine Kündigung als korrekt und regelkonform gilt (s. auch N 538 zur Kündigung des Arbeitsvertrags). Dafür hat der Vermieter im Rahmen seiner Mitwirkungspflicht konkrete Kündigungsgründe substantiiert geltend zu machen.[1164] Gegen die Missbräuchlichkeit i.S. von Art. 271a Abs. 1 lit. d und e OR kann die Vermieterin die in Abs. 3 dieser Bestimmung erwähnten Gründe vorbringen, namentlich den dringenden Eigenbedarf (N 524).

[1160] WEBER, BaKomm, Art. 257f OR N 8, mit Hinweis auf BGer 4C.273/2005 vom 22. November 2005, E. 2.
[1161] BGE 142 III 336 (343), E. 5.2.4.
[1162] BGer 4A_19/2016 vom 2. Mai 2016, E. 4.1.1.
[1163] BOHNET/JEANNIN, N 126.
[1164] BGE 120 II 105 (111), E. 3c; 132 III 737 (744), E. 3.4.2; 135 III 112 (119), E. 4.1; 136 III 190 (192), E. 2; 138 III 59 (62), E. 2.1; 140 III 496 (497), E. 4.1; 143 III 344 (345), E. 5.3.1; HIGI, ZüKomm, Art. 271 OR N 165; Art. 271a OR N 66, 90; LACHAT, CommR, Art. 271 OR N 9, Art. 271a OR N 4; a.M. WEBER, BaKomm, Art. 271/271a OR N 30 f.

f. Erstreckung des Mietverhältnisses

Der Mieter kann die Erstreckung des Mietverhältnisses verlangen, wenn die Beendigung der Miete für ihn oder seine Familie eine Härte zur Folge hätte, die mit den Interessen der Vermieterin nicht zu rechtfertigen wäre (Art. 272 OR). Für das Vorliegen einer **Härte** trägt der **Mieter** die **Beweislast**.[1165] Dafür hat der Mieter eine systematische Suche nach alternativen Mietobjekten, die Einschreibung bei Vermietungsdienstleistern sowie allenfalls die Publikation eigener Annoncen zu beweisen.[1166] Zur Beurteilung der Rechtfertigung des Erstreckungsgesuchs ist eine Interessenabwägung erforderlich. Dabei werden namentlich die persönlichen, familiären und wirtschaftlichen Verhältnisse der Parteien sowie ihr Verhalten beurteilt (Art. 272 Abs. 2 OR). Macht die Vermieterin Pflichtverletzungen des Mieters (Art. 272a Abs. 1 lit. b OR) oder einen mit Blick auf ein Bauvorhaben bis zum Baubeginn oder bis zum Erhalt der Baubewilligung befristeten Mietvertrag (Art. 272a Abs. 1 lit. d OR) geltend, trägt sie dafür die Beweislast.[1167] Die **Vermieterin** trägt auch die Beweislast für das **Vorliegen einer gleichwertigen Ersatzwohnung** (Art. 272a Abs. 2 OR) sowie für den Zeitpunkt ihrer Offerte.[1168] Dagegen hat der Mieter zu beweisen, dass dieses Angebot zu spät kommt, weil er nicht ausreichend Zeit zu seiner Prüfung und zum Bezug des Ersatzobjekts vor oder am Tag des Ablaufs des bisherigen Mietverhältnisses hatte. Ferner trägt er die Beweislast, wenn er Gründe geltend macht, aus denen er das Angebot einer Ersatzwohnung ablehnen kann.[1169]

2. Arbeitsvertrag

a. Lohn

1. Die eine Lohnforderung geltend machende **Arbeitnehmerin** hat den Bestand des **Arbeitsvertrags** sowie die **Höhe der Lohnforderung** zu beweisen.[1170] Hierbei kann sie sich auf die gesetzliche Fiktion (N 286) eines Arbeitsverhältnisses berufen (Art. 320 Abs. 2 OR): Wird eine Arbeitsleistung auf Zeit erbracht und dafür nach den

---

[1165] HIGI, ZüKomm, Art. 272 OR N 250 f.; WEBER, BaKomm, Art. 272 OR N 13.
[1166] BOHNET/JEANNIN, N 133. Zu Bemühungen des Mieters s. HIGI, ZüKomm, Art. 272 OR N 244; WEBER, BaKomm, Art. 272 N 17.
[1167] HIGI, ZüKomm, Art. 272 OR N 254, Art. 272a OR N 65; WEBER, BaKomm, Art. 272 OR N 10, Art. 272a N 10.
[1168] BOHNET/JEANNIN, N 137 i.Vm. N 99; HIGI, ZüKomm, Art. 272a OR N 90; WEBER, BaKomm, Art. 272a OR N 10.
[1169] BOHNET/JEANNIN, N 137 i.V.m. N 99; HIGI, ZüKomm, Art. 272a OR N 82, N 90.
[1170] BGE 125 III 78 (79 f.), E. 3b = Pra 88 (1999) Nr. 91 S. 506 ff.; STAEHELIN, ZüKomm, Art. 322 OR N 42; STREIFF/VON KAENEL/RUDOLPH, PraxKomm, Art. 320 OR N 2.

Umständen ein Entgelt geschuldet, liegt ein Arbeitsvertrag vor (Fiktion).[1171] Sie kann sich mithin auf den Beweis beschränken, dass sie eine Arbeitsleistung erbracht hat, die üblicherweise nur gegen Entgelt erfolgt. Der Lohn ist grundsätzlich unabhängig von Qualität und Quantität der Arbeitsleistung geschuldet. Der **Arbeitgeberin** obliegt der Beweis, dass der Arbeitnehmer aufgrund besonderer Umstände stillschweigend in eine **Lohnkürzung** eingewilligt hat.[1172] Ist ein Arbeitsvertrag (und mithin ein Lohnanspruch) bewiesen, obliegt der Beweis der **Beendigung** des Arbeitsverhältnisses (und mithin des Lohnanspruchs) der Arbeitgeberin.[1173]

528   2. Beruft sich eine **Arbeitnehmerin** auf das Prinzip der Lohngleichheit und behauptet sie eine ungerechtfertigte (diskriminierende) **Lohnungleichheit** zwischen Mann und Frau[1174] (bei gleichwertiger Arbeit und im gleichen Betrieb[1175]), hat sie nach Art. 6 GlG eine **Diskriminierung** bloss **glaubhaft** zu machen (ausführlich dazu N 292). Danach trägt die Arbeitgeberin die Beweislast dafür, dass mit Bezug auf die Lohnungleichheit keine Diskriminierung vorliegt.[1176] Gleiches gilt gemäss Art. 6 GlG mit Bezug auf die Aufgabenteilung, die Gestaltung der Arbeitsbedingungen, die Aus- und Weiterbildung, die Beförderung oder die Entlassung.

b. 13. Monatslohn, Gratifikation und Bonus

529   1. Der 13. Monatslohn ist eine Vergütung in der Höhe eines (durchschnittlichen) Monatslohns (also eines Zwölftels des vereinbarten Jahresgrundlohns). Es handelt sich um einen Lohnbestandteil, der im Unterschied zur Gratifikation (Art. 322d OR) voraussetzungslos geschuldet, also nicht vom Geschäftsergebnis, von den Leistungen des Arbeitnehmers, von einem bestimmten Anlass (z.B. Weihnachten) oder vom Willen der Arbeitgeberin abhängig ist.[1177] Bei der Frage, ob die vereinbarte Vergütung eine **Gratifikation oder** einen **13. Monatslohn** darstellt, handelt es sich um eine

---

[1171] Kritisch zur kurzfristigen Bindung als Wesensmerkmal des Auftrags: Fellmann, BeKomm, Art. 394 OR N 129 ff., nach dem auch der Auftrag auf Dauer angelegt sein und es sich daher bei einer Arbeitsleistung auf Zeit auch um einen Auftrag handeln kann.

[1172] BGer 4A_552/2013 vom 4. März 2014, E. 4.1; 4A_404/2014 vom 17. Dezember 2014, E. 5.1. Siehe dazu auch Geiser Thomas, Übersicht über die arbeitsrechtliche Rechtsprechung des Bundesgerichts, AJP 2016, 100 ff., 103; Portmann Wolfgang/Dobreva Vania, Stillschweigende Zustimmung des Arbeitnehmers zur Lohnreduktion durch den Arbeitgeber, ARV 2015, 271 ff., 274, 279.

[1173] BGE 125 III 78 (79 f.), E. 3b = Pra 88 (1999) Nr. 91 S. 506 ff.; Streiff/von Kaenel/Rudolph, PraxKomm, Art. 320 OR N 2.

[1174] Das Prinzip der Lohngleichheit bei gleicher oder gleichwertiger Arbeit gilt nur zwischen Mann und Frau, nicht dagegen zwischen Frauen unter sich oder Männern unter sich: BGE 127 III 207 (213), E. 3a.

[1175] BGE 130 III 145 (158 f.), E. 3.1.2.

[1176] Staehelin, ZüKomm, Art. 322 OR N 29.

[1177] Staehelin, ZüKomm, Art. 322 OR N 12, Art. 322d OR N 6.

Frage der Vertragsauslegung (N 236 ff., N 368 ff.).[1178] Bei der Auslegung nach **Vertrauensprinzip** ist grundsätzlich von einem **13. Monatslohn** auszugehen, so dass die Beweislast für die **tatsächliche Vereinbarung einer Gratifikation** bei der **Arbeitgeberin** liegt.[1179] Denn: Nach der vertrauensbasierten Beweislastverteilung ist grundsätzlich davon auszugehen, dass es sich bei einer zusätzlich vereinbarten Vergütung um einen 13. Monatslohn handelt. Er bildet die Regel, das Übliche, das nach der allgemeinen Lebenserfahrung Erwartungsgemässe.[1180] Zu beweisen ist das davon Abweichende, also die (von bestimmten Voraussetzungen abhängige) Gratifikation. Wenn die Lehre die Beweislast für das Vorliegen eines 13. Monatslohns zwar generell dem Arbeitnehmer zuweist, dann aber im Zweifel eine (unklare) Vereinbarung zulasten des Arbeitgebers auslegt,[1181] kommt sie faktisch zum gleichen Ergebnis.

2. Bei der Frage, ob eine Sondervergütung eine **Gratifikation** darstellt, die von bestimmten Voraussetzungen und vom Willen des Arbeitgebers abhängig ist, **oder** einen **Bonus**[1182], der einen Lohnbestandteil darstellt und voraussetzungslos geschuldet ist, handelt es sich ebenfalls (N 529) um eine Frage der Vertragsauslegung (N 236 ff., N 368 ff.): Ist die Sondervergütung bestimmt oder objektiv bestimmbar (ist sie nicht vom Willen der Arbeitgeberin abhängig), handelt es sich nach dem Bundesgericht um einen (variablen) Lohnbestandteil, auf den der Arbeitnehmer einen Anspruch hat. Ist die Sondervergütung nicht bestimmt oder nicht objektiv bestimmbar, hat der Arbeitnehmer grundsätzlich keinen Anspruch darauf, und es handelt sich um eine Gratifikation.[1183] Dies gilt insbesondere dann, wenn die Arbeitgeberin mit der Auszahlung

530

[1178] EMMEL, HandKomm, Art. 322d OR N 2; BGE 142 III 381 (384), E. 2.2; BGer 4A_216/2017 vom 23. Juni 2017, E. 3.1 f. Siehe auch SENTI CHRISTOPH, Zulagen, Zuschläge und 13. Monatslohn, AJP 2006, 289 ff., insb. 291 f.

[1179] A.M. STAEHELIN, ZüKomm, Art. 322 OR N 12, Art. 322d OR N 6.

[1180] Die mehrmalige vorbehaltlose Zahlung einer Zulage in der Höhe eines Monatslohns am Jahresende begründet eine Vermutung eines 13. Monatslohns statt einer Gratifikation: BRÜHWILER, OR-Komm, Art. 322 OR N 3; STREIFF/VON KAENEL/RUDOLPH, PraxKomm, Art. 322d OR N 10; s. auch EMMEL, HandKomm, Art. 322d OR N 2, mit Hinweis auf BGE 131 III 615 (620), E. 5.2, und 129 III 276 (278 ff.), E. 2.

[1181] STAEHELIN, ZüKomm, Art. 322 OR N 12, Art. 322d OR N 6.

[1182] Diese Begriffe werden in Praxis und Lehre nicht einheitlich verwendet. Vorliegend wird der Begriff des Bonus i.S. der bundesgerichtlichen Rechtsprechung als Sondervergütung mit Rechtsanspruch für den Arbeitnehmer verwendet. Der Begriff der Gratifikation wird für eine Sondervergütung ohne Rechtsanspruch für den Arbeitnehmer verwendet. Zum Begriff des Bonus: EMMEL, HandKomm, Art. 322d OR N 4: Der Bonus kommt als Begriff im OR nicht vor. Er kann je nach Abrede und Umstände Lohnbestandteil, Gratifikation oder gemischte Vergütung sein. PORTMANN/RUDOLPH, BaKomm, Art. 322d OR N 2: Ist in der Praxis von einem Bonus die Rede, liegt oft eine Gratifikation vor.

[1183] BGE 141 III 407 (408), E. 4.2, weiter differenziert in BGE 142 III 381 und 142 III 456 sowie in BGer 4A_714/2016 vom 29. August 2017, s. dazu PORTMANN WOLFGANG/RUDOLPH ROGER, Rechtsprechung Arbeitsrecht 2015, ZBJV 154 (2018), 59 ff., 76 f.

Art. 8 ZGB

der Vergütung regelmässig einen Freiwilligkeitsvermerk anbringt.[1184] Die **Beweislast** für das Vorliegen einer **Gratifikation anstelle** eines Lohnbestandteil bildenden **Bonus** trägt die **Arbeitgeberin,** ist doch der Lohnanspruch das Regelmässige, Übliche, das nach der allgemeinen Lebenserfahrung Erwartungsgemässe (N 529). Ausgenommen sind Branchen, in denen nicht der Bonus, also nicht der Anspruch, sondern die Gratifikation die Regel ist. Kann die Arbeitgeberin beweisen, dass sie in einer solchen Branche tätig ist, hat der Arbeitnehmer zu beweisen, dass ein Lohnanspruch vorliegt.

c. Ferien

531   1. Hat der Arbeitnehmer das Arbeitsverhältnis bewiesen, ergibt sich der **Ferienanspruch** und dessen **Dauer** aus Gesetz (Art. 329a Abs. 1 OR) oder gegebenenfalls aus einer günstigeren Parteivereinbarung. Stützt die Arbeitnehmerin ihren Ferienanspruch auf eine Parteivereinbarung, hat sie diese sowie gegebenenfalls den Umfang des Ferienanspruchs aufgrund der Dauer des Arbeitsverhältnisses zu beweisen.[1185] Kann nicht bewiesen werden, wie viele Ferientage der Arbeitnehmer während der einschlägigen Periode bereits bezogen hat, so stellt sich die Frage der Beweislast: Trägt der Arbeitnehmer die Beweislast dafür, dass er keine bzw. nicht alle ihm zustehenden Ferientage bezogen hat, oder trägt die Arbeitgeberin die Beweislast dafür, dass ihr Arbeitnehmer bereits alle Ferientage bezogen hat?[1186] Im ersten Fall wäre gegen den Arbeitnehmer und im zweiten Fall gegen die Arbeitgeberin zu entscheiden.

532   2. Ist der grundsätzliche Ferienanspruch bewiesen, hat die **Arbeitgeberin** ihre Behauptung zu beweisen, dass sie den Lohn bezahlt und den **Ferienanspruch** (Befreiung von der Arbeitsleistung bei gleichzeitiger Lohnzahlung) bereits **gewährt,** also ihre Schulden bereits erfüllt hat (N 398, N 491).[1187] Sie hat mithin die Erfüllung der Forderung zu beweisen, nämlich dass und wie viele Ferientage sie dem Arbeitnehmer bereits gewährt hat.[1188] Zusammenfassend ist mit Bezug auf die Beweislast klar auseinanderzuhalten:[1189] Das Bestehen eines Ferienanspruchs (die Existenz der Forderung) hat der Arbeitnehmer zu beweisen, die Gewährung und den Bezug der Ferientage (Erfüllung der Forderung) dagegen die Arbeitgeberin (N 398, N 491).

[1184] BGE 129 III 276 (280 f.), E. 2.3. Der Freiwilligkeitsvorbehalt darf allerdings nicht zu einer nicht ernst gemeinten, leeren Floskel werden.
[1185] BGer 4A_590/2016 vom 20. Juni 2016, E. 3.4.
[1186] Siehe dazu BGE 127 III 271 (274), E. 2a/bb und N 91, N 181.
[1187] BGE 128 III 271 (274), E. 2a/bb.
[1188] BGer 4A_590/2016 vom 20. Juni 2016, E. 3.4.
[1189] Siehe dazu den mit Bezug auf die Beweislastverteilung beispielhaften BGE 128 III 271 (273), E. 2a/aa.

d. Krankheit

Ebenso wie die Arbeitgeberin die Erfüllung der Ferienforderung zu beweisen hat, nämlich dass und wie viele Ferientage sie dem Arbeitnehmer bereits gewährt hat[1190] (soeben N 532), hat der **Arbeitnehmer zu beweisen,** dass er seine **eigene Leistungspflicht,** nämlich die Forderung der Arbeitgeberin auf Arbeit, erfüllt hat bzw. dass er wegen Arbeitsunfähigkeit oder sonst wie **ohne** sein Verschulden **an der Arbeitsleistung verhindert** ist oder war (Art. 324a OR).[1191] Er hat mithin zu beweisen, dass und wie lange er ohne sein Verschulden an der Arbeitsleistung verhindert ist. Reicht er dafür ein Arztzeugnis ein, unterliegt dieses der Beweiswürdigung des Gerichts.[1192] Ein nachträglich eingeholtes Arztzeugnis, das rückwirkend auf mehrere Wochen eine Arbeitsunfähigkeit des Arbeitnehmers attestiert oder bloss aufgrund mündlicher Ausführungen des Arbeitnehmers ausgestellt wurde, hat bloss eine geringe oder überhaupt keine Beweiskraft.[1193]

533

e. Auslagenersatz

Der **Arbeitnehmer** trägt die Beweislast für die **Höhe** der einzelnen (effektiven) Auslagen und ebenso für die Behauptung, die vereinbarte **Spesenpauschale** sei **zu niedrig.**[1194] Mit Bezug auf die Höhe der Auslagen darf kein strenger Beweis verlangt werden. Effektiv entstandene Auslagen, die ziffernmässig nicht mehr beweisbar sind, sind vom Gericht in analoger Anwendung von Art. 42 Abs. 2 OR zu schätzen.[1195] Wird eine zu niedrige Pauschale geltend gemacht, so kann die Höhe der zu ersetzenden Auslagen gegebenenfalls durch Heranziehung der branchenüblichen Richtsätze bewiesen werden, wenn die Auslagen nicht im Einzelnen belegt werden können.[1196] Dagegen ist nach Vertrauenskriterien nicht die Notwendigkeit der einzelnen Auslagen vom Arbeit-

534

[1190] BGer 4A_590/2016 vom 20. Juni 2016, E. 3.4.
[1191] BGer 4A_462/2017 vom 12. März 2018, E. 5.1; PORTMANN/RUDOLPH, BaKomm, Art. 324a OR N 3; STAEHELIN, ZüKomm, Art. 324a OR N 9; STREIFF/VON KAENEL/RUDOLPH, PraxKomm, Art. 324a–324b OR N 6. Das Gleiche gilt, wenn der Arbeitnehmer wegen Krankheit seine Ferienunfähigkeit geltend macht: STREIFF/VON KAENEL/RUDOLPH, PraxKomm, Art. 329a OR N 6.
[1192] BVerwGer A-224/2016 vom 6. April 2017, E. 5.3.3.1. Ausführlich zum Beweis durch ein Arztzeugnis und zu dessen Würdigung: STREIFF/VON KAENEL/RUDOLPH, PraxKomm, Art. 324a–324b OR N 12.
[1193] STAEHELIN, ZüKomm, Art. 324a OR N 9, mit Hinweis auf die Rechtsprechung.
[1194] BGE 131 III 439 (444), E. 5.1; REHBINDER/STÖCKLI, BeKomm, Art. 327a OR N 10; BRÜHWILER, OR-Komm, Art. 327a OR N 4; STREIFF/VON KAENEL/RUDOLPH, PraxKomm, Art. 327a OR N 8.
[1195] BGE 131 III 439 (444), E. 5.1; REHBINDER/STÖCKLI, BeKomm, Art. 327a OR N 10; BRÜHWILER, OR-Komm, Art. 327a OR N 4; STREIFF/VON KAENEL/RUDOLPH, PraxKomm, Art. 327a OR N 8.
[1196] REHBINDER/STÖCKLI, BeKomm, Art. 327a OR N 10.

Art. 8 ZGB

nehmer zu beweisen, sondern vielmehr die **fehlende Notwendigkeit** der Auslagen vom **Arbeitgeber**.[1197]

f. Überstunden und Überzeit

535 Die Beweislast dafür, dass Überstunden (Art. 321c OR) tatsächlich geleistet wurden, liegt beim Arbeitnehmer.[1198] Der **Beweis der geleisteten Überstunden** kann anhand der monatlichen schriftlichen Arbeitsrapporte erbracht werden, wenn der Arbeitgeber keinen Einspruch dagegen erhoben hat.[1199] In der Regel stellt die vorbehaltlose Entgegennahme des üblichen Lohns einen Verzicht auf Entschädigung für allenfalls geleistete Überstunden dar. Das gilt aber dann nicht, wenn der Arbeitnehmer davon ausgehen darf, dass die Arbeitgeberin von der grundsätzlichen Notwendigkeit von Überstundenarbeit Kenntnis hat. Diesfalls hat er den Umfang der Überstunden nicht schon bei der ersten Lohnabrechnung zu konkretisieren. Dies gilt insbesondere dann, wenn die Parteien grundsätzlich davon ausgehen, dass die während der Saison geleisteten Überstunden in der Zwischensaison durch Freizeit ausgeglichen werden können. Unter diesen Umständen kann der Arbeitnehmer die Überstunden erst bei Beendigung des Arbeitsverhältnisses sowie auch danach noch im Rahmen der Verjährungsfrist – unter Vorbehalt des Rechtsmissbrauchs – jederzeit geltend machen.[1200]

536 Wie die Überstunden hat der **Arbeitnehmer** auch die **Überzeit** (Art. 13 Abs. 1 ArG) zu **beweisen**. Dazu gehört, dass die Mehrarbeit angeordnet oder betrieblich notwendig gewesen ist. Hat die Arbeitgeberin tatsächlich Kenntnis von der Mehrarbeit oder wäre ihr die Kenntnis möglich gewesen und schreitet sie nicht dagegen ein, genehmigt sie diese faktisch. Dieses Verhalten wird einer Anordnung gleichgesetzt.[1201] Für die Frage, ob über die zulässige Höchstarbeitszeit hinaus Arbeit geleistet wurde, ist die Kalenderwoche die einschlägige Referenzperiode (Art. 9 Abs. 1 ArG). Der **Arbeitnehmer** hat daher zu beweisen, in welchen Kalenderwochen er die wöchentliche **Höchstarbeitszeit überschritten** hat. Dagegen hat die **Arbeitgeberin** zu beweisen, in welchen Kalenderwochen mit dem Einverständnis des Arbeitgebers eine **Kompensation** der Mehrarbeit gemäss Art. 13 Abs. 2 ArG stattgefunden hat. Macht der Arbeitnehmer Überzeitarbeit für eine längere Zeitspanne (z.B. für ein Jahr) zusammengefasst geltend, kann dieser Beweis unter dem Titel von Art. 13 ArG nicht abgelehnt werden,

---

[1197] A.M. Rehbinder/Stöckli, BeKomm, Art. 327a OR N 9.
[1198] BGE 129 III 171 (176), E. 2.4; Staehelin, ZüKomm, Art. 321c OR N 16; Streiff/von Kaenel/Rudolph, PraxKomm, Art. 321c OR N 10; Portmann/Rudolph, BaKomm, Art. 321c OR N 6 f.; Rehbinder/Stöckli, BeKomm, Art. 321c OR N 3.
[1199] Staehelin, ZüKomm, Art. 321c OR N 16.
[1200] BGE 129 III 171 (176), E. 2.4.
[1201] BGer 4A_42/2011 vom 15. Juli 2011, E. 5.2; 4A_207/2017 vom 7. Dezember 2017, E. 2.3.2 und 2.3.3.

zumal der Arbeitnehmer aus der zusammengefassten Darstellung keine Vorteile geniesst. Dies gilt auch unter Rücksicht von Art. 42 Abs. 2 OR, der sinngemäss anwendbar ist und der den Beweis des Umfangs geleisteter «Mehrstundenarbeit» erleichtert, indem er eine blosse Schätzung zulässt.[1202]

g. Arbeitszeugnis

Nach der vertrauensbasierten Beweislastverteilung hat nicht die Arbeitgeberin die Richtigkeit ihres Arbeitszeugnisses bzw. der darin enthaltenen Tatsachen und Werturteile, sondern der **Arbeitnehmer die Unrichtigkeit**[1203] der im Zeugnis angeführten **Tatsachen** und (im Rahmen des Beurteilungsermessens der Arbeitgeberin[1204]) der **Werturteile** zu beweisen.[1205] Denn die Erfüllung einer Schuld, wozu auch die Ausstellung eines Arbeitszeugnisses gehört, wird nach Vertrauenskriterien als gehörig, vertragsgemäss, korrekt, richtig und rechtzeitig vermutet (N 451, N 490). Daher ist das davon Abweichende vom Arbeitnehmer zu beweisen. Der Arbeitnehmer hat allerdings nicht nur zu beweisen, dass die Angaben der Arbeitgeberin falsch sind, sondern auch die **Tatsachen** darzulegen, welche es rechtfertigen, ein **inhaltlich anderes Zeugnis** auszustellen.[1206] Das Bundesgericht geht darüber hinaus und verlangt gar den Vorschlag einer neuen Formulierung durch den Arbeitnehmer, wenn dieser die Ausstellung eines neuen Arbeitszeugnisses «conforme à la vérité» verlangt. Ohne Antrag einer Neuformulierung müsse die Zeugnispflicht der Arbeitgeberin als erfüllt gelten.[1207]

537

[1202] BGer 4A_207/2017 vom 7. Dezember 2017, E. 2.2.2.2; zur analogen Anwendung von Art. 42 Abs. 2 OR im Arbeitsrecht s. auch BGE 128 III 271 (276), E. 2b. Ferner: Geiser Thomas, Übersicht über die arbeitsrechtliche Rechtsprechung des Bundesgerichts, AJP 2016, 100 ff., 102, mit Hinweis auf BGer 4A_501/2013 vom 31. März 2014, E. 6; Rehbinder/Stöckli, BeKomm, Art. 321c OR N 3.

[1203] Ob ein Zeugnis wahr oder unwahr ist, beurteilt sich danach, ob es nach dem Verständnis einer unbeteiligten Drittperson den Tatsachen entspricht: BGE 129 III 177 (179), E. 3.2. in fine; BGer 4C.60/2005 vom 28. April 2005, E. 4.1.

[1204] Zum Ermessen der Arbeitgeberin: Staehelin, ZüKomm, Art. 330a OR N 10 und 21. Auch Werturteile sind überprüfbar. Die Arbeitgeberin kann zur Abgabe eines positiven Zeugnisses gezwungen werden, selbst wenn es nicht ihrer persönlichen Überzeugung entspricht. Das Arbeitsgericht kann sich bei der Beurteilung der objektiven Arbeitsleistung u.U. auf Zeugenaussagen berufen: Streiff/von Kaenel/Rudolph, PraxKomm, Art. 330a OR N 5a.

[1205] Wobei der Arbeitnehmer keinen Anspruch auf bestimmte Formulierungen hat: Brühwiler, OR-Komm, Art. 330a OR N 4; Aubert, CommR, Art. 330a OR N 6; differenziert: Streiff/von Kaenel/Rudolph, PraxKomm, Art. 330a OR N 5c; Rehbinder/Stöckli, BeKomm, Art. 330a OR N 22; a.M. Staehelin, ZüKomm, Art. 330a OR N 21.

[1206] Streiff/von Kaenel/Rudolph, PraxKomm, Art. 330a OR N 5c.

[1207] BGer 4A_270/2014 vom 18. September 2014, E. 3.3.

h. Kündigung

aa. Ordentliche Kündigung

538 1. Die Kündigung eines Arbeitsverhältnisses ist wirksam, unabhängig von der Einhaltung oder Verletzung der Begründungspflicht. Im Fall von fehlender, unwahrer oder unvollständiger Begründung der Kündigung besteht keine gesetzliche Vermutung für die Missbräuchlichkeit der Kündigung eines Arbeitsverhältnisses.[1208] Zwar wollte der Gesetzgeber mit der Begründungspflicht der Arbeitgeberin in Art. 335 Abs. 2 OR dem gekündigten Arbeitnehmer den schwierigen Nachweis der Missbräuchlichkeit einer Kündigung erleichtern; er wollte ihn damit aber nicht gänzlich von der Beweislast befreien. Daher hat der **Arbeitnehmer** nicht nur zu behaupten, der angegebene Kündigungsgrund sei unwahr, sondern er hat den tatsächlichen und (angeblich) **missbräuchlichen Kündigungsgrund** zu **beweisen**.[1209] Immerhin bildet die Verweigerung oder der Nachweis der Unrichtigkeit, Unvollständigkeit oder Unglaubwürdigkeit einer Begründung ein Indiz für deren Missbräuchlichkeit.[1210] Zu beweisen hat der Arbeitnehmer auch die Kausalität des Missbrauchstatbestands für die Kündigung.[1211] Ist die Missbräuchlichkeit gemäss Art. 336 Abs. 1 lit. a oder b OR erstellt, so obliegt es der **Arbeitgeberin,** die entsprechenden gesetzlichen **Rechtfertigungsgründe** nachzuweisen, nämlich z.B. die Tatsache, dass die persönliche Eigenschaft, aufgrund deren dem Arbeitnehmer gekündigt wurde, im Zusammenhang mit dem Arbeitsverhältnis steht (Art. 336 Abs. 1 lit. a OR).[1212] Gibt die Arbeitgeberin mehrere Kündigungsgründe an und erweist sich nur einer als missbräuchlich, so trägt die Arbeitgeberin die Beweislast dafür, dass die Kündigung auch ohne den missbräuchlichen Grund erfolgt wäre.[1213]

539 2. Bei der ordentlichen Kündigung ist auf **zwei Besonderheiten** hinzuweisen:

540 a. Eine Besonderheit gilt bei *diskriminierender Kündigung:* Hier muss die Arbeitnehmerin die Diskriminierung bloss glaubhaft machen (Art. 6 GlG). Danach muss die Arbeitgeberin beweisen, dass die Kündigung nicht diskriminierend ist.

541 b. Eine weitere Besonderheit gilt bei der *Kündigung gegenüber einem gewählten Arbeitnehmervertreter* in einer betrieblichen oder in einer dem Unternehmen angeschlossenen Einrichtung: Nach Art. 336 Abs. 2 lit. b OR trägt die Arbeitgeberin die Beweislast für das Vorliegen eines begründeten Anlasses für die Kündigung sowie für die Tatsache, dass sie tatsächlich aus diesem Grund gekündigt hat.[1214] Hier gilt also eine Um-

---

[1208] BGE 121 III 60 (62 f.), E. 3b und c; REHBINDER/STÖCKLI, BeKomm, Art. 336 OR N 62.
[1209] BGE 121 III 60 (63), E. 3c.
[1210] STAEHELIN, ZüKomm, Art. 336 OR N 36.
[1211] BGE 130 III 699 (703), E. 4.1.
[1212] STAEHELIN, ZüKomm, Art. 336 OR N 36.
[1213] BGer 4A_437/2015 vom 4. Dezember 2015, E. 2.1; REHBINDER/STÖCKLI, BeKomm, Art. 336 OR N 6.
[1214] REHBINDER/STÖCKLI, BeKomm, Art. 336 OR N 47.

kehr der Beweislast, wonach der Arbeitnehmer grundsätzlich die Missbräuchlichkeit zu beweisen hat (N 330).[1215]

bb. Fristlose Kündigung

1. Für das Vorliegen eines **wichtigen Grundes** trägt die **fristlos kündigende Partei** (in der Regel die Arbeitgeberin) die Beweislast.[1216] Ein wichtiger Grund liegt vor, wenn das Vertrauensverhältnis zwischen den Parteien derart zerstört ist, dass eine gedeihliche Zusammenarbeit nicht mehr vorstellbar ist. Die gekündigte Partei trägt die Beweislast dafür, dass trotz schwerwiegender Vorkommnisse das Vertrauensverhältnis im konkreten Fall wegen des besonderen Verhältnisses der Parteien nicht verletzt ist.[1217] Die fristlose Kündigung muss unmissverständlich zum Ausdruck gebracht werden. Auf die fristlose Kündigung kann aber auch (ausdrücklich oder konkludent) verzichtet werden. Beharrt die gekündigte Partei darauf, dass auf eine fristlose Kündigung verzichtet wurde, z.B. wegen Verzeihung, dann trägt sie die **Beweislast** für das Vorliegen der **Verzeihung** oder eines sonstigen **Verzichts**.[1218]

2. Hat die Arbeitgeberin aus wichtigem Grund (fristlos) gekündigt, trifft den Arbeitnehmer eine **Schadenersatzpflicht wegen Vertragsverletzung** nach Art. 337b Abs. 1 OR. Den **Schaden** hat die **Arbeitgeberin** zu beweisen (N 352). Hat sie fristlos gekündigt, weil der Arbeitnehmer die Stelle ungerechtfertigt nicht angetreten oder verlassen hat, sieht Art. 337d Abs. 1 OR für den Schadenersatzanspruch eine Umkehr der Beweislast vor: Er entlastet den Arbeitgeber vom Beweis eines Schadens in der Höhe von 25% des Monatslohns. Die Arbeitgeberin muss lediglich beweisen, dass ihr durch das Verhalten des Arbeitnehmers ein Schaden entstanden ist. Vom Beweis des Umfangs ist sie befreit, soweit sie nur die **Pauschalentschädigung von 25%** des Monatslohns beansprucht. Kann die **Arbeitgeberin** einen Schaden beweisen, der **höher** ist als die Pauschalentschädigung, so ist dieser zu ersetzen. Kann dagegen der **Arbeitnehmer** einen **geringeren Schaden** beweisen, ist die Pauschalentschädigung entsprechend zu reduzieren.[1219]

i. *Geheimhaltungspflicht und Konkurrenzverbot*

1. Nach Beendigung des Arbeitsverhältnisses entfällt die **Geheimhaltungspflicht**, es sei denn, die Fortsetzung der Verschwiegenheit bleibt zur Wahrung von berechtigten

---

[1215] GEISER THOMAS, Rechtsprechungspanorama Arbeitsrecht, AJP 2016, 1376 ff., 1381, mit Hinweis auf BGer 8C_541/2015 vom 19. Januar 2016.
[1216] REHBINDER/STÖCKLI, BeKomm, Art. 337 OR N 2.
[1217] REHBINDER/STÖCKLI, BeKomm, Art. 336 OR N 2.
[1218] REHBINDER/STÖCKLI, BeKomm, Art. 336 OR N 16.
[1219] REHBINDER/STÖCKLI, BeKomm, Art. 337b OR N 2, Art. 337d OR N 2.

Interessen der Arbeitgeberin erforderlich (Art. 321a Abs. 4 OR). Die nachwirkende Geheimhaltungspflicht verhindert die Verwertung und Mitteilung von geheimzuhaltenden Tatsachen während des Arbeitsverhältnisses (Art. 321a Abs. 4 OR). Da die Geheimhaltungspflicht grundsätzlich mit der Beendigung des Arbeitsverhältnisses endet, hat das Abweichende zu beweisen, wer sich darauf beruft, vorliegend also die **Arbeitgeberin:** Sie trägt die Beweislast für die das **Fortbestehen** einer Geheimhaltungspflicht begründenden Tatsachen trotz Beendigung des Arbeitsverhältnisses.[1220]

545 2. Im Unterschied zur Geheimhaltungspflicht endet ein vereinbartes **Konkurrenzverbot** erst dann, wenn der Arbeitgeber nachweisbar kein Interesse mehr an dessen Aufrechterhaltung hat. Somit endet ein vereinbartes Konkurrenzverbot mit Beendigung des Arbeitsverhältnisses grundsätzlich nicht (Art. 340c Abs. 1 OR). In der Regel dauert es über die Beendigung des Arbeitsverhältnisses hinaus. Eine Ausnahme gilt nur dann, wenn die Arbeitgeberin kein Interesse mehr an dessen Aufrechterhaltung hat. Die Beweislast für das **Erlöschen** eines vereinbarten Konkurrenzverbots wegen fehlenden Interesses der Arbeitgeberin trägt der **Arbeitnehmer.**[1221]

3. Arztvertrag

546 Der Vertrag zwischen der Ärztin und dem Patienten ist in der Regel ein einfacher Auftrag (Art. 394 ff. OR). Unter dem Titel der Beweislast stehen Fragen der **Arzthaftung** im Vordergrund. Nur sie sind Gegenstand der nachfolgenden Ausführungen:

a. Haftung für Verletzung der Aufklärungspflicht

547 Ein **Eingriff in die körperliche Integrität** stellt eine widerrechtliche Verletzung dar: Das gilt selbst dann, wenn der Eingriff zum Zweck der ärztlichen Behandlung vorgenommen wird. Auch sie führt zu einer (widerrechtlichen) **Verletzung** der Persönlichkeit und der körperlichen Integrität. Der (ärztliche) Eingriff ist **widerrechtlich** (Art. 28 ZGB i.V.m. Art. 41 OR), wenn der Patient nicht aufgeklärt in die Behandlung einwilligt, die Ärztin also keinen **Rechtfertigungsgrund** für die Verletzung von Persönlichkeit und körperlicher Integrität hat.[1222] Die **aufgeklärte Einwilligung** der Patientin ist also die Voraussetzung dafür, dass die Ärztin nicht wegen Persönlichkeits- oder Körperverletzung (Art. 28 ZGB i.V.m. Art. 41 OR) haftet.[1223] Die Aufklärungspflicht und die darauf beruhende Einwilligung folgen mithin aus dem Schutz der Per-

---

[1220] REHBINDER/STÖCKLI, BeKomm, Art. 340 OR N 4.
[1221] REHBINDER/STÖCKLI, BeKomm, Art. 340 OR N 4.
[1222] AEBI-MÜLLER/FELLMANN/GÄCHTER/RÜTSCHE/TAG, § 4 N 8.
[1223] AEBI-MÜLLER/FELLMANN/GÄCHTER/RÜTSCHE/TAG, § 7 N 143; HAUSHEER/JAUN, Arzthaftung, N 19.5.

sönlichkeit. Daneben findet die Aufklärungspflicht im Auftragsrecht eine Grundlage: Die in Art. 398 Abs. 2 OR festgeschriebene Treuepflicht der Beauftragten begründet namentlich eine Aufklärungs- und Benachrichtigungspflicht.[1224] Die Verletzung der Aufklärungspflicht führt somit nicht nur zu einer **ausservertraglichen**, sondern auch zu einer **vertraglichen Haftung** der Ärztin. Zwischen dem vertraglichen und dem ausservertraglichen Schadenersatzanspruch besteht **Anspruchskonkurrenz** (N 406).[1225]

Die Ärztin muss daher die umfassende und hinreichende ärztliche **Eingriffsaufklärung**[1226] und die darauf beruhende **Einwilligung** des Patienten nachweisen.[1227] Dafür genügt ein allgemeiner Hinweis in der Krankengeschichte nicht.[1228] Vielmehr ist entweder der Verlauf des Aufklärungsgesprächs in der Krankengeschichte in Stichworten festzuhalten, die nachvollziehen lassen, ob und inwiefern die Aufklärung und die Einwilligung stattgefunden haben. Oder aber die Einwilligung ist separat auf einem Formular, das die Aufklärung selbst enthält (Aufklärungsformular), schriftlich zu bestätigen.[1229] Der Patient kann hierauf die unvollständige Einwilligung beweisen, was gegebenenfalls zu einer umfangmässig ungenügenden Einwilligung in den ärztlichen Eingriff führt.[1230] Liegt eine unvollständige Einwilligung vor, kann die Ärztin ihren Verzicht mit einem wirksamen **Aufklärungsverzicht** des Patienten, mit dem Vorliegen der Voraussetzungen des **therapeutischen Privilegs** (Beschränkung der Information auf das psychisch und physisch Zumutbare zum Schutz des Patienten[1231])[1232] oder mit der **hypothetischen Einwilligung** (Patient hätte auch bei voller Aufklärung eingewilligt) begründen[1233]. Gegebenenfalls liegt immer noch eine rechtsgültige Einwilligung vor. Ist eine solche nicht bewiesen, verletzt der ärztliche Eingriff die körperliche Integrität und das Selbstbestimmungsrecht des Patienten; er ist somit rechtswidrig.[1234]

548

[1224] AEBI-MÜLLER/FELLMANN/GÄCHTER/RÜTSCHE/TAG, § 2 N 101 ff., § 4 N 4, § 7 N 143.
[1225] GAUCH/SCHLUEP/EMMENEGGER, N 2938 ff.
[1226] Dazu und zu den verschiedenen Arten von Aufklärungen ausführlich AEBI-MÜLLER/FELLMANN/ GÄCHTER/ RÜTSCHE/TAG, § 4 N 19 ff.; s. auch CICORIA, Jusletter 2010, 14 f. – Zur auftragsrechtlichen Aufklärungspflicht der Banken im Anlagegeschäft und zu ihrer Bedeutung für die Beweislast, vgl. GUTZWILLER, AJP 2004, 413 f.
[1227] BGE 133 III 121 (129 f.), E. 4.1.3, besprochen von ROGGO, 913 ff.; FELLMANN, Arztrecht, 170, 218; HAUSHEER/JAUN, Arzthaftung, N 19.80; WIEGAND, Aufklärungspflicht, 193 ff.; CICORIA, Jusletter 2010, 16 f.
[1228] BGE 117 Ib 197 (204 f.), E. 3c.
[1229] FELLMANN, Arztrecht, 170, 198 f.; WIEGAND, Aufklärungspflicht, 195.
[1230] HAUSHEER/JAUN, Arzthaftung, N 19.94.
[1231] FELLMANN, Arztrecht, 203 f.
[1232] BGer 4P.110/2003 vom 26. August 2003, E. 3.1.1; FELLMANN, Arztrecht, 218.
[1233] BGE 133 III 121 (129 f.), E. 4.1.3; AEBI-MÜLLER/FELLMANN/GÄCHTER/RÜTSCHE/TAG, § 7 N 156 ff.; CHAPPUIS/WERRO, 22 f.; HAUSHEER/JAUN, Arzthaftung, N 19.91; CICORIA, Jusletter 2010, 18.
[1234] BGE 133 III 121 (128), E. 4.a; 117 Ib 197, E. 2a; BGer 4C.378/1999 vom 23. November 2004, E. 3.1; FELLMANN, Arztrecht, 221; AEBI-MÜLLER/FELLMANN/GÄCHTER/RÜTSCHE/TAG, § 4 N 154.

Art. 8 ZGB

b. Vertragliche Haftung des Arztes

aa. Beweis des Schadens, der Vertragsverletzung und der Kausalität

549 1. Liegt die Einwilligung in die fragliche Behandlung oder Operation vor, gestaltet sich die Beweislastverteilung wie folgt: Der private Arztvertrag ist ein Auftrag gemäss Art. 394 ff. OR.[1235] Als solcher unterliegt er den üblichen Beweislastvorschriften. Das heisst: Die **Patientin**, die Schadenersatz wegen Vertragsverletzung fordert, hat gemäss Art. 97 Abs. 1 OR den materiellen oder immateriellen **Schaden**[1236], die **Vertragsverletzung** (Schlechterfüllung) sowie die natürliche **Kausalität,** nicht aber das Verschulden zu beweisen (N 350).[1237]

550 2. Im Vordergrund steht der Beweis der Schlechterfüllung und mithin der **Verletzung der ärztlichen Sorgfaltspflicht** bzw. der Verletzung der Regeln ärztlicher Kunst (Behandlungsfehler).[1238] Die Sorgfaltswidrigkeit begründet im Auftragsrecht eine Vertragsverletzung.[1239] Die Haftung des Arztes ist dabei nicht auf grobe Verstösse gegen Regeln der ärztlichen Kunst beschränkt. Er hat Patienten vielmehr stets fachgerecht zu behandeln und die nach den Umständen gebotene und zumutbare Sorgfalt aufzuwenden und grundsätzlich für jede Pflichtverletzung einzustehen.[1240]

551 Für den Nachweis der ärztlichen Unsorgfalt (durch die Patientin) ist die **Krankengeschichte** ein **zentrales Beweismittel**. Ohne diese kann der Nachweis der Unsorgfalt kaum erbracht werden. Die **korrekte, vollständige und zeitnahe Dokumentation** gehört zur vertraglichen Pflicht des ärztlichen Auftrags. Aus der Sicht der **medizinischen Dokumentationspflicht** sind alle für die ärztliche Behandlung wesentlichen medizinischen Fakten zu dokumentieren.[1241] Ist eine Dokumentation aus medizinischer Sicht nicht erforderlich oder nicht üblich (z.B. eine Dokumentation der Rektaluntersuchung), kann nach dem Bundesgericht nicht mit Blick auf die Beweissiche-

---

[1235] Zur Staatshaftung für spitalärztliche Tätigkeit s. AEBI-MÜLLER/FELLMANN/GÄCHTER/RÜTSCHE/TAG, § 7 N 117 ff.; KUHN, FS Walder, 53 ff.
[1236] BGE 116 II 519 (520 f.), E. 2c; 130 III 699 (704 f.), E. 5.1 (Arbeitsvertrag).
[1237] BGE 133 III 121 (124 f.), E. 3.1; CHAPPUIS/WERRO, 20; FELLMANN, BeKomm, Art. 398 OR N 332; HAUSHEER/JAUN, Arzthaftung, N 19.79; WALTER, Leistungsstörungen, 92; WEBER, BaKomm, Art. 398 OR N 32; WEBER, BeKomm, Art. 97 OR N 316; WIEGAND, BaKomm, Art. 97 OR N 60. Teilweise sprechen die Kommentatoren vom Beweis des adäquaten Kausalzusammenhangs. Gemeint kann aber nur der Beweis des natürlichen Kausalzusammenhangs sein, denn der adäquate Kausalzusammenhang beschlägt eine Rechtsfrage und keine (beweisbare) Tatfrage; ebenso BERGER-STEINER, Kausalitätsbeweis, 36; WALTER, Tat- und Rechtsfrage, 19.
[1238] Im Einzelnen dazu HAUSHEER/JAUN, Arzthaftung, N 19.14 ff.; s. auch GAUCH/SCHLUEP/EMMENEGGER, N 2653 f.; WEBER, BeKomm, Art. 97 OR N 321; BGE 133 III 121 (124), E. 3.1.
[1239] GUTZWILLER, AJP 2004, 412, zum Anlagevertrag mit Banken.
[1240] BGE 120 II 248 (250), E. 2c; 133 III 121 (124), E. 3.1.
[1241] BGE 141 III 363 (365 f.), E. 5.1, mit Hinweis auf LANDOLT/HERZOG-ZWITTER, N 1061; FELLMANN, Arztrecht, 136 f.; HAUSHERR/JAUN, Arzthaftung, N 19.107 ff.; JETZER, ZBJV 2012, 311.

rung eine solche Pflicht als vertragliche Nebenpflicht begründet werden (N 246).[1242] Vorbehalten bleibt die Verletzung einer Mitwirkungspflicht bzw. die Beweisvereitelung durch die fehlende oder irreführende Dokumentation oder deren Manipulation (N 246, N 299 ff.). Ausschlaggebend sind somit Inhalt und Umfang der **vertraglichen Dokumentationspflicht** als vertraglicher Nebenpflicht des Arztes. Sie umfasst gestützt auf Art. 400 Abs. 1 OR «alles, was für die Patientin im Zusammenhang mit der Behandlung medizinisch oder rechtlich relevant sein kann, soweit dies für den Arzt erkennbar ist.»[1243] Die rechtliche Dokumentationspflicht geht mithin über die aus medizinischen Gründen notwendige und übliche Pflicht hinaus und umfasst alle für die Klärung einer allfälligen Sorgfaltspflichtverletzung bedeutsamen Vorgänge und Diagnosen.[1244] Dazu gehören Sachverhaltsfeststellungen (namentlich die Anamnese, der Krankheitsverlauf), Diagnosen, Therapien, das Aufklärungsgespräch und dessen Inhalt, Auskünfte Dritter (namentlich Überweisungsberichte und Untersuchungen).[1245] Festzuhalten sind daher insbesondere die Verweigerung einer medizinisch indizierten Behandlung durch die Patientin sowie Abklärungen und Feststellungen zu deren Urteilsfähigkeit.[1246]

3. Der Nachweis der Unsorgfalt oder der natürlichen Kausalität[1247] sind im Arzthaftungsprozess besonders schwierig.[1248] Es gibt keine allgemeine Vermutung einer Sorgfaltspflichtverletzung, wenn eine Behandlung voraussehbar negative Folgen haben kann. Vielmehr ist eine Verletzung der Regeln der ärztlichen Kunst nachzuweisen.[1249] Aufgrund der **Schwierigkeit dieses Beweises** sind in der Schweiz und in Deutschland «Beweiserleichterungen bis hin zur Beweislastumkehr» postuliert worden.[1250] Das Bundesgericht hat in BGE 120 II 248 (250), E. 2c zur Beweiserleichterung folgende tatsächliche Vermutung aufgestellt: Soweit bei einer ärztlichen Behandlung

552

[1242] BGE 141 III 363 (368), E. 5.3; kritisch dazu AEBI-MÜLLER, Dokumentationspflicht, 24 ff.; s. auch FELLMANN, Arztrecht, 137. Anders in Deutschland: Hier wird der Ärztin eine Befundsicherungspflicht als vertragliche Nebenpflicht auferlegt, wenn «mit dem durch eine Handlung oder Unterlassung vom Schuldner geschaffenen Verletzungsrisiko typischerweise ein beweisrechtliches Risiko der Unaufklärbarkeit des Kausalzusammenhangs verbunden ist.» S. dazu BAUMGÄRTEL, FS Walder, 147, mit Hinweis auf BGH Urteil VI ZR 320/88 vom 20. Juni 1989, E. 1c, NJW 1989, 2943, 2944.
[1243] AEBI-MÜLLER/FELLMANN/GÄCHTER/RÜTSCHE/TAG, § 9 N 14.
[1244] AEBI-MÜLLER/FELLMANN/GÄCHTER/RÜTSCHE/TAG, § 9 N 15; FELLMANN, BeKomm, Art. 398 OR N 453 i.V.m. N 455; DERS., Arztrecht, 136 ff.; a.M. TREZZINI, 168.
[1245] AEBI-MÜLLER/FELLMANN/GÄCHTER/RÜTSCHE/TAG, § 9 N 13; s. auch HAUSHEER/JAUN, Arzthaftung, N 19.111 ff.
[1246] AEBI-MÜLLER/FELLMANN/GÄCHTER/RÜTSCHE/TAG, § 9 N 16 f.
[1247] LANDOLT, 98 ff.
[1248] Zum erleichterten Schadensnachweis nach Art. 42 Abs. 2 OR: LANDOLT, 89.
[1249] BGE 133 III 121 (127 f.), E. 3.4.
[1250] WIEGAND, Aufklärungspflicht, 204; ähnlich GATTIKER, 93 f.; LANDOLT, 85 ff., 109; wohl auch LANDOLT/HERZOG-ZWITTER, N 1074; BAUMGÄRTEL/LAUMEN, Grundlagen, § 4 N 39 f.; s. auch BAUMGÄRTEL/PRÜTTING, Grundlagen, § 19 N 27; a.M. WALTER, BeKomm, Art. 8 ZGB N 594 f.

die Möglichkeit negativer Auswirkungen erkennbar ist, begründet deren Eintritt eine tatsächliche Vermutung, dass nicht alle gebotenen Vorkehren getroffen worden sind und somit eine objektive Sorgfaltspflichtverletzung vorliegt.[1251] Diese tatsächliche Vermutung hat das Bundesgericht später erheblich relativiert und ihre Anwendung faktisch auf die in BGE 120 II 248 beurteilte interartikuläre Injektion von Cortison beschränkt.[1252] Dem Entscheid kommt jedenfalls keine allgemeine Bedeutung zu.

553 Die **Beweisschwierigkeiten,** wie sie im Zusammenhang mit der Arzthaftung vorliegen, begründen ebenso wenig eine Beweislastumkehr wie eine Verletzung einer Mitwirkungspflicht bzw. eine Beweisvereitelung.[1253] Sie führen auch nicht zu einer allgemeinen Herabsetzung des Beweismasses auf die überwiegende Wahrscheinlichkeit (N 144), weil erstens keine typische und systematische Beweisnot vorliegt (N 145) und zweitens die Beweisnot nicht immer dieselbe Partei trifft.[1254] Vielmehr wird ihr im Rahmen der **Beweiswürdigung** Rechnung getragen.[1255] Das Ergebnis ist faktisch dasselbe: Geht das Gericht im Rahmen der Beweiswürdigung im Extremfall davon aus, das vereitelte Beweismittel hätte den fraglichen Beweis erbracht, muss der den Beweis vereitelnde Arzt das Gegenteil mit anderen Beweismitteln erbringen. Darüber hinaus würdigt das Gericht auch andere – bereits erhobene – Beweismittel, namentlich Zeugenaussagen. Das ermöglicht eine umfassende Prüfung und Würdigung aller Elemente und Fakten, einschliesslich des prozessualen Verhaltens, was bei einer schlichten Beweislastumkehr nicht möglich wäre.[1256]

bb. Beweis des fehlenden Verschuldens

554 Dagegen hat der **Arzt** zu beweisen, dass ihm **kein Verschulden** zur Last fällt (Art. 97 Abs. 1 OR).[1257] Die Beweislast mit Bezug auf die Vertragsverletzung und das Verschulden berühren sich, da im Auftrag ein Sorgfaltsverstoss sowohl Vertragsverletzung wie

---

[1251] Wiederholt in BGer 4C.378/1999 vom 23. November 2004, E. 3.2, aber mit Hinweis auf die Kritik in der Lehre: HAUSHEER/JAUN, Arzthaftung, N 19.82; kritisch auch WIEGAND/HURNI, recht 2005, 208, sowie CICORIA, Jusletter 2010, 23.
[1252] BGE 133 III 121 (125), E. 3.1.
[1253] WALTER, BeKomm, Art. 8 ZGB N 321, N 594; AEBI-MÜLLER/FELLMANN/GÄCHTER/RÜTSCHE/TAG, § 7 N 61 f.; CICORIA, Jusletter 2010, 22; differenziert: BEGLINGER, ZSR 1996, 487 ff.; BAUMGÄRTEL/REPGEN, Handbuch, § 242 BGB N 90; BGE 120 II 248 (250), E. 2c; a.M. HAUSHEER/JAUN, ZGB-Komm, Art. 8–10 ZGB N 56; HAUSHEER/JAUN, Arzthaftung, N 19.83; HUGUENIN-DUMITTAN, 173; GATTIKER, 85, 93; GÖKSU, HandKomm, Art. 8 ZGB N 20; JETZER, ZBJV 2012, 327 f., STEINAUER, SPR II/1, N 717; LANDOLT, 102; LARDELLI, BaKomm, Art. 8 ZGB N 73; SUTTER-SOMM/SPITZ, 149, 157; WIEGAND, Arztvertrag, 116.
[1254] AEBI-MÜLLER/FELLMANN/GÄCHTER/RÜTSCHE/TAG, § 7 N 49 f.; s. auch LANDOLT, 87 ff.
[1255] AEBI-MÜLLER/FELLMANN/GÄCHTER/RÜTSCHE/TAG, § 7 N 54 ff.; WALTER, BeKomm, Art. 8 ZGB N 320 f.
[1256] WALTER, BeKomm, Art. 8 ZGB N 321.
[1257] BGE 133 III 121 (124), E. 3.1 und 3.4; kritisch dazu KÄLIN, 1344 ff., 1346; s. auch SUTTER-SOMM/SPITZ, 153.

auch Verschulden bedeuten kann. Nach hier vertretener Auffassung hat die Patientin die Vertragsverletzung zu beweisen. Diese besteht in der unsorgfältigen Leistung (Nichteinhaltung der vertraglich geschuldeten Sorgfalt[1258]) oder in weiteren Vertragsverletzungen, namentlich in der Missachtung von vertraglichen Abreden oder Weisungen.[1259] In Anwendung von Art. 97 OR hat dagegen der Arzt sein fehlendes Verschulden, also die Einhaltung der Sorgfaltspflichten, zu beweisen.[1260] Nachdem aber die Patientin bereits die Vertragsverletzung beweisen musste, die Unsorgfalt des Arztes also bereits Beweisthema war, bleibt dem Arzt als **Exkulpation** faktisch nur noch der Beweis, dass er schuldlos im Zustand der Urteilsunfähigkeit gehandelt hat, ihm also die bewiesene Unsorgfalt nicht zugerechnet werden kann.[1261] Es erstaunt daher nicht, dass in der Rechtsprechung zur Arzthaftung noch nie ein Exkulpationsbeweis gelungen ist.[1262]

VI. Familienschuldrecht

1. Güterrecht

Für den Streit um das Eigentum oder die Massenzugehörigkeit eines Vermögenswerts enthält Art. 200 ZGB zwei besondere Beweislastregeln: 555

1. Wer das **Eigentum** des einen oder des anderen Ehegatten behauptet, hat dieses zu beweisen (Art. 200 Abs. 1 ZGB). Kann der Beweis nicht erbracht werden, kann nicht einfach die eine oder der andere die Folgen der Beweislosigkeit tragen, weil es bei einem Ehepaar keine Gründe dafür gibt, eher diesen oder jene die Folgen der Beweislosigkeit tragen zu lassen. Das Gesetz nimmt diesfalls (je hälftiges) Miteigentum beider Ehegatten an (Art. 200 Abs. 2 ZGB). Bei dieser Annahme handelt es sich um eine Fiktion (N 286), da das Alleineigentum ja nicht bewiesen werden konnte, also auch nicht etwas anderes als Miteigentum bewiesen werden könnte. Sie gilt nicht nur intern unter den Ehegatten, sondern auch im Verhältnis zu Dritten.[1263] 556

[1258] WEBER, BeKomm, Art. 97 OR N 35 ff.
[1259] WALTER, Leistungsstörungen, 92.
[1260] THÉVENOZ, CommR, Art. 97 OR N 55 ff.; WERRO, CommR, Art. 398 OR N 38; WEBER, BeKomm, Art. 99 OR N 128 ff.; WALTER, Leistungsstörungen, 92 f.
[1261] THÉVENOZ, CommR, Art. 97 OR N 57; s. auch CICORIA, Jusletter 2010, 11 f.
[1262] THÉVENOZ, CommR, Art. 97 OR N 58; WERRO, CommR, Art. 398 OR N 38, der aus diesem Grund die Ansicht vertritt, Art. 97 OR sei nicht auf «obligations de moyen» (vertraglich geschuldete Sorgfalt) anwendbar; vielmehr gelte hier Art. 41 OR. CHAPPUIS/WERRO, 21, halten es für zulässig, die vertragswidrige Sorgfaltsverletzung mit dem Verschulden gleichzusetzen.
[1263] HAUSHEER/AEBI-MÜLLER, BaKomm, Art. 200 ZGB N 4, N 17.

Art. 8 ZGB

557 2. Wenn die **Massenzugehörigkeit** eines Vermögensgegenstands streitig ist, muss bewiesen werden, dass es sich dabei um Eigengut handelt, wenn dieses behauptet wird. Kann Eigengut nicht bewiesen werden, wird Errungenschaft vermutet (Art. 200 Abs. 3 ZGB). Diese Vermutung gilt nicht nur für dingliche, sondern auch für obligatorische Rechte, namentlich für Forderungen.[1264] Faktisch handelt es sich auch hier (s. schon N 556) um eine Fiktion (N 286), da Errungenschaft nicht bewiesen werden konnte, also auch nicht etwas anderes als Eigengut bewiesen werden könnte.

558 3. Nach der allgemeinen **vertrauensbasierten Beweislastverteilung** beurteilen sich folgende Fragen:

a. Eine vom Gesetz abweichende Mehrwertbeteiligung: Die Beweislast für eine entsprechende schriftliche Vereinbarung zwischen den Ehegatten liegt bei jenem Ehegatten, der eine solche behauptet.

b. Eine Ersatzforderung der einen Gütermasse gegenüber der anderen: Die Beweislast der streitigen Leistung, der Leistung aus einer bestimmten Gütermasse und des Umfangs der Leistung belastet jenen Ehegatten, der diese Investition und einen entsprechenden Mehrwert behauptet.[1265] Dabei gilt aber die natürliche (Tatsachen-)Vermutung, dass die Ehegatten zur Deckung der laufenden Bedürfnisse der ehelichen Gemeinschaft Mittel aus der Errungenschaft einsetzen und nicht die Substanz des Eigenguts angreifen. Eigengutsmittel werden in der Regel für aussergewöhnliche, werterhaltende Investitionen verwendet. Diese natürliche Vermutung kann durch Erwecken von Zweifeln (Gegenbeweis) verhindert werden.[1266]

c. Hat ein Ehegatte in einen Vermögenswert des anderen Ehegatten investiert, wird keine Schenkung vermutet. Wer eine Schenkung behauptet, hat entweder zu beweisen, dass nach subjektiver Auslegung des Vertrags tatsächlich eine Schenkung übereinstimmend vereinbart wurde. Oder er hat die Umstände zu beweisen, die nach normativer Auslegung zur Annahme eines Schenkungsvertrags führen (N 399 f.).[1267] Wird der Beweis nicht erbracht, ist auf eine Investition im Sinn von Art. 206 ZGB zu schliessen.[1268]

[1264] RUMO-JUNGO/FANKHAUSER, 144, mit Hinweis auf BGer 5A_37/2011 vom 1. September 2001, E. 3.2; s. nun BGer 5A_182/2017 vom 2. Februar 2018, E. 3.3.2, der zwischen der Rechtsvermutung gemäss Art. 200 Abs. 3 ZGB und der Tatsachenvermutung des primären Einsatzes von Errungenschaft zur Deckung der laufenden Bedürfnisse unterscheidet.
[1265] BGer 5A_822/2008 vom 2. März 2009, E. 3.2; HAUSHEER/AEBI-MÜLLER, BaKomm, Art. 200 ZGB N 7; STECK, FamKomm, Art. 200 ZGB N 19.
[1266] BGer 5A_37/2011 vom 1. September 2011, E. 3.2; 5A_182/2017 vom 2. Februar 2018, E. 3.3.2.
[1267] BGE 144 III 93 (99), E. 5.4, s. auch die nicht in der amtlichen Sammlung publizierte E. 5.3.3 in BGer 4A_635/2016 vom 22. Januar 2018.
[1268] BGer 5A_170/2011 vom 9. Juni 2011, E. 3.2.

d. Verlangt ein Ehegatte die güterrechtliche Hinzurechnung nach Art. 208 ZGB, hat er nicht nur nachzuweisen, dass dem anderen Ehegatten der entsprechende Vermögenswert zu einem bestimmten Zeitpunkt gehört hat, sondern auch, was damit geschehen ist.[1269]

e. Verlangt ein Ehegatte bei der güterrechtlichen Auseinandersetzung die Zuteilung des Eigentums an der Liegenschaft an sich, muss er beweisen, dass er den anderen voll entschädigen und ihn von der Hypothekarverpflichtung befreien kann. Andernfalls muss die Liegenschaft geteilt und gegebenenfalls öffentlich versteigert werden.[1270]

2. Familienrechtlicher Unterhalt

Familienrechtlicher Unterhalt besteht aus dem ehelichen und dem Kindesunterhalt. Ehelicher Unterhalt (a.) ist während der Ehe bis zur Scheidung geschuldet, also insbesondere auch im Rahmen von Eheschutz- und vorsorglichen Massnahmen (während des Scheidungsverfahrens). Nach der Scheidung ist unter Umständen nachehelicher Unterhalt geschuldet (c.). Kindesunterhalt (b.) hängt dagegen nicht vom Status der Eltern, sondern einzig vom Bestehen eines Kindesverhältnisses ab.

a. Ehelicher Unterhalt

1. Während der Ehe sorgen die Ehegatten gemeinsam – ein jeder nach seinen Kräften – für den gebührenden Unterhalt der Familie (Art. 163 Abs. 1 ZGB). Die Ehegatten verständigen sich über den Beitrag, den jeder von ihnen leistet, namentlich durch Geldzahlungen, Besorgen des Haushalts, Betreuen der Kinder oder durch Mithilfe in Beruf oder Gewerbe des anderen (Art. 163 Abs. 2 ZGB). Die **Geldzahlung des einen Ehegatten an den anderen** während der Ehe, der sogenannte eheliche Unterhalt, beruht mithin auf der unter den Ehegatten (ausdrücklich oder stillschweigend) vereinbarten Arbeitsteilung während der Ehe. Kommt es über diese Geldzahlung während des Zusammenlebens zum Streit, setzt das Eheschutzgericht den Geldbeitrag «an den Unterhalt der Familie» fest (Art. 173 ZGB). Dazu gehört auch der Geldbeitrag, den der eine Ehegatte dem anderen schuldet. Gleiches gilt im Fall von Streit bei Auflösung des gemeinsamen Haushalts: Das Eheschutzgericht setzt den Geldbeitrag fest, den der eine der anderen schuldet (Art. 176 Abs. 1 Ziff. 1 ZGB). Der Geldbeitrag wird aus-

---

[1269] BGer 5A_733/2009 vom 10. Februar 2010, E. 8.1; 5C.66/2002 vom 15. Mai 2003, E. 2.4.2.
[1270] BGer 5A_24/2017 vom 15. Mai 2017, E. 5.2; 5A_600/2010 vom 5. Januar 2011, E. 4.3.3 und E. 5.

gehend von der bisher gelebten Arbeitsteilung sowie dem bisherigen Lebensstandard festgelegt.

561   2. Die **Gläubigerin** hat das **Entstehen und den Umfang** einer ehelichen Unterhaltsforderung zu beweisen.

562   a. Die *Entstehung* der Unterhaltsforderung setzt den *Beweis der bisherigen Arbeitsteilung,* des *bisherigen Lebensstandards* sowie gegebenenfalls *trennungsbedingter Mehrkosten* (s. N 568) voraus. Der bisherige Lebensstandard wird entweder aufgrund der konkreten Ausgabenposten (konkrete oder einstufige Methode) oder aufgrund von pauschalierten Beträgen geltend gemacht (abstrakte oder zweistufige Methode; s. N 569 f. zum nachehelichen Unterhalt).

563   b. In diesem Zusammenhang stellt sich die Frage, ob die bisherige Arbeitsteilung weiterhin die Referenz bildet oder ob eine Änderung erforderlich ist: Im Unterschied zum nachehelichen Unterhalt (s. N 566 ff.) besteht grundsätzlich ein *Vertrauen in die bisher gelebte Arbeitsteilung* und wird nur unter folgenden kumulativen Voraussetzungen eine Veränderung der bisherigen Arbeitsteilung bzw. eine Aufnahme oder Ausdehnung einer Erwerbstätigkeit verlangt: 1. wenn keine Möglichkeit besteht, auf eine während des gemeinsamen Haushalts gegebene Sparquote oder vorübergehend auf Vermögen zurückzugreifen, 2. wenn die vorhandenen finanziellen Mittel – allenfalls unter Rückgriff auf Vermögen – trotz zumutbarer Einschränkungen für zwei getrennte Haushalte nicht ausreichen und 3. wenn die Aufnahme oder Ausdehnung der Erwerbstätigkeit unter den Gesichtspunkten der persönlichen Verhältnisse des betroffenen Ehegatten (Alter, Gesundheit, Ausbildung u.Ä.) und des Arbeitsmarkts zumutbar ist. Diese Voraussetzungen müssen kumulativ erfüllt sein.[1271] Eine *Veränderung* der bisherigen Arbeitsteilung ist mithin nur *bei engen finanziellen Verhältnissen* erforderlich. Der *Umfang* hängt ebenfalls vom bisherigen Lebensstandard und der (bisherigen) Arbeitsteilung ab. Gestützt auf die bisherige Arbeitsteilung und den bisherigen Lebensstandard ist zu prüfen, wer welchen Anteil am ehelichen Unterhalt zu tragen hat.

564   c. Mit Bezug auf die *Beweislast* bedeutet dies Folgendes: Nach dem *Vertrauensschutz* darf die Gläubigerin während der Dauer der Ehe grundsätzlich darauf vertrauen, dass die *bisherige Arbeitsteilung* (Art. 163 ZGB) fortgesetzt wird.[1272] Daher trägt der *Schuldner* die *Beweislast für die Zumutbarkeit einer erweiterten Erwerbstätigkeit* der Unterhaltsgläubigerin. Dieses Vertrauen besteht aber dann nicht mehr und wird auch nicht mehr geschützt, wenn eine Wiederherstellung des gemeinsamen Haushalts nicht mehr zu erwarten ist und eine Scheidung unausweichlich erscheint (was häufig zutreffen dürfte).[1273] Ferner besteht auch dann kein Vertrauensschutz in die bis-

---

[1271] BGE 130 III 537 (542), E. 3.2.
[1272] Tuor/Schnyder/Jungo, § 29 N 9; Schwander, BaKomm, Art. 176 ZGB N 2; Hausheer/Brunner, Unterhaltsrecht, N 03.224.
[1273] BGE 128 III 65 (67 f.), E. 4a.

herige Arbeitsteilung mehr, wenn die bisher nicht erwerbstätige Mutter vollständig von ihren Erziehungspflichten entlastet wird, weil die Kinder beim Vater wohnen.[1274] In diesem Fall hat sich die Gläubigerin auf die neue Situation einzustellen, weshalb der *Vertrauensschutz* in die bisherige Arbeitsteilung *dahinfällt*. Wird das Vertrauen der *Gläubigerin* in die bisherige Arbeitsteilung nicht mehr geschützt, muss sie beweisen, dass ihr die Aufnahme oder Ausdehnung der *Erwerbstätigkeit nicht zumutbar* ist. Dabei wird an die für den nachehelichen Unterhalt geltenden Kriterien angeknüpft. Es gilt dieselbe Beweislastverteilung wie im Scheidungsverfahren (N 571).

b. Kindesunterhalt

Entstehung und Umfang des Kindesunterhalts hat das Kind als Gläubiger der Forderung zu beweisen. Das minderjährige Kind wird von einem Elternteil vertreten, der die Forderung gegenüber dem anderen Elternteil erhebt. Der **Umfang** der Forderung wird entweder konkret aufgrund der einzelnen Ausgabenposten oder mit pauschalierten Beträgen geltend gemacht (s. N 568 ff.). 565

c. Nachehelicher Unterhalt

aa. Beweisthemen

1. Wie bereits erwähnt, hat die Gläubigerin die Entstehung und den Umfang der Unterhaltsforderung zu beweisen (N 423). Die **Entstehung** setzt voraus, dass es der leistungsansprechenden Person nicht zumutbar ist, selbst für den ihr gebührenden Unterhalt unter Einschluss einer angemessenen Altersvorsorge aufzukommen (Art. 125 ZGB). Im Vordergrund stehen zwei Beweisthemen: der gebührende Unterhalt (aaa.) und die Unzumutbarkeit, selbst dafür aufzukommen, also die fehlende «Eigenversorgungskapazität» (bbb.).[1275] 566

2. Sind die beiden Faktoren (der gebührende Unterhalt und die fehlende Eigenversorgungskapazität) bewiesen, steht fest, dass ein Unterhaltsanspruch im Grundsatz besteht (Entstehung des Anspruchs). Diese beiden Faktoren bestimmen gleichzeitig den **Umfang** der Unterhaltsforderung: Wird nämlich bewiesen, wie hoch der gebührende Unterhalt ist und dass die Gläubigerin selbst nicht dafür aufkommen kann, steht regelmässig auch fest, **inwiefern** (in welchem Umfang) sie das nicht kann. Umgekehrt hängt die Höhe der Unterhaltsforderung auch von der Leistungsfähigkeit (also vom Einkommen) des Unterhaltsschuldners ab (N 572). Entstehung und Umfang sind mithin interdependent: 567

[1274] BGE 128 III 65 (67 f.), E. 4a, 4c.
[1275] BGE 140 III 485 (488), E. 3.3; BGer 5A_749/2016 vom 11. Mai 2017, E. 5.

Art. 8 ZGB

aaa. Gebührender Unterhalt

568 1. Der gebührende Unterhalt entspricht dem zuletzt, bis zur Aufhebung des gemeinsamen Haushalts, gelebten Lebensstandard, auf dessen Fortführung bei genügenden Mitteln beide Ehegatten Anspruch haben.[1276] Zu beweisen ist also der **bisherige Lebensstandard.** Der Unterhaltsbedarf umfasst die bisherigen Ausgaben zur Deckung des Lebensstandards sowie die trennungs- bzw. scheidungsbedingten Mehrkosten (eventuell Minderkosten). Davon ist jener Betrag abzuziehen, den die Gläubigerin zumutbarerweise selber erwirtschaften kann (bbb.). Zur Ermittlung des bisherigen Lebensstandards sind die entsprechenden Kosten grundsätzlich konkret nachzuweisen (siehe aber N 570). Nur ausnahmsweise kann dieser Betrag in analoger Anwendung von Art. 42 Abs. 2 OR aufgrund einer Schätzung ermittelt werden (N 79, N 308, N 353).

569 2. Dementsprechend bestehen zur Bemessung des nachehelichen Unterhalts **zwei Methoden:** die einstufig-konkrete und die zweistufige Methode (Existenzminimumsberechnung mit – allfälliger – Überschussverteilung).[1277]

570 a. Das Bundesgericht hält zu Recht fest, der jeweilige Unterhaltsbedarf sei *grundsätzlich* anhand der *konkreten Ausgaben* zu ermitteln (einstufig-konkrete Methode). Die Methode der Existenzminimumsberechnung mit Überschussverteilung sei aber jedenfalls dann zulässig, wenn die Ehegatten nichts angespart hätten oder die bisherige Sparquote durch die trennungsbedingten Mehrkosten aufgebraucht werde. Dabei sei es willkürlich, von der überdurchschnittlichen Höhe des Einkommens des Unterhaltsschuldners auf eine Sparquote zu schliessen.[1278]

571 b. Mit Bezug auf die *Beweislastverteilung* zum Umfang der Unterhaltsforderung erklärt das Bundesgericht: Der Unterhaltsschuldner, der eine Sparquote[1279] (also den nicht vollständigen Verbrauch des laufenden Einkommens, z.B. die jährliche Einzahlung in die Säule 3a[1280]) behaupte und damit die Anwendung der einstufigen Methode verlange, trage hierfür die Beweislast,[1281] ebenso wie für die Tatsache, dass die Familie «auf Pump» gelebt habe, denn in beiden Fällen handle es sich um einen möglicherweise unterhaltsreduzierenden Faktor.[1282] Nach dem Bundesgericht hängt somit die anwendbare Berechnungsmethode vom *Beweis der Sparquote* ab: Der Unterhaltsschuldner trägt die objektive und bei Geltung der Verhandlungsmaxime auch die subjektive Beweislast

---

[1276] BGE 140 III 485 (488), E. 3.3.
[1277] BGE 140 III 485 (488), E. 3.3; 137 III 102 (106 f.), E. 4.2.1.1; 134 III 577 (578), E. 3; 134 III 145 (146 f.), E. 4.
[1278] BGE 140 III 485 (490), E. 3.5.3.
[1279] BGE 140 III 485 (488), E. 3.3.
[1280] BGer 5A_90/2018 vom 30. April 2018, E. 5.1.
[1281] BGE 140 III 485 (488), E. 3.3.
[1282] BGer 5A_358/2016 vom 1. Mai 2017, E. 4.3.1.

für das Vorliegen einer Sparquote. Bei Geltung der Untersuchungsmaxime trägt er eine Mitwirkungspflicht und hat die Sparquote zu behaupten, zu beziffern und soweit wie möglich zu belegen.[1283] Mit dieser Beweislastverteilung zur Bemessung des nachehelichen Unterhalts übersieht das Bundesgericht, dass die *Gläubigerin* im Familienrecht wie anderswo *die Entstehung und den Umfang der Forderung zu beweisen* hat (soeben N 566). Ausgangspunkt ist (auch im Familienrecht) der Beweis von Entstehung und Höhe der Unterhaltsforderung (N 388, N 423). Für den Umfang der Forderung ist grundsätzlich ein strikter Beweis erforderlich (N 423), was zur Anwendung der einstufigen Methode führt. Der Beweis einer Sparquote ist dafür nicht erforderlich.[1284] Nur ausnahmsweise kann eine Schätzung erfolgen (N 79, N 308, N 353) und die (abstrakte) zweistufige Methode angewendet werden. Die zweistufige Methode ist – wie das Bundesgericht selber betont (N 576) – folglich nur zulässig, wenn sich der genaue Nachweis der Ausgabenposten als unnötig erweist, weil ohnehin keine Sparquote vorliegt, also das gesamte Einkommen zum Verbrauch bestimmt war (sogleich N 575). Bei der Sparquote handelt es sich mithin nicht etwa um einen unterhaltsreduzierenden Faktor oder um eine Voraussetzung zur Anwendung der einstufigen (konkreten) Methode, sondern ihr Fehlen stellt eine (negative) Tatsache dar, aufgrund der ausnahmsweise die schätzungsweise Ermittlung des Umfangs der Unterhaltsforderung zulässig ist (N 79, N 308, N 353).[1285] Diese Tatsache ändert aber nichts an der Beweislast für den Umfang der Unterhaltsforderung (N 423, N 567).

bbb. Eigenversorgungskapazität der Unterhaltsgläubigerin

Die Entstehung einer Unterhaltsforderung setzt ferner voraus, dass die Gläubigerin für ihren bisherigen Lebensstandard aufgrund der in Art. 125 Abs. 2 ZGB aufgezählten Gründe (Arbeitsmarkt, Ausbildung, Gesundheit, Kindererziehung usw.) nicht selber aufkommen kann, weil es nicht zumutbar ist, eine Erwerbstätigkeit auszuüben oder diese auszudehnen. Für die **fehlende Eigenversorgungskapazität** trägt sie die **Beweislast**, weil es sich um eine Voraussetzung der Entstehung der Forderung handelt. Die nacheheliche Unterhaltspflicht ist im Verhältnis zur Eigenversorgung nachrangiger Natur. Daher werden die wirtschaftlichen Verhältnisse des auf Unterhalt belangten Ehegatten im Unterhaltsprozess nur und erst dann zum Thema, wenn die Gläubigerin für ihren nachehelichen Unterhalt nicht selbst aufkommen kann.[1286]

572

[1283] BGE 140 III 485 (488 f.), E. 3.3; 130 I 180 (183 f.), E. 3.2; 128 III 411 (413), E. 3.2.1; HAUSHEER/SPYCHER, Unterhaltsrecht, N 05.173.
[1284] So auch ARNDT CHRISTINE, Die Sparquote – Basis für die nacheheliche Unterhaltsberechnung, in: Fankhauser Roland/Reusser Ruth E./Schwander Ivo (Hrsg.), Brennpunkt Familienrecht, Festschrift für Thomas Geiser zum 65. Geburtstag, Zürich/St. Gallen 2017, 43 ff.; wohl ebenso: BGer 5A_137/2017, E. 7.2.
[1285] So wohl BGer 5A_90/2018 vom 30. April 2018, E. 5.3: «[S]i l'application de la méthode concrète est contestée, le juge doit s'interroger sur l'existence ou non d'une quote-part d'épargne.»
[1286] BGer 5A_749/2016 vom 11. Mai 2017, E. 6.

ccc. Leistungsfähigkeit des Unterhaltsschuldners

573 Die Gläubigerin hat nach dem Gesagten sowohl für den Beweis der Entstehung als auch für den Beweis des Umfangs einerseits die bisherigen Kosten und die trennungs- und scheidungsbedingten Mehrkosten (aaa.) sowie andererseits die Unzumutbarkeit der Deckung dieser Kosten durch ein eigenes Einkommen (fehlende Eigenversorgungskapazität, bbb.) zu beweisen. Verbleibt eine Differenz zwischen den Ausgaben und dem zumutbaren Einkommen, wird die Unterhaltsforderung nach Massgabe der Leistungsfähigkeit des Unterhaltsschuldners festgesetzt, namentlich unter Berücksichtigung seines Existenzminimums.[1287] Seine **fehlende Leistungsfähigkeit** hat der **Schuldner** zu beweisen, da der Vertrauensschutz für die Leistungsfähigkeit des Schuldners spricht. Er hat also darzulegen, dass ihm bei voller Deckung der Forderung der Gläubigerin sein familienrechtliches Existenzminimum nicht mehr verbleibt, die Forderung also zum Schutz seines familienrechtlichen Existenzminimums zu kürzen ist.[1288]

bb. Berechnungsmethoden als Beweismassvorschriften

574 1. Die Unterhaltsforderung setzt sich einerseits aus den bisherigen Kosten und andererseits aus den trennungsbedingten Mehrkosten zusammen. Sie ist grundsätzlich mit der **einstufig-konkreten Methode** anhand der konkreten Ausgaben zu ermitteln (N 570). Damit wird ein **strikter, voller Beweis** gefordert. Der Nachweis der konkreten Ausgaben kann sehr schwierig und in knappen finanziellen Fällen oder da, wo – trotz günstiger finanzieller Verhältnisse – das gesamte Einkommen zum Verbrauch bestimmt war (mit anderen Worten keine Sparquote vorliegt), auch unnötig oder unzumutbar sein. Zur Erleichterung des Beweises des Umfangs der Unterhaltsforderung lässt daher das Bundesgericht eine gewisse Pauschalierung (Schätzung) zu, die dem in Art. 42 Abs. 2 OR zugrunde gelegten **Beweismass der überwiegenden Wahrscheinlichkeit** im Fall von typischer Beweisnot (Unmöglich- oder Unzumutbarkeit des strikten Beweises) entspricht (N 145, N 308, N 353).[1289] Dazu dient die **zweistufige Methode** der Existenzminimumsberechnung mit Überschussverteilung: Grundlage ist das familienrechtliche Existenzminimum, das für alle Familienmitglieder ausgehend vom betreibungsrechtlichen Grundbedarf gemäss Art. 93 SchKG, zuzüglich familienrechtlicher Zuschläge für Versicherungen, Steuern, Netzanschlussgebühren,[1290] ermittelt wird. Die Differenz zwischen dem Einkommen und dem familienrechtlichen

---

[1287] BGE 140 III 485 (488), E. 3.3.
[1288] BGE 133 III 57 ff.; 137 III 66 ff.; 140 III 337 (339 f.), E. 4.3; zum Vorgehen: BGer 5A_630/2015 vom 9. Februar 2016, E. 3.3.2. Dieser Schutz gilt auch gegenüber unterhaltsberechtigten Kindern: BGE 123 III 1 (4 ff.), E. 3b/bb, E. 5.
[1289] PASQUIER, N 49 ff., N 62 ff.
[1290] BGE 123 III 1; der Rentenschuldner kann lediglich für seine eigene Person die Sicherung der Existenz beanspruchen: BGE 137 III 59 (62), E. 4.2.1.

Existenzminimum stellt den sogenannten Überschuss dar. Dieser wird auf die beiden neuen Haushalte verteilt.[1291] Diese Methode ist nach dem Bundesgericht[1292] dann zulässig, wenn die Ehegatten bisher nichts angespart haben oder aufgrund der trennungs- bzw. scheidungsbedingten Mehrkosten künftig nichts mehr ansparen können, wenn also das gesamte bisherige Einkommen zum Verbrauch bestimmt war, was auf die Mehrzahl der Scheidungsfälle zutrifft. Bei den meisten Scheidungen ist es augenfällig, dass in der Vergangenheit nichts angespart werden konnte oder jedenfalls in Zukunft nichts mehr angespart werden kann. Wurde ohnehin das gesamte Einkommen verbraucht, erübrigt sich an sich der konkrete Nachweis jedes einzelnen Ausgabenpostens. Ein strikter Beweis ist mithin nach der Rechtsprechung unzumutbar oder unnötig (N 145). Bleibt dagegen die Frage des bisher vollständigen Verbrauchs des Einkommens – primär in guten finanziellen Verhältnissen – unbewiesen, kann man also nicht vom Verbrauch des gesamten Einkommens ausgehen, hat die Leistungsansprecherin den bisherigen Lebensaufwand sowie die trennungs- und scheidungsbedingten Mehrkosten konkret nachzuweisen.

2. Die Frage, **welche Methode** zur Bemessung des genauen Umfangs der Unterhaltsforderung anwendbar ist, ist folglich eine **Frage des Beweismasses**: Grundsätzlich ist ein strikter Beweis anhand der konkreten Ausgabenposten erforderlich (einstufig-konkrete Methode). Ausnahmsweise ist eine gewisse Pauschalierung zulässig, wenn ohnehin klar ist, dass das gesamte Einkommen zum Verbrauch bestimmt ist und die Beibringung der Belege für die konkreten Ausgaben mit erheblichen Schwierigkeiten und angesichts des Totalverbrauchs des Familieneinkommens auch unzumutbar ist (zweistufig-abstrakte Methode). Mit der pauschalen Bemessung der Unterhaltsforderung wird das Beweismass betreffend den Umfang der Unterhaltsforderung in analoger Anwendung von Art. 42 Abs. 2 OR auf die überwiegende Wahrscheinlichkeit herabgesetzt (N 144 ff.).[1293] Das ändert aber nichts an der Beweislast:

575

3. Der **Beweis des Umfangs der Unterhaltsforderung** obliegt der **Gläubigerin**. Will sie statt des strikten Beweises (einstufige Methode) auf eine Pauschalierung (zweistufige Methode) abstellen, hat sie die Voraussetzungen dafür nachzuweisen. Dazu hat sie zu beweisen, dass das gesamte Einkommen zum Verbrauch bestimmt war. Bleibt

576

[1291] Da diese Methode grundsätzlich nur dann zur Anwendung gelangt, wenn das ganze Einkommen bereits vor der Trennung für den Lebensunterhalt aufgewendet wurde oder jedenfalls nach der Trennung aufgewendet werden muss, kann grundsätzlich der gesamte Überschuss verteilt werden, ohne dass damit die Grenze des bisherigen Lebensstandards überschritten würde. Die Verteilung erfolgt nach Köpfen und nicht nach Haushalten. Dabei kann ein Kind als ½ Kopf, ein Elternteil als 1 Kopf veranschlagt werden; HAUSHEER/SPYCHER, Unterhaltsrecht, N 02.49.
[1292] BGE 140 III 485 (488), E. 3.3; 134 III 145 (146 f.), E. 4.
[1293] Zur analogen Anwendung von Art. 42 Abs. 2 OR: BGE 133 III 153 (161 f.), E. 3.3; 133 III 81 (88 f.), E. 4.2.2; KUMMER, BeKomm, Art. 8 ZGB N 212; HUBER, Erläuterungen, 29, zit. in: REBER/HURNI, BeKomm, Materialien, N 71 f.; PASQUIER, N 47, N 271 ff. (analoge Anwendung ausserhalb des Schadensrechts).

Art. 8 ZGB

die Höhe des Einkommens unbewiesen, kann sie mittels Vergleichs der Vermögenslage darlegen, dass in der Vergangenheit (z.B. in den letzten zwei Jahren) nichts gespart wurde. Mit anderen Worten: Die **Beweislast** betreffend das **Fehlen einer Sparquote** bzw. den bisherigen vollen Verbrauch des Einkommens trägt die **Gläubigerin.** Dem Schuldner die Beweislast des Bestehens einer Sparquote zu überbinden, würde heissen, ihm die Last für den Beweis des Umfangs der Unterhaltsforderung aufzuerlegen. Das Bundesgericht begründet diese Beweislastverteilung mit der Überlegung, mit der Geltendmachung einer Sparquote verfolge der Unterhaltsschuldner das Ziel, seine Unterhaltspflicht zu reduzieren.[1294] Dabei verweist es auf den mit Bezug auf die Beweislastverteilung beispielhaften BGE 128 III 271 (273), E. 2a/aa. Dort wird klar auseinandergehalten, dass die Arbeitnehmerin das Bestehen eines Ferienanspruchs (Forderung), die Arbeitgeberin dagegen die bereits bezogenen Ferientage (Erfüllung der Forderung) zu beweisen hat. Dementsprechend ist die Reduktion der Forderung erst dann Beweisthema, wenn die Forderung und deren Umfang (mit dem erforderlichen Beweismass) überhaupt bewiesen sind (N 388, N 423).

3. Verwandtenunterstützung

577 Wer Verwandtenunterstützung beantragt, hat deren Voraussetzungen zu beweisen. Dazu gehört namentlich das Vorliegen einer **Notlage** (Art. 328 ZGB). Die Beweislast für das Vorliegen einer Notlage trägt der Unterstützung **beantragende Verwandte** bzw. das **Gemeinwesen,** das bereits Leistungen erbracht und in die Ansprüche des Verwandten subrogiert hat (Art. 329 Abs. 3 i.V.m. Art. 289 Abs. 2 ZGB). Übernimmt das Gemeinwesen die Kosten für einen stationären Drogenentzug von rund CHF 70 000 und macht es gestützt auf die Subrogation Verwandtenunterstützung geltend, obliegt ihm der Beweis, dass die von der Krankenversicherung übernommenen Leistungen dem Behandlungsbedürfnis der suchtkranken Person nicht entsprechen, dass also die Übernahme der stationären Behandlung in einer von der Krankenkasse nicht anerkannten Institution einer Notlage der Suchtkranken entsprach.[1295]

[1294] BGE 128 III 271 (273), E. 2a/aa; BGer 5A_358/2017 vom 1. Mai 2017, E. 4.3.1.
[1295] BGE 133 III 507 (510), E. 5.2, 5.3.

VII. Erbrecht

1. Verfügungsfähigkeit

Erbrechtliche Verfügungsfähigkeit setzt namentlich die Urteilsfähigkeit voraus (Art. 467 ZGB). Für das Vorliegen der Urteilsfähigkeit spricht grundsätzlich eine natürliche Vermutung,[1296] es sei denn, diese werde aufgrund des Alters oder des Geisteszustands der betroffenen Person in das Gegenteil verkehrt (N 335).[1297] Für die Umkehrung dieser Vermutung genügt nicht jede Einschränkung der geistigen Gesundheit. Vielmehr muss diese Einschränkung eine dauerhafte und bedeutende Verminderung der geistigen Fähigkeiten zur Folge haben.[1298] Das ist bei diagnostizierter schwerer Altersdemenz der Fall, nicht aber – in der Regel – bei leichter oder mittlerer Altersdemenz.[1299] Ein ärztliches Gutachten über den Gesundheitszustand der Erblasserin dient dem Entscheid, ob im konkreten Fall die (natürliche) Vermutung der Urteilsfähigkeit angezeigt oder von der Vermutung der Urteilsunfähigkeit auszugehen ist.[1300] Bei vermuteter Urteilsfähigkeit hat nach der vertrauensbasierten Beweislastverteilung die Urteilsunfähigkeit zu beweisen, wer sich darauf beruft (N 334). Diese Beweislastverteilung entspricht auch Art. 519 Abs. 1 Ziff. 1 ZGB, der für die Ungültigkeitserklärung des Testaments wegen Verfügungsunfähigkeit der verfügenden Person eine Ungültigkeitsklage voraussetzt. Ein Testament bleibt mithin so lange gültig, als nicht die Verfügungsunfähigkeit (Urteilsunfähigkeit) im Zeitpunkt der Errichtung der Verfügung bewiesen und die Ungültigkeitsklage fristgerecht und erfolgreich erhoben worden ist.

578

2. Widerruf von letztwilligen Verfügungen

Ein einmal verfasstes Testament besteht so lange, bis es widerrufen wird. Nach der vertrauensbasierten Beweislastverteilung ist folglich nicht der Weiterbestand eines Testaments, sondern dessen Widerruf zu beweisen. Letztwillige Verfügungen können auf drei Arten widerrufen werden: 1. durch eine eigentliche Widerrufsverfügung in testamentarischer Form (Art. 509 Abs. 1 ZGB), 2. durch Erlass einer späteren letztwilligen Verfügung, die inhaltlich der ersten widerspricht, sie also nicht bloss ergänzt

579

[1296] BICHSEL, successio 2017, 293 f. Fn 50, 51, geht von einer gesetzlichen Vermutung aus.
[1297] Zur Prüfung der Urteilsfähigkeit durch den beurkundenden Notar: BICHSEL, successio 2017, 297 f.
[1298] BGer 5A_859/2014 vom 17. März 2015, E. 4.1.2, mit Hinweis auf BGer 5A_191/2012 vom 12. Oktober 2012, E. 4.1.2.
[1299] BICHSEL, successio 2017, 289 f., mit Hinweis auf BGer 5A_384/2012 vom 13. September 2012, E. 6.2; 5A_439/2012 vom 13. September 2012, E. 3.1, 4.2; 5A_191/2012 vom 12. Oktober 2012, E. 4.6, 4.7; 5A_759/2013 vom 7. Januar 2014, E. 7.3.
[1300] BGer 5A_859/2014 vom 17. März 2015, E. 4.1.3.

(Art. 511 Abs. 1 und 2 ZGB), 3. durch Vernichtung, also durch einen faktischen Widerruf (Art. 510 Abs. 1 ZGB).[1301] Der Beweis der Vernichtung kann in der Regel nicht direkt erbracht werden, weil der Vernichtungsakt als solcher nicht dokumentiert ist. Sofern allerdings das Original des Testaments nicht mehr vorhanden ist (aber noch eine Kopie, die darauf hinweist, dass es das Testament einmal gab), muss nach dem gewöhnlichen Lauf der Dinge, dem Erwartungsgemässen, dem Üblichen, von der Vernichtung ausgegangen werden und gerade nicht vom zufälligen Verlust oder vom zufälligen Untergang. Denn Testamente werden in der Regel sehr sorgfältig aufbewahrt. **Fehlt** also das **Original,** ist nicht die Vernichtung zu beweisen, sondern liegt die **Beweislast** für den **zufälligen Verlust** des Testaments, dessen **zufälligen Untergang** oder den **Untergang aufgrund einer Einwirkung** Dritter bei jener Person, die sich darauf beruft.[1302] Hat die Erblasserin auf einer Kopie ihres Testaments handschriftliche und datierte Änderungen vorgenommen und liegen auch sonst keine Hinweise auf mögliche Gründe für einen Widerruf oder eine Vernichtung des Testaments vor, ist der (zufällige) Verlust des Testaments bewiesen und daher Art. 510 Abs. 2 ZGB anwendbar: Das Testament behält seine Gültigkeit, weil sein Inhalt aufgrund der vorliegenden (und ergänzten) Kopie genau und vollständig festgestellt werden kann.[1303]

3. Enterbung

580 Eine Enterbung (Entzug des Pflichtteils; Art. 477 ZGB) ist nur gültig, wenn der Erblasser den Enterbungsgrund in seiner Verfügung angegeben hat (Art. 479 Abs. 1 ZGB). Dazu stellen sich verschiedene Beweisfragen: 1. Liegt eine Enterbung vor? 2. Ist ein Enterbungsgrund angegeben? 3. Ist der Enterbungsgrund richtig?

581 1. Nach dem gewöhnlichen Lauf der Dinge, dem Erwartungsgemässen, dem Üblichen wird ein Pflichtteilserbe nicht enterbt. Dafür müssen ganz besondere Umstände vorliegen, die Ausnahmecharakter haben (Art. 477 ZGB). Daher trägt die **Beweislast** für das Vorliegen einer **Enterbung,** wer sie geltend macht. Das ist jene Erbin oder jener Bedachte, der daraus Vorteile zieht (Art. 479 Abs. 2 ZGB).

[1301] Tuor/Schnyder/Jungo, § 71 N 3; Wolf/Genna, SPR IV/1, 361; Steinauer, Successions, N 724 ff.; so auch Breitschmid, BaKomm, Art. 509–511 ZGB N 3 ff.; Dorjee-Good, HandKomm, Art. 509–511 ZGB N 2; BGer 5C.133/2002 vom 31. März 2003, E. 2.4.1.

[1302] Tuor, BeKomm, Art. 509–511 ZGB N 13; Breitschmid, BaKomm, Art. 509–511 ZGB N 5, mit dem Hinweis, dass diese Einschätzung gelegentlich etwas relativiert werden müsse, wenn man die Hektik von fremdbestimmten Umzügen eines «alterschaotischen» Erblassers bedenke; Lenz, PraxKomm, Art. 510 ZGB N 11; Weigold Hermann, Aufhebung und Änderung letztwilliger Verfügungen, Diss. Zürich 1969, 111, 124; Önen Said, De la révocation des testaments, Diss. Lausanne 1941, 76, 86; BGer 5C.133/2002 vom 31. März 2003, E. 2.4.1, wo das Bundesgericht aber die Frage der Beweislastverteilung für den konkreten Fall offenliess.

[1303] BGer 5C.133/2002 vom 31. März 2003, E. 2.4.2.

2. Der Nachweis einer gültigen Enterbung erfordert den Beweis der **Angabe eines** 582
Enterbungsgrunds durch den Erblasser in der Verfügung von Todes wegen (Art. 479
Abs. 1 ZGB sagt «in seiner Verfügung»). Dafür müssen die konkreten Tatsachen erwähnt werden, auf welche sich die Enterbung stützt. Diese Voraussetzung ist erfüllt, wenn die Tatsachen in der Verfügung selbst einlässlich geschildert werden. Sie ist aber auch dann erfüllt, wenn der Enterbungsgrund in der Verfügung von Todes wegen in allgemeiner Form erwähnt und für die Einzelheiten auf ein Zusatzdokument verwiesen wird, das nicht den Formvorschriften einer Verfügung von Todes wegen genügen muss.[1304] Wesentlich ist, dass der Enterbungsgrund aufgrund der Angaben in der Verfügung selbst hinreichend klar und so genügend substantiiert ist, dass die fraglichen **Tatsachen** eine Subsumtion unter Ziff. 1 oder 2 von Art. 477 ZGB ermöglichen.[1305] Allgemeine oder pauschale Hinweise über ein verwerfliches Verhalten erfüllen diese Voraussetzungen nicht. Nicht genügend sind etwa die Angabe, die Enterbung erfolge wegen «tous ses actes contraires aux devoirs conjugaux et de famille»[1306], oder der Hinweis, der Enterbte habe sich «sämtlichen Pflichten ihr gegenüber entzogen und diese Pflichten schwer verletzt. Insbesondere habe er sich seit dem Tode ihres Gatten nicht einmal um sie gekümmert.»[1307] Fehlt die (genügend präzise) Angabe eines Enterbungsgrunds in der Verfügung selbst bzw. kann sie nicht bewiesen werden, ist die Enterbung ungültig.

3. Liegt die Angabe eines Enterbungsgrunds mit genügender Klarheit vor, setzt die 583
Gültigkeit der Enterbung weiter voraus, dass der angegebene **Enterbungsgrund richtig** ist. Die Beweislast für die Richtigkeit des angegebenen Enterbungsgrunds trägt ebenfalls jene Erbin oder jener Bedachte, die/der aus der Enterbung Vorteile zieht. Kann sie/er die Richtigkeit des angegebenen Grunds nicht beweisen, bleibt die Enterbung ungültig. Sie wird aber nach Art. 479 Abs. 3 ZGB insoweit aufrechterhalten, als dies mit dem Pflichtteil der enterbten Person vereinbar ist. Die Enterbung bleibt also bestehen, wird aber auf den Pflichtteil «reduziert». Das ist ein Fall von gesetzlicher Konversion.[1308]

[1304] So etwa BGE 73 II 208 (211 ff.), E. 3, wo der Hinweis «Ich habe gegen ihn Strafklage stellen müssen» als genügende Grundangabe beurteilt wurde. Siehe dazu auch STEINAUER, Successions, N 382; BESSENICH, BaKomm, Art. 479 ZGB N 1; FANKHAUSER, PraxKomm, Art. 479 ZGB N 3; WEIMAR, BeKomm, Art. 479 ZGB N 3 ZGB; WOLF/GENNA, SPR IV/1, 467.
[1305] BESSENICH, BaKomm, Art. 479 ZGB N 1; FANKHAUSER, PraxKomm, Art. 479 ZGB N 3; STEINAUER, Successions, N 382; WOLF/GENNA, SPR IV/1, 467.
[1306] BGer 5A_418/2008 vom 5. Februar 2009, Sachverhalt A; s. auch BGE 52 II 113 (115 ff.), E. 2; 48 II 434 (436 ff.), E. 2; FANKHAUSER, PraxKomm, Art. 479 ZGB N 3; STEINAUER, Successions, N 382b; EITEL, 207.
[1307] BGer 5C.76/1994 vom 15. Mai 1995, E. 3b, teilweise publiziert in: Pra 85 (1996) Nr. 51 S. 134 f.
[1308] FANKHAUSER, PraxKomm, Art. 479 ZGB N 8; WEIMAR, BeKomm, Art. 479 ZGB N 9.

Art. 8 ZGB

4. Erbunwürdigkeit

584 Die gesetzliche Erbin, die den Erbanspruch einer anderen Erbin bestreitet, z.B. unter Geltendmachung von deren Erbunwürdigkeit, hat die entsprechenden **Sachumstände zu beweisen.** Nach den Ausführungen des Bundesgerichts ist nämlich nicht davon auszugehen, dass ein «Erbe im Normalfall und mit überwiegender Wahrscheinlichkeit erbunwürdig ist». Eine entsprechende Vermutung aus der Lebenswirklichkeit ist nur mit Zurückhaltung anzunehmen und müsste – ebenfalls – von der Erbin nachgewiesen werden, welche den Erbanspruch der anderen Erbin bestreitet.[1309]

5. Ausschlagung und Einmischung

585 Die Erben erwerben die Erbschaft als Ganzes mit dem Tod des Erblassers kraft Gesetzes (Art. 560 Abs. 1 ZGB). Die gesetzlichen und die eingesetzten Erben haben die Befugnis, die Erbschaft, die ihnen zugefallen ist, auszuschlagen (Art. 566 Abs. 1 ZGB). Nach dem gewöhnlichen Lauf der Dinge, dem Erwartungsgemässen, Vernünftigen wird eine Erbschaft angetreten und nicht ausgeschlagen. Daher entspricht es dem normalen Lauf der Dinge, dem Erwartungsgemässen, dass sich die Erbin in die Erbschaft einmischt und Handlungen vornimmt, die nicht durch die blosse Verwaltung der Erbschaft und durch den Fortgang der Geschäfte des Erblassers gefordert sind (Art. 571 Abs. 2 ZGB). Die **Ausschlagung** hat zu **beweisen,** wer sich darauf beruft.[1310] Das Ausschlagungsrecht wird verwirkt, wenn sich eine Erbin während der Ausschlagungsfrist in die Erbschaft einmischt (Art. 571 Abs. 2 ZGB). Da mit dem Erbanfall die Einmischung das Normale ist, hat im Streitfall die ausschlagende Erbin die **Nichteinmischung** zu beweisen.[1311] Da es sich dabei um eine negative Tatsache handelt, obliegt der Gegenpartei eine gesteigerte Behauptungs- und Substantiierungspflicht: Sie hat konkret geltend zu machen, welche Handlungen ihres Erachtens eine Einmischung darstellen. Alsdann hat die Erbin nachzuweisen, dass die fraglichen Handlungen nicht Einmischungshandlungen sind, weil nach ihrer subjektiven (berechtigten) Auffassung der fragliche Vermögenswert nicht zum Nachlass gehörte (*in casu* die vom Erblasser noch vor dem Tod auf den Erben übertragenen Aktien des Treuhandbüros, wobei das Verfügungsgeschäft beim Tod noch ausstand[1312]).

[1309] BGE 5A_748/2008 vom 16. März 2009, E. 7.3 f.
[1310] Die Protokollierung der Ausschlagung erbringt dabei Beweis über die Abgabe und den Zeitpunkt der Ausschlagungserklärung. Den Gläubigern des Erblassers bleibt es aber unbenommen, diese Ausschlagung infolge Verwirkung durch Einmischung auf dem ordentlichen Prozessweg für ungültig erklären zu lassen: BGer 4A_394/2014 vom 1. Dezember 2014, E. 2.
[1311] OGer Zürich LB140 092 vom 1. Juni 2015, E. 3.2.
[1312] Zum Fall s. OGer Zürich LB140 092 vom 1. Juni 2015, E. 3.2.

6. Schädigungsabsicht des Erblassers

Die Beweislast betreffend die **Schädigungsabsicht** des Erblassers **gegenüber den Erbvertragserben** im Zusammenhang mit Art. 494 Abs. 3 ZGB tragen die Erbvertragserben.[1313] Das Bundesgericht leitet diese Beweislastverteilung – ohne weitere Begründung – aus Art. 8 ZGB ab. Zum gleichen Ergebnis kommt die Beweislastverteilung nach Vertrauenskriterien: Danach ist eine Handlung *a priori* redlich und korrekt; sie erfolgt also nicht in Schädigungs- oder in Täuschungsabsicht. Daher trägt die Beweislast, wer sich auf die Schädigungsabsicht beruft. Diese Grundsätze gelten auch im Zusammenhang mit Art. 527 Ziff. 4 ZGB, wo vorausgesetzt wird, dass der Erblasser die Entäusserung von Vermögenswerten offenbar zum Zweck der **Umgehung der Verfügungsbeschränkung** vorgenommen hat. Auch diese Beweislast trägt jener Erbe, der sich darauf beruft, da eine lebzeitige Zuwendung *a priori* ohne Umgehungsabsicht erfolgt.

586

7. Auflösung der Erbengemeinschaft

Die Auflösung der Erbengemeinschaft erfolgt entweder durch vertragliche oder faktische Teilung, nämlich durch den Erbteilungsvertrag oder durch die Aufstellung und Entgegennahme der Lose (Art. 634 ZGB). Die **Auflösung der Erbengemeinschaft** (durch Teilung) hat zu beweisen, wer sich darauf beruft, denn solange keine Teilung erfolgt ist, wird die Erbengemeinschaft fortgesetzt. Solange noch massgebliche Nachlassgegenstände unverteilt sind, besteht eine tatsächliche Vermutung für die Fortsetzung der Erbengemeinschaft. Die Eröffnung eines gemeinsamen Bankkontos (zwecks Einzahlung von Rückstellungen zur Nachlassabwicklung) durch die Erben erfolgt gegebenenfalls als Erbengemeinschaft und nicht als einfache Gesellschaft.[1314]

587

8. Schenkungen und ihr Widerruf

Wer sich auf eine lebzeitige Schenkung beruft, die gegebenenfalls der Ausgleichung (Art. 626 ZGB) oder der Herabsetzung (Art. 527 Ziff. 3 ZGB) untersteht, hat diese zu beweisen (N 399 ff.). Denn in der Regel, nach dem üblichen Lauf der Dinge richtet eine Person nicht ohne besonderen Grund eine Schenkung aus. Die Frage, ob eine Schenkung oder ein anderes Rechtsgeschäft vorliegt, ist primär eine Frage der Vertragsauslegung (N 236 ff., N 368 ff.): Wer eine **Schenkung** behauptet, hat entweder

588

[1313] BGE 140 III 193 (196 ff.), E. 2.2.
[1314] BGer 5A_392/2017 vom 24. August 2017, E. 3.1; 5D_133/2011 vom 12. Januar 2011, E. 4.3.2.

zu **beweisen,** dass nach subjektiver Auslegung des Vertrags **tatsächlich** eine Schenkung übereinstimmend vereinbart wurde. Oder er hat die **Umstände** zu beweisen, die **nach normativer Auslegung** zur Annahme eines Schenkungsvertrags führen.[1315]

589 Ferner gilt: Wird eine Schenkung ausgerichtet oder versprochen, wird sie in der Regel nicht widerrufen. Ausserdem ist eine Schenkung in der Regel nicht frei widerrufbar, da der jederzeitige freie Widerruf eine entsprechende Vereinbarung[1316] voraussetzt. Daher hat auch den **Widerruf sowie ihre Zulässigkeit** zu beweisen, wer sich darauf beruft.

VII. Sachenrecht

1. Besitz und Eigentumsvermutung

a. Selbständiger und unzweideutiger Besitz als Vermutungsbasis

590 1. Für den Beweis des Eigentums kann sich eine Besitzerin auf die **gesetzliche Vermutung** (Rechtsvermutung; N 274 ff.) **des Eigentums** berufen (Art. 930 Abs. 1 ZGB). Nach herrschender Lehre und Rechtsprechung greift diese Vermutung nur bei Besitz (a.), und zwar bei selbständigem (b.) und ferner unzweideutigem Besitz (c.): a. Die Vermutung des Eigentums des Besitzers setzt Besitz voraus, den der angebliche Eigentümer beweisen muss. b. Beim Besitz des angeblichen Eigentümers muss es sich um selbständigen Besitz handeln; der Besitzer hat geltend zu machen, dass er als Eigentümer (also selbständig) besitze.[1317] c. Der Besitz muss so beschaffen sein, dass sich daraus «vorläufig – d.h. vorbehältlich der Widerlegung durch andere Tatsachen – wirklich auf ein entsprechendes Recht an der Sache schliessen lässt».[1318]

591 2. Wo die Verhältnisse unklar oder die Umstände des Besitzerwerbs fragwürdig sind, der **Besitz** mithin **zweideutig** ist (z.B. bei Vermögenswerten, die im Zusammenhang mit Betäubungsmitteldelikten stehen[1319]), **greift die Vermutung nicht.** Die Zweideutigkeit des Besitzes oder die fragwürdigen Umstände hat zu beweisen, wer sich ge-

---

[1315] BGE 144 III 93 (99), E. 5.4, s. auch die in der amtlichen Sammlung nicht publizierte E. 5.3.3 in BGer 4A_635/2016 vom 22. Januar 2018.
[1316] Gemeint sind also nicht Schenkungen, die nach Art. 249 oder Art. 250 OR unter bestimmten Voraussetzungen widerrufen werden können: Eitel Paul, Die Berücksichtigung lebzeitiger Zuwendungen im Erbrecht: Objekte und Subjekte von Ausgleichung und Herabsetzung (Habil. Bern 1998), ASR 613, Bern 1998, 452 f.; Fankhauser, HandKomm, Art. 527 ZGB N 4; Tuor/Schnyder/Jungo, § 69 N 35.
[1317] Schmid/Hürlimann-Kaup, N 264 ff.
[1318] BGE 141 III 7 (10), E. 4.3; 135 III 474 (478), E. 3.2.1; Schmid/Hürlimann-Kaup, N 265 f.
[1319] BGer 6B_474/2016 vom 6. Februar 2017, E. 3.4.

gen die Vermutung stellt,[1320] denn nach allgemeinem Vertrauen liegt grundsätzlich unzweideutiger Besitz vor, der die Eigentumsvermutung begründet. Mit dem **Beweis** der Zweideutigkeit des Besitzes wird die Vermutungsbasis entkräftet, weshalb die Vermutungsfolge nicht greifen kann (N 270). An diesen Beweis sind aber keine strengen Anforderungen zu stellen.[1321] Ist die Vermutungsbasis entkräftet, also zweideutiger Besitz anzunehmen, kann von der Besitzerin namentlich verlangt werden, dass sie über die Umstände ihres Rechtserwerbs Auskunft gibt und sich hinsichtlich des von ihr behaupteten Rechts legitimiert.[1322]

3. Nach der Rechtsprechung des Bundesgerichts liegt auch dann **zweideutiger Besitz** vor, wenn die **aktuelle Besitzerin** ihren behaupteten selbständigen Besitz aus der Übertragung der Sache vom (früheren) Eigentümer aufgrund eines unter den Parteien **umstrittenen Rechtsgrunds** herleitet.[1323] So konnte sich nicht auf die Eigentumsvermutung berufen:

- die Erbin für Wertschriften, die sie angeblich von der Erblasserin zu deren Lebzeiten geschenkt erhalten hatte;[1324]

- der Besitzer von wertvollen Möbeln, die er angeblich von der Klägerin geschenkt erhalten hatte, während diese geltend machte, sie hätte die Möbel aus Platzmangel in der eigenen Wohnung beim Beklagten deponiert;[1325]

- der Sohn für Wertschriften in der Höhe von CHF 440 000, die er angeblich von seiner Mutter geschenkt erhalten hatte;[1326]

- die Besitzerin von drei Couverts mit je CHF 50 000, die sie angeblich vom Kläger (der damit praktisch über sein ganzes Vermögen disponiert hätte) geschenkt erhalten hatte;[1327]

- die Besitzer von 64 Bildern eines inzwischen verstorbenen Kunstmalers, der die Bilder den Besitzern geschenkt haben soll, was die Erben des Kunstmalers bestritten.[1328]

[1320] BGE 141 III 7 (10), E. 4.3; BGer 6B_474/2016 vom 6. Februar 2017, E. 3.4; STEINAUER, Droits réels I, N 391; PICHONNAZ, CommR, Art. 930 ZGB N 19.
[1321] BGE 141 III 7 (10), E. 4.3.
[1322] BGE 141 III 7 (10), E. 4.3; 135 III 474 (478 f.), E. 3.2.2; BGer 6B_474/2016 vom 6. Februar 2017, E. 3.4.
[1323] BGE 141 III 7 (10), E. 4.3.
[1324] BGE 76 II 344 ff.
[1325] BGer 5C.163/1988 vom 26. Januar 1989, E. 5b, c.
[1326] BGer 5A_521/2008 vom 5. Januar 2009, E. 4.
[1327] BGE 141 III 7 (12), E. 4.5.
[1328] OGer Aargau ZOR.2015.13 vom 29. April 2015: Das Eigentum war nur mit Bezug auf 64 der 65 Bilder streitig. Das Obergericht versagte die Berufung auf die Rechtsvermutung nach Art. 930 ZGB mit der Begründung, der Rechtsgrund des Besitzes sei umstritten, weshalb ein Fall von zweideutigem Besitz vorliege (E. 3.2). Das Bundesgericht bestätigte dieses Urteil in BGer 5A_471/2015

593   4. Das **Bundesgericht** nimmt mithin immer dann zweideutigen Besitz an, wenn der Rechtsgrund für die Übergabe unter den Parteien umstritten ist.[1329] Mit dieser Begründung umschifft es den in BGE 54 II 244 festgehaltenen und seither wiederholten Grundsatz,[1330] wonach die Eigentumsvermutung auch gegenüber jener Person angerufen werden kann, von der die Sache erworben wurde. Soweit ersichtlich hat es die **Eigentumsvermutung bei** (zwischen der Übergeberin und der heutigen Besitzerin) **umstrittenem Rechtsgrund** noch **nie angewendet**.[1331] In BGE 141 III 7 (9), E. 4.2 hat das Bundesgericht erneut bekräftigt, dass der Besitzer einer beweglichen Sache die Eigentumsvermutung grundsätzlich auch gegenüber demjenigen beanspruchen kann, von dem er die Sache erhalten hat. Dazu präzisiert es in E. 4.3, die Rechtsvermutung aus dem Besitz greife nach der Praxis aber nur, wenn dieser so beschaffen sei, dass sich daraus vorläufig – d.h. vorbehältlich der Widerlegung durch andere Tatsachen – wirklich auf ein entsprechendes Recht an der Sache schliessen lasse. Sie entfalle nach ständiger Rechtsprechung, wenn der Besitz zweideutig sei. Sofern diese Praxis auch zwischen Übergeberin und heutiger Besitzerin gilt, schliesst sie faktisch die Berufung der heutigen Besitzerin auf die Eigentumsvermutung aus, denn wann, wenn nicht bei unklarer Rechtslage (s. die Beispiele in N 592), soll denn diese Vermutung angerufen werden? Mit seiner Einschränkung der Anwendung der Eigentumsvermutung zwischen Übergeberin und aktueller Besitzerin begründet das Bundesgericht **faktisch** eine dem Art. 931 Abs. 2 ZGB nachgebildete Norm: Nach dieser Bestimmung kann der (unselbständige) Besitzer die Vermutung für den Bestand eines beschränkten dinglichen oder eines persönlichen Rechts demjenigen gegenüber nicht anrufen, von dem er die Sache erhalten hat (bzw. von dem er sein Recht ableitet). Im Zusammenhang mit Art. 930 ZGB lautet die vom Bundesgericht faktisch geschaffene **Regel**, dass der (unselbständige) Besitzer die Vermutung des Eigentums demjenigen gegenüber nicht anrufen kann, von dem er die Sache erhalten hat.

---

vom 15. Oktober 2015, verwies in E. 2 auf die hier fragliche Erwägung der Vorinstanz, ohne aber inhaltlich dazu Stellung zu nehmen.

[1329] In BGer 5C.163/1988 vom 26. Januar 1989 erklärt das Bundesgericht zwar, sich widersprechende Rechtsauffassungen und der darin angelegte Streit der Parteien vermöchten der Eigentumsvermutung aus Besitz nichts anzuhaben. Dennoch versagt es (auch) im konkreten Fall der Eigentumsvermutung (Art. 930 Abs. 1 ZGB) die Anwendung. Es begründet dies mit dem Hinweis auf die Umstände der Übertragung der Möbel (überzählige Möbel und Raumnot in der ehelichen Wohnung) sowie mit der natürlichen, gegen eine Schenkung hochwertiger Gegenstände gerichteten Vermutung.

[1330] BGE 84 II 253 (261), E. 3; 119 II 114 (117), E. 4c; 141 III 7 (9), E. 4.2; s. auch BGE 132 III 155 (159), E. 4.

[1331] Ebenso HÜRLIMANN-KAUP, ZBJV 2017, 628.

b. Ausschluss der Eigentumsvermutung gegenüber dem früheren selbständigen Besitzer bei umstrittenem Rechtsgrund

1. Die bundesgerichtliche Rechtsprechung zum zweideutigen Besitz bei Übertragung der Sache durch den selbständigen Besitzer (N 592 f.) führt **im Ergebnis** dazu, dass die aktuelle Besitzerin die Eigentumsvermutung gegenüber dem früheren selbständigen Besitzer, von dem sie ihr Recht ableitet, nicht anrufen kann.[1332] Die **Vermutung** gilt also gegenüber **demjenigen nicht,** von dem der **streitige Anspruch abgeleitet** wird. Der Anspruch kann aus zwei unterschiedlichen Gründen strittig sein: Erstens kann der Vorbesitzer behaupten, die Sache sei ohne sein Wissen und Wollen in den Besitz der aktuellen Besitzerin gelangt. Damit bestreitet er das Vorliegen eines Rechtsgrunds überhaupt. Zweitens kann der Vorbesitzer geltend machen, er habe zwar die Sache übergeben, doch sei sie ihm nun zurückzugeben. Damit beruft er sich auf einen Gebrauchsüberlassungs- oder Hinterlegungsvertrag, während sich die aktuelle Besitzerin auf einen Rechtsgrund mit Eigentumsübertragung beruft (z.B. Schenkung). Hier ist nicht bestritten, dass ein Rechtsgrund besteht, doch ist seine Rechtsnatur bestritten. In beiden Fällen ist nach dem Bundesgericht die **Berufung auf die Eigentumsvermutung ausgeschlossen.**

594

2. **Hintergrund** der Regel, wonach die Eigentumsvermutung jenem gegenüber nicht angerufen werden kann, von dem der strittige Anspruch abgeleitet wird, stellt der Grundsatz dar, dass eine **Schenkung nicht vermutet** wird (N 399 f.),[1333] auch nicht unter Ehegatten[1334]. Könnte sich nämlich die aktuelle Besitzerin gegenüber dem früheren selbständigen Besitzer, von dem sie ihren Anspruch ableitet, auf die Eigentumsvermutung berufen, käme dies einer Vermutung der Schenkung gleich.[1335] Die Rechtsprechung des Bundesgerichts verhindert das zu Recht, indem in diesen Fällen

595

[1332] Zwar zeigen die Materialien, dass Eugen Huber in Art. 930 ZGB keine zu Art. 931 Abs. 2 ZGB parallele Bestimmung vorgesehen hatte (a.M. wohl Rusch/Bornhauser, Jusletter 2015, N 6), was sich an sich aufgedrängt hätte. Seine Erläuterungen lassen aber darauf schliessen, dass ihm dieser Ausschluss der Vermutung selbstverständlich erschien. In der Tat ist es in seinen Ausführungen immer die Drittperson, welche die Vermutung anruft. Siehe z.B. Huber, Erläuterungen, 20, zit. in: Reber/Hurni, BeKomm, Materialien, N 1315: «Wer Besitzer ist, der stellt sich als Herr der Sache dar, und als solcher soll er sich demzufolge auch gegenüber jedem gutgläubigen Dritten gebärden können, ohne dass diesem Dritten das materielle Verhältnis zu seinem Schaden entgegengehalten werden kann.» Vgl. auch Hürlimann-Kaup, ZBJV 2017, 628, die feststellt, das Bundesgericht habe die Vermutung von Art. 930 Abs. 1 ZGB bei umstrittenem Rechtsgrund soweit ersichtlich noch nie angewendet.

[1333] BGE 141 III 7 (11), E. 4.3; BGer 5C.163/1988 vom 26. Januar 1989, E. 5c; Jungo, HandKomm, Art. 196 ZGB N 8.

[1334] BGer 5A_87/2010 vom 5. Mai 2010, E. 3.1; 5A_662/2009 vom 21. Dezember 2009, E. 2.3; 5A_329/2008 vom 6. August 2008, E. 3.3. Dagegen ging das Bundesgericht in BGE 96 II 1 noch von einer Schenkungsvermutung der Ehefrau aus, schloss diese im konkreten Fall dennoch aus, da das Ehepaar früher schon Darlehensverträge abgeschlossen hatte.

[1335] Rusch/Bornhauser, Jusletter 2015, N 6; dies., AJP 2013, 1141; Wacke, AcP 1991, 17 in fine.

zweideutiger Besitz angenommen wird, der die Vermutung ausschliesse (s. die Fälle unter N 592). Im Ergebnis führt diese Rechtsprechung – über die Regel in Art. 931 Abs. 2 ZGB hinaus – zum allgemeinen Grundsatz, dass Rechtsvermutungen gegenüber demjenigen nicht geltend gemacht werden können, von welchem das eigene (strittige) Recht abgeleitet wird.[1336]

596 3. Der **Ausschluss der Eigentumsvermutung** gegenüber dem vormaligen selbständigen Besitzer rechtfertigt sich auch aus **folgenden Überlegungen:** a. Die Vermutungen nach Art. 930 Abs. 1 und Art. 931 Abs. 1 ZGB ergeben sich aus dem Publizitätsprinzip und dem Schutz der Verkehrsinteressen.[1337] Zwischen dem Übergeber und der Empfängerin sind aber weder Publizität zu wahren noch Verkehrsinteressen zu schützen, weshalb auch die davon abgeleitete Eigentumsvermutung nicht angerufen werden kann. b. Gegen die Anrufung der Eigentumsvermutung spricht auch das Kausalitätsprinzip: Könnte nämlich die Empfängerin bei streitigem Rechtsgrund der Übergabe gegenüber dem vormaligen selbständigen Besitzer die Eigentumsvermutung anrufen, würde das Kausalitätsprinzip über den Umweg von Art. 930 ZGB aus den Angeln gehoben.[1338] c. Wenn schon die Besitzerin, die ein beschränktes dingliches Recht behauptet, dieses gegenüber demjenigen, von dem sie ihr Recht ableitet, nicht geltend machen kann (Art. 931 Abs. 2), muss diese Einschränkung umso mehr für die Besitzerin gelten, die gegenüber dem vormaligen Besitzer Eigentum behauptet. Auch sie kann sich gegenüber dem früheren selbständigen Besitzer (Eigentümer), von dem sie ihr Recht ableitet, nicht darauf berufen, sondern «kann nur auf das innere Verhältnis» abstellen.[1339]

c. *Eigentumsvermutung gegenüber Drittpersonen*

597 Unter der Annahme, dass die Vermutungsbasis bewiesen, der Besitz also insbesondere nicht zweideutig ist, greift die Vermutung. Aber:

598 1. Die **Rechtsvermutung** des Eigentums kann **nur einer Drittperson** entgegengehalten werden, also nur einer Person, von der die aktuelle Besitzerin ihren behaupteten selbständigen Besitz gerade nicht ableitet. Die Rechtsvermutung kann dagegen nicht gegenüber der früheren Eigentümerin geltend gemacht werden, von welcher die aktuelle Besitzerin ihren behaupteten selbständigen Besitz aufgrund eines umstrittenen Rechtsgrunds ableitet.

[1336] WALTER, BeKomm, Art. 8 ZGB N 413 f.; RUSCH/BORNHAUSER, Jusletter 2015, N 6 f.; DIES., AJP 2013, 1135 ff., 1141.
[1337] HUBER, Erläuterungen, 389, zit. in: REBER/HURNI, BeKomm, Materialien, N 2088.
[1338] Im unpublizierten BGer 5C.163/1988 vom 26. Januar 1989 erklärte das Bundesgericht, über den Umweg von Art. 930 ZGB könne der weiterhin offene Streit über den Rechtsgrund nicht beiseitegeschoben werden.
[1339] HUBER, Erläuterungen, 390, zit. in: REBER/HURNI, BeKomm, Materialien, N 2088.

2. Der aktuelle Besitzer, der als Eigentümer oder als Inhaber eines beschränkten dinglichen Rechts besitzt und sein Recht gutgläubig erworben hat, kann sich **gegenüber der Herausgabeklage** des Dritten wie folgt **wehren**: 599

a. War der Dritte früherer selbständiger Besitzer, daher früherer vermuteter Eigentümer, und kann er beweisen, dass ihm die Sache wider seinen Willen abhandengekommen ist, kann er die Sache innert fünf Jahren von jedem Besitzer zurückverlangen (Art. 934 Abs. 1 ZGB), also grundsätzlich auch vom gutgläubigen (s. aber Art. 934 Abs. 2 und 935 ZGB). Der aktuelle Besitzer kann sich mit dem Beweis wehren, die *fünf Jahre* seien bereits *abgelaufen*. Sind die fünf Jahre bereits abgelaufen, kann die Sache nur noch vom bösgläubigen Besitzer herausverlangt werden (Art. 936 Abs. 1 ZGB). Auf den guten oder bösen Glauben kommt es indessen nur an, wenn die Sache vom Nichtberechtigten erworben wurde, denn der gute oder der böse Glaube bezieht sich auf die Berechtigung des Veräusserers, über die Sache zu verfügen.[1340] War die Berechtigung des Veräusserers gegeben (z.B. aufgrund von Ersitzung gemäss Art. 728 ZGB), hat der aktuelle Besitzer von einer berechtigten Person erworben, weshalb es auf seinen guten Glauben sowie auf seine Aufmerksamkeit (Art. 3 Abs. 2 ZGB) nicht ankommt. Nach der vertrauensbasierten Beweislastverteilung ist von der Berechtigung des Veräusserers auszugehen, weshalb die Nichtberechtigung zu beweisen hat, wer sich darauf beruft. Die Nichtberechtigung hat somit die auf Herausgabe klagende frühere Besitzerin zu beweisen.[1341] 600

b. War der Dritte früherer selbständiger Besitzer und hat er die Sache einer anderen Person *anvertraut*, kann sich der aktuelle Besitzer auf seinen guten Glauben berufen (Art. 933 ZGB) und hat diesen nicht zu beweisen (Art. 3 ZGB). Der frühere Besitzer muss den bösen Glauben beweisen und kann dann jederzeit die Herausgabe verlangen (Art. 936 Abs. 1 ZGB). 601

c. War der Dritte früherer Besitzer, hat er aber die Sache nicht im guten Glauben erworben, kann der aktuelle (bösgläubige) Besitzer die Herausgabe verhindern, wenn er den *bösen Glauben des früheren Besitzers* beweist (Art. 936 Abs. 2 ZGB). 602

[1340] BGE 139 III 305 (311), E. 4.2.
[1341] Insofern ist es erstaunlich, dass das Bundesgericht in BGE 139 III 305 (311), E. 4.2, die Feststellung des Bezirksgerichts unwidersprochen liess, wonach der Beschwerdegegner (der aktuelle Besitzer) die Verfügungsberechtigung seines Verkäufers nicht rechtsgenüglich behauptet. Obliegt dem aktuellen Besitzer nämlich nicht die Beweislast der Verfügungsberechtigung des Verkäufers, hat er diese auch nicht zu behaupten.

2. Vertikale Ausdehnung des Grundeigentums

603 Das Eigentum an Grund und Boden erstreckt sich nach oben und unten auf den Luftraum und das Erdreich, soweit für die Ausübung des Eigentums ein Interesse besteht (Art. 667 Abs. 1 ZGB). Hat nun der **Grundeigentümer** zu beweisen, dass für die Ausübung des Eigentums ein **Interesse** besteht, oder hat im Gegenteil die das Interesse **bestreitende Partei** zu beweisen, dass ein **Interesse fehlt**?

604 1. Jeder Eingriff in das Eigentum ist widerrechtlich und begründet einen Anspruch auf Herausgabe *(rei vindicatio)* oder auf Abwehr einer Störung *(actio negatoria)*.[1342] In beiden Fällen ist bloss das Eigentum zu beweisen, während die gegnerische Partei einen Rechtfertigungsgrund (einen besonderen Rechtsgrund) für das Vorenthalten oder die Störung des Eigentums beweisen muss.[1343] Schranken des Eigentums bestehen entweder aufgrund von Gesetzesvorschrift oder aufgrund von vertraglicher Vereinbarung (oder prekaristischer Gestattung).[1344] Diese **Eigentumskonzeption des ZGB** bedeutet, dass Eigentum grundsätzlich unbegrenzt und uneingeschränkt ist und dass jede Einschränkung auf einem besonderen Rechtsgrund beruhen muss, jede Störung sogleich abgewendet werden kann. Dem steht nicht entgegen, dass das Grundeigentum nach oben und nach unten nur so weit ausgedehnt ist, als das Interesse des Grundeigentümers reicht (Art. 667 Abs. 1 ZGB).[1345] Nach der vertrauensbasierten Beweislastverteilung ist das **Ausübungsinteresse** *a priori* gegeben und **nicht zu beweisen.** Vielmehr hat die Grenze des Interesses, das **Fehlen des Interesses zu beweisen,** wer sich darauf beruft und sich gestützt darauf in die Eigentumssphäre einer anderen Person einmischen will.[1346] Die Formulierung von Art. 667 Abs. 1 ZGB widerspricht dieser Beweislastverteilung nicht, zumal bekannt ist, dass der Satzbau einer Norm (modifizierte Normentheorie) im ZGB keine verlässlichen Schlüsse auf die Beweislastverteilung zulässt (N 195 ff.). Das Gesagte gilt jedenfalls bis zu einer bestimmten Tiefe bzw. Höhe. Ab einer bestimmten Tiefe oder Höhe besteht nach Vertrauenskriterien dagegen gerade kein Ausübungsinteresse mehr, weil schlicht der Zugang zu diesen Räumen fehlt. Ist das Eigentumsrecht in diesen Sphären streitig, hat die Eigentümerin zu beweisen, dass sie (dennoch) ein Ausübungsinteresse hat. Ab welcher Entfernung von der Bodenfläche das Ausübungsinteresse nach Vertrauenskriterien *a priori* nicht mehr besteht, ist jeweils im konkreten Fall zu prüfen.

[1342] Schmid/Hürlimann-Kaup, N 660 ff., N 670 ff.
[1343] Schmid/Hürlimann-Kaup, N 667, N 683.
[1344] Schmid/Hürlimann-Kaup, N 686 ff.
[1345] Huber, Erläuterungen, 85, zit. in: Reber/Hurni, BeKomm, Materialien, N 214 ff.; Botschaft ZGB, 64.
[1346] Ebenso zu § 905 BGB: Baumgärtel/Schuschke, Handbuch, § 905 BGB N 1.

4. Teil: Vertrauensbasierte Beweislastverteilung: Anwendung auf typische Beweislastfragen

2. Die Frage der **Beweislast** ist in der Lehre **umstritten,** wobei die Meinungen etwa hälftig geteilt sind.¹³⁴⁷ Das Bundesgericht folgt jenem Teil der Lehre, der die Beweislast für das **Bestehen des Ausübungsinteresses** dem Grundeigentümer auferlegt.¹³⁴⁸ Dem ist aus den soeben beschriebenen Gründen nicht zu folgen. Nach **Vertrauenskriterien** hat die Begrenzung bzw. das **Fehlen des Ausübungsinteresses** zu beweisen, wer sich in die Eigentumssphäre eines anderen einmischen will.

605

3. Nachbarrecht

a. Rechtsbehelfe des Nachbarn

1. Art. 684 ZGB enthält einen Schutz des Nachbarn vor übermässigen Einwirkungen. Diese Bestimmung wird durch die Art. 679 und Art. 679a ZGB ergänzt, die dem **geschädigten oder bedrohten Nachbarn** verschiedene **Rechtsbehelfe** zur Verfügung stellen:¹³⁴⁹ eine Klage auf Beseitigung der Schädigung, eine Klage auf Schutz gegen drohenden Schaden und eine Klage auf Schadenersatz.¹³⁵⁰ In Ergänzung zu Art. 679 ZGB, der eine Überschreitung des Grundeigentums voraussetzt, regelt Art. 679a ZGB den Fall von übermässigen und unvermeidbaren Nachteilen für den Nachbarn durch rechtmässige Ausübung des Grundeigentums. In diesem Fall kann der Nachbar einzig Schadenersatz geltend machen.

606

2. Die **Beweislast** für die Geltendmachung der Rechtsbehelfe in Art. 679 ZGB trägt der **Nachbar:** Er hat gegebenenfalls die Überschreitung des Eigentums, die Schädigung oder den drohenden Schaden sowie den Kausalzusammenhang zwischen Überschreitung und dem (drohenden) Schaden zu beweisen.¹³⁵¹ Dazu hat er nachzuweisen, worin die Einwirkungen bestehen, wie intensiv sie sind, wie häufig sie auftreten und welchen Einfluss sie auf das Nachbargrundstück und dessen Bewohner haben.¹³⁵² Unter dem Titel von Art. 679 ZGB, der eine widerrechtliche Überschreitung des Eigentumsrechts voraussetzt, hat der Nachbar sodann zu beweisen, inwiefern die Überschreitung durch das Ergreifen von konkreten Schutzmassnahmen unter den gegebe-

607

---

¹³⁴⁷ Für die Beweislast beim Grundeigentümer: LEEMANN, BeKomm 1920, Art. 667 ZGB N 13; KUHN, 87 f.; HAAB/SIMONIUS/SCHERRER/ZOBL, ZüKomm 1977, Art. 667 ZGB N 4; REY/STREBEL, BaKomm, Art. 667 ZGB N 8a; STEINAUER, Droits réels II, N 1616a, mit Hinweis auf BGE 132 III 689 ff.; WEBER, ZBGR 1998, 369. Für die Beweislast beim Gegner: KUMMER, BeKomm, Art. 8 ZGB N 182; MEIER-HAYOZ, BeKomm, Art. 667 ZGB N 11; LEEMANN, BeKomm 1911, Art. 667 ZGB N 13.
¹³⁴⁸ BGE 132 III 689 (699 f.), E. 4.3, 4.4.
¹³⁴⁹ SCHMID/HÜRLIMANN-KAUP, N 952.
¹³⁵⁰ SCHMID/HÜRLIMANN-KAUP, N 957.
¹³⁵¹ SCHMID/HÜRLIMANN-KAUP, N 965, mit Hinweis auf BGer 5A_648/2010 vom 17. Januar 2011, E. 2.1.
¹³⁵² BGer 5A_648/2010 vom 17. Januar 2011, E. 2.1.

nen Umständen tatsächlich und zumutbarerweise vermeidbar gewesen wäre.[1353] Beruft sich der **Grundeigentümer** dagegen auf Art. 679a ZGB, also auf die rechtmässige Bewirtschaftung des Grundstücks, hat er nach der vertrauensbasierten Beweislastverteilung die **Rechtmässigkeit der Bewirtschaftung nicht zu beweisen.** Vielmehr obliegt dem gestörten Nachbarn, der sich auf Art. 679 ZGB berufen will, die Beweislast der widerrechtlichen Überschreitung. Der Nachbar hat auch hier die Übermässigkeit der (unvermeidlichen) Immissionen zu beweisen, wenn er dafür Schadenersatz beansprucht.[1354]

b. Verjährung oder Verwirkung des Beseitigungsanspruchs

608 Das kantonale Recht kann nach Art. 688 ZGB für Anpflanzungen je nach Art des Grundstücks und der Pflanzen bestimmte Abstände vom Nachbargrundstück vorschreiben. Halten die Pflanzungen diese kantonalrechtlichen Abstände nicht ein, kann ihre Beseitigung ohne Nachweis übermässiger Einwirkungen verlangt werden.[1355] Die **Beseitigungsansprüche** wegen Nichteinhaltens der Abstandsvorschriften darf das kantonale Recht befristen und insbesondere einer **Verjährungsfrist** unterstellen.[1356] Die Beseitigungsansprüche können aber auch wegen verzögerter Rechtsausübung aufgrund des Verbots von Rechtsmissbrauch einer **Verwirkungsfrist** unterliegen. Nach der Praxis des Kantons Aargau und dem Einführungsgesetz zum ZGB des Kantons Genf[1357] gilt für das widerspruchslose Dulden die Frist der ausserordentlichen Ersitzung von 30 Jahren (Art. 662 Abs. 1 ZGB) als Richtlinie.

609 1. Wird die Befristung der Beseitigungsansprüche von den Ersitzungsfristen hergeleitet, beurteilt sich die Beweislast wie im Fall der Verjährung und ihrer Unterbrechung (N 483 ff.): Folglich trägt die **Pflanzeneigentümerin** die Beweislast für den **Zeitablauf** von 30 Jahren, dagegen der **gestörte Nachbar** für die **Unterbrechung** der Verjährung bzw. für das frühere Einschreiten,[1358] also für seinen Widerspruch gegen die vorschriftswidrige Pflanzung vor Ablauf von 30 Jahren.

610 2. Wird die Frage des Zeitablaufs und der Unterbrechung unter dem Titel des **Rechtsmissbrauchs** geprüft (und eine Verwirkung geltend gemacht), trägt die Beweislast für die **Umstände,** die auf Rechtsmissbrauch schliessen lassen, wer sich darauf beruft.[1359]

[1353] HAUSHEER/JAUN, FS Rey, 45, mit Hinweis auf BGE 127 III 241 (247), E. 5b/cc, wo das Bundesgericht aus dem fehlenden Ergreifen von Schutzmassnahmen auf eine widerrechtliche Überschreitung schloss.
[1354] Siehe auch SCHMID/HÜRLIMANN-KAUP, N 961.
[1355] BGE 126 III 452 (460), E. 3c/bb.
[1356] BGE 122 I 81 (84), E. 2a; 126 III 452 (457), E. 3a.
[1357] Zitiert in BGer 5D_80/2015 vom 7. September 2015, E. 3.1.
[1358] BGer 5D_80/2015 vom 7. September 2015, E. 4.2; WALTER, BeKomm, Art. 8 ZGB N 622.
[1359] BGer 5D_80/2015 vom 7. September 2015, E. 4.1; BGE 134 III 52 (58), E. 2.1.

Diesfalls hat die Pflanzeneigentümerin die **lange Dauer** von 30 Jahren, das **widerspruchslose Dulden** der vorschriftswidrigen Pflanzung sowie die Tatsache zu beweisen, dass der heutige Nachbar bereits damals Nachbar war und die Belastung durch die vorschriftswidrige Pflanzung in den fraglichen Jahren unverändert blieb. Folglich hat die Pflanzeneigentümerin eine negative Tatsache (Dulden, Untätigkeit) zu beweisen. Daher obliegt dem gestörten Nachbarn eine Substantiierungspflicht mit Bezug auf den Zeitpunkt der Geltendmachung seiner Rechtsposition während der fraglichen Zeitdauer. Kann er sein Tätigwerden nicht schlüssig darlegen, ist unter dem Titel der Beweiswürdigung davon auszugehen, dass er nicht aktiv wurde, also widerspruchslos geduldet hat.[1360] Während der Nachbar unter dem Titel der Verjährungsfrist die Beweislast für die Unterbrechung der Frist trägt, trifft ihn unter dem Titel des Rechtsmissbrauchs (Verwirkung) nur eine Substantiierungspflicht. Im Ergebnis unterscheiden sich aber die beiden Vorgehensweisen kaum, da unter dem Titel der Beweiswürdigung die Untätigkeit des Nachbarn angenommen wird, wenn er sein Tätigwerden nicht schlüssig darlegen kann.[1361]

VIII. Öffentliches Recht

1. Anwendung von Art. 8 ZGB im öffentlichen Recht

Die Beweislastverteilung nach Art. 8 ZGB entspricht einem **allgemeinen Grundsatz**,[1362] der auch im öffentlichen Recht gilt (N 9).[1363]

611

2. Rechtzeitigkeit und Verspätung: Einhaltung von Fristen

1. Ausgehend vom Grundsatz, dass korrektes, regelkonformes, angemessenes, richtiges Verhalten nicht zu beweisen ist, gilt ein Recht als rechtzeitig und formgültig geltend gemacht, eine Beschwerdefrist folglich als eingehalten. Es gilt hier sinngemäss das zur Rechtzeitigkeit von Handlungen oder zur Wahrnehmung von Gestaltungsrechten (N 451, N 460) Gesagte. Hier wie dort geht es um einen subjektiven Rechtsanspruch, der als solcher unabhängig von seiner Durchsetzung grundsätzlich besteht. Wie das

612

[1360] BGer 5D_80/2015 vom 7. September 2015, E. 4.2; WALTER, BeKomm, Art. 8 ZGB N 631; KUMMER, BeKomm, Art. 8 ZGB N 177.
[1361] BGer 5D_80/2015 vom 7. September 2015, E. 4.2; WALTER, BeKomm, Art. 8 ZGB N 631; KUMMER, BeKomm, Art. 8 ZGB N 177; im Ergebnis ebenso ROOS, 228, 239.
[1362] BGE 143 II 646 (660), E. 3.3.8; 141 III 241 (242), E. 3.1; 139 III 278 (279), E. 3.2.
[1363] BGE 143 II 646 (660), E. 3.3.8; 142 II 433 (439), E. 3.2.6; 138 II 465 (486), E. 6.8.2.

Recht auf Wandelung, Minderung oder Schadenersatz[1364] besteht auch das Recht auf Beschwerde oder Klage ganz grundsätzlich, *per se* und unabhängig von seiner Umsetzung oder Durchsetzung: Es besteht also bereits vorprozessual. Der Anspruch auf gerichtliche Überprüfung ist ein verfassungsmässiges Recht, das sich aus der Gewaltenteilung ergibt. Das Bestehen des Rechts hängt mithin nicht von der Einhaltung der Frist ab.[1365] In den Worten der klassischen Beweislasttheorie wäre somit die Einhaltung der Frist nicht rechtserzeugend, sondern rechtserhaltend. Die Nichteinhaltung der Frist wäre rechtshindernd und von jener Person zu beweisen, die davon Rechte ableitet. Nach ständiger Rechtsprechung und herrschender Lehre verhält es sich aber mit Bezug auf Rechtsmittelfristen gerade umgekehrt: Die **Einhaltung einer Rechtsmittelfrist** wird als rechtserzeugend qualifiziert und ist somit von der das Rechtsmittel ergreifenden Person zu beweisen. Zu beweisen ist mithin die **Rechtzeitigkeit.** Anders nach der vertrauensbasierten Beweislastverteilung: Zu beweisen ist **die Verspätung und nicht die Rechtzeitigkeit.** Dass diese Regel auch im Zusammenhang mit Rechtsmitteln gelten muss, ergibt sich aus dem Grundsatz, dass in einem **Rechtsstaat im Zweifel der Verfahrensweg offen** sein muss: Die Beschwerdeführerin soll ihr Rechtsmittel nicht schon dann verlieren, wenn mit Bezug auf die Rechtzeitigkeit ihres Vorgehens Beweislosigkeit vorliegt. Vielmehr soll ihr in diesem Fall das Rechtsmittel offenstehen.

613   2. Im Einzelnen:

614   a. Die Einhaltung einer Beschwerde- oder anderen Verfahrensfrist ist vom Gericht grundsätzlich von Amtes wegen zu prüfen.[1366] Das ändert aber nichts an der *Mitwirkungspflicht* der Parteien.[1367] Das Gericht hat zwar im Rahmen der Prüfung der *Eintretensvoraussetzungen von Amtes wegen* die für die Verspätung der Beschwerdefrist massgeblichen Faktoren festzustellen: den Beginn des Fristenlaufs, die Dauer der Frist sowie deren Ablauf mit Einreichung der Klage oder Beschwerde. Diese Feststellung setzt die Kenntnis über den Zeitpunkt der Eröffnung des vorinstanzlichen Entscheids voraus. Die Eröffnung erfolgt mit der Zustellung der Sendung, deren Abholung bei der

---

[1364] GAUCH, Werkvertrag, N 2166 ff.

[1365] Das ergibt sich aus der dualistischen Theorie, wonach subjektive Rechte vorprozessual existieren. So GULDENER, Zivilprozessrecht, 57 ff.; PELLI, 59 ff., m.w.H. Nach der monistischen Theorie erlangt ein subjektives Recht nur dann Existenz, wenn es im Urteil des Gerichts Schutz findet (GULDENER, Zivilprozessrecht, 54). In der Schweiz wird die dualistische Theorie vertreten (SPÜHLER/DOLGE/GEHRI, § 4 N 34). Differenzierter: PELLI, 62 f., die bei gerichtlicher Verneinung eines Rechtsschutzanspruchs den Untergang des subjektiven Rechts annimmt, da ein nicht durchsetzbares Recht toter Buchstabe sei.

[1366] Das Einhalten der Beschwerdefrist oder der Klagebewilligung (Art. 209 Abs. 3 ZPO) stellt eine Prozessvoraussetzung nach Art. 59 ZPO dar, deren Vorliegen von Amtes wegen (Art. 60 ZPO) zu prüfen ist: BGE 139 III 273 (275 f.), E. 2.1; BGer 4A_671/2016 vom 15. Juni 2017, E. 2.1.

[1367] Dafür sind die Eingaben der betroffenen Partei in folgendem Urteil ein gutes Beispiel: BGer 4A_374/2014 vom 26. Februar 2015, E. 3.2.

Post oder mit der verpassten Abholungsfrist[1368]. Hierfür hat die Beschwerdeführerin in Anwendung ihrer Mitwirkungspflicht die entsprechenden *Dokumente vorzulegen*.

- Ist ein *Entscheid nicht eingeschrieben* versendet worden, kann die Zustellung an sich bzw. der Zeitpunkt der Zustellung nur schwer oder überhaupt nicht bewiesen werden.[1369] Dementsprechend kann auch die Verspätung eines Rechtsmittels nur schwer oder überhaupt nicht bewiesen werden. Gleiches gilt sinngemäss für die vom Gericht nicht eingeschrieben versendete Nachfristansetzung: Kann deren Zustellung vom Gericht nicht bewiesen werden, können die an die Nichteinhaltung der Frist geknüpften Folgen nicht eintreten.[1370]

- Ist ein *Entscheid eingeschrieben* versendet und die Abholungsfrist verpasst worden, wird die Zustellung am letzten (siebten) Tag fingiert (Art. 44 Abs. 2 BGG; Art. 85 Abs. 4 lit. a StPO), sofern ein Verfahren hängig war und die betroffene Person mit der Zustellung einer eingeschriebenen Sendung rechnen musste.[1371] Bei eingeschriebenen Sendungen gilt eine (tatsächliche) Vermutung dafür, dass die Postangestellte den Zustellungsavis ordnungsgemäss in den Briefkasten oder in das Postfach des Adressaten gelegt hat und das Zustellungsdatum korrekt registriert worden ist. Bei Verwendung der Track-and-Trace-Dienstleistung genügt eine Track-and-Trace-Bestätigung für den Zustellungsnachweis.[1372] Bei dieser Dienstleistung handelt es sich um einen Online-Service der Schweizerischen Post, mittels der eingeschriebene Postsendungen erfasst und bis zur Zustellung bzw. zur Ausstellung der Abholungseinladung verfolgt werden können. Mit dem Erfassungsgerät dokumentiert der zustellende Postbeamte die Zustellung oder das Ausstellen der Abholungseinladung.[1373] Dabei wird vermutet, dass der Postbeamte die Abholungseinladung in den richtigen Briefkasten geworfen hat. Wer dies bestreitet, also eine Abweichung vom korrekten Verlauf der Zustellung geltend macht, hat Zweifel an der korrekten Zustellung zu wecken und so die tatsächliche Vermutung zu zerstören.[1374] War der Adressat während der Abholungsfrist nicht am Zustellungsort anwesend, erfolgt eine Zustellungsfiktion (zur Fiktion s. N 286 ff.) dann, wenn er mit der fraglichen Zustellung rechnen musste. Die Zustellungsfiktion setzt ein hängiges Verfahren voraus.[1375]

[1368] BGE 142 IV 201 (204 f.), E. 2.3; BGer 2C_102/2016 vom 5. Februar 2016, E. 3.1.1; 2C_670/2017 vom 22. August 2017, E. 2.4.
[1369] BGE 142 IV 125 (128 f.), E. 4.4.
[1370] BGer 5A_728/2013 vom 3. Februar 2014, E. 3.
[1371] BGE 134 V 49 (51 f.), E. 4; BGer 1B_552/2017 vom 11. Januar 2018, E. 2.
[1372] BGer 4C.11/2007 vom 21. März 2007, E. 3.3.
[1373] MÜLLER, MRA 2007, 133.
[1374] Dafür müssen konkrete Hinweise auf Fehler vorgebracht werden: BGE 142 IV 201 (204 f.), E. 2.3; BGer 2C_102/2016 vom 5. Februar 2016, E. 3.1.1.
[1375] BGer 2C_102/2016 vom 5. Februar 2016, E. 3.1.1.

615 b. Eine *Zustellung* gilt grundsätzlich als ordnungsgemäss und gehörig erfolgt. Wer etwas anderes behauptet, hat das zu beweisen. Demgegenüber enthält Art. 29 Abs. 1 lit. c IPRG für den Fall eines Abwesenheitsverfahrens eine Umkehr der Beweislast: In diesem Fall hat die um Anerkennung eines ausländischen Entscheids ersuchende Person die gehörige und rechtzeitige Zustellung gegenüber der unterlegenen Partei zu beweisen.[1376]

616 c. Das *Datum der Einreichung der Beschwerde* oder der Klage steht mit dem Poststempel fest, wobei vermutet wird (tatsächliche Vermutung mit normativem Gehalt, N 280 f.), dass das Datum des Poststempels mit demjenigen der Übergabe an die Post übereinstimmt. Diese Vermutung kann zerstört werden, indem Zweifel über das Datum des Poststempels geweckt werden oder indem mit Zeugen nachgewiesen wird, dass der Einwurf in einen Postbriefkasten bereits einen Tag zuvor (vor 24.00 Uhr) erfolgte. Dieser Nachweis erfolgt insbesondere mit einem entsprechenden Vermerk und der Unterschrift des Zeugen auf dem Briefumschlag.[1377]

3. Öffentlichkeitsgesetz

617 Das Bundesgesetz über das Öffentlichkeitsprinzip der Verwaltung vom 17. Dezember 2004 (BGÖ) enthält eine (gesetzliche) Vermutung des freien Zugangs zu amtlichen Dokumenten (Art. 6 BGÖ). Daher obliegt die Beweislast zur Widerlegung dieser Vermutung der Behörde. Sie hat darzulegen, dass bzw. inwiefern eine oder mehrere gesetzlich vorgesehene Ausnahmebestimmungen (Art. 7 BGÖ) erfüllt sind.[1378]

[1376] BGE 142 III 180 (186 f.), E. 3.4.
[1377] BGE 142 V 389 (391 f.), E. 2.2. Bei der Abholung der Postsendungen durch die Post in den Geschäftsräumlichkeiten der Absenderin kann es vorkommen, dass die einzelnen Sendungen nicht am gleichen Tag abgestempelt werden (*in casu* Stempel erst am Folgetag). Hier hat die Absenderin – ebenso wie im Fall des Briefeinwurfs nach Postschalterschluss – durch einen Vermerk unter Zeugen den (rechtzeitigen) Zeitpunkt der Sendung auf dem Briefumschlag zu notieren: BGE 142 V 389 (393), E. 3.2. Vorliegend hatte die Unia mit der Post eine Abholungsvereinbarung geschlossen, wonach die Post ihre Sendungen einmal täglich im Zeitfenster von 16.30 bis 17 Uhr an ihrer Adresse abholen lässt. Trotz Auskunft der Post über die möglicherweise erst tags darauf erfolgte Abstempelung erachtete das Bundesgericht den Beweis für die Aufgabe am Tag vor dem Stempeldatum nicht gegeben. Am Stempeldatum war aber die Frist bereits abgelaufen.
[1378] BGE 142 II 324 (335 f.), E. 3.4, betreffend Einsicht in die Outlook-Agenda eines ehemaligen Rüstungschefs (Öffentlichkeit bejaht).

4. Öffentliches Beschaffungswesen

1. Nach Art. 13 Abs. 1 des Bundesgesetzes über das öffentliche Beschaffungswesen vom 16. Dezember 1994 (BöB) kann die Auftraggeberin im offenen oder im selektiven Verfahren oder, unter bestimmten Voraussetzungen, freihändig vergeben. Im öffentlichen Beschaffungswesen stellt mithin die **öffentliche Ausschreibung** eines geplanten Auftrags die **Regel** dar, die dem Verkehrsschutz dient. Die **Freihandvergabe** (Art. 16 BöB) stellt eine **Abweichung** von dieser Regel dar. Daher trägt die **öffentliche Hand die Beweislast** für das Vorliegen der Voraussetzung der Freihandvergabe. Diese Voraussetzungen sind in Art. 13 Abs. 1 der Verordnung zum BöB (VöB) geregelt. Nach lit. c ist eine Freihandvergabe namentlich dann zulässig, wenn aufgrund der technischen oder künstlerischen Besonderheiten des Auftrags oder aus Gründen des Schutzes geistigen Eigentums nur ein Anbieter oder eine Anbieterin in Frage kommt und es keine angemessene Alternative gibt. Die öffentliche Hand hat demnach zwei Voraussetzungen zu beweisen:

a. Aufgrund der Besonderheiten des Auftrags oder aus Gründen des Schutzes des geistigen Eigentums kommt nur ein Anbieter oder eine Anbieterin in Frage.[1379]

b. Es gibt keine angemessenen Alternativen: Das Bundesgericht auferlegt den Beweis für das Bestehen angemessener Alternativen (die es für eine rechtsbegründende Tatsache hält) der Drittpartei, die sich gegen die Freihandvergabe wehrt.[1380] Abgesehen davon, dass das Nichtbestehen angemessener Alternativen ebenso gut als rechtshindernde Tatsache beurteilt werden kann, ist auch der Beweis einer negativen Tatsache (Nichtbestehen angemessener Alternativen) kein Grund für eine Umkehr der Beweislast. Vielmehr kann und muss der Beweisschwierigkeit der beweisbelasteten Partei mit der Mitwirkungspflicht der Drittpartei begegnet werden. Diese hat substantiiert zu behaupten, dass und welche angemessene Alternativen bestehen. Danach obliegt es der *beweisbelasteten öffentlichen Hand* zu beweisen, dass diese Alternativen im konkreten Fall *nicht bestehen oder nicht angemessen* sind. Gelingt dieser Beweis nicht, besteht mit Bezug auf das Fehlen angemessener Alternativen Beweislosigkeit, die zulasten der beweisbelasteten öffentlichen Hand geht. Wenn das Bundesgericht im Ergebnis ebenfalls (bloss) eine substantiierte Darlegung der Drittpartei verlangt, ist ihm zuzustimmen. Nicht zuzustimmen ist ihm darin, dass die Drittpartei das Bestehen angemessener Alternativen zu beweisen hat.[1381] Denn: Damit würde die Drittpartei den Nachteil der Beweislosigkeit tragen. Das widerspricht der Beweislastverteilung nach dem Grundsatz des Vertrauensschutzes und mithin Art. 8 ZGB.

[1379] Zum Ganzen BEYELER, N 279 ff., N 672 ff.
[1380] BGE 137 II 313 (325 f.), E. 3.5.2.
[1381] So aber BGE 137 II 313 (325 f.), E. 3.5.2.

621 2. Nach Art. 21a Abs. 1 VöB schliesst der Auftraggeber Anbieterinnen aus einem Verfahren aus, wenn (a.) diese an der Vorbereitung der Beschaffung beteiligt waren und der ihnen dadurch entstandene Wettbewerbsvorteil nicht mit geeigneten Mitteln ausgeglichen werden kann und (b.) dieser Ausschluss den wirksamen Wettbewerb unter den Anbieterinnen nicht gefährdet. Die Beweislast für das Vorliegen einer Vorbefassung einer Anbieterin obliegt dem Konkurrenten, der den Zuschlag anficht und der sich aus dem Ausschluss der fraglichen Anbieterinnen bessere Aussichten auf den Zuschlag verspricht. Ist die Vorbefassung bewiesen, obliegt der **Beweis,** dass entgegen der Vermutung in Art. 21a Abs. 1 VöB daraus **kein Wettbewerbsvorteil** resultiert oder dass er **mit geeigneten Mitteln ausgeglichen** werden kann, dem Auftraggeber oder der vorbefassten Anbieterin, nicht aber dem Konkurrenten.[1382]

5. Erleichterte Einbürgerung

622 Nach Art. 27 Abs. 1 des Bundesgesetzes über das Schweizer Bürgerrecht vom 20. Juni 2014 (BüG) ist eine erleichterte Einbürgerung für den Ehegatten einer Schweizer Bürgerin möglich, wenn der Ehegatte: a. insgesamt fünf Jahre in der Schweiz gewohnt hat; b. seit einem Jahr hier wohnt und c. seit drei Jahren in ehelicher Gemeinschaft mit dem Schweizer Bürger lebt. Solange eine **Ehe formell** besteht, liegt nach dem Vertrauensgrundsatz eine eheliche Gemeinschaft gemäss lit. c vor. Die **Beweislast** für das **Nichtbestehen einer ehelichen Gemeinschaft** trägt die **Verwaltung,** welche die erleichterte Einbürgerung nicht gewähren oder eine bereits erfolgte Einbürgerung für nichtig erklären will (Art. 41 Abs. 1 BüG). Die Nichtigerklärung setzt voraus, dass die Einbürgerung durch falsche Angaben oder Verheimlichung erheblicher Tatsachen erschlichen worden ist. Dazu gehört auch die Tatsache, dass trotz formeller Eheschliessung in Wirklichkeit keine eheliche Gemeinschaft begründet wird oder dass die Ehe im massgeblichen Zeitpunkt nicht (mehr) tatsächlich gelebt wird.[1383] Diese Tatsachen hat die Behörde zu untersuchen und zu beweisen. Da es sich hierbei um negative Tatsachen im Lebensbereich der Ehegatten handelt, die schwierig zu beweisen sind, genügt einerseits der Beweis der **überwiegenden Wahrscheinlichkeit** und hat andererseits der eingebürgerte Ehegatte im Rahmen seiner **Mitwirkungspflicht** substantiiert zu behaupten, dass und warum die eheliche Gemeinschaft im Zeitpunkt des Gesuchs tatsächlich bestand. Ferner dienen der Beweiswürdigung tatsächliche Vermutungen, die auf der allgemeinen Lebenserfahrung beruhen. So kann aufgrund der Chronologie der Ereignisse darauf geschlossen werden, dass die Ehe im Zeitpunkt der erleichterten

---

[1382] BVerwGer B-7062/2017 vom 16. Februar 2018, E. 10.5, mit Hinweis auf GALLI PETER/MOSER ANDRÉ/LANG ELISABETH/STEINER MARC, Praxis des öffentlichen Beschaffungsrechts, 3. Aufl., Zürich 2013, N 1049; TRÜEB, WettbewerbsKomm, Art. 11 BöB N 13.
[1383] BGE 135 II 161 (166), E. 3; BVerwG C-1140/2013 vom 1. Oktober 2015, E. 8.1.

Einbürgerung schon nicht mehr intakt und nicht auf eine gemeinsame Zukunft ausgerichtet war.[1384] **Tatsächliche Vermutungen** führen nicht zu einer Umkehr der Beweislast. Nach dem Bundesgericht genügt es, «dass die betroffene Person einen oder mehrere Gründe angibt, die es plausibel erscheinen lassen, dass sie im Zeitpunkt ihrer Erklärung mit dem Schweizer Ehepartner in einer stabilen ehelichen Gemeinschaft lebte und dass sie diesbezüglich nicht gelogen hat.»[1385] Dabei dürfen nicht zu hohe Anforderungen an diese Substantiierung gestellt werden. Andernfalls werden Ausländerinnen und Ausländer für das Bestehen einer ehelichen Gemeinschaft an anderen Massstäben gemessen als Schweizer Bürgerinnen und Bürger. Insbesondere darf die Substantiierungspflicht nicht darauf hinauslaufen, dass der eingebürgerte Ehegatte sein Eheleben laufend dokumentieren muss. Auch setzt eine gelebte Ehegemeinschaft nicht ein gemeinsames Schlafzimmer und/oder gemeinsame Freizeitaktivitäten voraus.[1386] Auch bei getrennten Wohnungen kann eine stabile eheliche Gemeinschaft vorliegen, wenn plausible Gründe, z.B. beruflicher oder gesundheitlicher Natur,[1387] dafür vorliegen. Umgekehrt ist das Vorhandensein bloss einer Zahnbürste im Badezimmer kein taugliches Indiz für die Annahme einer nicht gelebten Haushaltsgemeinschaft.[1388] Ein im Jahr 2001 erstmals abgewiesenes Asylgesuch, mehrmalige rechtswidrige Einreise unter Verwendung falscher Identitäten, die Eheschliessung im Jahr 2003 mit einer Schweizer Bürgerin, die erleichterte Einbürgerung im Juli 2009, die Trennung im Mai 2010 und die Scheidung im Mai 2011 führen nicht zu einer tatsächlichen Vermutung der im Zeitpunkt der Einbürgerung nicht mehr intakten Ehe, da die Ereignisse vor der Einbürgerung der Einbürgerungsbehörde bekannt waren.[1389]

6. Verwaltungsverfahren

Im Verwaltungsverfahren, namentlich in ausländerrechtlichen Bewilligungsverfahren[1390] oder in Sozialversicherungsverfahren,[1391] unterliegen die **Parteien** zwar der **Mitwirkungspflicht** sowie einer eigentlichen Beweisbeschaffungspflicht für Tatsachen, die eine Partei besser kennt als die Behörden und welche diese gar nicht oder

623

[1384] BVerwGer C-1440/2013 vom 1. Oktober 2015, E. 5.1, 5.2.
[1385] BGE 135 II 161 (166), E. 3.
[1386] So aber BVerwGer C-1440/2013 vom 1. Oktober 2015, E. 8.2, wo gemeinsame Fernreisen als gemeinsame Aktivitäten erwähnt wurden.
[1387] BVerwGer F-7013/2016 vom 26. Juli 2017, E. 3.4.
[1388] Zu Beispielen überhöhter Anforderungen an den Nachweis einer tatsächlich gelebten Beziehung vgl. SPESCHA, Symposium, 101 ff.; ferner zu Inkonsistenzen der bundesgerichtlichen Rechtsprechung bezüglich einer ehelichen Real-Beziehung bzw. ehelicher Abhängigkeitsverhältnisse: SPESCHA, FamPra 2017, 497 f.
[1389] BVerwGer C-1440/2013 vom 1. Oktober 2015, E. 8.2.
[1390] BGer 2C_2/2015 vom 13. August 2015, E. 2.3.
[1391] BGer 9C_283/2015 vom 6. Juli 2015, E. 3.2.

nicht mit vernünftigem Aufwand erheben könnten. Dabei trifft die **Behörde** aber eine **Aufklärungspflicht,** d.h., sie muss die Verfahrensbeteiligten geeignet auf die zu beweisenden Tatsachen sowie auf die Beweismittel[1392] hinweisen. Sie hat die Verfahrensbeteiligten gegebenenfalls auch auf ihre Mitwirkungspflicht sowie auf die Folgen von deren allfälliger Verletzung hinzuweisen.[1393] Untersuchungsgrundsatz und Mitwirkungspflicht ändern aber an der objektiven Beweislast nichts. Aus der objektiven Beweislast darf die Behörde allerdings nicht subjektive Beweisführungspflichten ableiten, die sich nicht aus dem Gesetz oder aus dem Grundsatz von Treu und Glauben ergeben.[1394]

7. Abgaberecht

624 Im **Steuerrecht** trägt die Behörde die Beweislast für die Tatsachen, welche die Steuerschuld begründen (z.B. den Wohnsitz)[1395] oder erhöhen, während die steuerpflichtige Person die Beweislast für die Tatsachen trägt, welche die Steuerschuld reduzieren oder die Steuerpflicht aufheben.[1396]

8. Rentenanspruch aus Invalidität

625 Die Invalidenversicherung basiert wie jede andere Versicherung auf der Annahme, dass das Risiko nur im Ausnahmefall eintritt: Eine Person gilt mithin grundsätzlich als arbeits- und erwerbsfähig.[1397] Selbst wenn eine (physische oder psychische) Krankheit diagnostiziert wurde, ist noch nichts darüber ausgesagt, ob diese auch invalidisierenden Charakter hat. Grundsätzlich ist von der Validität auszugehen, weshalb die versicherte Person die **Beweislast für die Invalidität** trägt.[1398]

[1392] BVerwGer A-1462/2016 vom 24. August 2017, E. 2.4.
[1393] BVerwGer A-1462/2016 vom 24. August 2017, E. 2.4; B-649/2016 vom 23. August 2017, E. 4.1.
[1394] BGer 2C_2/2015 vom 13. August 2015, E. 2.3; 9C_283/2015 vom 6. Juli 2015, E. 3.2.
[1395] Siehe aber SCHÄR, Diss., 293 ff., zur Verlegung eines einmal begründeten Schweizer Wohnsitzes ins Ausland.
[1396] BVerwGer A-1462/2016 vom 24. August 2017, E. 2.7. f.; SCHÄR, Diss., 286 ff.
[1397] So auch HEINE ALEXIA/POLLA BEATRICE, Das Bundesgericht im Spannungsverhältnis von Medizin und Recht, das strukturierte Beweisverfahren nach BGE 141 V 281 und seine Auswirkung, Jahrbuch zum Sozialversicherungsrecht, Zürich/St. Gallen 2018, 133 ff., 146; GERBER KASPAR, Psychosomatische Leiden und IV-Rentenanspruch. Ein juristisch-medizinischer Zugang über IV-versicherte Gesundheitsschäden, funktionelle Einschätzungen und Beweisfragen auf Basis von BGE 141 V 281, Diss. Zürich 2018, N 812.
[1398] BGE 142 V 106 (110 f.), E. 4.4; 141 V 281 (296), E. 3.7.2; BGer 8C_478/2015 vom 12. Februar 2016, E. 4.3 f.; s. auch N 356.

Sachregister

Die Zahlen verweisen auf die Randnoten des Kommentars. Die (fetten) Hauptstichworte und die ihnen untergeordneten Stichworte sind alphabetisch geordnet.

A

Adäquate Kausalität *359, siehe auch Kausalzusammenhang*
Allgemeine Geschäftsbedingungen
— Anwendung der Ungewöhnlichkeitsregel auf – *321*
— Anwendung der Unklarheitsregel auf – *321*
— Auslegung *241*
— Beweislastabrede in den – *321*
Allgemeine Lebenserfahrung *158*
Anfechtungstheorie bei Willensmängeln *386*
Antizipierte Beweiswürdigung *23, 115 ff.*
— Beweis des Gegenteils *119*
— Beweisverfügung *124*
— Gegenbeweis *118*
— Recht auf Beweis *23*
— Rechtliches Gehör *117*
Antizipierter Vertragsbruch *473*
Anwendungsbereich *5 ff.*
— von Art. 8 ZGB *7 ff., 15*
  — auf ausländisches Recht *11*
  — auf das SchKG *8*
  — auf das Strafrecht *10*
  — auf kantonales Recht *7*
  — auf öffentliches Recht *7, 9, 611 ff.*
— Vergleich zur ZPO *15 ff.*
— von Art. 9 ZGB *12*
— von Art. 10 aZGB *13*
Arbeitsrecht *527 ff.*
— 13. Monatslohn *529*
— Arbeitszeugnis *537*
— Auslagenersatz *534*
— Bestand des Arbeitsvertrags *398*
— Bonus *530*
— Ferienanspruch *398, 491, 531 f.*
— Geheimhaltungspflicht *544*
— Gratifikation *529 f.*

— Konkurrenzverbot *545*
— Krankheit *533*
— Kündigung *496 ff.*
  — fristlose – *542 f.*
  — missbräuchliche – *538 ff.*
  — ordentliche – *538 ff.*
— Lohn *527 f.*
— Überstunden und Überzeit *535 f.*
Arbeits- und Erwerbsunfähigkeit, Beweislast *354 ff.*
Arzthaftung *546 ff.*
— Aufklärungspflicht des Arztes *547 f.*
— ausservertragliche Haftung des Arztes *547*
— Beweis des fehlenden Verschuldens *554*
— für Behandlungsfehler *549 ff.*
— vertragliche Haftung des Arztes *549 ff.*
Aufklärungspflicht des Arztes *547 f.*
Auftrag, Vergütung *397*
Augenschein als Beweismittel *137*
Auskunft einer Behörde
— falsche – *232*
— fehlende – *233*
— schriftliche – *139*
Auslagenersatz im Arbeitsrecht *534*
Auslegung
— Auslegungsmittel *367 ff., 373 ff.*
— Auslegungsregel *379 ff., 431*
— Auslegungsstreit *367 ff.*
— der Willenserklärung *364*
— des Vertrags *236 ff., 360 ff., 529*
— gesetzeskonforme – *380*
— methodisches Vorgehen bei der – *370*
— objektivierte – *369 f., 379, 399*
— subjektive – *369 f., 399*
— von AGB *241*
— von Verfügungen von Todes wegen *142*
Auslegungsstreit *367 ff., siehe auch Konsensstreit*

Ausschlagung im Erbrecht *585*

Ausservertragliche Verhaltenspflichten *249 ff.*

B

Bauhandwerkerpfandrecht
− Rechtzeitigkeit der Eintragung *488*
− Verwirkung der Eintragung *488*

Bedingung, Beweislast *501 ff.*
− Art und Eintritt *504*
− einer Vereinbarung *502 f.*

Befristung, Beweislast *505*

Behauptungslast *25 ff., 100*

Berechnungsfaktoren, Werkvertragsrecht *442*

Bereicherung, ungerechtfertigte, *siehe ungerechtfertigte Bereicherung*

Beschaffungswesen, öffentliches *618 ff.*

Beschwerde
− bei Verletzung verfassungsmässiger Rechte *7*
− Frist *612 ff.*

Besitz
− selbständiger und unzweideutiger − *590 f.*
− und Eigentumsvermutung
  − bei umstrittenem Rechtsgrund *593 ff.*
  − gegenüber Drittpersonen *597 ff.*
  − Voraussetzungen *590 ff.*
− zweideutiger − *591 ff.*

Beweis, *siehe auch Beweislast*
− Begriff *74 ff.*
− des Gegenteils, *siehe Beweis des Gegenteils*
− Gegenstand *77 ff.*
  − ausländisches Recht *82*
  − äussere Tatsachen *79*
  − Erfahrungssätze ohne Normcharakter *52, 83 ff.*
  − Gewohnheitsrecht *83 ff.*
  − innere Tatsachen *80*
  − SIA-Norm 118 *86*
  − Sitte, Verkehrsübung, Geschäfts- und Ortsgebrauch *88 f., 385, 397*
  − Standesregeln *86*
  − Tatsachen *77 ff.*

− Prima-facie − *297*
− Recht auf − *102 ff., siehe auch Recht auf Beweis*
− strikter/voller − *143*
− von Quantitäten *308*

Beweis des Gegenteils
− als Hauptbeweis *93 f.*
− Begriff *93 f.*
− beim Arztvertrag *553*
− Beweislosigkeit *182*
− mittels öffentlicher Urkunde *33*
− und Fiktion *287 f.*
− von tatsächlicher Vermutung im Einzelfall *285*
− von tatsächlicher Vermutung mit Normgehalt *284*
− Zulässigkeit antizipierter Beweiswürdigung *119*

Beweisabnahmerecht *21, 168 f.*

Beweisarten *91 ff.*
− Beweis des Gegenteils *93 f., siehe auch Beweis des Gegenteils*
− Gegenbeweis *94 f., siehe auch Gegenbeweis*
− Hauptbeweis *91 ff.*
− Indizienbeweis *165, 297*
− Prima-facie-Beweis *297*

Beweisaussage als Beweismittel *140*

Beweisergebnis, Begriff *76, 151 ff., 176 ff.*

Beweisführung *125 ff.*
− bei Untersuchungsmaxime *125 f.*
− bei Verhandlungsmaxime *125 f.*
− Beweisergebnis *76, 151 ff., 176 ff.*
− Beweisführungsanspruch *22, 106*
− Beweisführungsvertrag, *siehe Beweisführungsvertrag*
− Obliegenheit der − *25, 108, 126, 180, 423*
− Umfang der − *127*

Beweisführungslast *25 ff., 44 f., 71, 108, 126 f., 180, 423*

Beweisführungsvertrag
− Begriff *322 ff.*
− Beweismass *323*
− Beweismittelvertrag *324 ff.*
− Beweiswürdigung *323*
− und Schiedsgutachten *325*

– Zulässigkeit von Abreden über Beweismittel *324 ff.*
– zur Beschränkung des Beweisthemas *327*

Beweisgrad, *siehe Beweismass*

Beweislast
– Arztvertrag *546 ff.*
– Auftrag, Vergütung *397*
– Darlehenszins *432 ff.*
– Forderung aus Vertrag *388*
– Gutgläubigkeit *331 f.*
– Haftungsreduktion *443*
– Handlungsunfähigkeit *187, 339 ff.*
– im Arbeitsrecht
    – Erwerbsausfall *355 f.*
    – Lohnforderung *398, 527 ff.*
– im Erbrecht *578 ff.*
– im Familienrecht *555 ff.*
– im Güterrecht *555 ff.*
– im öffentlichen Recht *611 ff.*
– im Personenrecht *341*
– im Sachenrecht *590 ff.*
– Kaufvertrag *429 ff.*
– Kausalzusammenhang *357 ff., 386*
– Kommissionsvertrag *509*
– Konsens *362, 366*
– Mangel/Mängelrüge
    – beim Kauf-/Werkvertrag *460 ff., 487*
    – beim Mietvertrag *516 ff.*
– Mietvertrag *510 ff., siehe auch Mietrecht*
    – Untermiete *519*
– Minderwert/Minderung *469 f.*
– Nebenpflichten, vertragliche *472*
– objektive – *45, 126, 128*
– Rechtsmittel *47 ff.*
– Regel, *siehe Beweislastregel*
– Schaden *352 ff., siehe auch Schaden*
– Schenkung *399 f., 558*
– Schlechterfüllung *449 ff.*
– Schuldanerkennung *389*
– Schuldnerverzug *475 ff.*
– Stellvertretung *506 ff.*
– subjektive – *126*
– Umkehr, *siehe Umkehr der Beweislast*
– Unmöglichkeit der Vertragserfüllung *447 f.*
– Unterhalt, familienrechtlicher *559 ff., siehe auch Unterhalt*
– Unterlassungspflicht im Vertragsrecht *474*
– Urteilsunfähigkeit *334 f., 578*

– Vergütungsanspruch *390*
– Verkehrsübung und Verkehrsauffassung *374 ff.*
– Verschulden *63 f., 348 ff., 401, 402 ff., 448*
– Vertragsabschluss *361 ff.*
– Vertragsinhalt *371, 426 ff.*
– Verwandtenunterstützung *577*
– von Leben und Tod *345 ff. 422*
    – Kommorientenvermutung *347*
– Werkvertrag *440 ff.*
    – Vergütung *396*
– Willensmangel im Vertragsrecht *386*

Beweislastregel *289 ff., siehe auch Recht auf Beweis*
– bei der unerlaubten Handlung *353*
– Beweislastvertrag *318, siehe auch Beweislastvertrag*
– gesetzliche – *201*
– nach Vertrauenskriterien *290 f.*
– ohne Vertrauenskriterien *292 f.*
– Rechtsnatur
    – Einfluss des materiellen Rechts *20 ff.*
    – in der Schweiz *18, 20*
    – in Deutschland *19*

Beweislastumkehr, *siehe Umkehr der Beweislast*

Beweislastverteilung *179 ff.*
– Abweichung von der – *292 f.*
– als Rechtsfrage *170 f.*
– Bedeutung von Art. 8 ZGB *183 ff.*
– Begriff *180 f.*
– bei Beweisnot *294 ff., siehe auch Beweisnot*
– bei der Mängelrüge *209*
– Grundsätze *190 ff.*
– im summarischen Verfahren *310*
– nach der Normentheorie *195 ff., siehe auch Normentheorie*
– nach gerichtlichem Ermessen *203, 206*
– nach Prinzipien *204*
– Sonderregeln zur – *267 ff.*
– vertrauensbasierte – *208 ff., siehe auch vertrauensbasierte Beweislastverteilung, Vertrauensschutz*

Beweislastvertrag *312 ff.*
– AGB *316, 321, siehe auch Allgemeine Geschäftsbedingungen*
– Beweislastregel *318*

Sachregister

— im engeren Sinn *314*
— im weiteren Sinn *315*
— Inhalt *313 ff., 321*
— Rechtsnatur *320*
— Zulässigkeit *316 ff.*

Beweislosigkeit *21 f., 106 ff., 128, 170*
— Begriff *178, 180 ff.*
— und Theorie der vertrauensbasierten Beweislastverteilung *213, 254 f.*

Beweismass
— als Rechtsfrage *42*
— Begriff *37 ff., 76, 141 ff.*
— bei Verfügung von Todes wegen *142*
— Glaubhaftmachung *41, 147*
 — bei Geschlechterdiskriminierung *500*
 — im Arbeitsrecht *528, 540*
— Rechtsmittel betreffend richtiges – *42*
— Regelbeweismass *37, 66, 76, 143*
— subjektive Gewissheit *142*
— überwiegende Wahrscheinlichkeit *38 ff., 144 ff., 309*
 — bei der Arzthaftung *553*
 — bei der Produktehaftung *404*
 — bei der Unterhaltsforderung *574*
 — bei der Verwandtenunterstützung *577*
 — beim Forderungsumfang *423*
 — beim Kausalzusammenhang *357*
 — beim Schadensumfang *353*
— Überzeugungstheorie *141*
— variables – *41*
— Verhandlungsmaxime und – *148*

Beweismasserleichterung *145, 308, 353, 500*

Beweismittel *28 ff., 129 ff.*
— Augenschein *137*
— Beweisaussage *140*
— Beweismittelbeschränkung *130*
— Beweismittelvertrag *324 ff., siehe auch Beweisführungsvertrag*
— Beweisnot *295 ff.*
— elektronische Dateien *135*
— gerichtliches Gutachten *138*
— Numerus clausus *129 f.*
— Parteibefragung *140*
— schriftliche Auskunft *139*
— und Recht auf Beweis *110*
— unzulässige – *129*

— Urkunde *133 ff.*
— Webseite *136*
— Würdigung, *siehe Beweiswürdigung*
— Zeugnis *132*

Beweismittelbeschränkung *130*
— Zulässigkeit *29 f., 35*

Beweismittelwürdigung, *siehe Beweiswürdigung*

Beweisnot *294 ff.*
— Beweisgegenstand *303 ff.*
— Beweismass *40*
— Beweismittel *295 ff.*
— hypothetische/künftige Tatsachen *307, siehe auch Tatsachen*
— negative Tatsachen *304 ff., siehe auch Tatsachen*
— Quantitäten *308*
— Überwindung *304 ff.*
 — Instrumente *296 ff.*
 — Mitwirkungspflicht *299 ff., siehe auch Mitwirkungspflicht*

Beweisofferte *122*

Beweisrecht, formelles *120 ff.*

Beweisregel
— Entwurf *2*
— in der ZPO *32 f.*
— negative – *32*

Beweisschwierigkeiten, Arzthaftung *552 f.*

Beweissicherung *300*

Beweisthema *123, 165*

Beweisunmittelbarkeit *110*

Beweisverbot *29, 32, 36, 46, siehe auch Beweismittel*

Beweisvereitelung, *siehe auch Mitwirkungspflicht*
— Arztvertrag *299 ff., 551 ff.*
— Beweislastumkehr *200*

Beweisverfahren *20 ff., 121 ff.*
— Beweisführung *125 ff.*
— Beweisofferte *122*
— Beweisverfügung *123 f.*
— Beweiswürdigung *164, siehe auch Beweiswürdigung*

Beweisverfügung *123 f.*

Beweisvertrag
- Beweisführungsvertrag *322 ff., siehe auch Beweisführungsvertrag*
- Beweislastvertrag *312 ff., siehe auch Beweislastvertrag*
- Beweismittelvertrag, *siehe Beweisführungsvertrag*

Beweisvoraussetzungen *96 ff.*
- ausreichend behauptete und substantiierte Tatsachen *99 ff.*
- rechtserhebliche Tatsachen *98*
- streitige Tatsachen *97*

Beweisvorgang *75, 150*

Beweisvorschriften *21 ff.*

Beweiswürdigung
- Abgrenzungen *166 ff.*
- als Tatfrage *171*
- antizipierte Beweiswürdigung *115 ff., siehe auch antizipierte Beweiswürdigung*
- Arztvertrag *553*
- Bedeutung *154*
- Begriff *31 ff., 149 ff.*
- Beweisergebnis *151 ff., 170*
- Definition *153*
- freie – *31 ff., 173 ff.*
- Mietvertrag *513*
- Objekt *156 ff.*
- Reichweite *165*
- Stellung im Beweisverfahren *164*
- Subjekt *155*
- Tatfrage *171*
- Voraussetzungen *150*

Billigkeit
- als Ausdruck von Treu und Glauben *222*
- Beweislastverteilung nach – *203*

Billigkeitshaftung *403*

Bonus im Arbeitsrecht *529 f.*

C

Circa-Preis *383 f., siehe auch Vergütung*

CISG *67, 227*

Clausula rebus sic stantibus *240*

Culpa in contrahendo *230, 244, 247, 250*

D

Darlehensvertrag
- Abgrenzung zur Schenkung *399*
- Umfang des Darlehenszinses *432 ff.*

Datenschutz *220, 343*

Dokumentationspflicht des Arztes *300*

E

Echtheitsbeweis bei elektronischen Dateien *135*

Eigentum, Beweis des – *590 ff.*
- Grundeigentum, vertikale Ausdehnung *603 ff.*

Eigentumsvermutung *590 ff.*
- bei umstrittenem Rechtsgrund *593 ff.*
- Entkräftung der – *93*
- gegenüber Drittpersonen *597 ff.*
- gegenüber dem früheren selbständigen Besitzer *594 ff.*
- im Ehe-/Partnerschaftsrecht *267, 271*
- und Herausgabeklage *599 ff.*
- Voraussetzungen *590 ff.*

Einbürgerung, erleichterte *622*

Einfache Wahrscheinlichkeit *41, siehe auch Beweismass*

Eingriffskondiktion *418, siehe auch ungerechtfertigte Bereicherung*

Einstufig-konkrete Methode zur Berechnung des nachehelichen Unterhalts *568 f., 574 ff., siehe auch Unterhalt*

Elektronische Datei als Beweismittel *135*

Entstehungsgeschichte von Art. 8 ZGB *1 ff.*

Entwurf von Art. 8 ZGB *2*

Erbrecht *578 ff.*
- Auflösung der Erbengemeinschaft *587*
- Auslegung von Verfügungen von Todes wegen *142*
- Ausschlagung und Einmischung *585*
- Enterbung *580 ff.*
- Erbanspruch *421 f.*
- Erbunwürdigkeit *584*
- Schädigungsabsicht beim Erbvertrag *586*

Sachregister

- Schenkung
    - lebzeitige – *588 f.*
    - Widerruf *589*
- Urteilsunfähigkeit *578*
- Verfügungsfähigkeit *578*
- Widerruf von letztwilligen Verfügungen *579*

Erfahrungssätze mit Normcharakter *83 ff.*

Erfüllung
- der Bedingung *288*
- der Leistung *445 ff., 490*
- gehörige – *445, 451, siehe auch Vertrag*
- Nichterfüllung *445*
- Schlechterfüllung *449 ff., siehe auch Schlechterfüllung*
- Schuldanerkennung *389*

Ermessen
- Beweislastverteilung nach gerichtlichem – *203, 206*
- Schätzung des Forderungsumfangs *423 f.*

Erstreckung des Mietverhältnisses *526, siehe auch Mietrecht*

Erwerbsausfall *355, siehe auch Arbeitsrecht*

Erwerbsunfähigkeit *355 f., siehe auch Arbeitsrecht*

Exkulpationsbeweis *403*

F

Fälligkeit der Forderung *476, 484*

Familienschuldrecht
- familienrechtlicher Unterhalt *559 ff., siehe auch Unterhalt*
- Güterrecht *555 ff., siehe auch Güterrecht*
- Verwandtenunterstützung *577*

Familienwohnung, Kündigung der – *521 f.*

Ferienanspruch des Arbeitnehmers *398, 491, 531 f., siehe auch Arbeitsrecht*

Festpreis *382, 440 ff., siehe auch Vergütung*

Fiktion
- Abgrenzung zur Vermutung *288*
- Begriff *286 ff.*
- Beweislastverteilung bei – *287*
- der Kommorientenvermutung *347*
- der Zustellung *614*

- im Arbeitsrecht *398, 527*
- im Güterrecht *556 f.*
- zur Überwindung der Beweisnot *298*

Forderung
- Entstehung der – *387 ff.*
    - durch Geschäftsführung ohne Auftrag *407 ff.*
    - durch Gesetz (Familien- und Erbrecht) *421 f.*
    - durch unerlaubte Handlung *401 ff.*
    - durch ungerechtfertigte Bereicherung *411 ff.*
    - durch Vertrag *388 ff.*
- Erlöschen der – *489 ff.*
    - durch Aufhebungsvereinbarung *492 ff.*
    - durch Bedingung *501 ff.*
    - durch Befristung *505*
    - durch Erfüllung, *siehe Erfüllung*
    - durch Kündigung *496 ff.*
- Fälligkeit der – *476, 484*
- Umfang
    - Darlehenszins *432 ff.*
    - Herabsetzung des Forderungsumfangs *443 f.*
    - im Allgemeinen *423 ff.*
    - Kaufpreis *429 ff.*
    - nacheheliche Unterhaltsforderung *567 ff.*
- Verjährung/Verwirkung der – *483 ff.*
- Verzicht *492 ff.*
    - auf Retrozessionen *493*

Formular betreffend Anfangsmietzins *511 f.*

Freie Beweiswürdigung, Begriff *173 ff.*

Frist
- bei der Mängelrüge *460 ff.*
- im öffentlichen Recht *612 ff.*
    - Massgeblichkeit des Poststempels *616*
    - Zustellungsfiktion *614*

G

Gebot der schonenden Rechtsausübung *252*

Gefälligkeit, Haftung bei *349*

Gegenbeweis
- Begriff *94 f.*
- Behauptungs- und Substantiierungslast *25*

Sachregister

– Beweismittel *118*
– durch öffentliche Urkunde *33*
– Entkräftung eines Erfahrungssatzes *83*
– Entkräftung einer gesetzlichen Vermutung *93, 276*
– im Güterrecht *558*
– Minderung *469*
– Produktehaftung *404*
– Recht auf Gegenbeweis *111*
– Tatsachenvermutung *159, 271*
– Urteilsfähigkeit *334*
– Willensmangel *386*

Geheimhaltungspflicht im Arbeitsrecht *544*

Geschäftsführung ohne Auftrag *407 ff.*

Geschäfts- und Ortsgebrauch als Beweisgegenstand *87 ff.*

Geschäftsherrenhaftung *403, 405*

Gewohnheitsrecht als Beweisgegenstand *83*

Glaube, guter *221, 277, 331 f.*

Gratifikation im Arbeitsrecht *529 f.*

Grundeigentum, vertikale Ausdehnung *603 ff.*

Gutachten
– als Beweismittel *129*
– als Gegenstand eines Beweismittelvertrags *326*
– gerichtliches – *138 f.*
– privates – *134*
– über den Gesundheitszustand *578*

Gute Sitten
– als Ausdruck von Treu und Glauben *222*
– sittenwidriger Beweislastvertrag *321*

Guter Glaube
– Entkräftung der Vermutung des – *277*
– Gutglaubensschutz nach Art. 3 ZGB *221, 331 f.*

Güterrecht
– Beweis des Eigentums im – *556 ff.*
– Vermutung der Errungenschaft *557 f.*

Gutglaubensschutz *221, 277, 331 f.*

H

Haftung
– des Familienoberhaupts *403*
– des Geschäftsherren *405*
– des Tierhalters *403*
– Kausalhaftung *403*
– Produktehaftung *404*

Handlung, unerlaubte *357 ff., 401 ff.*

Handlungs- und Deliktsfähigkeit *333 ff.*
– Urteilsfähigkeit *334 ff.*
  – im Erbrecht *578*
– Volljährigkeit *338 ff.*

Handlungsunfähigkeit *192, 339 f.*

Hauptbeweis
– Begriff *91 ff.*
– Verhinderung durch Gegenbeweis *94*

Haustürgeschäfte, Widerrufsrecht *290, 505*

Herausgabeklage des Eigentümers *599 ff.*

Hilfsperson bei der Geschäftsherrenhaftung *405*

I

Indizienbeweis *165, 297*

Internationales Privatrecht, Beweislastregeln *65 ff.*

Invalidität, Beweislast *356, 625*

K

Kaufvertrag, Umfang des Kaufpreises *429 ff.*

Kausalhaftung *403 ff.*

Kausalzusammenhang *357 ff.*
– adäquater – *359*
– bei der unerlaubten Handlung *401, 405*
– beim Vertrag *350, 386*
– natürlicher –
  – Beweis des Dahinfallens des – *358*
  – Beweislast *348, 350, 357, 386, 401, 500, 607*
  – Beweismass *39, 146, 357*

Kindesunterhalt *565, siehe auch* Unterhalt

Kommissionsvertrag *509*

257

Kommorientenvermutung *272, 347*

Konkurrenzverbot im Arbeitsrecht *474, 545*

Konsens im Vertragsrecht *360 ff.*
– Beweislast *362*
– methodisches Vorgehen bei Konsensstreit *362 ff.*
– normativer – *361*
– tatsächlicher – *361*
– über den Vergütungsanspruch *392 ff., siehe auch Vergütung*

Konsensstreit *362 ff., siehe auch Auslegungsstreit*

Kostenvoranschlag, unverbindlicher *384*

Kündigung
– des Arbeitsvertrags *538 ff., siehe auch Arbeitsrecht*
   – fristlose Kündigung *542 f.*
   – ordentliche Kündigung *538 ff.*
– des Dauerschuldverhältnisses *496 ff.*
   – Kündigungsfrist *498*
   – missbräuchliche Kündigung *499 f.*
– des Mietvertrags *521 ff., siehe auch Mietrecht*

L

Leben und Tod, Beweislast *345 ff.*

Lebenserfahrung, allgemeine *158*

Leistungserfüllung *445 ff., 490, siehe auch Erfüllung*

Leistungskondiktion *417, siehe auch ungerechtfertigte Bereicherung*

Leistungsstörung
– Begriff *445 ff.*
– positive Vertragsverletzung *471 ff.*
– Schlechterfüllung *449 ff., siehe auch Schlechterfüllung*
– Schuldnerverzug *475 ff.*
– Unmöglichkeit der Leistung *351, 446 ff.*

Leistungsunmöglichkeit *351, 446 ff.*

Lohnforderung *398, 527 ff.*

Lucidum intervallum
– Beweis *335*
– Beweislast *258*

Lücke
– im Gesetz *219, 229, 240*
– im Vertrag *90, 238, 240, 385, 394*

M

Mahnung bei Schuldnerverzug *476*

Mangel
– im Kauf- und im Werkvertrag
   – offener – *461*
   – versteckter – *462*
– im Mietvertrag *516 ff.*

Mängelrechte
– Beweislast *459 ff.*
– Minderung *468 ff.*
– Verhältnis zum Schadenersatz *454 ff.*
– Wandelung *467*

Mängelrüge
– Beweislastverteilung *209*
– Frist der – *460 ff.*
– im Kauf- und im Werkvertrag *460 ff.*
– im Mietrecht *517 f.*
– Verwirkung der – *487*

Mietrecht *510 ff.*
– Erstreckung des Mietvertrags *526*
– Kündigung des Mietvertrags *521 ff.*
   – ausserordentliche – *523 f.*
   – bei Familienwohnung *521 f.*
   – missbräuchliche – *525*
– Mängel an der Mietsache *516 ff.*
– Mietzins *510 ff.*
   – Anfangsmietzins, Meldeformular betreffend *511 f.*
   – Erhöhung des – *515*
   – missbräuchlicher – *513 ff.*
   – Senkung des – *514*
– Übertragung des Mietvertrags auf Dritte *520*
– Untermiete, Zulässigkeit *519*

Minderung als Mängelrecht *468 ff.*

Mitwirkungspflicht
– als vertragliche Nebenpflicht *246, 472*
– bei der Einbürgerung *622 f.*
– der Gegenpartei *295, 299 ff., 309, 340, 417*
– der Partei *82, 85, 108, 435, 614, 622 f.*
   – bei der Arzthaftung *551, 553*

– des Unterhaltsschuldners *571*
– des Vermieters *513 f., 525*
– im öffentlichen Beschaffungswesen *620*
– Verletzung der – *301 f.*
– Verweigerung der – *33*
– von Minderjährigen *32*

Mitwirkungsrecht *103 ff.*

N

Nachbarrecht
– Abstandsvorschriften *608 ff.*
– Rechtsbehelfe im – *606 ff.*

Nachehelicher Unterhalt *566 ff.*, siehe auch Unterhalt

Nebenpflichten, vertragliche *246 ff., 472*

Negativa, bestimmte/unbestimmte *305*

Neuerungsvertrag *495*

Nichterfüllung *445, 454*, siehe auch Schlechterfüllung

Nichtigkeit
– der Auszahlung von Vorsorgeleistungen *456*
– des Mietzinses *511*
– des Vertrags *381, 389*
– von AGB *241*

Non liquet *295, 314*

Normentheorie
– Begriff *195 ff.*
– Deutschland *53*
– Frankreich *57 f.*
– Grenzen der – *205 f., 266, 451, 474, 507*
– Kritik *197 ff.*
– modifizierte – *53, 195 ff., 604*
– Verhältnis zum Vertrauensschutz *260*

O

Objektive Beweislast
– als Regelungsgegenstand von Art. 8 ZGB *45, 71*
– Begriff *128*
– im englischen Recht *63*

Obliegenheit der Beweisführung *25, 44 ff., 71, 108, 126, 180, 423*

Obligation, siehe Forderung

Öffentliches Beschaffungswesen *618 ff.*

Öffentliches Recht *611 ff.*
– erleichterte Einbürgerung *622*
– Invalidenrente *356, 625*
– öffentliches Beschaffungswesen *618 ff.*
– Öffentlichkeitsgesetz *617*
– Steuerrecht *624*
– Verwaltungsverfahren *623*

Öffentlichkeitsgesetz *617*

Ortsgebrauch
– als Beweisgegenstand *87 ff,*
– als subsidiäre Rechtsquelle von Art 5 Abs. 2 ZGB *378*
– Begriff *373 ff., 378*

P

Parteibefragung als Beweismittel *140*

Persönlichkeitsrechte *341 ff.*

Positive Vertragsverletzung *445, 471 ff.*

Preis
– Circa-Preis *383 f.*
– Festpreis *382, 440 f.*
– Umfang des Kaufpreises *429 ff.*

Prima-facie-Beweis *297*

Principles of European Contract Law *227*

Produktehaftung *403 f.*

Q

Qualifiziertes Schweigen
– Abgrenzung zur Vertragslücke *238, 385*
– bei fehlendem Konsens betreffend Vergütung *394*

R

Recht auf Beweis *102 ff.*
– Begriff *102 ff.*
– Einschränkungen *113 ff.*
– – durch antizipierte Beweiswürdigung *23, 115 f.*
– – durch Beweismittelbeschränkung *130*
– Inhalt und Rechtsnatur des – *102 ff.*

Sachregister

- Recht auf Gegenbeweis *111, siehe auch Gegenbeweis*
- Teilgehalte *110 ff.*
  - Beweisführungsrecht *106*
  - Recht auf Beweisabnahme *21, 168 f.*
  - Recht auf Beweisunmittelbarkeit *110*
- Verzicht *108, 180*
- von Art. 8 ZGB abgeleitete Beweisvorschrift *21 ff.*
- Voraussetzungen *112*

Recht auf Beweisabnahme *21, 168 f.*

Recht auf Beweisunmittelbarkeit *110*

Recht auf Gegenbeweis *111, siehe auch Gegenbeweis*

Rechtliches Gehör
- als Grundrecht *103 ff.*
- und antizipierte Beweiswürdigung *117*

Rechtsfrage
- Abgrenzung zur Tatfrage *49 ff., 77*
- adäquate Kausalität als – *359*
- Begriff *77*
- Beweislastverteilung als – *170 f.*
- Beweismass als – *42*
- Einzelne Rechtsfragen
  - Einhaltung der Rügefrist *461*
  - gerichtliche Überprüfung *49, 51*
  - gerichtliche Vertragsergänzung *385*
  - hypothetische/künftige Tatsache *307*
  - normativer Konsens *392*
  - qualifiziertes Schweigen/Vertragslücke *394*
  - Schätzung des Forderungsumfangs *424*
  - tatsächliche Vermutung mit normativer Bedeutung *280*
  - Unterschied Tatfrage *49 ff., 77*
  - Widerrechtlichkeit *401*
- Kognition des Bundesgerichts bei – *49 ff.*

Rechtsmissbrauchsverbot
- Begriff *252*
- bei Rechtssetzung und Rechtsanwendung *229*
- Beweislast *330*
- im Arbeitsrecht *535, 538*
- im Mietrecht *513, 525*
- im öffentlichen Recht *224*
- im Privatrecht *218 f.*
- im Sachenrecht *608 ff.*

Rechtsmittel
- bei Verletzung von Art. 8 ZGB *47 ff.*
- Fristen bei – *614 ff.*

Rechtsschutz in klaren Fällen *310*

Rechtsvergleichung
- Deutschland *3, 53 f., 194 f.*
- England *63 f.*
- Frankreich/Belgien *3, 55 ff.*
- Italien *193*
- Österreich *3*

Rechtsvermutung, *siehe Vermutung*

Rechtzeitigkeit
- der Eintragung des Bauhandwerkerpfandrechts *488*
- der Mängelrüge *209, 460, 464 ff.*
- Einhaltung von Fristen *612*

Regelbeweismass, *siehe Beweismass*

Retrozessionen, Verzicht der Herausgabe von – *493*

S

Sachenrecht *590 ff.*
- Eigentumsvermutung *590 ff.*
  - bei umstrittenem Rechtsgrund *594 ff.*
  - gegenüber Drittpersonen *597 ff.*
  - Voraussetzungen *590 ff.*
- Grundeigentum *603 ff.*
- Nachbarrecht *606 ff.*

Sachverhaltsermittlung, Abgrenzung zur Beweiswürdigung *166*

Satzbautheorie *53, siehe auch Normentheorie*

Schaden *352 ff.*
- aus unerlaubter Handlung *348, 352 ff., 401 ff.*
- aus Verletzung von Treu und Glauben *230, 244, 247, 250*
- aus Vertragsverletzung *350 f., 352 ff., 447, 484*
- aus Vertrauen *230, 250*
- Berechnung des – *51 f.*
- Beweis *291, 344, 447*
  - im Arbeitsrecht *543*
  - im Arztvertrag *549 ff.*
- Beweismass *39, 145, 308, 353*

– dauerhafter – *281*
– Ersatz des – *352 ff., 401 ff.*
– Geschäftsführung ohne Auftrag *407*
– im Arbeitsrecht *543*
   – bei Arbeits- und Erwerbsunfähigkeit *354 ff.*
– im Mietrecht *516 f.*
– im Sachenrecht *606 f.*
– Substantiierung des – *101, 423*
– Umfang des – *145, 298, 353, 423*
– Verspätungsschaden *478, 480 ff.*

Schadenersatz
– Anspruchskonkurrenz zwischen vertraglichem und ausservertraglichem – *406, 547*
– Kausalzusammenhang *357 ff., 401 ff.*
– Schaden *352 ff., 401 ff.*
– Verschulden *348 ff., 401 ff.*

Schadensbeweis, siehe Schaden

Schätzung, Ermessen *423 f.*

Schenkung
– Beweislast *399 f.*
– unter Ehegatten *558*
– Widerruf *589*

Schiedsgutachten *315, 322, 325*

Schlechterfüllung
– Beweislast *449 ff.*
– Mängelrechte *459 ff.*
– Minderung *468 ff.*
– Schadenersatzforderung *458*
– Wandelung *467*

Schulderlass *494*

Schuldnerverzug *475 ff.*
– Wahlrechte des Gläubigers *477 ff.*

SIA-Norm 118 *86, 314, 396*

Simulation im Vertragsrecht *389*

Sitte, Verkehrsübung, Geschäfts- und Ortsgebrauch
– als Vertragsbestandteil *89*
– gesetzlicher Verweis auf – *88, 385*

Sorgfaltspflicht
– ausservertragliche – *249 ff.*
– des Arztes *283, 285, 550 ff.*
– des Geschäftsherrn *293, 405*
– des Mieters *523*
– des Tierhalters *403*

– diligentia quam in suis *348 f.*
– Verschulden *305, 348 f., 456*
– vorvertragliche – *244*

Standesregeln *86*

Statusgeschäfte *421*

Stellvertretung *259, 506 ff.*

Steuerrecht, Beweislast *624*

Substantiierung
– Begriff *25 ff., 101*
– bei der erleichterten Einbürgerung im öffentlichen Recht *620, 622*
– der Mängelrüge *462*
– des Minderwerts *469*
– des Schadens, siehe Schaden
– im Erbrecht *582, 585*
– im Mietrecht *512, 518, 525*
– mangelhafte – *178*
– von negativen Tatsachen *493*

Summarisches Verfahren *28, 310*

T

Tatfrage
– Abgrenzung zur Rechtsfrage *49 ff., 77, 79*
– Begriff *77*
– Beweiswürdigung als – *166, 171*
– notorische Tatsachen als – *81*
– Parteiwille als – *369*
– gerichtliche Überprüfung einer – *42, 49, 52*
– Sachverhaltsermittlung als – *166*

Tatsache
– hypothetische/künftige – *303, 307*
– innere/äussere – *78 ff.*
– negative – *303 ff., 417, 503, 585*
– notorische – *81*
– offenkundige – *81*
– rechtserhebliche – *81, 98*
– streitige – *81, 97*

Tatsachenvermutung *159, 272 f.*

Täuschung, Willensmangel *386*

Tierhalterhaftung *403*

Tod, Beweislast *345 ff., 422*

Sachregister

Treu und Glauben, *siehe auch Vertrauensschutz*
– Auslegung nach – *379*
– bei der Vertragsergänzung *90*
– im öffentlichen Recht *223 ff., 328 f.*
– Pflicht zum Verhalten nach – *243 ff.*, siehe auch Vertrauensschutz
– und vertrauensbasierte Beweislastverteilung *328 ff.*

U

Überstunden im Arbeitsrecht *535*

Überwiegende Wahrscheinlichkeit, *siehe Beweismass*

Überzeit im Arbeitsrecht *535 f.*

Überzeugungstheorie *141*

Umkehr der Beweislast
– bei abstrakter Schuldanerkennung *389*
– bei Arzthaftung *552 f.*
– bei gesetzlicher Vermutung *270*
– bei Gutglaubensvermutung *277, 331*
– bei Kündigung im Arbeitsrecht *541 ff.*
– bei Mängelrüge *465*
– bei Verletzung der Unterlassungspflicht *474*
– bei Zustellung im Abwesenheitsverfahren *615*
– im Gleichstellungsgesetz *292*
– und Beweisnot *295, 298, 302, 309*

Unerlaubte Handlung, Schadenersatzforderung *348 ff., 357 ff., 401 ff.*

Ungerechtfertigte Bereicherung
– Beweis der Forderung aus – *415 ff.*
– Eingriffskondiktion *418*
– Entstehung der Forderung durch – *411 ff.*
– Leistungskondiktion *417*

Ungültigkeit eines Vertrags *386, 389*

Ungültigkeitstheorie *386*

Unidroit Principles *227*

UN-Kaufrecht (CISG) *67, 227*

Unlauterer Wettbewerb *348*

Unmöglichkeit der Leistung *351, 446 ff.*

Unsorgfalt, *siehe Sorgfaltspflicht*

Unterhalt
– Beweislast *421 f.*
– des Kindes *565*
– ehelicher – *560 ff.*
– gebührender – *568 ff.*
– nachehelicher – *566 ff.*
  – Berechnungsmethoden *569 ff.*
  – Beweismass *574 ff.*
  – Eigenversorgungskapazität *572*
  – Entstehung der Unterhaltsforderung *566*
  – Leistungsfähigkeit des Unterhaltsschuldners *573*
  – Umfang der Unterhaltsforderung *567*

Untermiete, Zulässigkeit der – *519*

Untersuchungsmaxime, *siehe Verfahrensmaximen*

Urkunde *133 ff.*
– elektronische Dateien als – *135*
– Webseite als – *136*

Urkundenbeweis *12, 15, 133 ff.*

Urteilsfähigkeit *334 ff., siehe auch Handlungs- und Deliktsfähigkeit*

Urteilsunfähigkeit im Erbrecht *578*

V

Vaterschaftsvermutung *272, 288*

Venire contra factum proprium *252*

Verfahrensfristen *614*

Verfahrensmaximen *43 ff.*
– Untersuchungsmaxime *44*
  – Beweis *100, 108*
  – Beweisergebnis *176*
  – Beweisführung *121*
  – Beweislast *71, 125 ff., 571*
  – Beweismittelbeschränkung *130*
  – Beweisthema *165 f.*
  – fehlende Behauptungslast *25*
  – unbeschränkte – *326*
– Verhandlungsmaxime *44 f., 166*
  – Beweisergebnis *176*
  – Beweislast *25, 71, 125 ff., 571*
  – Beweismass *148*
  – Beweismittelvertrag *326*
  – Beweisofferte *75, 122*
  – Beweisthema *165*
  – Beweiswürdigung und -führung *167*

Verfügung von Todes wegen, *siehe auch Erbrecht*
– Auslegung *142*
– Widerruf *579*

Verfügungsfähigkeit im Erbrecht *578*

Vergütung
– Beweis des Anspruchs *390 ff.*
– Circa-Preis *383 f.*
– Darlehenszins *432 ff.*
– Festpreis *382, 440 f.*
– im Arbeitsrecht *527 f., siehe auch Arbeitsrecht*
– im Auftragsrecht *397*
– im Kaufrecht *429*
– im Werkvertragsrecht *396, 440 f.*
– Kostenvoranschlag *384*
– tatsächliche Vermutung *392*
– unter Ehegatten *397*

Verhaltenspflichten *243 ff., 328*

Verhandlungsmaxime, *siehe Verfahrensmaximen*

Verjährungsfrist *483 ff.*
– Ablauf *485*
– Beginn *484*
– Dauer *486*

Verkehrsauffassung *373 ff.*

Verkehrsübung
– als Auslegungsmittel *373 ff*
– als Vertragsbestandteil *87 ff., 385*
– betreffend Entgeltlichkeit/Vergütung *392, 396 f.*
– betreffend Höhe des Darlehenszinses *433 ff.*

Vermögensverwaltungsvertrag, Retrozessionen *493*

Vermutung
– Abgrenzung zur Fiktion *288*
– gesetzliche –
  – Begriff *269 ff.*
  – Beweislast *270 f.*
  – Beweisnot *298*
  – Eigentumsvermutung *590*
  – Entkräftung *93, 276 f.*
  – Kaufpreis *429 f.*
  – Kommissionsvertrag *509*
  – Rechtsvermutung *274 f.*
  – Tatsachenvermutung *272 f., 432*
– natürliche –
  – der Handlungs- und Deliktsfähigkeit *338*
  – der Urteilsfähigkeit *334 ff.*
  – im Arbeitsrecht *497*
  – im Güterrecht *558*
– tatsächliche –
  – allgemeine Lebenserfahrung *278 ff.*
  – als prozessuales Instrument zur Überwindung der Beweisnot *297*
  – Entkräftung *284 f.*
  – im konkreten Einzelfall, ohne normative Bedeutung *282 f.*
  – Minderung *469*
  – mit normativer Bedeutung *280 f., 497, 616*
  – Urteilsfähigkeit *335 f., 578*
  – zugunsten der Fortsetzung der Erbengemeinschaft *587*
  – zugunsten der Richtigkeit von unterschriebenen Regierapporten *442*
  – zugunsten der Stellvertretung *508*
  – zugunsten eines Vergütungsanspruchs *392, 396*
– unwiderlegbare gesetzliche – *286 ff., siehe auch Fiktion*

Vermutung des gleichzeitigen Todes *272, 347*

Verschulden, Beweislast
– bei Arzthaftung *549, 554*
– bei Gefälligkeit *349*
– bei Geschäftsführung ohne Auftrag *407*
– bei Krankheit im Arbeitsrecht *533*
– bei Mängeln im Mietrecht *516*
– bei unerlaubter Handlung *401 ff.*
– bei ungerechtfertigter Bereicherung *415*
– bei Vertrag *348, 350, 443, 447 f., 478*
– fehlendes – *293, 298, 406, 447, 478, 489, 533*

Versicherungsvertrag
– Beweislast *92*
– Beweismass *39*

Verspätung, *siehe Rechtzeitigkeit*

Verspätungsschaden, Anspruch bei – *478, 480 ff.*

Vertrag, *siehe auch Forderung*
– Abschluss *361 ff.*
– Anpassung *240*

263

Sachregister

- antizipierter Vertragsbruch *473*
- Auslegung *236 ff., 369 f.*, siehe auch Auslegung
- Bedingung *501 ff.*, siehe auch Bedingung
- Befristung *505*
- Entstehung einer Forderung durch – *388 ff.*
- Erfüllung *445*
- Ergänzung
    - gerichtliche – *90, 238, 385, 394*
    - Verkehrsübung, Massgeblichkeit bei der – *90*
- Inhalt *370*
- Leistungsstörungen *445 ff.*
    - Nichterfüllung *445*
    - Schlechterfüllung als positive Vertragsverletzung *449 ff.*
    - Schuldnerverzug *475 ff.*
    - Unmöglichkeit der Erfüllung *446 ff.*
- mit Schutzwirkung zugunsten Dritter *248*
- Nebenpflichten *246 ff.*
- Qualifikation *395 ff.*
- Ungültigkeit infolge Willensmangel *386*
- Verletzung einer Nebenpflicht *472*
- Verletzung einer Unterlassungspflicht *445, 449, 474*
- Verjährung/Verwirkung *484 ff.*
- Vertrauensprinzip *361 ff.*
- Zustandekommen *361 ff., 370, 386*

Vertrag mit Schutzwirkung zugunsten Dritter *248*

Vertragsinteresse
- positives – *352, 480, 482*
- negatives – *352, 481 f.*

Vertragspflichten
- nachvertragliche – *245*
- Nebenpflichten *246 ff., 472*
- vorvertragliche –
    - als Verhaltenspflichten *244*
    - Haftung aus culpa in contrahendo *247*

Vertragsverletzung
- im Arztrecht *549 ff.*
- positive – *445, 471 ff.*
- Schadenersatzforderung *348 ff., 401 ff.*
- Schlechterfüllung als – *449 ff.*
- Zeitpunkt der Verjährung bei – *484*

Vertrauensbasierte Beweislastverteilung, siehe auch Beweislast, Vertrauensschutz
- (Schlecht-)Erfüllung *449 ff.*
- Anwendung *328 ff.*
- bei allgemeinen Rechtsgrundsätzen *328 ff.*
    - Gebot von Treu und Glauben *328 f.*
    - Schutz des guten Glaubens *331*
    - Verbot des Rechtsmissbrauchs *330*
- Güterrecht *558*
- Kommissionsvertrag *509*
- Konsensstreit *362 ff.*
- Mietvertrag *510 ff.*
- Personenrecht *341 ff.*
    - Handlungs- und Deliktsfähigkeit *333*
    - Urteilsfähigkeit *334 ff.*
- Produktehaftung *404*
- Schaden *353*
- Schuldanerkennung *389*
- Stellvertretung *506 ff.*
- Theorie *208 ff.*
- Vergütung *393*
- Vertragsauslegung *371, 380 f.*
- Vertrauensschutz *253 ff.*
- Zustandekommen eines Vertrags *365*

Vertrauenshaftung *219, 250 f., 253*

Vertrauensprinzip *234 ff.*
- Anwendungsbereich *257*
- Auslegung von AGB *241*
- Auslegung von mehrseitigen Rechtsgeschäften *242*
- Auslegung von Verträgen *236*
- Begriff *229*
- clausula rebus sic stantibus *240*
- normativer Konsens *361*
- Vertragsergänzung *238 f.*
- Zustandekommen eines Vertrags *365*

Vertrauensschutz *215 ff.*
- als Wertungsprinzip der Rechtsordnung *214 ff.*
- als Wertungsprinzip bei der Beweislastverteilung *253 ff.*
- Anwendungsfälle *220 f., 228 ff.*
- Auslegung von Willenserklärungen und Verträgen *234 ff.*, siehe auch Vertrauensprinzip
    - hoheitliches Handeln *231 ff.*
    - in der Rechtssetzung und Rechtsanwendung *229 f.*

– Treu und Glauben *243 ff.*, siehe auch *Treu und Glauben*
– Beweislast, *siehe vertrauensbasierte Beweislastverteilung*
– Beweislastverteilung, *siehe vertrauensbasierte Beweislastverteilung*
– Gutglaubensschutz *221, 277, 331 f.*
– im Bereich der Rechtsvereinheitlichung *227*
– im öffentlichen Recht *223 ff.*
– im Privatrecht *218 ff.*
– im Rechtsalltag *216 f.*

Verwaltungsverfahren *623*

Verwandtenunterstützung *577*

Verwirkung
– Beweis der – eines Rechts *487*
– der Eintragung des Bauhandwerkerpfandrechts *488*
– der Mängelrüge *460*
– von Beseitigungsansprüchen *608 ff.*

Verzichtsvereinbarung *492 f.*
– Verzicht auf Retrozessionen *493*

Verzug
– Annahmeverzug *287*
– Schuldnerverzug *475 ff.*

Verzugszins *478*

Volljährigkeit, Beweislast *338 ff.*

Vorentwurf
– zum Zivilprozessrecht *14 f.*
– zum Zivilrecht *1 f.*

Vorsorgeausgleichsforderung *421 f.*

Vorsorgeeinrichtung
– Barauszahlung ohne Zustimmung des Ehegatten *455 ff.*
– Rückforderungsprozess der – *457*

Vorsorgliche Massnahmen, Beweismass *41, 147*

W

Wandelungsrecht *467*

Webseite als Beweismittel *136*

Werkeigentümerhaftung *403*

Werkvertrag
– Mängelrechte *459 ff.*
  – Minderung *468 ff.*
  – Recht auf Nachbesserung *466*
  – Wandelung *467*
– Preisabrede *382 ff.*
– Qualifikation *396*
– Rechtzeitigkeit der Mängelrüge *460*
– Umfang der Forderung *440*
– Vergütung *396, 440 ff.*

Widerrechtlichkeit
– als Rechtsfrage *401*
– des Beweislastvertrags *321*
– Geschäftsführung ohne Auftrag *407*
– Verletzung der Persönlichkeit *342, 547*

Widerruf von Haustürgeschäften *290, 505*

Willenserklärung
– Auslegung *234 ff., 253 f., 261, 362, 399*
– eindeutige – *283*
– rechtzeitige – *290*
– übereinstimmende – *360 ff.*

Willensmängel *386*

Z

Zeugnis als Beweismittel *132*

Zinsen
– Höhe des Zinsfusses *273, 432 ff.*
– Verzugszins *293, 478*

Zustellungsfiktion *614*

Zweistufige Methode zur Berechnung des nachehelichen Unterhalts *568, 571, 574 ff.*, siehe auch *Unterhalt*

Anhang

Die bisher zum Zivilgesetzbuch erschienenen Bände des Zürcher Kommentars wurden verfasst von

Dr. Max Baumann
Professor em. der Universität Zürich, Rechtsanwalt

Lic. iur. Verena Bräm
ehem. Oberrichterin in Zürich

Dr. Walter Boente
Lehrbeauftragter an der Universität Lausanne

Dr. David Dürr
Titularprofessor an der Universität Zürich, Rechtsanwalt und Notar

Dr. Franz Hasenböhler
Professor em. der Universität Basel

Dr. Viktor Lieber
ehem. Generalsekretär am Kassationsgericht des Kantons Zürich

Dr. Arnold Marti
ehem. Obergerichtsvizepräsident in Schaffhausen und Titularprofessor an der Universität Zürich

Dr. Eugen Spirig
ehem. Oberrichter in Zürich

Prof. Dr. Paul-Henri Steinauer
Professor em. der Universität Freiburg/Schweiz

Prof. Dr. Amédéo Wermelinger
Titularprofessor an der Universität Freiburg/Schweiz, Lehrbeauftragter an der Universität Luzern, Rechtsanwalt

Dr. Dieter Zobl
Professor em. der Universität Zürich

Dr. Daniel Zollinger
Rechtsanwalt

Prof. Dr. Rolf Bär

Prof. Dr. August Egger

Prof. Dr. Arnold Escher

Prof. Dr. Robert Haab

Prof. Dr. Arthur Homberger

Prof. Dr. Peter Liver

Prof. Dr. Karl Oftinger

Prof. Dr. Alexander Reichel

Dr. Werner Scherrer

Prof. Dr. Wilhelm Schönenberger

Prof. Dr. Bernhard Schnyder

Prof. Dr. August Simonius

Prof. Dr. Carl Wieland